Couvertures supérieure et inférieure manquantes

LES SEIGNEURS, LES PAYSANS

ET

LA PROPRIÉTÉ RURALE

EN ALSACE

AU MOYEN AGE

EXTRAIT DES « ANNALES DE L'EST »

LES SEIGNEURS, LES PAYSANS

ET

LA PROPRIÉTÉ RURALE

EN ALSACE

AU MOYEN AGE

PAR

CHARLES SCHMIDT

PROFESSEUR ÉMÉRITE A LA FACULTÉ DE THÉOLOGIE DE STRASBOURG
ANCIEN DIRECTEUR DU GYMNASE PROTESTANT DE STRASBOURG
MEMBRE ÉTRANGER
DE L'ACADÉMIE ROYALE DES SCIENCES DE MUNICH, DE LA SOCIÉTÉ GÉNÉRALE D'HISTOIRE SUISSE
DE LA SOCIÉTÉ HISTORIQUE DE BALE, DE LA SOCIÉTÉ D'HISTOIRE DE BELGIQUE
DU MUSÉE HISTORIQUE DE MULHOUSE, ETC.

Préface de M. Ch. PFISTER

PROFESSEUR D'HISTOIRE DE L'EST DE LA FRANCE A L'UNIVERSITÉ DE NANCY

———◆———

BERGER-LEVRAULT ET Cie, ÉDITEURS

| PARIS | NANCY |
| 5, RUE DES BEAUX-ARTS | 18, RUE DES GLACIS |

1897

Tous droits réservés

PRÉFACE

Le présent volume est sans doute le dernier grand ouvrage de Charles Schmidt qui verra le jour. Il importe donc de le faire précéder d'une courte introduction qui résumera la biographie de l'auteur et rappellera les services éminents rendus par lui à la science[1].

Charles-Guillaume-Adolphe Schmidt est né à Strasbourg le 20 juin 1812. Son grand-père, Jean-Guillaume Pfæhler, avait fondé près des *Arcades* une librairie, à laquelle il avait associé ses deux gendres, Charles-Frédéric Schmidt et Grucker. C'est au milieu des livres que grandit le jeune Schmidt. Dès ce moment, ce semble, la curiosité de l'enfant était éveillée; il se demandait quelle était la science cachée dans ces volumes; puis il les aimait

---

[1]. L'on consultera la notice nécrologique de Charles Schmidt faite au lendemain de sa mort par M. Rodolphe Reuss dans le *Journal d'Alsace* (mars 1895), et parue aussi à part. Strasbourg, imprimerie Fischbach, in-12, 14 pages. Elle a été reproduite dans les *Annales de l'Est*, 1895, t. IX, p. 300. M. Reuss a remanié cette notice pour la placer en tête d'un ouvrage inédit de Schmidt, le *Wörterbuch der Strassburger Mundart*. Strasbourg, Heitz, 1896. Il l'y a fait suivre d'un catalogue complet des travaux de Schmidt. Nous nous sommes beaucoup servi de cette excellente étude; nous avons aussi eu à notre disposition quelques notes qui nous ont été remises par la famille.

pour eux-mêmes, ces tomes de tout format, quelques-uns illustrés de jolies gravures ; et ainsi, par cette influence mystérieuse des choses extérieures, se déposait en lui le germe de sa vocation future d'historien et de bibliophile. Il reçut les premiers éléments de l'instruction de son grand-père Pfæhler. Celui-ci lui racontait les anciennes légendes de l'Alsace qui étaient écoutées avec avidité, et, bien plus tard, le petit-fils rendra de lui ce témoignage : « Il était un vrai bourgeois de Strasbourg, dans l'ancien et bon sens du mot, pieux, esclave du devoir, travailleur, animé des sentiments les plus patriotiques, d'une extrême vivacité, aimant à causer et causant bien. » A l'âge de huit ans, Charles Schmidt entra au Gymnase protestant et il parcourut la série des classes dans cette vieille institution strasbourgeoise, issue de la Réforme et qui, à travers toutes les révolutions, a toujours conservé, avec l'esprit austère de ses fondateurs, comme une saveur de terroir. Le jeune *gymnarsiarque*, pour reprendre le vieux mot, s'intéressait surtout à l'histoire naturelle ; il rassemblait des plantes et des pierres ; et, plus tard même, alors que d'autres études l'absorbaient, il continuait d'enrichir ses collections botanique et minérale qui, après sa mort, furent données au Gymnase. Il aurait voulu consacrer sa vie aux sciences naturelles, mais il était appelé à une autre destinée. Il sentit s'éveiller en lui une nouvelle vocation, celle de pasteur ; et, son diplôme de bachelier ès lettres conquis, il entra en 1828 au Séminaire protestant, pour y faire ses études théologiques. A ce Séminaire, dont les cours avaient lieu dans le bâtiment sur le quai Saint-Thomas, Schmidt fut le condisciple de jeunes gens qui plus tard devinrent illustres à des titres divers : le naturaliste Schimper, le philosophe Christian Bartholmess, les historiens de l'Église

Baum et Cunitz, le fondateur de l'*Alsatia*, Auguste Stœber. Toute cette jeunesse, très active, très ardente, discutait avec passion les grands problèmes moraux, religieux et aussi politiques, quand éclata la Révolution de juillet 1830. L'on juge de l'enthousiasme que cet événement causa au Séminaire, tout imbu des idées libérales du protestantisme. « Ce fut un des plus beaux moments de notre histoire et de ma vie, écrit plus tard Schmidt; jeune, ardent, élevé dans l'amour de la liberté, je me jetai tout entier dans le mouvement », et notre étudiant se fait inscrire comme garde national à la deuxième compagnie d'artillerie ! Il allait faire l'exercice, au sortir des cours du Séminaire et de la Faculté de théologie, après avoir entendu les leçons de Haffner, de Redslob ou de Bruch.

Cependant, il voulait prendre ses grades et il cherchait ses sujets de thèse. Pendant les vacances de 1833, il vint à Genève, après avoir traversé toute la Suisse sac au dos. Là, un maître éminent, M. Ramer, lui parla de la correspondance manuscrite des réformateurs conservée à la bibliothèque de la ville. Ce fut pour lui comme un trait de lumière. Il se décida à étudier ces héros du protestantisme encore ignorés ou très mal connus, et, par delà le xvi° siècle, ceux qui avaient été en quelque sorte des précurseurs et avaient opposé aux doctrines romaines leurs idées personnelles fondées sur une libre interprétation des Saintes Écritures. En trois années (1834-1836), il conquit successivement les trois grades que conférait la Faculté de théologie : le baccalauréat, la licence et le doctorat, avec trois thèses sur Farel[1], sur Pierre Martyr

---

1. *Études sur Farel. Thèse présentée à la Faculté de théologie de Strasbourg et soutenue publiquement, le mardi 22 juillet 1834, pour obtenir le grade de bachelier en théologie.* Strasbourg, 1834, in-4°, ii-69 pages.

Vermigli[1] et sur les mystiques du xiv° siècle[2]. Deux juges éminents l'encouragèrent à poursuivre ses travaux historiques : Michelet, avec qui il se lia pendant une excursion à Paris, en 1834; l'historien Gieseler, qu'il fréquenta à Göttingen en septembre 1836. Gieseler surtout semble avoir eu une influence profonde sur lui. Celui qui allait devenir l'historien protestant en quelque sorte officiel de l'Église, le décida à persévérer en ses recherches sur les hérétiques du moyen âge, et ne cessa de l'aider de ses précieux conseils.

En l'année 1837, le Séminaire protestant de Strasbourg autorisa Charles Schmidt à faire un cours libre d'histoire. Ce Séminaire se divisait en deux sections : l'une, préparatoire, comprenait l'enseignement des langues anciennes, de la philosophie, de l'histoire; c'était une véritable Faculté des lettres; en l'autre étaient distribués les cours de théologie. Ce Séminaire, jadis Académie protestante[3], avait hérité des biens de l'ancienne Université, respectés par la Révolution; et les professeurs continuaient d'être payés en un certain nombre de sacs de blé[4], comme autrefois les chanoines de Saint-Thomas dont leurs prédécesseurs

---

1. *Vie de Pierre Martyr Vermigli.* Thèse présentée à la Faculté de théologie de Strasbourg et soutenue publiquement, le mardi 4 août 1835, pour obtenir le grade de licencié en théologie. Strasbourg, 1835, in-4°, iv-56 pages.

2. *Essai sur les mystiques du quatorzième siècle, précédé d'une introduction sur l'origine et la nature du mysticisme.* Thèse présentée à la Faculté de théologie de Strasbourg et soutenue publiquement, le lundi 8 août 1836, pour obtenir le grade de docteur en théologie. In-4°, ii-116 pages. M. Schmidt a en outre rédigé une petite thèse latine en 1836 : *De quæstione num antiquissimi Ecclesiæ scriptores inter λόγον et πνεῦμα ἅγιον aliquid fecerint discriminis.*

3. Le nom d'Académie protestante dut être abandonné, quand, en 1808, fut créée l'Académie de Strasbourg, au sens administratif. Des Facultés de droit, de médecine, des sciences, des lettres, furent établies à cette date à Strasbourg.

4. Un entrepreneur achetait d'ordinaire ce blé contre une somme fixe annuelle, payée au professeur.

avaient pris la place au xvi° siècle. Au Séminaire se superposait, depuis 1819, une Faculté de théologie, création nouvelle; mais presque tous les professeurs de la Faculté étaient pris parmi ceux du Séminaire et ajoutaient à leurs sacs de blé un modeste traitement fourni par l'État[1]. Aux professeurs de la Faculté on finit par réserver le titre de chanoine de Saint-Thomas et la jouissance d'une des maisons canoniales qui entourent l'ancienne collégiale.

C'est une chaire de titulaire que voulait Schmidt au Séminaire d'abord, puis à la Faculté. Il était décidé dès lors à ne plus quitter Strasbourg qu'il aimait d'un amour profond. Il refusa un poste de pasteur à Paris qu'on lui offrit à cette époque, et, pendant deux années, il continua son office de maître libre — et non rétribué. Le 30 octobre 1839, une chaire se trouva vacante, heureusement pour lui. Hélas! ce n'était pas une chaire d'histoire, mais une chaire de théologie pratique! Passe pour la théologie pratique! Quelque temps plus tard, en avril 1843, il fut en outre appelé à la chaire d'éloquence sacrée à la Faculté de théologie. Il avait ainsi les deux titres de professeur qu'il ambitionnait.

En même temps on lui attribuait comme maison canonicale, dans la rue des Cordonniers, celle-là même qui avait été occupée au xvi° siècle par Jean Sturm. Il en prit possession à Pâques 1843, et, depuis ce jour, il ne l'a plus quittée. Aussi comme il l'aimait, cette aimable maison d'aspect un peu sévère, avec son jardinet où les oiseaux venaient par leur babil troubler et charmer le travailleur! 52 années de sa vie se sont écoulées derrière ces murs.

---

1. Sur cette organisation compliquée, cf. Berger-Levrault, *Annales des professeurs et universités alsaciennes*, p. cciv et ss.

Quelques-unes furent traversées par ces souffrances qui ne sont épargnées à personne sur cette terre ; les premières du moins furent parfaitement heureuses ; il venait de se marier en avril 1840 avec une jeune fille appartenant à l'une de ces familles bourgeoises qui ont été l'honneur et la force de Strasbourg, Mlle Pauline Strohl. Hélas ! sa fidèle compagne le devait précéder dans la tombe ; elle mourut le 18 février 1859 ; et, longtemps, il lui survivra, soutenu en sa vieillesse par ses enfants et ses petits-enfants dont les succès embellirent d'un rayon de joie et d'espérance ses derniers jours !

Il était parfaitement heureux, disions-nous ; — pourtant un léger nuage jeta quelque ombre sur son existence pendant cette période. La chaire qu'il occupait à la Faculté ne convenait ni à son talent ni à ses goûts. M. Schmidt n'était pas orateur et il était chargé d'enseigner l'éloquence sacrée ; il devait apprendre aux candidats en théologie à diviser bien méthodiquement un sermon et à trouver au fond de leur âme ces élans qui transportent un auditoire. Pendant vingt années, il remplit cette tâche ; il la remplit en toute conscience comme tout ce qu'il exécutait ; car personne n'eut jamais un plus méticuleux souci de faire en entier son devoir. Il a même publié quelques sermons[1]. Mais au fond c'était sans enthousiasme qu'il se rendait à la Faculté. Il souhaitait vivement un autre enseignement ; aussi, à la mort d'André Jung, en 1863, demanda-t-il à être chargé du cours d'histoire ecclésiastique. Il avait enfin la chaire qui lui convenait. Il venait d'écrire ses grands ouvrages sur l'histoire de l'Église et il lui était permis d'en

---

1. Ces sermons sont toutefois œuvre de jeunesse, antérieurs à sa nomination comme professeur. *Trois sermons imprimés à la demande de quelques amis.* Strasbourg, 1838, in-8°, 52 pages.

produire les résultats dans ses entretiens avec ses élèves. Ses leçons furent très vite appréciées. Chaque année, du reste, il les modifiait et les corrigeait; à la fin de sa carrière, il a publié quelques-unes d'entre elles; elles sont devenues ce *Précis de l'histoire de l'Église d'Occident pendant le moyen âge* [1] qui est aujourd'hui classique en France et qui ne sert pas seulement aux théologiens, mais aussi à tous nos étudiants d'histoire des Facultés des lettres. Pendant qu'il était encore voué à l'éloquence sacrée, en 1858, l'Université de Berlin lui offrit la succession de Neander : il aurait pu dès cette date enseigner l'histoire qu'il aimait; mais il lui eût fallu quitter sa chère Alsace, sortir de l'ombre de la cathédrale; il refusa, bien qu'à ce moment aucun autre motif que son amour pour le pays natal ne l'eût empêché d'accepter. Charles Schmidt a ainsi trouvé sur son chemin Gieseler et Neander, les deux grands historiens protestants de l'Église, dont il devait poursuivre les travaux.

A deux reprises, tout en continuant ses cours à la Faculté de théologie, il fut appelé à la direction du Gymnase protestant. Une première fois, il fut placé à la tête de cet établissement en 1849, succédant à M. le doyen Bruch et il occupa ce poste pendant dix années. Bien que ses fonctions fussent tout à fait gratuites, il les exerça avec grand zèle; il s'intéressait vivement aux succès des élèves dont il devait retrouver quelques-uns — parfois les meilleurs — au Séminaire et à la Faculté de théologie. M. Édouard Reuss le remplaça en août 1859, et c'est la gloire de cette maison d'avoir été gouvernée par de tels savants. Mais quand, en 1865, M. Reuss, fatigué, eut donné sa démission, l'on fit

---

[1]. Paris, Fischbacher, 1885, xi-452 pages. Le cours allait du 1er au ix° siècle. M. le pasteur Schmidt, de Paris, en possède le manuscrit complet.

une seconde fois appel au dévouement de M. Schmidt, celui-ci accepta et il quitta les travaux commencés, pour se donner de nouveau aux jeunes élèves du Gymnase. C'est l'époque où des réformes sérieuses furent introduites dans l'enseignement et où l'on attribua une importance plus grande à l'étude du français. Pour le remercier aussi bien que pour honorer le professeur et le savant, le Gouvernement le nomma chevalier de la Légion d'honneur. Le préfet du Bas-Rhin, M. le baron Pron, lui remit lui-même la croix à une distribution des prix, aux applaudissements d'un nombreux auditoire. M. Schmidt resta directeur trois années, jusqu'en décembre 1868, et après sa retraite, il espérait que rien ne viendrait plus le troubler en ses recherches érudites.

Mais, hélas! bientôt après éclata la guerre. M. Schmidt subit toutes les angoisses du bombardement, et, aux inquiétudes qu'il éprouvait pour sa jeune famille, s'ajoutait la douleur que lui causaient le deuil de la patrie et la grande catastrophe éprouvée par la science. Cette belle bibliothèque du Séminaire protestant, où il avait passé tant de journées, était devenue la proie des flammes! Nul ne la connaissait mieux que lui; il avait tenu entre ses mains les précieux manuscrits dont aucun catalogue sérieux n'avait été imprimé; il avait fait de nombreux extraits des principaux d'entre eux; il aimait véritablement tous ces vieux écrits et ces incunables, sortis des presses les plus anciennes du monde, celles de Strasbourg! Aussi la destruction de tous ces monuments fut vivement ressentie par lui; nous l'avons entendu parler encore vingt ans plus tard avec une véritable indignation de cet acte de barbarie. Puis, après le siège vint l'annexion. Ses enfants quittèrent le pays natal; lui-même songea un instant à les suivre. On le pressait d'accepter une chaire à la Faculté de théologie qui se réorganisait à Paris. Mais les malheurs lui avaient rendu Strasbourg encore plus cher; il avait alors près de soixante années; c'est dire qu'il avait atteint un âge où l'on recommence difficilement une nouvelle existence et où l'on ne saurait renoncer sans danger à ses habitudes. Il demeura par suite à Strasbourg; mais il vécut dans un fier isolement, à l'écart de tout ce nouveau monde universitaire venu d'outre-Rhin. Il enseigna encore quelques années, jusqu'à ce qu'il eût droit à sa retraite, qu'il prit définitivement le 1er septembre 1877. Puis, de plus en plus il se renferma dans sa maison, au milieu de ses livres, demandant à l'étude du passé l'oubli du présent, faisant pendant la saison chaude quelques séjours sur nos hauteurs des Vosges, à Sainte-Odile ou à Wangenbourg, où il avait souvent la joie de se rencontrer avec les siens. Il travaillait avec acharnement; cependant vinrent les jours où la vue faiblit, où les jambes ne supportèrent plus le poids de son corps amaigri; — il devint alors un peu plus sombre; mais sa tristesse était adoucie par la résignation du chrétien et par la profondeur de sa foi[1]. Paisiblement, sans secousse, il mourut en sa demeure de la rue des Cordonniers dans la nuit du 10 au 11 mars 1895. Il était âgé de 82 ans, et il avait passé toute sa vie à l'œuvre. Oh! la belle et réconfortante existence!

Charles Schmidt avait très bien compris le rôle d'un professeur de l'enseignement supérieur à Strasbourg. Il connaissait très bien le mouvement scientifique de l'Allemagne et il le devait révéler à la France. Il était au courant des œuvres françaises dont il pouvait répandre les

---

1. M. Schmidt s'était de plus en plus attaché à la stricte orthodoxie protestante.

conclusions de l'autre côté du Rhin. Il était à même de bien remplir cette double tâche, puisqu'il écrivait sans aucune peine dans l'une et l'autre langue. Mais Schmidt ne s'est pas borné à ce rôle d'intermédiaire; il a enrichi la science par son travail propre, par ses recherches personnelles; il a composé une centaine d'ouvrages ou d'articles, et, en chacun, il nous apporte des résultats vraiment nouveaux. Pourtant il a porté lui-même sur ses livres un jugement plutôt sévère. « Aucun de mes livres, écrivit-il à la fin de sa vie, n'est destiné à passer à la postérité; aucun n'a ouvert à la science des voies nouvelles; j'ai éclairci quelques points obscurs de l'histoire du moyen âge; j'ai raconté la vie de quelques hommes dont les travaux et les destinées ont peut-être eu pour moi plus d'intérêt que pour autrui : voilà à quoi se réduisent, tout compte fait, les résultats de mon activité littéraire. » Ce jugement très sincère a été dicté à Schmidt par sa grande modestie; mais nous ne pouvons, pour notre part, y souscrire; en passant en revue ses principaux travaux, nous verrons quelle dette de reconnaissance la postérité a contractée envers lui.

Ses ouvrages, si on laisse de côté certains écrits de circonstance, se rapportent tous à l'histoire et se divisent en quatre catégories, selon qu'ils ont trait à l'Église en général, aux sectes du moyen âge, à la Réforme ou à l'Alsace.

Dans la première catégorie, nous rangeons seulement deux ouvrages: le *Précis* dont nous avons déjà parlé; il appartient à la vieillesse de l'auteur et résume son enseignement académique; puis un très beau livre, écrit en son âge mûr et sorti d'un concours. En 1849, l'Académie française avait proposé la question suivante : « *Rechercher l'influence de la charité dans le monde romain durant les premiers siècles de notre ère et, après avoir établi comment, en respectant profondément le droit et la propriété, elle agissait par persuasion, à titre de vertu religieuse, montrer, par ses institutions, l'esprit nouveau dont elle pénétra la société civile.* » M. Schmidt partagea le prix avec M. Chastel, professeur de théologie à Genève, à la suite d'un rapport de Villemain. Il avait élargi le sujet posé par la Compagnie en termes alambiqués et prudemment mesurés — nous sommes au lendemain des journées de juin et au moment où éclosent les théories socialistes. Il avait décrit successivement la société civile païenne et la société religieuse chrétienne aux IIe et IIIe siècles; puis il avait montré comment la première fut entièrement transformée sous l'heureuse influence de la seconde. Il imprima le mémoire quelques années plus tard à Strasbourg, en 1853[1], et l'ouvrage eut un succès assez vif. Encore aujourd'hui ces pages conservent leur intérêt, malgré les grands travaux qu'ont publiés depuis sur cette période les de Rossi, les Le Blant, les Duchesne.

Déjà à cette date avaient paru la plupart de ses ouvrages sur les sectes religieuses du moyen âge. Sous le règne de Charlemagne et de Louis le Pieux, Claude, évêque de Turin, prêcha contre le culte rendu aux images, contesta le mérite de la vie monastique et des pèlerinages à Rome, s'éleva contre le pouvoir suprême du pape dans l'Église. M. Schmidt a retracé en 1843 la figure de cet hérésiarque, dans la *Zeitschrift für die historische Theologie* d'Illgen[2]. Peu après, en 1849, il donna sur la secte des Albigeois

---

1. *Essai historique sur la société civile dans le monde romain et sur sa transformation par le christianisme.* Strasbourg, 1853, IV-508 pages.
2. Tome XIII, p. 39-68.

deux volumes qui demeureront[1]; nous pouvons l'affirmer, fort déjà de l'expérience de près d'un demi-siècle. Sans doute, depuis l'apparition de ce livre, l'on a découvert des documents nouveaux. L'on a mis au jour la chanson de la croisade, commencée par Guillaume de Tudèle, continuée en vers magnifiques par un anonyme qui trouve des accents superbes, pour flétrir les pillages des gens du Nord; l'on a compulsé les registres inédits de l'Inquisition. Mais néanmoins le livre de Schmidt reste l'ouvrage essentiel sur ce sujet. Ici est exposé avec force le système des Cathares; ici l'on nous explique d'une façon fort ingénieuse l'origine de leurs doctrines; ici l'on nous raconte avec une grande sûreté d'information les épisodes de la guerre atroce qu'on leur livra au Midi de la France et l'on suit les traces de la secte chez les Slaves, sur les bords du Rhin et dans l'Italie septentrionale. M. Schmidt a aussi réuni des documents curieux sur les Vaudois[2], qui furent enveloppés dans les mêmes persécutions que les Cathares, mais qui, plus heureux qu'eux, ont pu subsister jusqu'à nos jours.

Mais parmi tous les hérétiques, les mystiques allemands du xive siècle exerçaient sur lui un attrait puissant. Depuis sa thèse de doctorat, il ne cessait de s'occuper d'eux. Entre tous, maître Eckart piquait sa curiosité. Il voulait reconstituer le personnage, connaître à fond sa doctrine. Deux années après la mort d'Eckart, une bulle de Jean XXII (*In agro dominico*) condamna dix-sept propositions du maître comme hérétiques et rejeta onze autres comme

---

1. *Histoire et doctrine de la secte des Cathares ou Albigeois.* Paris, 1849. 2 vol. de xii-392 et 320 pages.
2. *Actenstücke besonders zur Geschichte der Waldenser*, dans Illgen, *Zeitschrift für die historische Theologie.* 1852, XXII, 1, p. 238-262.

malsonnantes, téméraires et suspectes. Or, dans des sermons imprimés à Bâle en 1521 à la suite de ceux de Tauler, M. Schmidt retrouve quelques-unes de ces propositions flétries par le souverain pontife. Il était en présence des propres ouvrages d'Eckart. Il pouvait reconstruire le système du penseur pour qui hors de Dieu il n'y a aucune existence réelle, pour qui toutes choses sont Dieu et Dieu est toutes choses. Cette découverte lui causa une joie vive; et il en fit part au public dans un remarquable article paru en 1839 dans les *Theologische Studien und Kritiken* d'Ullmann et Umbreit[1]. Cet article est devenu le point de départ de toutes les études qui ont été faites dans la suite sur l'illustre dominicain par Heidrich, Lasson, Jundt et surtout Preger, dans son ouvrage si remarquable sur la mystique allemande. — Schmidt nous présenta, après le maître, les disciples. Dans la même revue, il fait revivre sous nos yeux la figure de Henri Suso[2]; il nous le montre à la recherche de sa *Miene*, la sagesse, personnifiée tantôt par le Christ, tantôt par la Vierge; il nous raconte les entretiens qu'il a avec elle en ses visions extatiques; les idées d'Eckart deviennent chez Suso des images et nous sommes ici en présence d'un poète, non d'un philosophe. — Plus illustre que Suso est le Strasbourgeois Jean Tauler. En 1841, Schmidt publia sur lui à Hambourg un volume très consciencieux, dédié à ses chers parents[3]. Dans son *Précis sur l'histoire d'Occident*, il dira plus tard de ce volume : « Je ne le cite que pour mémoire; il contient quelques erreurs

---

1. Au tome XII, 2, p. 663-741; tiré à part sous le titre : *Meister Eckart. Ein Beitrag zur Geschichte der Theologie und Philosophie des Mittelalters*, 81 pages.
2. 1843, t. XVI, 2, p. 835-893. *Der Mystiker Heinrich Suso*.
3. *Johannes Tauler von Strassburg. Beitrag zur Geschichte der Mystik und des religiösen Lebens im dreizehnten Jahrhundert*. Hamburg, Perthes, 1841, x-210 pages.

qui ne me permettent pas de le recommander[1]. » A ce jugement — partial à rebours — nous opposons celui de Preger : « Schmidt a ouvert avec son écrit de 1841 une voie nouvelle pour l'étude des mystiques allemands[2]. » Et de fait pour la première fois les manuscrits du dominicain étaient compulsés et sa doctrine exposée clairement. — Ces études de détail sur les mystiques allemands furent fondues en un grand article d'ensemble qui fut présenté en 1845 et 1846 à l'Académie des sciences morales et politiques. Aux trois noms d'Eckart, de Suso, de Tauler, M. Schmidt ajoutait celui du Flamand Jean Ruysbroeck et s'efforçait de jeter quelque clarté sur le système obscur de ce docteur. Mais ce n'est pas tout. M. Schmidt appréciait ici en philosophe les doctrines de ces mystiques ; il montrait comment elles se sont toujours continuées en Allemagne par Henri Harph, Denis le Chartreux, Jacob Bœhme, et comment, en fin de compte, elles ont abouti à la philosophie de Hegel. L'Académie goûta fort cette étude, et, au nom de la section de philosophie, M. Barthélemy Saint-Hilaire en proposa l'impression : « Nous pouvons vous assurer, disait-il à la fin de son rapport, que le recueil ouvert par vous aux savants étrangers ne recevra pas de plus sérieuse ni de plus utile collaboration[3]. »

Souvent plus tard M. Schmidt devait revenir aux mystiques. Il nous est raconté que vers 1350 Tauler fut visité par un ami de Dieu de l'Oberland qui, quoique laïque,

---

1. P. 299, note.
2. *Allgemeine Deutsche Biographie*, art. Tauler.
3. *Mémoires de l'Académie royale des sciences morales et politiques de l'Institut de France*. Savants étrangers, t. II (1847), p. 225-502. Imprimé à part sous le titre : *Essai sur le mysticisme allemand au quatorzième siècle*, 278 pages in-4°.

fortifia le religieux en sa foi et le poussa plus avant sur la route du mysticisme. Le même ami de Dieu aurait adressé une série de pieuses exhortations à Rulman Merswin, riche négociant de Strasbourg qui s'était retiré des affaires, menait en sa maison une vie de moine et composait de son côté des écrits ascétiques. M. Schmidt s'occupa presque toute sa vie de Merswin et de son mystérieux correspondant. Il a édité deux des principaux ouvrages du négociant dont les manuscrits autographes subsistent encore ; en 1855, il donna dans les *Beiträge zu den theologischen Wissenschaften* de Reuss et Cunitz le *Von den vier Jahren seines anfangenden Lebens*, l'autobiographie dans laquelle Merswin raconte les quatre années de luttes et de mortifications, prélude de sa soumission complète à la volonté de Dieu[1] ; en 1859, il publia à Leipzig, d'après un manuscrit qu'il venait d'acquérir, *Das Buch von den neun Felsen*[2], où Merswin flétrit la corruption du monde laïque et ecclésiastique et explique comment les vrais amis de Dieu seuls franchissent les neuf rochers mystiques ; à eux seuls il est donné, du sommet le plus élevé, de jeter un regard dans l'origine. Les autres écrits de Merswin seront publiés beaucoup plus tard par un des meilleurs disciples de Schmidt, Auguste Jundt[3]. M. Schmidt nous donne, entre

---

1. *Die Gottesfreunde im vierzehnten Jahrhunde. . Historische Nachrichten und Urkunden.* Tirage à part. Iéna, Friedrich Mauke, 192 pages. — Cette autobiographie, de la main même de Merswin, se trouvait mêlée à des lettres de l'ami de Dieu de l'Oberland et au *Buch von den fünf Mannen*, de ce dernier, dans un précieux recueil de l'ancienne Commanderie Saint-Jean, qui appartient aux archives du Bas-Rhin. M. Schmidt a donné, dans ce volume, outre le *Von den vier Jahren*, quelques pièces sur l'origine de la Commanderie.

2. R. Merswin, *Das Buch von den neun Felsen*. Leipzig, 1859, viii-147 pages. Le manuscrit avait été acheté peu de temps avant 1859 par M. Schmidt dans une vente. Il a été acquis depuis par la bibliothèque universitaire de Strasbourg.

3. *Das Bannesbüchlein*, chez Jundt, *Les Amis de Dieu*, Paris, 1879, et *Von den drei Durchbrüchen*, chez Jundt, *Le Panthéisme populaire*, Paris, 1875.

temps, une biographie très vivante de Merswin dont il s'était fait l'éditeur[1]. Son attention n'est pas moins attirée vers les ouvrages du correspondant, l'ami de Dieu de l'Oberland. Il édite en 1866 à Vienne (Autriche) les lettres et quelques écrits qui sont sortis de sa plume, notamment le *Livre des cinq hommes* et le *Livre des deux hommes*[2]; en 1875, il publie le récit fait par le même de la conversion d'un maître illustre qui est sans doute Tauler[3]. Il essaie de percer le mystère qui couvre ce personnage; et il prononce le nom d'un laïque qui fut brûlé à Vienne avec deux de ses disciples, Jacques et Jean, entre 1393 et 1397, le nom de Nicolas de Bâle. L'hypothèse est aujourd'hui abandonnée : M. Schmidt y a renoncé lui-même et a reconnu avoir pris un roman mystique pour un récit historique[4]. Mais est-il vrai, comme le P. Denifle l'a soutenu, que nous sommes ici en présence d'une supercherie de Merswin, que l'ami de Dieu a été inventé par lui de toutes pièces, pour maintenir mieux dans le devoir les disciples qu'il avait réunis dans l'Ile-Verte[5]? Faut-il croire au contraire, comme Jundt a essayé de le démontrer dans les *Annales de l'Est*[6], que Merswin a vécu d'une vie double, et que, perdant toute conscience de sa propre personnalité, il a écrit, dans l'*état second*, d'une écriture enfiévrée, saccadée, les lettres et les traités

---

[1]. Dans la *Revue d'Alsace*, 1856, t. VII, p. 145-162 et 193-203.
[2]. *Nicolaus von Basel. Leben und ausgewählte Schriften.* Wien, 1866, in-8°, xv-313 pages. Depuis cette édition, M. Schmidt a retrouvé un nouveau manuscrit du *Buch von den zwei Mannen.* Il appartenait à M. le chanoine Straub. M. Schmidt a noté les variantes sur un exemplaire de l'ouvrage de 1866, aujourd'hui en possession de son fils, M. le pasteur Schmidt.
[3]. *Nicolaus von Basel. Bericht von der Bekehrung Taulers,* Strassburg, 1875, 64 pages. Ce récit se trouve d'ordinaire en tête des éditions de Tauler.
[4]. *Précis de l'histoire de l'Église d'Occident,* p. 303.
[5]. *Zeitschrift für deutsches Alterthum,* t. XII et XIII (1880 et 1881).
[6]. T. IV, p. 1-117.

de l'ami de Dieu? Le problème n'est pas encore résolu : peut-être ne le sera-t-il jamais. M. Schmidt, qui a eu si souvent en mains les originaux de ces traités, a cru jusqu'à la fin que Merswin et l'ami de Dieu étaient deux personnages distincts, et sans doute il a raison. De toutes façons, il a eu le mérite de mettre ces écrits si intéressants à la portée du public et de poser le problème avec une grande vigueur.

Dans l'éclosion de ces sectes, Charles Schmidt voyait une manifestation du libre examen contre l'omnipotence de la cour de Rome qui, se constituant gardienne de la tradition, voulait imposer son joug à toutes les âmes. Les Albigeois, les Vaudois, les mystiques étaient des révoltés contre l'autorité du souverain pontife et, à ce titre, ils étaient des précurseurs de Luther et de Calvin, malgré la grande différence des doctrines et des systèmes. Voilà pourquoi M. Schmidt se sentait attiré vers eux : telle est la cause véritable qui l'a poussé à étudier leurs destinées. L'histoire de ces sectes est le prélude de celle de la Réforme. Après ces études sur le moyen âge, l'éminent professeur a abordé la biographie de quelques-uns des fondateurs de l'Église protestante. Un professeur de Bâle, le Dʳ Hagenbach, et un libraire d'Elberfeld, Friderichs, avaient formé le plan d'une collection qui devait comprendre la vie des principaux réformateurs avec quelques extraits de leurs écrits. Une première série était consacrée aux luthériens, une seconde aux réformés[1]. Les auteurs espéraient, en rendant justice aux uns et aux autres, amener un rapprochement entre les deux communions et favoriser l'extension de l'Église évangélique. Le soin de traiter de

---

[1]. *Leben und ausgewählte Schriften der Väter und Begründer der lutherischen Kirche; — idem der reformirten Kirche.*

Pierre Martyr Vermigli revint tout naturellement à Charles Schmidt, qui s'était occupé jadis de ce personnage en sa thèse de licence. Partisan de la confession d'Augsbourg, il sut rendre pleine justice à ce réformateur, toujours demeuré fidèle à la doctrine de Zwingle[1]. Il suivit Vermigli de Florence, son lieu naissance, à Naples où pour la première fois il inclina vers les doctrines nouvelles, à Strasbourg où il fut appelé à enseigner la théologie, à Oxford dont il fut l'un des maîtres les plus illustres, à Zurich enfin où il termina paisiblement ses jours en 1562. Il donna en passant les détails les plus clairs sur les grandes controverses auxquelles son héros fut mêlé touchant la transsubstantiation, la prédestination, l'ubiquité. Cet ouvrage est un tableau très vivant du protestantisme, italien, suisse, alsacien, anglais, et même français; car Pierre Martyr a joué un rôle prépondérant au colloque de Poissy et a un instant entraîné vers la Réforme sa compatriote Catherine de Médicis. Le succès de ce livre décida les éditeurs à confier à Charles Schmidt l'un des volumes les plus difficiles à écrire dans la série des pères luthériens: la vie de Philippe Mélanchthon[2]. Il se tira à son honneur de cette tâche; il sut présenter clairement la biographie de ce personnage secondaire, mais mêlé à toutes les affaires du protestantisme; il sut démêler les nuances de ce caractère conciliant et un peu ondoyant. L'ouvrage parut en 1861, peu après le 300° anniversaire de la mort de Mélanchthon. Après l'édition des œuvres faite par Bretschneider, il marquait dignement ce centenaire. Encore aujourd'hui, l'œuvre de Schmidt est la meil-

---

[1]. *Peter Martyr Vermigli. Nach handschriftlichen und gleichzeitigen Quellen* Elberfeld, 1858, viii-296 pages.
[2]. *Philipp Melanchthon.* Elberfeld, 1861, xxviii-722 pages.

leure histoire de celui qu'on a nommé le « fidèle Achate de Luther ».

Il serait injuste de ne pas au moins citer les articles de Schmidt sur l'histoire du protestantisme en France, sur le mysticisme quiétiste à l'époque de François Ier, sur les tentatives faites par ce roi pour amener l'union entre les deux communions catholique et protestante[1]. Un personnage de l'entourage de l'évêque de Meaux, Guillaume Briçonnet, le propre confesseur de la reine Marguerite de Navarre, Gérard Roussel, le captiva surtout. Bien que Roussel ne se fût jamais déclaré nettement pour le protestantisme, il raconta avec émotion la vie de cet homme qui mourut en 1550, assassiné en chaire par un fanatique, alors qu'il parlait contre les fêtes des saints[2]. Nous devons aussi mentionner la traduction qu'il fit du célèbre ouvrage allemand de Soldan sur la *Saint-Barthélemy*[3].

Dans son *Pierre Martyr Vermigli*, Schmidt raconte quelques épisodes de l'histoire de la Réforme à Strasbourg. Il eut surtout occasion d'aborder ce sujet dans sa *Vie de Jean Sturm*[4]. Jean Sturm fut la victime à Strasbourg des théologiens d'une orthodoxie rigide comme Marbach et Pappus. Pourtant dans ce livre les luttes théologiques, les querelles violentes entre les Tétrapolitains et les par-

---

1. *Beiträge zur Geschichte der Reformation in Frankreich* (dans la *Zeitschrift* d'Illgen), 1850, XX, 1. A. *Ueber den mystischen Quietismus zur Zeit Königs Franz I.* (p. 1-25). B. *Die Unions-Versuche Franz des I. zwischen katholischer und protestantischer Kirche*. La première étude a été reproduite en français : *Le Mysticisme quiétiste en France au début de la réformation sous François Ier*, Paris, 1858, 16 pages.
2. *Gérard Roussel, prédicateur de la reine Marguerite de Navarre. Mémoire servant à l'histoire des premières tentatives faites pour introduire la réformation en France*. Strasbourg et Paris, 1845, viii-211 pages.
3. *La France et la Saint-Barthélemy*; traduit de l'allemand. Paris, 1855, viii-118 pages.
4. *La Vie et les travaux de Jean Sturm, premier recteur du Gymnase et de l'Académie de Strasbourg*. Strasbourg et Paris, 1855, viii-336 pages.

tisans de la confession d'Augsbourg nous intéressent moins que les discussions plus calmes de la pédagogie. Jean Sturm, venu de Schleiden à Strasbourg comme son célèbre compatriote l'historien Sleidanus, fut en 1538 le vrai fondateur du Gymnase qu'il dirigea pendant 43 années; quand en 1566 Maximilien II eut créé l'Académie, d'où plus tard sortira l'Université, il fut aussi nommé recteur du nouvel établissement. En écrivant cette biographie, M. Schmidt, placé alors à la tête du Gymnase, rendait un hommage à son prédécesseur. Il eut occasion dans son livre d'exposer ses propres idées sur l'enseignement de la jeunesse. Tout en louant le génie d'organisation de Sturm et le nouvel essor donné par lui aux études, il regrettait qu'il cherchât avant tout à apprendre aux élèves la belle phrase cicéronienne, qu'il sacrifiât le fond à la forme, qu'il donnât pour but à l'instruction la *copia verborum*, au lieu de la *copia rerum*. Et l'on conçoit ces reproches dans la bouche de l'historien fidèle qui s'était appliqué à rassembler tous les documents sur Sturm, à réunir sa correspondance en partie encore inédite, à nous donner une idée aussi exacte que possible de son héros, plutôt qu'à nous éblouir par l'abondance de ses périodes. Il a laissé peu à glaner après lui aux historiens qui, récemment, à propos du 350e anniversaire de la fondation du Gymnase, ont recommencé la même biographie.

Ainsi, déjà au cours de ses études sur l'histoire ecclésiastique, M. Schmidt avait eu à s'occuper souvent de l'histoire de Strasbourg. Eckart a enseigné au couvent des Dominicains de cette ville ; Tauler et Merswin étaient Strasbourgeois ; Pierre Martyr a trouvé dans la cité un refuge; Jean Sturm y a dirigé le Gymnase. M. Schmidt s'initia par ses études à l'histoire locale; puis peu à peu il s'y donna tout entier; et ce sont ces derniers travaux, étrangers à ses premières études, qui surtout ont fait connaître son nom au public et lui ont valu une juste notoriété.

En 1840, l'on inaugurait à Strasbourg sur l'ancienne place Saint-Martin la statue de Gutenberg, œuvre de David d'Angers; peu de temps après, dans les archives de Saint-Thomas, M. Schmidt trouva un document important sur l'invention de l'imprimerie. Il le publia en une petite plaquette chez Silbermann[1] (1841), et ce fut son premier *alsatique*. En 1842, le congrès scientifique de France tint à Strasbourg sa dixième session. Schmidt rédigea à cette occasion une notice très substantielle sur sa ville natale[2]; il résuma son histoire en une soixantaine de pages très compactes, il décrivit ses édifices religieux et civils, il énuméra ses principaux établissements de culte, d'instruction, de charité. C'était là un *guide* excellent pour les congressistes: aujourd'hui, c'est pour nous un document historique qui ressuscite sous nos yeux, après tant de changements, le Strasbourg de Louis-Philippe.

Le Séminaire protestant, en même temps qu'il avait hérité des revenus de la collégiale Saint-Thomas et de l'Université protestante, avait gardé les anciennes archives de ces deux établissements. M. Schmidt, aussitôt après son entrée dans la maison, s'appliqua à mettre quelque ordre en ces vieux documents et à les classer. Il aimait à s'enfermer avec eux; et combien d'heures agréables il a passées en leur compagnie, dans la chambre qui regarde le quai et d'où l'on voit couler les eaux bourbeuses de

---

1. *Nouveaux détails sur la vie de Gutenberg tirés des archives de l'ancien chapitre de Saint-Thomas à Strasbourg.* Strasbourg, 1841, 8 pages.
2. *Notice sur la ville de Strasbourg.* Strasbourg, 1842, in-12, iv-302 pages.

l'IIl! Il aimait à déchiffrer ces anciennes chartes et dès lors il songea à faire profiter le public du fruit de ses recherches. Il écrivit une histoire complète de Saint-Thomas depuis la fondation du monastère au temps de Dagobert, par l'Irlandais Florent, jusqu'au jour où les chanoines, successeurs des moines, embrassèrent pour la plupart la Réforme et créèrent une École savante, origine de l'Université. L'œuvre parut en 1860. Elle nous donne les détails les plus précis sur la fondation du chapitre, sur ses relations avec les évêques et le Magistrat de Strasbourg, sur ses propriétés et ses revenus, sur son organisation intérieure, sur l'église même de Saint-Thomas et les deux paroisses qui en dépendaient: Sainte-Aurélie et Saint-Nicolas. 127 chartes ou documents servaient de preuves à cette belle monographie[1]. Ce livre devait plus tard avoir pour complément l'ouvrage auquel ces lignes servent de préface et nous aurons à y revenir.

M. Schmidt aimait sa ville natale d'une vive affection que ses études rendaient encore plus profonde. Il l'aimait doublement, d'abord pour son aspect pittoresque, pour les êtres chéris qu'elle renfermait, pour les habitudes auxquelles était attachée sa vie; puis pour son histoire passée, pour ses anciennes souffrances et ses anciennes gloires que le savant évoquait à chaque pas! Aussi pour lui, aucun détail sur son vieux Strasbourg n'était indifférent. Au cours de ses recherches, il notait avec soin toutes les indications qu'il découvrait sur les anciennes rues et les anciennes maisons; et, pendant ses promenades à travers la cité, il cherchait à identifier ces renseignements,

---

1. *Histoire du chapitre de Saint-Thomas de Strasbourg pendant le moyen âge, suivie d'un recueil de chartes.* Strasbourg, C.-F. Schmidt, in-4°, VIII-479 pages et 2 planches.

à retrouver l'état ancien sous les transformations récentes. Il savait avec précision pourquoi telle voie avait telle direction, pourquoi telle maison était construite de telle façon ; chaque pierre avait pour lui sa signification. De ces études est sorti son charmant dictionnaire : *Strassburger Gassen- und Häuser-Namen im Mittelalter*[1]. Il parut au lendemain de la guerre, en 1871, alors que beaucoup de ces vieilles demeures n'étaient plus qu'un amas de décombres. L'ouvrage n'était pas signé : mais l'on reconnut bien vite quel érudit seul était capable de dresser un pareil répertoire. L'ouvrage eut beaucoup de succès et, en 1888, à la demande de l'éditeur Bull, M. Schmidt en dut donner une seconde édition[2]. Ce succès même a fait naître des imitateurs et des continuateurs : il a décidé M. Seyboth à entreprendre son grand ouvrage : *Das alte Strassburg*, qui, après celui de Schmidt, nous a fourni sur les vieilles maisons, rue par rue, tant de renseignements intéressants.

Depuis longtemps déjà, M. Schmidt travaillait à un grand ouvrage sur les humanistes alsaciens de la Renaissance. Il publiait çà et là quelques biographies isolées, celle de Pierre Wolf dans la *Revue d'Alsace* (1855)[3], de Sébastien Brant dans le même recueil (1874)[4], de Mathias Ringmann (Philésius) dans les *Mémoires de la Société d'archéologie lorraine* (1875)[5]. Mais il voulait remanier et réunir en un recueil ces études détachées, y joindre d'autres encore, particulièrement celles consacrées à Wimpheling, à Jean Geyler, à Pierre Schott, à Thomas Murner. Chacune de ces études est un modèle de conscience his-

---

[1]. In-8°, viii-192 pages.
[2]. In-8°, 206 pages.
[3]. P. 417-469 et 481-485 ; paru aussi à part.
[4]. P. 3-56, 161-216, 348-388 ; paru aussi à part.
[5]. P. 165-233 ; paru aussi à part.

torique : ici rien que des faits puisés aux meilleures sources ; un relevé exact de tous les ouvrages manuscrits ou imprimés de chaque auteur ; une analyse fidèle de chaque écrit où rien d'essentiel n'est omis, où rien n'est ajouté ; l'ordre chronologique strictement suivi ; jamais aucun artifice de composition ou de style ; jamais de digression. Et pourtant le lecteur qui a lu ces deux forts volumes[1] s'est fait une image très nette de la société littéraire d'Alsace à la fin du xv⁰ et au début du xvɪ⁰ siècle. Sous ces yeux ressuscitent ces anciennes écoles de Schlestadt et de Strasbourg où les humanités sont remises en honneur, où l'on apprend les pures élégances de la langue latine et où déjà l'on fait une place au grec. La Renaissance en Alsace n'eut point l'éclat de la Renaissance italienne ; elle ne produisit aucune œuvre qui captive l'imagination ou séduise les sens ; elle prit un caractère plus grave, une allure un peu pédante et se voua tout de suite à l'érudition. Elle poursuivit aussi un but moral, et prépara par suite les voies à la Réforme et devint, malgré elle, comme un véhicule du protestantisme. « Si je suis hérétique, c'est à vous que je le dois », dira plus tard le stettmestre Jacques Sturm à Wimpheling. M. Schmidt était l'historien tout désigné de ces érudits probes, honnêtes qui ont avec lui comme un air de parenté ; peut-être seulement a-t-il été un peu sévère pour ceux qui n'ont pas réalisé cet idéal et qui ont été, pour ainsi dire, les aventuriers de la Renaissance : tel ce Michel Schütz, dit Toxitès, qui fit un peu tous les métiers avant de devenir l'éditeur consciencieux de Paracelse ; tel encore ce Laurent Fries, de Colmar, dont les

---

[1]. *Histoire littéraire de l'Alsace à la fin du quinzième et au commencement du seizième siècle.* Paris, Sandoz et Fischbacher, 2 vol. grand in-8°, xxxɪ-461 et 410 pages, 1879.

prédictions astrologiques furent tournées en ridicule par Rabelais. Les études sur ces deux personnages, parues l'une à Strasbourg en 1888¹, l'autre dans les *Annales de l'Est* de 1890², sont comme des compléments de sa grande *Histoire littéraire de l'Alsace*.

Les deux volumes dont cette histoire est composée avaient paru à Paris. La publication ne s'était pas faite sans difficulté. Les éditeurs hésitaient à se charger d'un livre de science qui, par son caractère même, ne pouvait compter que sur des lecteurs sérieux. Mais, un jour, ils reçurent la visite de notre grand industriel de Mulhouse, M. Engel-Dollfus, qui leva tous les obstacles. Le secret fut longtemps bien gardé et l'auteur n'apprit que sept années plus tard, par la biographie, faite par notre regretté Xavier Mossmann³, à quelle intervention son ouvrage dut de voir le jour. Nous n'avons pas hésité à répéter cette anecdote qui est tout à l'honneur d'Engel-Dollfus et de Schmidt.

M. Schmidt, en s'occupant des érudits alsaciens des xv⁰ et xvi⁰ siècles, s'appliquait à réunir leurs ouvrages et il forma ainsi une jolie bibliothèque d'incunables, sortis des presses de Strasbourg⁴. Il était fier de ces vieux livres aux caractères si nets avec leur vieille reliure grise. Il était entouré d'eux, comme d'amis, en son cabinet de travail. De bonne heure, il dressa sur fiches un catalogue des ouvrages que nous devons aux imprimeurs strasbourgeois.

---

1. *Michael Schütz, genannt Toxites. Leben eines Humanisten und Arztes aus dem sechzehnten Jahrhundert.* Strassburg, 1888, VIII-132 pages.
2. P. 522-575; paru aussi en tirage à part.
3. X. Mossmann, *Un industriel alsacien. Vie de F. Engel-Dollfus.* Mulhouse, 1886, p. 141-142.
4. Cette collection, avec les manuscrits qui ont appartenu à Schmidt, a été acquise par la bibliothèque universitaire de Strasbourg. Schmidt avait aussi fait une collection de vieilles gravures, particulièrement sur sa ville natale; elle a été donnée au Musée d'estampes de Strasbourg.

Il allait décrire ceux qu'il ne possédait pas aux bibliothèques publiques du voisinage; il fréquentait naturellement en hôte assidu la bibliothèque de Strasbourg même, et il a ainsi tenu entre les mains maint ouvrage dont l'exemplaire unique a été détruit dans la nuit à jamais néfaste du 24 août 1870. A chaque séance, son catalogue des incunables s'allongeait. L'éditeur Heitz lui demanda en ces dernières années la permission de publier ces fiches; il fit quelque difficulté à l'accorder. Certainement son répertoire renfermait des lacunes : il avait en particulier laissé de côté les livres qui ne portaient point de nom d'imprimeur; il trouvait téméraire toute identification qui reposait uniquement sur une similitude des caractères typographiques. Mais remercions M. Heitz d'avoir insisté. Ce répertoire bibliographique est fait avec un soin méticuleux qui mérite tous les éloges. M. Schmidt a laissé de côté les plus anciens imprimeurs : Gutemberg, Mentel, Eggenstein; mais il a pris tous leurs successeurs immédiats, depuis les années 1480 jusqu'en 1530;—c'est la période qu'il avait traitée en son *Histoire littéraire*; — et ainsi défilent devant nous les livres imprimés par Jean Grüninger, Martin et Jean Schott, Mathias Hupfuff, Flach père et fils, Jean Knobloch et par tant d'autres[1]. De tous ces vénérables tomes, M. Schmidt nous donne une description minutieuse; il catalogue les gravures qu'ils renferment; souvent aussi il nous fournit des renseignements sur les auteurs, sur la valeur littéraire et la popularité de l'écrit. C'est là un modèle de bibliographie intelligente. En même temps qu'il nous renseignait sur les imprimeurs des xve et

---

[1]. *Répertoire bibliographique strasbourgeois jusque vers 1530*; huit fascicules ont paru en 1893-1896. Le premier fascicule sur Jean Grüninger a eu deux éditions, l'une en 1893, l'autre en 1894.

xvi° siècles, il nous donnait de précieux détails sur les bibliothèques et sur l'industrie du livre à Strasbourg au moyen âge. C'était un sujet qui lui était cher. Il l'avait traité d'une façon sommaire en 1876-1877 dans la *Revue d'Alsace*[1]; il y revenait en 1882 dans son ouvrage: *Zur Geschichte der ältesten Bibliotheken und der ersten Buchdrucker zu Strassburg*[2] et lui donnait sa forme définitive dans un article publié par les *Annales de l'Est* (1893)[3].

Les notes prises par M. Schmidt en ses recherches aux bibliothèques et aux archives nous ont déjà valu le *Strassburger Gassennamen* et le répertoire bibliographique; mais ce n'est pas encore tout. Il a, en ses lectures, relevé tous les termes propres au dialecte strasbourgeois; et de même il a mis par écrit toutes les expressions pittoresques qu'il entendait dans la rue. Il a classé par ordre alphabétique toutes ces fiches et ainsi s'est formé le *Wörterbuch der Strassburger Mundart*[4] que Heitz vient de publier, après la mort de l'auteur. C'est un véritable plaisir pour l'Alsacien de parcourir ce dictionnaire; et je suis bien sûr qu'un sourire effleurera ses lèvres quand il trouvera les mots: *Bimbernell, Butzemummel, Dûdle, Grimpelkammer*. Tous ces termes nous sont expliqués par un vrai Strasbourgeois — j'allais écrire un autre mot — à qui ce langage était familier dès son enfance, et certainement ce dictionnaire conservera son prix, même à côté du *Wörterbuch* officiel que publient en ce moment E. Martin et H. Lienhardt, avec de très nombreux collaborateurs. Ce dictionnaire sera suivi d'un autre contenant les noms de

---

1. 1876, p. 431-431, et 1877, p. 59-83. Tiré aussi à part.
2. In-8°, viii-200 pages.
3. T. VII, p. 538-593.
4. Strasbourg, J.-H.-Ed. Heitz, trois fascicules.

lieux de la Basse-Alsace au moyen âge. Ce dernier ouvrage tiendra en partie lieu de dictionnaire topographique, et servira de pendant au volume de Stoffel pour le Haut-Rhin[1].

Le présent volume est un autre écrit que l'auteur, dans sa modestie, n'a point voulu faire paraître et que nous éditons après sa mort. M. Schmidt en conçut la première idée lorsqu'il classa les archives de Saint-Thomas et parcourut ces nombreuses chartes où il était question du paysan alsacien, des terres qu'il tenait du chapitre, des redevances qu'il lui devait payer. L'idée prit davantage corps quand il livra une partie de ces chartes à l'impression, en 1860, dans son *Histoire du chapitre de Saint-Thomas*, et elle le hanta jusqu'en 1880, date où il acheva d'écrire ce travail. M. Schmidt voulait d'abord connaître la valeur des termes techniques qui reviennent en ces documents. Il consulta les anciens dictionnaires et les ouvrages généraux sur la matière, et ne s'arrêta en ses recherches que lorsqu'il tenait le sens précis de chaque mot. Mais définir ces mots, c'est définir la condition même de la propriété et du paysan alsacien au moyen âge. Le travail philologique devenait une grande étude générale de sociologie. M. Schmidt avait traité un vaste sujet et il pouvait dès lors avoir son opinion personnelle dans la grande controverse qui naguère avait éclaté entre l'abbé Hanauer et M. Ignace Chauffour sur la situation des cam-

---

[1]. En ce moment se trouve sous presse un *Glossaire de la langue alsacienne et surtout strasbourgeoise du XIII° au XVI° siècle*, qu'on a trouvé dans les papiers de M. Schmidt. M. Schmidt laisse encore un très grand nombre de manuscrits, actuellement en possession de son fils, M. le pasteur Schmidt, de Paris. Nous citerons parmi eux la correspondance de Jean Sturm, celle de Brant, de Wimpheling, le cartulaire du chapitre de Saint-Thomas, un autre du couvent des Dominicains de Strasbourg, un répertoire des familles nobles de la Basse-Alsace, etc., etc.

pagnes au moyen âge en Alsace et notamment sur l'organisation des colonges. M. Schmidt avait fait ce travail pour se rendre compte par lui-même des choses; il l'avait fait aussi pour se délasser. Il venait de terminer son *Histoire littéraire d'Alsace*, qui lui avait coûté beaucoup de peine; il avait besoin de prendre un autre sujet; c'est alors qu'il revint au moyen âge et à ses anciennes notes qu'il mit en ordre. Oui, ce travail si solide a été fait par délassement. M. Schmidt ne connaissait d'autre repos que celui qui consiste à changer de labeur! Le travail une fois fait, il le mit en l'un de ses tiroirs, et longtemps après le donna à son petit-fils, Charles Schmidt, qui venait d'entrer à l'École des chartes. Mais une pareille étude ne devait point rester cachée; il fallait en faire profiter les historiens : nous n'avons point hésité à lui ouvrir les *Annales de l'Est* dont M. Schmidt a été de son vivant un fidèle collaborateur; et aujourd'hui nous la publions à part, enrichie de quelques appendices et d'une table des matières. Ce tirage à part est dû à la générosité des éditeurs, MM. Berger-Levrault et Cie, une maison à laquelle les amis de l'Alsace doivent une grande reconnaissance. L'étude date de quelques années déjà; peut-être, à la suite des travaux de Fustel de Coulanges sur l'alleu et le bénéfice, l'auteur eût modifié quelques-unes de ses considérations du début sur la marche germanique et sur les origines du fief; mais rien n'est à changer dans le corps même de l'ouvrage; nul n'a réussi à mieux définir la situation du paysan alsacien du XIIe au XVe siècle, les services qu'il est obligé de rendre, les impôts qu'il paie; nul n'a mieux décrit la constitution de la cour colongère et ses relations avec le village.

Dans cette énumération des travaux de M. Schmidt, nous avons dû négliger une foule d'articles publiés dans des répertoires spéciaux, comme la *Real-Encyclopedie für protestantische Theologie und Kirche* de Herzog, l'*Evangelisches Jahrbuch* de Piper, l'*Encyclopédie des sciences religieuses* de Lichtenberger; nous avons laissé de côté les comptes rendus faits par lui et disséminés un peu partout; nous n'avons même pas eu occasion de parler d'un certain nombre de ses ouvrages, comme son *Essai sur Jean Gerson*[1], son travail sur *Herrade de Landsberg*[2], sa publication de documents sur Beyckert[3], professeur au Gymnase, interné à Dijon pendant la Terreur. L'esprit reste confondu devant cette activité prodigieuse; et aucun de ces livres ne sent la hâte; aucun n'est fait de seconde main. Pour tous, l'auteur a fouillé les documents originaux, a bu à la source même. Schmidt, qui a tant écrit, n'a jamais compilé. Il était un vrai savant. Comme tel il avait le courage d'avouer ses ignorances; il ne les dissimulait pas sous des généralités banales. La loyauté de sa vie austère se reflète en ses œuvres. Et quand une fois il avait publié ses livres, il ne s'en inquiétait plus; il ne cherchait point à leur faire un sort. Jamais il n'en a tiré vanité. Il en parlait avec beaucoup de détachement, comme de livres d'autrui. Il lui suffisait de s'être rendu utile. Pourtant il dut souvent éprouver un sentiment de fierté quand l'une ou l'autre de ses conclusions avait pénétré dans le domaine public, quand elle était passée de main en main comme une monnaie de bon aloi, sans que les intermédiaires connussent de quel atelier elle sortait.

1. *Essai sur Jean Gerson, chancelier de l'Université et de l'Église de Paris.* Strasbourg, 1839, 126 pages.
2. Paru d'abord à Strasbourg en 50 exemplaires, 1897, 59 pages. Heitz vient d'en donner une seconde édition, 112 pages in-4°.
3. *Beyckert, Jean-Daniel, professeur au Gymnase de Strasbourg. Notice biographique. Relation de sa captivité à Dijon.* Strasbourg, 1893, 8, xxiii-125 pages.

M. Schmidt était le dernier représentant d'une génération d'élite, qui a fait la grandeur et la gloire de Strasbourg et de la Faculté de théologie protestante avant la terrible guerre. Il était aussi le dernier représentant des historiens de l'Alsace qui, de l'autre côté des Vosges, étaient demeurés fidèles au souvenir du passé et avaient, par leur naissance, des titres à parler au nom du pays même. Si la chaîne brisée ne doit plus jamais se renouer, qu'au moins chez nous le souvenir de l'Alsace ne s'efface point; que l'exemple de M. Schmidt ne soit point perdu; qu'il nous suscite des travailleurs zélés, se donnant pour tâche de rappeler aux Français les anciennes gloires de la province perdue.

Ch. Pfister.

LES SEIGNEURS, LES PAYSANS

ET

LA PROPRIÉTÉ RURALE

EN ALSACE

AU MOYEN AGE

LIVRE Ier

FORMATION DES VILLAGES ET CONSTITUTION DES SEIGNEURIES

CHAPITRE Ier

ÉPOQUE CELTIQUE ET ROMAINE

Lors de l'arrivée des Romains en Alsace, le pays était habité par des Celtes. Les déclarations des anciens historiens sur les limites de la Gaule, quelques noms de lieux conservés par les conquérants, deux ou trois mots qui se sont perpétués jusqu'à nos jours dans la langue populaire, des monuments de divers genres, témoignent surabondamment de la présence de la race celtique dans notre province. Les sépultures trouvées près d'un certain nombre de nos villages prouvent que ces derniers avaient été déjà des centres d'habitation. Le genre de vie de la population, ses mœurs, ses conditions sociales ont dû être les mêmes que partout ailleurs où étaient établis les Celtes, peuple essentiellement agricole; mais nous n'avons à cet égard aucun renseignement direct pour l'Alsace, nous ne pouvons que tirer quelques inductions de ce que nous apprend Jules César sur la Gaule. Sans aucun doute, il y a eu, en Alsace, contrée belle et fertile, de ces gens riches, qui, aimant la vie rurale, recherchaient, pour y fixer leurs demeures, la proximité d'une forêt ou d'un ruisseau[1]; leurs richesses ont dû consister principalement en terres, dont l'exploitation était confiée à des hommes de condition inférieure; malheureusement, la vraie nature des rapports de ces derniers avec les propriétaires nous est encore à peu près inconnue. D'après César, la classe qu'il appelle la *plebs* gauloise, était réduite à la misère par les dettes, par la grandeur des tributs, par l'oppression de ceux qui avaient le pouvoir et la fortune, et qui la traitaient comme des maîtres traitaient leurs esclaves[2]. Ce n'était pas là l'esclavage dans l'acception romaine du mot, mais un état ressemblant plutôt au servage de la glèbe. Peut-être y avait-il aussi chez nous de ces *ambacti*, dont parle encore le grand historien[3]; ils ne paraissent pas avoir été « des tenanciers chargés de corvées et de redevances en nature[4] »; on ne peut y voir que des clients qui, pour s'assurer la protection d'un grand, s'étaient mis à son service en renonçant à leur liberté. L'existence enfin des druides en Alsace est attestée par quelques monuments dans les Vosges, bien que toutes les pierres qui passent pour druidiques soient loin de mériter ce nom.

Telles ont été, autant qu'il est possible de le supposer, la population et la situation de l'Alsace avant qu'elle ne fût occupée par les Romains. Nous savons, par les découvertes ar-

---

1. ..... *domicilia Gallorum, qui, vitandi æstus causa, plerumque silvarum ac fluminum petunt propinquitates.* (César, *De bello gallico*, lib. VI, cap. 30.) — Voir sur cette partie le 1er livre du 1er volume de *l'Histoire des institutions politiques de l'ancienne France*, par Fustel de Coulanges, Paris, 1875; — de Valroger, *Les Celtes, la Gaule celtique*, Paris, 1879; — Garsonnet, *Histoire des locations perpétuelles*, Paris, 1879, p. 30 et suiv.

2. César, *De bello gallico*, lib. VI, cap. 13.

3. *O. cit.*, lib. VI, cap. 15. Les *soldurii* de l'Aquitaine (*ib.*, lib. III, cap. 22) étaient des gens de même condition.

4. Laferrière, *Histoire du droit français*. Paris, 1846, t. II, p. 111.

chéologiques qu'on ne cesse de faire tous les jours, qu'il y a eu des établissements romains, soit à l'endroit même où existent aujourd'hui nos villes et nos villages, soit dans le voisinage immédiat de ces lieux; presque partout, on a signalé des vestiges de constructions ou déterré des médailles, des ustensiles, des sculptures, des sarcophages. On doit donc admettre que le pays a été très habité; il était traversé par de grandes voies militaires et par des routes vicinales; il y avait des aqueducs, des *castella*, des bâtiments consacrés au culte; aux environs de Strasbourg stationnait une légion, qui a laissé dans le sol de nombreux monuments, témoins de son long séjour.

Mais on ne connaît que fort peu de localités désignées par des noms romains; on ne sait rien non plus de positif sur la condition de la population alsacienne sous la domination romaine. Nos plus anciens documents sur l'état des personnes et des terres ne remontent pas au delà du vii° siècle. Pour les temps qui précèdent cette date, on en est encore ici réduit à des conjectures, fondées sur des analogies.

La population était composée, comme l'indique la nature des choses, d'éléments celtiques et romains, auxquels vint se joindre de bonne heure un contingent germanique assez considérable. D'après les principes romains, la conquête aurait dû avoir pour effet de priver les anciens habitants de leurs terres; il est probable toutefois que l'Alsace n'eut pas à subir un traitement plus dur que le reste de la Gaule, dont les indigènes ne furent pas dépossédés de leurs biens; chez nous aussi, ils durent garder, les uns la propriété, les autres l'usufruit des fonds qu'ils cultivaient. Les Romains disséminés dans les campagnes ont été, outre les fonctionnaires, peu nombreux du reste, des colons militaires, des vétérans auxquels on avait assigné quelques champs. Ces colonies étaient organisées d'après les mêmes lois précises, qui régissaient cette matière partout dans le monde romain. On avait dû faire en Alsace une répartition, *sortitio*, des terres, par le ministère d'une commission *agris dandis, assignandis;* à chaque participant les *agrimen-*

sores avaient attribué une portion de ce qui n'était ni réservé à l'usage public ou au domaine impérial, ni laissé aux anciens propriétaires. Les lots, tirés au sort, devenaient la propriété de ceux qui les recevaient, mais on ne les recevait qu'à la condition de rester au service de l'État; les terres distribuées aux vétérans formaient ainsi une sorte de bénéfices militaires; on les tenait à titre de location perpétuelle, au lieu de les posséder comme des domaines libres. Dès le milieu du ive siècle, l'emphytéose, ayant pour but « l'amélioration du sol et la mise en valeur des terres incultes », était la forme la plus importante et la plus générale des concessions dans le monde romain; les législateurs espéraient arrêter par là la désertion des campagnes et la ruine croissante de l'agriculture[1]. Les vétérans, ayant besoin de colons, gardèrent ceux qu'ils trouvèrent établis; c'étaient en partie des habitants d'origine gauloise, en partie des Barbares, transplantés dans la province; leurs nouveaux maîtres leur laissèrent les terres aux conditions auxquelles ils les avaient reçues eux-mêmes; ils en firent des emphytéotes, avec défense de quitter le sol, mais avec le droit de l'exploiter contre une redevance. Ces colons, dont la condition tenait le milieu entre celle de l'homme libre et l'esclavage romain, étaient de vrais fermiers héréditaires, seulement ils l'étaient par nécessité et non en vertu de contrats.

En exceptant les fonctionnaires, les légionnaires et les vétérans, le nombre des Romains et des Latins établis en Alsace n'a pu être que très restreint; les Italiens n'ont guère eu l'habitude de se transporter et de se fixer, pour leur seul agrément, au delà des Alpes. Il pourrait donc paraître surprenant que, dès le ve siècle, notre population indigène fût devenue romaine de mœurs et qu'elle eût donné à ses divinités nationales des noms romains, s'il n'avait pas été naturel que la civilisation supérieure s'imposât, de même que dans toutes les autres parties de la Gaule, à une race intelligente, élevée

---

[1]. Garsonnet, *o. cit.*, p. 151.

déjà au-dessus de la barbarie. Les grands propriétaires ont été presque tous de ces Gallo-Romains, qui avaient adopté les coutumes des conquérants; ils possédaient chacun une ou plusieurs *villæ*, dans l'une ou l'autre desquelles ils avaient des demeures dans le style romain; les thermes, les restes de mosaïques et de peintures murales, que çà et là on a déterrés, ont appartenu sans doute à de pareilles habitations. Une partie des domaines était exploitée par les *maîtres* eux-mêmes au moyen de serfs; d'autres terres étaient cédées à des colons, qui passaient pour libres, mais qui étaient attachés au sol en qualité d'*hommes* du propriétaire[1]. Ces domaines toutefois ne formaient pas des *latifundia* aussi vastes que ceux de l'Italie ou de la province d'Afrique, dont l'étendue, trop grande pour pouvoir être utilement cultivée, a été une des causes de la décadence de l'Empire.

Il faut rappeler enfin que de bonne heure il y a eu en Alsace une nombreuse population germanique. A diverses reprises, les Romains avaient transporté sur la rive gauche du Rhin des troupes de prisonniers, formant parfois des tribus entières. A ces immigrants forcés vinrent se joindre de temps à autre des bandes, poussées soit par le goût des aventures, soit par le besoin de chercher des moyens de subsistance qu'ils ne trouvaient plus dans leur patrie; beaucoup de ces bandes, après avoir ravagé l'Alsace, furent vaincues et repoussées, mais quand l'Empire ne fut plus en état de défendre ses frontières, il en vint d'autres, qui s'établirent sur des terres vacantes, en se soumettant aux lois romaines; d'autres se mirent comme colons au service des propriétaires. Beaucoup de Germains, en outre, étaient enrôlés, sous le nom de *læti*, dans les troupes impériales et assimilés aux vétérans; ils avaient reçu des biens, à charge de prendre les armes en cas d'agression. D'autres encore servaient comme fédérés; il arriva même, vers la fin du IVe siècle, un moment où les armées n'étaient presque plus

---

[1]. On trouve déjà dans les lois romaines les expressions *dominus* et *homines vestri*. (Fustel de Coulanges, *o. cit.*, p. 222.)

composées que de ces *læti* et de ces fédérés barbares. Déjà au 1ᵉʳ siècle, la population d'origine germanique avait été si considérable, qu'on avait pu donner aux contrées longeant la rive gauche du Rhin le nom de Germanie cisrhénane; plus tard on avait divisé celle-ci en deux provinces, dites la Germanie première et la Germanie seconde; c'est à la première qu'appartenait l'Alsace.

CHAPITRE II

PÉRIODE GERMANIQUE.

§ 1. — Occupation définitive de l'Alsace par les Germains.

Pas plus en Alsace que dans d'autres pays de l'Occident, la domination romaine ne fut renversée par la force des armes ; elle s'éteignit, elle cessa d'exister. Les chefs germaniques, qui avaient commandé les armées sous l'autorité des empereurs, s'emparèrent de l'administration et de la justice, sans qu'on s'y opposât, sans qu'on parût même s'en apercevoir ; ils finirent insensiblement par gouverner en leur propre nom. L'occupation définitive de l'Alsace par les Germains ne fut donc pas l'effet d'une conquête, à la suite d'une guerre dont l'histoire ne sait rien ; amenée par les circonstances, à mesure que l'Empire s'affaiblissait, elle s'accomplit sans troubler les conditions de la vie sociale, sans bouleverser la législation existante ; les habitants d'origine celtique ne furent pas plus asservis ni dépossédés qu'ils ne l'avaient été par les Romains, et ceux de ces derniers qui restèrent dans le pays, ne furent pas forcés de se soumettre à des lois nouvelles.

Comme les Germains ne s'étaient pas établis comme conquérants, mais comme alliés ou comme colons, la population gallo-romaine n'avait aucun motif de leur être antipathique. Les races se mêlèrent par des mariages, d'où ne pouvait sortir qu'un peuple participant des qualités de chacune d'elles. Si les Germains obtinrent une certaine prépondérance, ils la durent moins à leur nombre qu'à l'ascendant de leurs chefs, successeurs incontestés des autorités militaires et civiles de l'Empire. Suivant une tradition, peu authentique, il est vrai, mais non contraire à la vraisemblance, les premiers évêques de Strasbourg auraient été des Romains ou des Gallo-Romains, Amandus, Justus, Maximin, Valentin, Solarius ; le premier qui porte un nom franc, Arbogast, a été contemporain de Dagobert Ier (entre 622 et 638). C'est vers cette même époque que l'on ne rencontre plus en Alsace que des noms allemands, tant d'hommes que de lieux ; ils supposent l'emploi usuel de la langue, et non seulement les hommes libres, mais leurs serfs, descendants de Celtes ou de Romains, sont invariablement appelés de noms tudesques[1] : preuve manifeste de la disparition des anciens souvenirs. Aucun document ne nous révèle ce qui se passa chez nous aussitôt après la cessation du régime impérial ; on se trouve, tout d'un coup, transporté, au VIIe et au VIIIe siècle, au milieu d'une population fixée au sol et habitant de nombreux villages ; il y a partout des routes, des champs, des vergers, des vignes, des pâturages, il y a des domaines constitués, des propriétaires de *villæ*, des tenanciers et des serfs. Sous ce rapport, la situation était encore la même que sous les Romains. Outre les terres cultivées, on trouvait encore dans le pays de vastes étendues couvertes de forêts, des terrains incultes, des marécages, des sables stériles. Beaucoup de ces terres sans maître furent occupées par des chefs germaniques qui, comme nous le dirons plus bas, les partagèrent avec leurs gens. Celui qui devenait propriétaire d'un domaine déjà exploité, en gardait les colons, qui ne changeaient ainsi que de maître sans changer de condition ; ils durent se montrer peu sensibles à ce changement, par lequel leur état social n'était ni aggravé ni amélioré. Bien des choses introduites par les Romains et devenues des habitudes furent ainsi conservées ; les Germains les adoptèrent, en y mêlant parfois quelques-unes de leurs propres coutumes, mais ils ne modifièrent ni les principes généraux qui régissaient la propriété et son usage,

---

1. Dans les *Traditiones Wizenburgenses*, on rencontre quelques noms latins, mais ce ne sont que des noms bibliques ou de saints, qu'avaient adoptés les religieux de l'abbaye.

ni la délimitation de la terre cultivable telle qu'elle existait. Quant aux rois, ils s'adjugèrent les anciennes terres domaniales ; le fisc romain devint le fisc royal des Mérovingiens et des Carolingiens.

§ 2. — Noms des villages.

Dès le viie siècle nos villages paraissent avec des noms allemands, dont la plupart sont formés de noms d'hommes. Comme rien n'est moins admissible qu'une extinction totale des familles gallo-romaines, il faut croire que plus d'un de ceux dont les noms se retrouvent dans les dénominations des villages, a été le descendant germanisé d'un ancien propriétaire et qu'à la *villa*, dont il avait hérité de ses ancêtres, il a donné son nom nouveau. D'autres villages furent appelés d'après des Germains, fondateurs de colonies ; le premier occupant devenait le propriétaire libre, le *dominus* de ce qu'il s'appropriait, et la terre où il s'était fixé fut désignée par son nom. On faisait de même quand on reconstruisait un village qui, pendant quelque invasion d'aventuriers, avait été saccagé. La *villa Gundwino* (aujourd'hui Gunstett[1]), mentionnée dans les chartes de 699 et 715, était ainsi appelée d'après un certain Gundwin, dont le fils, Ermbert, avait établi non loin de là le village d'*Ermenbertovillare*[2]. En 718, Chrodoin donna à l'abbaye de Wissembourg, entre autres biens, ce qu'il possédait à *Actulfovillare, quam ego de novo edificavi*[3]. Aginon fonda *Aginonivilla* (Hegeney, près de Haguenau[4]) ; en 786 son fils Engelbert le céda, comme étant son héritage, à la susdite abbaye[5]. Ces exemples suffiront pour justifier notre opinion que les villages, tels que *Eckeboldisheim* (Eckbolsheim), *Lingolfisheim* (Lingolsheim), *Liupoldesheim* (Lipsheim), *Tunginisheim* (Dinsheim), *Gundoldes-*

---

1. Gunstett, canton de Wœrth.
2. *Tradit. Wizenb.*, p. 196, 208, 216, 231.
3. *O. cit.*, p. 183.
4. Canton de Wœrth.
5. *O. cit.*, p. 88.

heim (Gundolsheim), *Otmaresheim* (Otmarsheim), et cent autres dont il serait trop long de donner la liste, doivent leurs noms à ceux qui, à un titre quelconque, en ont été les maîtres. Du nombre de ces derniers ont aussi été les rois des dynasties mérovingienne et carolingienne; ils ont possédé en Alsace des *villæ* royales, Kirchheim, Marlenheim, Erstein, Sermersheim, etc. Pendant plusieurs siècles les souverains allemands furent propriétaires d'un assez grand nombre de localités pareilles; tantôt ils les concédèrent à l'évêque ou à une maison religieuse, tantôt ils les engagèrent ou les donnèrent en fief à des nobles.

En latin le terme le plus fréquent pour désigner un village de cette époque a été *villa*; en effet, le village germanique primitif n'a pas été autre chose que la *villa* gallo-romaine, une maison rurale avec ses dépendances, entourée des habitations des colons. Au lieu de *villa*, on rencontre aussi *villare*, mot qui dans ce sens n'avait pas été usité dans la langue classique; on n'avait connu *villaris* que comme adjectif de *villa*[1]; dans la basse-latinité *villare* paraît de bonne heure comme synonyme de *villula*, ferme isolée, petit hameau, ou bien comme identique avec *villa*. En allemand on en fit *Wilre*, *Wiler* (*Weiler*), qui se trouve souvent comme terminaison d'un nom de lieu commençant par un nom d'homme : *Bodoldeswilre* (Balschwiller), *Rapertivilare* (Reipertswiller), *Ratrammesvilare* (Ratzwiller), etc. D'autres termes, plus fréquents encore, sont *heim*, vieux allemand pour domicile, et *dorf*, la forme germanique la plus ancienne pour village[2]. Dans l'origine, ces diverses dénominations étaient employées chez nous indifféremment pour la même localité : *Biberesheim* ou *Biberesdorf*, *Bruningovilla* ou *Bruningesheim*, *Gerlaicovillare* ou *Gerlaichesdorf*, etc.

Les Germains, qui venaient en Alsace pour y chercher une patrie nouvelle, ne se fixaient pas toujours près d'un ancien

---

1. *Villares gallinæ*, poules élevées dans la villa. (Pline, *Hist. Nat.*, X, 41, 57.)
2. Graff, *Sprachschatz*, t. 4, p. 946; t. 5, p. 221.

village de la période romaine. Bien souvent ils s'emparaient d'un terrain vague pour le cultiver, ou d'une portion de forêt pour la défricher; ce terrain, qu'ils prenaient *de deserto, de cremo,* ils l'entouraient d'une clôture; pour l'exploiter, ils attiraient des colons, ou établissaient comme tels les gens qu'ils avaient amenés avec eux. Le nom qu'on donnait à la partie prise sur le désert était *adprisio, captura,* en allemand *Bifang*, de *befangen,* enfermer, enclore. Celui qui se l'était appropriée en restait le propriétaire héréditaire. La loi bavaroise autorisait ces prises; les rois, depuis qu'ils se considéraient comme ayant le domaine du *desertum,* les permettaient de même; ils défendaient de troubler en leur possession ceux qui les avaient opérées « pour faire porter à la terre des fruits »[1]; ils comprenaient la nécessité de protéger et de développer l'agriculture. Plus d'une fois, ces propriétés gardèrent le nom de *Bifang,* qui rappelait leur origine. En 1268, le margrave Henri de Hachberg vendit aux johannites de Rhinau un grand *prædium* à Diebolsheim, *vulgariter nuncupatum in dem Bifang*[2]. Ailleurs le *Bifang* primitif paraît avoir été morcelé, mais la qualification demeura attachée à l'ensemble des champs; dans chacune des deux banlieues de Bettenhoffen et de Kilstett, qui se touchent, il y avait encore au XIVe siècle un canton rural appelé *der Bifang;* dans les premiers temps, les deux n'avaient formé évidemment qu'un seul domaine[3].

Des domaines du même genre ont été désignés quelquefois par le nom de *Haftung.* Ce terme, qui est rare dans notre province, ne peut venir que de *haften,* être attaché, tenir à quelque chose. En 820, le comte Hugues, faisant un échange avec l'abbaye de Wissembourg, lui donna entre autres tout ce

---

[1]. En 721 Thierry IV confirma à l'abbé de Marmoutier une *terra quam de deserto... preoccupaverat.* (*Als. dipl.,* t. 1, p. 29.) — Une *captura* mentionnée dans une charte de Fulde de 801; une autre de 812: *ipsam capturam nominamus Theotricheshus et Engilrihes;* ce dernier la donna à l'abbaye de Fulde. (*Traditiones fuldenses,* p. 12, 106.) — Capitulaires de 813, c. 3 et de 814; *Capit.,* éd. Baluze, t. 1, p. 551. Borétius, I, p. 261; II, p. 27.

[2]. Archives de Basse-Alsace.

[3]. *Im Bifang,* plusieurs fois aussi dans la Haute-Alsace. Stoffel, 1re édit., p. 16.

qu'il possédait *in villa Brunnon* (Niederbronn), *excepta illa ecclesia et illa haftunna*[1]; il se réservait l'église et une *haftunna*, c'est-à-dire une *Haftung*, un grand corps de biens contigu. On retrouve le mot dans le même sens à Weyersheim et à Geispolsheim[2].

Enfin, il y a le terme de *colonia*, pour désigner une propriété composée de champs, de prés, de vignes, et cultivée par des colons; le mot devint synonyme de manse[3].

C'est au milieu d'un pareil domaine, pris sur le désert, que celui qui se l'était approprié, établissait soit sa demeure, soit une simple ferme, *curtis, grangia*, pour l'exploitation. Autour de la maison du maître, ou autour de sa ferme, s'élevèrent successivement les cabanes des colons et les huttes des serfs; c'est ainsi que se formèrent de nouveaux villages et qu'on peut expliquer les noms locaux qui se terminent par *husen* et *hofen*[4].

D'autres villages furent désignés d'après des particularités de leur situation sur une colline ou dans une vallée, près

---

1. *Trad. Witzenb.*, p. 74.

2. Dans les *Tradit. fuld.*, p. 85, on trouve de même: *donamus... exceptis vero haftunnis. — Haftunga, capticitas.* Graff, t. IV, p. 748; *obligatio, arrestum, arrha.* Haltaus, *Glossarium germ. medii ævi.* Leipz., 1758, f°, p. 773. Appliqué à une terre, le mot doit avoir eu un autre sens. Ducange, t. 3, p. 614, l'explique par *certus ac determinatus agri modus*; de même Grimm, *Rechtsalterthümer*, p. 535, note. Graff, t. IV, p. 743, a le subst. *Haftân* (abl.), *connexione*; le verbe est *haften*. — *Ein Matte, heisset die Haftunge*, Weyersheim, XIII° s., 1317; *in der Hoftunge*, Geispolsheim, 1430, estropié in der *Hefftunde*, 1153.

3. Formules de Marculphe. *Capitul.*, éd. Baluze, t. 2, p. 390, 400. — *Tradit. fuld.*, p. 39, etc.

4. Comp. ci-dessus, p. 11, note 1, la *captura* dite *Theotricheshus*, maison où demeure Théotrich. — *Husen, Hausen* avec noms d'hommes: *Buotzoldes husa* (Bosselshausen), *Luitoldeshusa* (Lishausen), *Willingeshusen* (Wilshausen), etc. D'autres *Hausen* sont dénommés d'après leur situation: Harthausen, Mulhausen, Mittelhausen, Nordhausen, Osthausen, Sundhausen, Westhausen. — *Guntershusen*, 1293, dans la banlieue de Bossendorf, *curtis Gutenhusen*, 1233, près de Rosheim, *Liebenhusen*, 1345, dans la banlieue de Rosenwiller, *Meinartzhusen*, 1272, dans celle de Dahlenheim, étaient restés simples fermes.

Hofen avec noms d'hommes: *Adelhardeshoven* (Adelshofen), *Brunichoven* (Brinighofen), *Gumprehtshoven*, *Guntershoven*, etc. — *Künigeshoven*, *curia regis*, ancienne villa royale; *Pfaffenhoven*, fondé par un chapitre ou une abbaye. — Osthofen, 715, Westhofen, 739, Sundhofen. — Simples fermes: *Appenhoven*, 1293, dans la banlieue

d'un ruisseau, d'une source, d'une forêt, d'une chapelle, d'une église, etc.[1].

§ 3. — Partage des terres.

Jusqu'ici nous n'avons considéré les villages qu'au point de vue de celui qui en était soit le propriétaire par héritage, soit le fondateur, et qui leur avait donné le nom. Ce *dominus* avait gardé, avons-nous dit, les colons indigènes établis sur le sol ou, à défaut de ceux-ci, il en avait appelé d'autres. Mais plus d'un, appartenant à une race germanique transrhénane, n'était venu en Alsace qu'accompagné de ses fidèles ; quelle est la part qui fut assignée à ces derniers, qui passaient pour hommes libres, malgré la dépendance qu'ils avaient acceptée à l'égard de leur chef? Suivant quelques auteurs, la possession et l'exploitation de la terre étaient réglées, dans les sociétés primitives, d'une façon partout identique ; la propriété collective a

---

de Bergbietenheim ; *Grevenhoren*, 1369, dans celle de Kurtzenhausen ; *Waldeneshova*, xe siècle, *Waldonis curia*, 1141, dans celle de Singrist.

Quelques noms de villages sont formés avec *Stat*, *Stelle*, lieu d'habitation : *Bardestat* (Berstett), *Selestat*, *Rinstette* (Richstett), *Halstat*, etc.

Villages fondés par les évêques : *Bischorisheim* (Bischheim), *Bischoresholz* (Bischholz), *Bischoriswilre* (Bischviller et Bischwihr).

Le plus ancien nom donné aux habitations villageoises germaniques a été *Bur* (Graff, t. III, p. 18), plus tard il fut réservé aux cabanes des serfs, tandis que les maisons des hommes propres et des colons reçurent la dénomination de *Hof*, *curtis*, cour, comprenant l'ensemble des bâtiments nécessaires à la vie agricole. *Bur* se conserva en Alsace dans la composition de quelques noms de hameaux et de villages : *Illebure* (Illkirch), *Eckesbure*, *Belebure* ; par ce dernier terme on entendait une chapelle, un petit oratoire, élevé au milieu des champs ; quand autour de l'édifice se furent groupées quelques maisons, celles-ci gardèrent tout simplement le nom de *Belebure* ; il y en a plusieurs en Alsace. *Hofen* et *Buren* (canton de Soultz-sous-Forêts), appartenant jadis au chapitre de Saint-Pierre-le-Jeune, doivent s'expliquer sans doute par fermes des colons et cabanes des serfs. Le mot *buron* est encore usité dans quelques parties de la France pour maison de paysan. En Champagne, il y a un village Buro (1135, *Bura*) et deux Burey.

[1]. Rivières et sources : Andlau, Scherviller, Breitenbach, Bruchbach, Dieffenbach, Hagenbach, Luterbach, etc. Altbrunn, *Baldeburne* (Balbronn), Brunstatt, *Burne* (Nieder- et Oberbronn), Burnhaupt, Kaltenbrunn, etc. Collines et montagnes : *Hugesbergen* (Hausbergen), Bergheim, Heiligenberg, etc. Bois et forêts, essarts, nature du terrain : *Birke* (Birkenwald), *Eichahe* (Eichhofen), Jungholz, Kestenholz, etc. *Ottenrode* (Ottrott), *Gerüte* (Geteuth), Grendelbruch, Gries, Riedheim, Sand, les divers Soultz. Églises : Altkirch, Feldkirch, *Helfradeskirche* (Helfrantzkirch), Singrist, en latin *Signum Christi*, etc.

précédé la propriété individuelle; dans quelques contrées, fort éloignées les unes des autres, elle a été la forme la plus ancienne; çà et là elle est même en usage encore aujourd'hui[1]. Ce principe peut être vrai quand il s'agit de sociétés réellement primitives, mais à l'époque dont nous parlons il n'y avait plus en Alsace de société de ce genre. Les Germains, en occupant définitivement le pays, y avaient trouvé un ordre de choses régulier, auquel ils s'étaient soumis et habitués quand avait encore duré la domination romaine; celle-ci ayant cessé, ils ne firent pas table rase, ils se bornèrent à se substituer aux anciens maîtres, en adoptant les bénéfices d'une civilisation plus avancée. Néanmoins on a soutenu que les premières agglomérations d'habitants germaniques de la campagne ont été chez nous des associations, qui ont eu en commun l'usage de toutes les terres comprises dans leurs marches (*Markgenossenschaften*). Mais, outre qu'on a singulièrement exagéré l'importance de ces associations, sur lesquelles, au fond, on n'a que fort peu de renseignements positifs, on n'a tenu aucun compte de ce qui avait existé chez les Celtes et chez les Romains; on a raisonné d'après l'ancienne hypothèse d'une invasion et d'une conquête, qui auraient mis au pouvoir des Germains un pays presque inhabité et n'ayant aucune tradition. On sait combien cette hypothèse est contraire à la réalité des faits. La seule chose vraie, c'est que les Germains ont introduit en Alsace l'idée de la *Mark;* peut-être même serait-il plus exact de dire qu'ils n'en ont apporté que le mot, une démarcation des terres dépendant d'une *villa* n'ayant pas été une nouveauté. Quoi qu'il en soit, l'usage commun de certaines parties de la marche ne saurait être contesté; mais il est tout aussi incontestable que chacun de ceux qui y participaient a eu à sa disposition une part de propriété individuelle[2]. Les

---

1. De Laveleye, *Les Formes primitives de la propriété* (*Revue des Deux-Mondes*, 1872, passim).
2. Inama-Sternegg, *Die Ausbildung der grossen Grundherrschaften während der Karolingerzeit*. Leipz., 1878, p. 6, 12 et suiv.

Germains ont eu la coutume de se réunir en bandes guerrières; celles-ci se donnaient des chefs, qu'elles suivaient dans les combats et avec lesquels elles se fixaient là où ils s'arrêtaient pour s'établir. Quand dans une *villa* romaine abandonnée on trouvait des habitants, colons de l'ancien propriétaire, on ne songeait ni à les expulser, ni à les dépouiller; dans quel intérêt les aurait-on chassés d'un sol qu'ils cultivaient mieux que n'auraient pu le faire les nouveaux venus, étrangers encore à la vie agricole? Mais toutes les terres n'étaient pas encore livrées à la culture, de grandes étendues attendaient encore le travail de l'homme pour être fécondées. Soit près d'une *villa* dont un Germain prenait possession, soit là où il opérait sa *prise* et fondait sa colonie nouvelle, il trouvait de quoi récompenser la fidélité de ses compagnons; il ne s'emparait d'aucun fonds qui avait son maître; ni les Francs, ni les Alémans n'ont procédé à un partage des propriétés privées, ils ne les ont pas englobées davantage dans une propriété commune de la marche. La preuve qu'outre l'*Almend* il n'y a pas eu de propriété commune est fournie par les lois barbares elles-mêmes; il est parlé de bornes, *termini*, des biens particuliers, on prévoit des contestations au sujet de ces bornes, on prend des mesures contre ceux qui empiètent sur le pré, le champ, l'essart d'un voisin; les *consortes*, les *commarchani*, mentionnés dans les lois, ne sont pas des gens qui ont avec d'autres la cojouissance de terres différant du communal proprement dit, ce ne sont que les habitants d'une même marche, partout les lois supposent le sol cultivé partagé entre des propriétaires divers[1].

Nous n'avons aucun texte sur la manière dont fut faite en Alsace la répartition entre les fidèles des chefs. D'après

---

1. *Si quis dum arat, vel plantat vineam, terminos casu non voluntate excellerit..... Quotiescunque de terminis fuerit orta contentio... Lex Bajuv.*, tit. XI, cap. 2, 3. *Capitul.*, t. 1, p. 123. — *Si quis homo pratum vel agrum vel exartum alterius, contra legem malo ordine invaserit et dicat suum esse... Ib.*, tit. XVI, cap. 1, § 1; o. cit., p. 133. — *Ille homo qui hoc testificare voluerit, commarchanus debet esse. Ib.*, tit. XVI, cap. 1, § 2. *L. cit.* — « Les lois franques, dit M. Fustel de Coulanges, t. 1, p. 460, ne sont pas faites pour une troupe vivant en commun, mais pour une société où l'indi-

César et Tacite, les anciens Germains faisaient chaque année des partages de la terre cultivable ; leurs chefs distribuaient les lots soit entre les familles, soit aux membres de la communauté suivant leur rang ou leur dignité ; chacun n'avait la jouissance de son lot que pendant un an, après quoi on lui en assignait un autre[1]. Pour expliquer cette coutume, il faut admettre que, selon la nature du sol, les parts étaient de valeur diverse et qu'on avait établi un roulement afin de ne pas créer de privilèges[2]. Dès le VIe siècle, ce mode, possible avant le contact des Germains avec le monde romain et notamment avec la Gaule romaine, fit place à un autre, plus conforme aux besoins d'une population devenue sédentaire. On ne paraît avoir retenu que le principe, dont parle Tacite, de faire la répartition *secundum dignitatem*, principe qui, du reste, était aussi celui de la législation romaine ; on ne détermina pas uniformément des parts égales pour tous, on partageait suivant la richesse ou la position des compagnons du chef ; ce n'est qu'à ceux qui étaient de condition égale qu'on destinait des parts égales. Ces lots ont-ils été tirés au sort ? Il est des savants qui en doutent. On sait toutefois qu'en bien des occasions les Germains, même après leur conversion au christianisme, ont eu l'habitude de consulter le sort ; il faut ajouter que là encore la coutume germanique était d'accord avec la pratique romaine ; c'est par un partage au sort que, dans les

---

vidu vit et possède isolément... Si la terre était en commun, les lois ne régleraient que des partages de jouissance ; ce qu'elles constituent, au contraire, c'est toujours la propriété individuelle. »

1. Les Germains « *agriculturæ non student, ...neque quisquam agri modum certum aut fines habet proprios, sed magistratus ac principes in annos singulos gentibus cognationibusque hominum, qui una coierint, quantum, et quo loco visum est, agri attribuunt, atque anno post alio transire cogunt* ». (César, *De bello gallico*, lib. VI, cap. 22.) César ajoute les diverses raisons qu'on donnait pour expliquer ce système. — « *Agri pro numero cultorum, ab universis in vices occupantur, quos mox inter se, secundum dignationem, partiuntur ; facilitatem partiendi camporum spatia præstant. Area per annos mutant, et superest ager.* (Tacite, *Germania*, cap. 26.)

2. Garsonnet, p. 44, 516. De Valroger, p. 95 et suiv. De pareils partages périodiques entre les membres d'une commune se faisaient encore, jusque dans les temps modernes, dans quelques contrées de la Hollande, de l'Allemagne et de la Suisse. (Garsonnet, p. 575 et suiv.)

provinces conquises, on avait attaché au sol les vétérans chargés de le défendre[1]. Chez les Germains le tirage avait lieu pour les portions de grandeur égale, qui devaient échoir à des hommes de condition égale. On connaît des localités où cet usage, quand la commune faisait l'acquisition de nouvelles terres, s'était conservé jusqu'au XVI° siècle[2].

Après le premier partage on n'en fit plus d'autre, excepté parfois pour quelques terrains restés communaux ; chacun garda son lot comme propriété libre et individuelle ; il formait sa *sors*, sa *portio*, son *Lüs (Loos)*[3], pièce d'une grandeur déterminée, pouvant servir de champ ou de pré. En 730, Théodon vendit au couvent de Murbach sa *portio* dans la marche de Hamarisstad (près de Neuf-Brisach) pour trente sous[4].

Dans une charte de 828, concernant l'abbaye de Schwarzach, il est parlé d'une *sors una* à Meistrazheim et de *sortes duæ* à Freistett (pays de Bade) ; dans une de 847 on mentionne quatre *sortes* dans le *pagus* de la Sarre[5]. Dans beaucoup de banlieues de l'Alsace il a existé au moyen âge, et encore plus tard, des champs appelés *die Lüsse, in den Lüssen ;* on avait même conservé le terme comme nom d'une mesure, particulièrement pour les prés : *unum luz prati*, Ingenheim 1271 ; *duæ partes prati quæ dicuntur luzze, ein halp luzze mit matten*, Truchtersheim, XIV° siècle, etc. Dans un document de 1351, relatif à des biens à Mommenheim, on lit : *ein lüs ist ein mannesmalle ;* ce passage est important, en ce qu'il semble révéler la contenance d'un lot : une *mannesmalle* était un pré qu'un homme pouvait faucher en un jour. Si l'on juge par analogie,

---

1. Comp. Ducange, t. 6, p. 305.
2. En 1536, la commune de Thöss, dans le canton de Zurich, ayant acheté des terrains en nature de champs, de prés et de bois, les partagea *wie es das Los: jedem geben hat.* (*Weisthümer*, t. 1, p. 111.) — Garsonnet, p. 46, admet aussi le tirage au sort des lots.
3. *Si quis in sortem alterius fuerit ingressus... Lex Ripuar.*, tit. LX, cap. 5. *Capitul.*, t. 1, p. 45. — *Terra, quam pater ejus sortis jure possidens, mortis tempore reliquit... Lex Burgund.*, tit. XIV, cap. 5. — *Portio quod* (sic) *in villa illa... habuisse visus est.* Form. de Marc. *Capitul.*, t. 2, p. 390.
4. *Als. dipl.*, t. I, p. 13.
5. Grandidier, *Hist. de l'Ég. d'Als.*, t. 1, p. CLXXXVII. — *Tradit. Wiz nb.*, p. 191.

un *champ* formant un lot a dû correspondre à ce qu'on appelait un *jurnale*, c'est-à-dire un arpent qu'on pouvait labourer en un jour avec un seul attelage. Je ne crois pas me tromper en voyant dans cet emploi permanent du mot *Lüs* un souvenir de l'ancien partage des terres ; les principaux d'entre les fidèles d'un chef avaient reçu chacun, selon sa dignité, plusieurs de ces lots, chacun des autres n'en avait tiré au sort qu'un seul. Certains *Lüsse* avaient même gardé les noms des propriétaires : à Achenheim on trouvait *des Zoter Lüsse*, à Melsheim *des Golderates Lüsse*. Il y a plus : quiconque a parcouru l'Alsace a remarqué des cantons ruraux, divisés en bandes parallèles, de longueur et de largeur égales ; qu'est-ce, sinon les anciens *Lüsse?* Ils présentent une image frappante de la répartition primitive ; après plus de douze siècles, et malgré les changements de propriétaires, la disposition et les dimensions de ces champs n'ont pas varié un seul instant.

On voit ainsi que dès la période mérovingienne la propriété privée était établie chez les Germains habitant l'Alsace. Dans l'origine, ceux qui ont reçu des lots sont des hommes libres, pouvant librement disposer de leur portion ; à la différence des simples colons, ils n'ont pas seulement la jouissance de leurs terres, ils en ont la propriété, tout en restant dans une certaine subordination à l'égard de leur chef, devenu le *dominus*, le seigneur de la colonie ou de la *villa*.

§ 4. — Marche. — Finage.

La *villa* formait le domaine, *prædium*, *allodium*, de celui qui l'avait établie ou qui la possédait comme patrimoine venant de ses pères. Les villages, comme centres d'habitation, étaient encore peu considérables ; tout autour se trouvaient des fermes isolées ou de petits hameaux, *villulæ*, *Wiler*, qui dépendaient du même seigneur que la *villa*. On pourrait citer un grand nombre de ces hameaux situés non loin des villages dont ils faisaient partie ; les uns étaient simplement désignés par *der Wiler*, d'autres portaient le nom d'un homme, d'autres encore rappelaient une particularité locale[1].

Tout l'ensemble du *prædium* était délimité par des bornes diverses ; des fossés, des pierres, des arbres portant des incisions, des chemins, des rivières marquaient les confins. La *Lex Baiuvarorum* suppose cet usage comme établi depuis longtemps[2]. Il ne s'agissait pas encore d'une banlieue, on ne voulait qu'indiquer les limites d'une propriété. Ces limites constituaient le finage, *finis*, dont le synonyme était *marca*, *Mark*; on sait que le sens primitif de ce mot a été frontière. Comme jadis en Germanie c'étaient les forêts qui avaient formé la limite des populations, parsemées avec leurs cultures dans les clairières, on leur avait donné quelquefois plus spécialement le nom de *Mark*; dans cette acception, le nom ne subsista en Alsace que pour les grandes marches forestières, dont nous parlerons plus bas, et avec lesquelles il ne faut pas confondre les marches qui paraissent si souvent dans nos documents du VIIIe et du IXe siècle ; là le mot *marca* est pris généralement pour *finis*, lors même qu'aucune forêt ne formait la limite ; souvent même la *marca* est identifiée avec la *villa : in fine vel in marca Wiccobrocho*, 743 ; *quod in ipsa fine vel in ipsa marca visus sum habere*, 741 ; la *villa* de Wasselonne avec tout ce qui est situé *in ipsa marca*, 754 ; *in marca Franchenheim*, 774 ; *in villa vel in marca Bruningesthorf*, 798 ; *in villis vel in marcis quæ dicuntur Scaphusa vel Urenheim*, 782 ; *in villa quod* (sic) *dicitur Echenheimomarca ; in villa vel marca que nuncupatur Niuvora*, 840 ; *in villa vel marca que dicitur Liutolteshusa*,

---

1. *In villa nuncupante Gerireshusa seu et in marca que dicitur Senheimeomarca, quantumcunque in ipsa villa vel in ipsa marca seu in ceteris villulis circumiacentibus de proprietate habere dinoscor*, 839. (Tradit. Wizenb., p. 160.) Dans la Basse-Alsace, je connais près de trente banlieues avec des biens dits *bi dem Wilre*. Il y avait à Imbsheim un Bruckwiler, à Hohwiller un Gumpenwiler, à Ebersheim un Hegenwiler, à Börsch un *nemus quod dicitur Hubwiler*, à Bettenhofen un Reimbrehtzwiler, à Schafhausen un Siwiler ou Sigewiler, à Lohr un Sinnewiler, à Rumersheim un Sunderwiler, à Epfig un Vinkenwiler, à Littenheim un Witrotwiler, etc.

2. Tit. XI, Capitul., t. I, p. 123. Les marques sont des *aggeres terræ, lapides notis evidentibus sculpti, notæ incisæ in arboribus*.

855[1]. Les deux noms ont pu être pris l'un pour l'autre, parce que tout village avait sa *Mark*, et que toute *Mark* dépendait d'un village[2]; la *Mark* était la partie non bâtie, les terres cultivées, les forêts, les pâturages, les terrains vagues.

Des formules très détaillées énuméraient les biens dont se composait une *villa* ou *marca*, en tant qu'elle formait un *prædium* ou domaine : c'étaient des maisons, des cabanes, des granges, des terres mises en culture et des terres incultes, des champs, des prés, des vignes, des vergers, des bois, des serfs, des troupeaux, des cours d'eau, parfois des moulins[3]. Pour ne rien omettre, on ajoutait souvent *cum quæsitis et inquirendis*, ou bien *quicquid dici aut nominari potest*[4]. Des formules de cette espèce se retrouvent jusque dans des chartes du xiiie siècle[5].

§ 5. — Progrès de la grande propriété.

La grande propriété a existé en Alsace dès les plus anciens temps. Des Celtes, des Gallo-Romains, des Germains ont été successivement propriétaires de domaines et de *villæ*. A côté de ces hommes riches et puissants il y en avait d'autres moins fortunés, mais qui étaient libres et qui possédaient leur fonds comme patrimoine personnel; c'étaient surtout ceux qui, lors d'un partage de terres entre les fidèles d'un chef, n'avaient reçu chacun qu'un lot unique. Cet état des choses est modifié au moins depuis le viiie siècle; la moyenne et la petite propriété sont absorbées de plus en plus par la grande. Aucune loi, aucune coutume n'empêchait le particulier de disposer de son bien, de le morceler, de l'aliéner par cession ou par vente. Les uns abandonnent ce qu'ils possèdent et cessent d'être hommes libres, les autres augmentent leur fortune par des

---

1. *Tradit. Wizenb.*, passim.
2. Garsonnet, p. 43.
3. *Tradit. Wizenb.*, p. 19, 22, 24, 33, etc.
4. *Als. dipl.*, t. I, p. 113, 122. — Grandidier, *Hist. de l'Église de Strasbourg*, t. II, p. CCLXIII.
5. P. ex. *Als. dipl.*, t. I, p. 327, etc.

achats ou en recevant des donations et acquièrent ainsi une richesse et un pouvoir qui les élèvent bien au-dessus du reste de la population.

Diverses causes ont amené ce résultat. Comme les hommes libres étaient seuls appelés au service militaire, beaucoup d'entre eux, pour se soustraire à un fardeau devenant tous les jours plus lourd, firent le sacrifice de leur indépendance, en cédant leurs biens à des églises ou à des laïques riches. Les grands profitèrent de cette disposition des petits, pour les forcer de leur vendre ou de leur donner ce qu'ils possédaient[1]. D'autres fois le besoin de se procurer une protection efficace contre les violences, si fréquentes dans ces temps de troubles, engage un homme de condition médiocre à aliéner son bien et sa liberté, il se *recommande* à un seigneur, il se met sous sa tutelle, il devient son *homme* et reprend, contre une redevance, l'usufruit de ses champs. D'autres fois encore les terres sont données aux églises par des personnes qui n'ont pas d'enfants, par une veuve qui a perdu son fils unique, ou par quelqu'un qui avait reçu des bienfaits d'une maison religieuse[2]. Ajoutez à cela les partages que les pères faisaient entre leurs fils et qui, diminuant l'importance du patrimoine primitif, portaient les enfants à se dessaisir de leur héritage.

La loi permettait aux hommes libres de donner leurs biens à des églises et de les reprendre comme bénéfices, tantôt pour l'usage viager, tantôt à titre héréditaire[3]. Nous aurons à revenir sur ce fait, nous ne l'indiquons ici que pour constater que ceux qui ont eu ainsi la faculté de céder leurs terres, n'ont pu l'avoir que parce qu'ils ont eu la pleine et entière propriété de ce qu'ils abandonnaient. En les reprenant contre un cens, ils descendaient à un rang inférieur, qui ne leur laissait plus qu'une liberté restreinte. La liberté complète suppo-

---

1. La preuve en est dans un capitulaire de 805, cap. 16. *Capitul.*, t. I, p. 427 (Borétius, t. I, 125).
2. Par ex. *Tradit. Wizenb.*, p. 15, 22, 39, 52.
3. *Lex alem.*, tit. I et II. *Capitul.*, éd. Baluze, t. I, p. 57.

sait la propriété; on n'était réputé homme libre que quand on possédait une terre, quelque petite qu'elle fût, pour laquelle on ne devait à personne des redevances.

Ces divers modes d'acquisition achevèrent, du viie au xe siècle, de constituer en Alsace la grande propriété territoriale. Outre les rois, on voit alors les ducs, les comtes, les nobles posséder des domaines très étendus. Au viiie siècle, Eberhard, fils du duc d'Alsace Adalbert, a vingt-deux *villæ* dans la Haute-Alsace[1]; Boron en a neuf dans la Basse-Alsace, dont il avait hérité de son père le comte Hugues[2]; un certain Nordoald en a quatre[3]; le comte Ruthard possède les villages de Schwindrazheim, Drusenheim, Dangolsheim, Küttolsheim et Tränheim[4]; Adale, fille de Bodalus, est propriétaire des *villæ* de Wasselonne et d'*Esphenwilre*[5]; à la fin du xe siècle, Düttelnheim est un alleu de Hemediech, un des fidèles de l'Empereur[6]. D'autres seigneurs ont des biens dans plusieurs marches, sans que la totalité de celles-ci leur appartienne; c'étaient sans doute d'anciens lots d'hommes libres, que ces derniers avaient soit vendus, soit cédés pour les reprendre contre des redevances. En 742, Rantwig, fils de Chrotwig et d'Oda, a des terres dans une vingtaine de finages, entre autres à Valff, où en 788 le comte Otton et en 820 le comte Hugues possèdent également des domaines[7]. Dans la seconde moitié du viiie siècle, le comte Adalrich et son frère Otton ont des biens dans quinze *villæ*, Sigfrid en a dans onze, Gerbald dans vingt, Sigibald dans douze, Adon dans treize, etc.[8]. Nous avons relevé ces faits d'après les chartes par lesquelles les propriétaires firent dona-

---

1. *Als. dipl.*, t. I, p. 2.
2. *Tradit. Wizenb.*, p. 22.
3. *O. cit.*, p. 21.
4. En 738, il en fait donation au couvent de Schwarzach, dont il était le fondateur. *Als. dipl.*, t. I, p. 33.
5. *Loco cit.*
6. Grandidier, *Hist. d'Als.*, t. I, p. cxxxvi.
7. *Tradit. Wizenb.*, p. 53, 73. — *Tradit. fuld.*, p. 42.
8. *Als. dipl.*, t. I, p. 41, 63, 77, 121. — *Tradit. fuld.*, p. 42, 62.

tion de leurs terres à des couvents ou à des églises. Par cette libéralité, ainsi que par celle des rois, les maisons religieuses comptèrent de bonne heure au nombre des plus grands propriétaires de l'Alsace.

A mesure que cette grande propriété se développe et se consolide, la petite devient plus précaire, plus difficile à conserver. Dans les conditions sociales de cette période, un homme libre, ne disposant que de peu de fortune personnelle, ne pouvait se maintenir qu'avec peine ; le non-libre voyait devant lui un avenir moins incertain. Déjà au IVe siècle, en plein empire romain, on avait vu en Gaule de petits propriétaires céder leurs biens à des voisins plus riches, en consentant à devenir leurs colons[1]. Les Germains firent de même ; au dire de quelques historiens, ils avaient ranimé la civilisation romaine mourante en lui apportant l'idée de la liberté individuelle ; cette idée, au contraire, leur a été aussi étrangère qu'aux hommes des temps classiques ; ils n'hésitaient pas à sacrifier volontairement leur liberté, dès qu'ils ne se croyaient plus en état de la défendre ; à l'indépendance ils préféraient la sécurité ; on achetait celle-ci par l'abandon des biens. Au VIIe siècle, les *traditiones* deviennent de plus en plus fréquentes ; ce qu'on avait, on le remettait à un noble ou à une église, on renonçait à sa liberté, on acceptait de n'être plus que serviteur tributaire. Il fallait un certain courage pour résister à ce besoin de sécurité, qui entraînait les populations rurales appauvries et opprimées ; quelques familles trouvèrent ce courage et laissèrent à leurs descendants des biens modestes qui n'étaient chargés d'aucune redevance et dont ils pouvaient librement disposer ; nous en trouverons la preuve dans la suite de ce travail. La libre possession d'un lot de terre était la condition de la liberté de la personne ; mais les petits propriétaires qui jouissaient de cette liberté, étaient, tout autant que les colons de toute nature, *sujets* d'un *seigneur*. La prépondérance que donna la richesse, l'immunité accordée par les rois aux éta-

[1] V. Fustel de Coulanges, t. I, p. 261.

blissements ecclésiastiques, et finalement le système féodal, eurent pour conséquence la transformation définitive, depuis longtemps préparée, de la grande propriété territoriale en seigneurie territoriale, laquelle s'étend sur tous ceux qui demeurent sur le territoire[1].

§ 6. — Diverses classes d'hommes.

Par rapport à l'état des terres, il faut distinguer dès lors plusieurs classes d'hommes, qui ont quelque analogie avec celles de l'ancienne société romaine, sans leur être tout à fait identiques :

1° Ceux qui possèdent librement ; ce sont d'abord les grands propriétaires, églises, abbayes, seigneurs laïques ; puis des hommes libres, exploitant eux-mêmes un patrimoine médiocre. Les premiers, en raison de l'étendue même de leurs domaines, sont relativement peu nombreux ; les autres, par suite des circonstances que nous avons indiquées plus haut, sont devenus rares ;

2° Ceux qui cultivent le sol pour des maîtres ou qui ne le possèdent que sous la forme de tenure. Ce sont :

a) Les serfs, *mancipia*. Leur condition est plus dure qu'en Germanie à l'époque de Tacite ; « les esclaves, dit cet historien, ne sont pas employés comme chez nous aux différents usages de la maison ; ils ont chacun leurs pénates, leur habitation, qu'ils régissent eux-mêmes ; le maître leur impose, comme à des colons, une redevance en blé, en bétail, en vêtements ; là s'arrête leur devoir d'obéissance[2] ». Si ce renseignement est exact, l'ancien servage germanique a été, en effet, plus semblable au colonat qu'à l'esclavage. Dans tous les cas, si tel a été le sort des serfs dans la Germanie elle-même, il ne l'est plus dans les pays dont les Barbares s'étaient emparés. Déjà dans les temps de l'Empire encore florissant, l'ancien

---

1. Comp. Inama-Sternegg, p. 63 et suiv.
2. *Germania*, cap. 25.

esclavage romain s'était transformé peu à peu en servage de la glèbe[1]. Le serf avait reçu un petit lot de terre, qu'il cultivait pour son propre compte, contre des redevances et des services qu'il devait à son maître, mais, de même que par le passé, il n'avait aucun droit personnel. C'est cet état des choses que les Germains avaient trouvé aussi en Gaule, ils l'avaient adopté comme la plupart des autres coutumes romaines concernant l'exploitation du sol. Leurs serfs sont alors attachés à la glèbe, de telle sorte qu'ils lui sont pour ainsi dire incorporés; ils ne possèdent pas même leur mobilier, il est fourni par le maître et fait partie de la pauvre cabane qu'ils habitent; ils sont l'objet de ventes, de donations, d'échanges, avec leurs femmes et leurs enfants, *cum omni suppellectili eorum, cum omnibus quæ habent*, comme s'ils n'étaient eux-mêmes que des instruments inanimés[2]. Ils ont à faire les travaux les plus rudes, les corvées les plus abjectes; une grande partie de ce que récoltent les hommes et de ce que tissent et filent les femmes, est acquise au propriétaire, qui ne leur laisse que le strict nécessaire pour leur subsistance. Ainsi compris, le servage a duré chez nous pendant plusieurs siècles. Toutefois, sous l'influence du christianisme, on avait introduit de bonne heure diverses formes d'affranchissement. Tantôt le maître déclarait simplement qu'il donnait à son serf la liberté, « de manière qu'il puisse aller et rester où il voudra »; mais que lui profitait cette faculté s'il était sans ressource? Il était réduit à se mettre de nouveau sous une dépendance, moins absolue sans doute que le servage, mais qui ne lui laissait de la liberté que le nom. Tantôt, selon le mode franc, le serf était émancipé par le roi, contre la remise d'un denier et pour rester *l'homme du roi;* tantôt, selon le mode romain, c'est-à-dire ecclésiastique, le propriétaire le présentait à une église pour

---

1. Fustel de Coulanges, *le Domaine rural chez les Romains.* (*Revue des Deux-Mondes,* oct. 1886.)

2. Exemples nombreux dans les *Tradit. Wizenb.* — *Un échange en 835. Als. dipl.,* t. I, p. 76.

être sous sa protection, *mundeburdium*, à condition de payer à cette église, dont il devenait l'homme propre, une redevance annuelle[1]. Tous ces affranchis n'étaient plus serfs, mais ils n'étaient pas complètement libres, ils appartenaient :

b) A la catégorie des *homines proprii*, *Eigenleute*, *Hörige*, en français *hoirs*. Il y en avait de deux espèces, des roturiers et des nobles. De la première étaient d'abord les affranchis dont il vient d'être parlé[2] ; puis les descendants des colons de l'époque gallo-romaine, qui étaient restés sur leurs terres et qui, par des donations ou des recommandations, avaient passé à des seigneurs ou à des églises ; de plus, les anciens *lides* qui, d'après la loi salique, avaient formé une classe intermédiaire entre les hommes libres et les serfs[3] ; enfin, les hommes libres peu riches qui avaient fait cession de leurs biens. Les hommes propres dépendant d'une maison religieuse étaient appelés spécialement *Gotteshausleute ;* ce sont les *homines ingenui qui in mundeburde monasterii sunt*, dont parle Thierry III dans sa charte de 684 pour l'abbaye d'Ebersmünster[4]. Ils formaient la *familia* de l'église à laquelle ils appartenaient et qui les protégeait[5]. Ils possédaient librement leur mobilier et leur bétail, parfois même une maison avec un jardin potager ; ils étaient dispensés des travaux serviles, ils n'étaient dépendants que quant à la terre qu'ils tenaient de leur seigneur et qu'ils ne pouvaient pas quitter, mais qui ne pouvait pas non plus leur être enlevée aussi longtemps qu'ils ne devenaient pas infidèles. Quand ils avaient des enfants, le droit de succession était pour eux le même que pour les hommes entièrement libres ; non moins que ceux-ci, ils jouissaient, dans la plupart de nos villages, de la faculté du retrait lignager ; quand l'un d'entre eux vendait sa maison, les membres de la famille étaient autorisés à la retirer

---

1. Hagen, *Juris formulæ alsaticæ tres.* Bern, 1812, 4°, p. 1. 2. *Lex Ripuar.*, tit. LVIII, cap. 1 et suiv. *Capitul.*, t. I, p. 40. Capitulaire de 793, o. c., t. I, p. 293. — *Tradit. fuld.*, p. 141. *Tradit. Wizenb.*, p. 106, 132, 154, 173. — *Als. dipl.*, t. I, p. 76.
2. C'étaient les *liberti* dont il est parlé, p. ex., en 739. *Trad. Wizen.*, p. 23.
3. *Lex Salica*, tit. XIV, cap. 6. *Capitul.*, t. I, p. 293.
4. Grandidier, *Hist. de l'Égl. d'Als.*, t. I, p. XL.
5. Marmoutier. *Als. dipl.*, t. I, p. 227, 231.

des mains de l'acquéreur, en lui remboursant le prix et les frais[1]. Ce n'est que s'ils mouraient sans enfants, que l'héritage des hommes propres était dévolu à leur patron; ils étaient mainmortables, ils ne pouvaient pas tester, et en raison de leur terre ils étaient transmissibles, par vente ou par donation, à un propriétaire nouveau. Enfin, la femme libre qui en épousait un, perdait, pour elle et ses enfants, la liberté[2].

Les hommes propres nobles descendaient de propriétaires libres, qui avaient cédé à un seigneur des terres d'une certaine étendue, ou qui en avaient reçu à titre de bénéfice. Ces bénéfices n'étaient plus de même nature que ceux que Rome avait conférés à des vétérans, et qui avaient cessé d'exister avec l'Empire; dans les premiers temps, les bénéficiers germaniques ne possèdent pas leurs biens héréditairement, ils ne les tiennent que comme des concessions individuelles, mais ils ne tarderont pas à s'en arroger l'hérédité. Les uns sont les vassaux des princes, les autres forment, sous le nom de *ministeriales*, *Dienstmannen*, la *familia militaris* ou *nobilior* des églises[3]. Ces derniers n'avaient pas à fournir de redevances en argent ou en nature, ils ne devaient que le service militaire pour la défense de l'honneur et de la liberté des établissements religieux. Dès le VIIIe siècle on connaît en Alsace de ces bénéfices nobles, dépendant de monastères; on en fait mention pour Honau, pour Ebersmünster, pour Murbach[4]. En 991, l'abbaye de Wissembourg perdit dans 68 localités, dont quel-

---

[1]. D'Agon de Lacontrie, *Ancien statutaire d'Alsace*. Colmar, 1835, p. 56, 85 et suiv., 97 et suiv., 130 et suiv., 144, 151, 161 et suiv. — Bonvalot, *Coutumes de la Haute-Alsace, dites de Ferrette*. Colmar, 1870, p. 247 et suiv. — Pour le comté de la Petite-Pierre, v. Dag. Fischer, *Dorf und Schloss Lützelburg*. Saverne, 1879, p. 27. — Le droit de retrait, qui était exercé en Alsace encore au XVIIIe siècle, remonte à une époque très ancienne; il suppose, pour les biens, une primitive copropriété de famille, par conséquent un état où la famille ne s'était pas encore divisée en beaucoup de branches.

[2]. Quand un des hommes propres de l'abbesse d'Erstein venait à mourir, elle faisait délivrer à la famille un arbre long de sept pieds, pour en faire le cercueil; c'est pourquoi celui-ci était appelé *Todtenbaum*, terme usité encore aujourd'hui en Alsace. Rotule de Sundhofen. *Weisth.*, t. IV, p. 151.

[3]. *Als. dipl.*, t. I, p. 66, 251.

[4]. ... *de quibuslibet beneficiis... cum equitatus ordine*. Privilège du roi Pépin pour Honau, 750. *Als. dipl.*, t. I, p. 35.

ques-unes étaient situées en Alsace, des *beneficia militum*[1]. L'évêque avait ses ministériaux, le grand chapitre en avait d'autres, *der Brüder Dienstmannen*; les nobles de Marlenheim étaient *Gotteshausleute* de l'abbesse d'Andlau[2]. A Strasbourg, le conseil épiscopal, à Seltz, celui de l'abbé étaient composés de ministériaux. Ceux-ci, soumis uniquement à la juridiction de leur seigneur, avaient des droits seigneuriaux sur leurs propres hoirs, mais étant hoirs eux-mêmes, leur maître pouvait les vendre, les donner, les échanger, dans la même forme qu'il aliénait ses hommes propres de condition roturière.

c) Une dernière classe était celle des colons héréditaires, qui tenaient leurs biens par suite de contrats avec les propriétaires. Ce sont eux peut-être que la loi alémanique distingue des *servi ecclesiæ*, en les qualifiant de *liberi ecclesiastici, quos colonos vocant*[3]. Je suis très disposé à croire que, dans bien des cas, ils descendaient d'emphytéotes romains, auxquels les nouveaux maîtres avaient laissé leurs titres de possession. Dans une certaine mesure, leur situation était analogue à celle des hommes propres, mais ils jouissaient d'une plus grande somme de liberté, ils avaient des droits dont étaient privés les autres et dont il sera parlé plus bas.

Tous ensemble, d'ailleurs, étaient les sujets de leur seigneur territorial. Le droit de celui-ci ne se bornait pas au domaine du sol, il s'étendait sur ceux qui occupaient ce sol soit comme hommes propres ou colons, soit comme petits propriétaires libres; de là des formules comme « *Bann und Mann, Leib und Gut, Wald und Weide* », « *Grund, Leute und alle Eigenschaft*[4] ». Le seigneur devait à ses gens la justice et la protection pour leurs personnes, en retour ils lui devaient des prestations et des services divers. Ces relations du seigneur avec les paysans formeront l'objet de notre deuxième livre.

1. Dans les troubles qui suivirent la mort de l'empereur Otton II, le duc Otton de Franconie s'empara de ces bénéfices pour en récompenser ses partisans. *Tradit. Wizenb.*, p. 303.
2. *Weisthümer*, t. I, p. 727.
3. *Lex além.*, tit. IX et XXIII. *Capitul.*, t. I, p. 60, 63.
4. P. ex. *Weisth.*, t. I, p. 703, 713.

LIVRE II

LE SEIGNEUR ET LE VILLAGE.

CHAPITRE Ier

LES COUTUMES.

Dès que la grande propriété territoriale se fut définitivement constituée, le seigneur, laïque ou ecclésiastique, en eut la supériorité, *Landeshoheit*. Il est inutile de dire que celle-ci doit être distinguée de la souveraineté appartenant au roi ou à l'empereur. L'exercice même de la supériorité territoriale, et en général les relations entre les seigneurs et les paysans étaient réglés uniquement par la coutume, *das alt Herkommen*. Ces coutumes, qui, pendant longtemps, ne s'étaient transmises qu'oralement, ne furent écrites que quand elles étaient consacrées déjà par un usage plus que séculaire. Elles ne forment pas un système créé d'une pièce, elles sont nées pour ainsi dire d'elles-mêmes, suivant la diversité des circonstances, comme résultat de la nouvelle condition sociale de populations devenues agricoles et dépendantes, et de seigneurs devenus grands propriétaires. Quelques éléments s'en retrouvent dans les lois barbares, mais à ces éléments il s'en était mêlé d'autres qui rappellent le temps où la législation romaine avait dominé dans notre pays.

Les documents qui contiennent les coutumes sont désignés d'ordinaire par le terme de rotules, parce que, pour pouvoir les conserver et les transporter plus aisément, on les écrivait sur des rouleaux de parchemin. En Allemagne, on leur donne le nom de *Weisthümer*, preuves, témoignages. Comme ils ne rapportent que des coutumes, ils présentent, à côté de quelques traits qui se rencontrent presque dans tous, une variété de détails locaux, dont il est impossible aujourd'hui d'expliquer les causes. En Suisse et en Allemagne, il y a eu beaucoup d'usages semblables aux nôtres ; ce fond commun remonte sans doute à des habitudes communes aux diverses tribus germaniques qui se sont établies dans nos contrées. Quant aux dispositions contenues dans les rotules suisses, dans ceux du Brisgau, de l'Ortenau, du Palatinat, et qui manquent en Alsace malgré le voisinage, je ne prétends pas que, en partie du moins, on ne les ait pas observées aussi chez nous ; mais, peu enclin à faire des rapprochements hypothétiques, je me bornerai à indiquer exclusivement ce qui est alsacien.

Jusqu'à présent on a publié 236 de nos rotules, dont 36 concernent des seigneuries laïques ; les 200 autres se répartissent entre 44 établissements ecclésiastiques, dont 8 étaient en dehors de notre province. Plusieurs même de ceux qui sont laïques paraissent se rapporter à des fiefs épiscopaux. M. Hanauer suppose, avec raison, que le nombre des rotules laïques a dû être beaucoup plus considérable ; pour expliquer pourquoi on n'en connaît que si peu, il pense que « les archives des seigneurs n'ont pas été tenues avec autant de soin que celles des abbayes, qu'elles ont été plus exposées que les autres aux ravages du temps[1] ». Mais il nous semble inutile de croire que les seigneurs séculiers aient été moins soucieux que les ecclésiastiques de la préservation de leurs archives ; ils ont eu le même intérêt que les églises à sauvegarder leurs droits. Les archives des couvents et des chapitres nous ont été conservées parce que, lors de la sécularisation des biens religieux, à l'époque de la Révolution, elles ont été transportées aux chefs-lieux des départements, tandis que celles des familles nobles

---

1. *Constitution des paysans*, p. 306.

restèrent entre les mains de leurs derniers possesseurs; rien n'empêche d'admettre qu'il en existe encore.

Ce que nous avons suffit, du reste, pour donner une idée complète du régime seigneurial sous toutes ses faces. Dans beaucoup de rotules, il est vrai, ce qui concerne l'administration des propriétés rurales est mêlé à ce qui regarde les relations du seigneur avec les paysans, en tant qu'ils ont été ses sujets; mais le triage est rarement difficile à faire. Il est enfin des documents qui ne rappellent que les coutumes relatives à de certains biens d'un genre à part, à savoir les colonges; nous devons les réserver pour le moment où nous aurons à traiter de cette institution si remarquable à tant de titres, mais qui diffère essentiellement des villages.

Par suite de ventes, d'engagements, d'échanges, de collation de fiefs, les villages, surtout ceux qui avaient des seigneurs laïques, changeaient fréquemment de maître. Ces changements ne modifiaient en rien la condition des habitants; le nouveau seigneur entrait dans les droits de son prédécesseur et acceptait les coutumes établies. Une chose qui frappe quand on étudie les rotules villageois, c'est que presque jamais ils ne nous apparaissent comme octroyés ou imposés par le seigneur, ils ont l'air de contrats librement consentis de part et d'autre. Comme il n'est resté aucune trace de ce qui s'est passé à l'origine de ce régime, au VIIe et au VIIIe siècle, on ne peut que supposer qu'il a été introduit à une époque où le seigneur, qui était le plus fort, avait encore pu exiger de ses hommes propres des services qui, sans être les mêmes que ceux des serfs, étaient encore assez lourds; par contre, il s'était engagé à leur accorder, outre sa protection, la jouissance de certains droits. Une fois la coutume fixée, les paysans y ont tenu avec une ténacité inspirée par la crainte d'être traités plus durement s'ils essayaient de se soustraire à leurs obligations. De même qu'il a été de l'intérêt du seigneur, qui fort souvent ne résidait pas dans son village, de savoir ce qu'il pouvait attendre de ses hommes, il a été de l'intérêt de ceux-ci de conserver fidèlement les coutumes, afin que le seigneur ne pût ni aggraver les charges ni oublier ce que de son côté il devait à ses sujets. On tenait à cet effet des réunions annuelles, *placita generalia*, où les paysans *récitaient* publiquement les droits[1]. A ces réunions on convoquait indistinctement tous les habitants du village, non seulement les fermiers colongers, mais en général ceux qui étaient soumis au ban seigneurial, *Banleute*, tous ceux, comme on disait, qui avaient un foyer envoyant de la fumée par le toit[2]. Le seigneur, s'il était présent, ou en son absence son représentant, commençait par demander : quelles sont les coutumes? Un des paysans, choisi par eux, répondait : nous allons réfléchir ; sur quoi ils sortaient, se concertaient un instant, puis rentraient et déclaraient ce qu'ils savaient[3]. On observait cette formalité lors même qu'on avait déjà des rotules écrits ; c'était une manière de reconnaître aux paysans le droit de déclaration. A plus forte raison procédait-on ainsi quand un rotule était perdu, quand il y avait une contestation entre deux seigneurs, ou quand, par suite de troubles dans le pays, les réunions annuelles avaient dû être suspendues pendant quelque temps. Les deux frères Conrad et Jean de Lichtenberg ayant eu un différend au sujet de leurs droits respectifs sur le village d'Ober-Sultzbach, les échevins, les colongers et les paysans se réunirent le 13 janvier 1383 et firent une déclaration, dont les deux seigneurs durent se contenter[4]. Lorsque, dans la même année, les troupes du comte de Varsey étaient descendues en Alsace près de Saverne, les habitants des villages, entre autres ceux de Küttolsheim, effrayés de l'apparition de ces *Anglais*, avaient pris la fuite ; l'invasion

---

1. *Placitum generale*, tenu chaque année à Geuenheim, *ut ibi tam jura ecclesiæ* (l'abbaye de Massevaux) *quam episcopi* (de Bâle) *et advocati* (comte de Ferrette) *coram eo publice ab hominibus recitentur*. (Trouillat, t. II, p. 68.) — La charte est rejetée aujourd'hui par les historiens comme apocryphe ; mais, comme le faux est très ancien, elle ne laisse pas de nous montrer quels étaient les anciens usages. C. P.

2. *Huber und Baulüte*, Bösenbiesen, Kientzheim. — *Huber, Gotzhuslüte und Baulüte*, Grussenheim. — Tous ceux qui ont *Husrouch*. Blæsheim, Issenheim, Rosheim.

3. P. ex. *Weisth.*, t. I, p. 372.

4. Arch. de la Basse-Alsace.

n'avait pas duré, mais dans le désordre causé par la panique, les biens de Küttolsheim étaient restés incultes et n'avaient rien rapporté aux nobles du village. En janvier 1392, ceux-ci convoquèrent les échevins et les vieillards pour faire renouveler par eux les coutumes et les droits anciens[1]. De même, en 1513, on réunit les paysans des quatre villages du val d'Orbey, dépendant des sires de Ribeaupierre; ceux d'entre eux qui avaient la mémoire du passé furent appelés à constater les usages traditionnels[2].

Dans la suite des temps on introduisit çà et là des modifications, en général peu importantes. Quelques rotules du xv° siècle contiennent des points qui sont passés sous silence dans les rotules antérieurs; de ce silence toutefois on ne peut pas toujours conclure que ces points soient des nouveautés; quand on les retrouve ailleurs à une époque plus ancienne, on est autorisé à croire qu'ils ont été observés là où l'on n'en parle pas. A la fin du moyen âge, pendant l'anarchie qui règne dans l'empire sous Frédéric III, beaucoup de seigneurs ne retiennent plus que les coutumes qui sont à leur avantage et négligent celles qui sont en faveur des paysans; on a beau alors les renouveler, les nobles ne s'en inquiètent pas, jusqu'à ce que leur tyrannie pousse les rustauds au désespoir et à la révolte. Quand celle-ci est vaincue, plus d'un seigneur impose à ses sujets de la campagne des obligations plus dures; nous avons des rotules du xvi° siècle qui témoignent de cette aggravation.

1. Arch. de Saint-Thomas.
2. *Coutumes du val d'Orbey*, p. 7.

CHAPITRE II

LE SEIGNEUR DU VILLAGE

§ 1. — Droit de juridiction (Twing und Bann).

Le seigneur territorial, *Landherr* ou *Grundherr*, *dominus terræ* comme il est appelé dans des constitutions impériales[1], était le possesseur de la terre, soit qu'elle lui appartînt comme patrimoine, soit qu'il la tînt en fief; en ce dernier cas, le propriétaire réel accordait au vassal l'exercice de la plupart de ses droits. Un des principaux de ces droits était la juridiction; inhérente à la propriété même, née pour ainsi dire avec elle, elle constituait véritablement l'essence du *dominium terræ*[2]. Les églises et les monastères, quand ils avaient le droit de juridiction, le devaient à l'immunité accordée à leurs biens; les rois, en les prenant sous leur protection immédiate, leur avaient donné le privilège, pour leurs terres et leurs gens, d'être exempts de tout pouvoir des juges publics[3].

Ce droit de juridiction était exprimé par le terme de *bannus*; en 817, l'abbaye d'Ebersmünster, par exemple, avait dans plusieurs villages le *bannus cum omni dominio et libera utili-*

---

[1]. Constitution de Frédéric II, 1232, et de Rodolphe I, 1281. Pertz, *Monumenta, Leges*, t. II, p. 292, 428.

[2]. ... *Sit Twing und Bann von nüt anders dar rueret danne von Eigenschaft*. Pfeiffer, p. 166.

[3]. ...*ut nullus judex publicus in villis vel res (sic) ipsius monasterii sui nec ad causas audiendas, nec freda exigenda, nec mansiones aut paratas faciendas, nec fidejussores tollendum nec homines ipsius monasterii de quibuslibet causis distringendum, nec ulla rebutione requirendum, ibidem ingredare non debeat*. Privilège de Charlemagne pour l'abbé de Murbach, 772. *Als. dipl.*, t. I, p. 45. La formule d'immunité est à peu près la même pour Marmoutiers, Ebersmünster, Münster, Hohenbourg, etc.

tate; à Olswiller elle possédait un alleu avec le *bannus ipsius allodii cum omni mundiburde sua*[1]. Plus tard on disait *Twing und Bann, coercitio seu juridictio vulgariter dicendo Twing und Bann*[2]. C'était en général le droit d'ordonner et de défendre, de faire arrêter et emprisonner, d'imposer des services, de limiter la liberté individuelle des sujets et de réserver au seigneur certains bénéfices. L'expression était synonyme de supériorité territoriale[3]. Mais elle ne désignait que ce qu'on a appelé la basse justice, comprenant la police et le droit civil, les questions de propriété, d'usage, de redevances, d'impôts, de dettes; dans beaucoup de localités, elle s'étendait aussi aux vols, aux coups et aux blessures, *Dieb und Frevel*. La haute justice n'appartenait qu'au roi ou au fonctionnaire auquel il la déléguait.

Cependant il ne faut pas, en trouvant que quelqu'un avait *Twing und Bann* dans un village, se hâter d'en conclure qu'il en était le seigneur véritable; la formule a quelquefois une signification plus restreinte. Tel personnage ou tel établissement religieux est dit avoir *Twing und Bann* dans une localité sans en être le seigneur; ce n'est alors que l'usage du sol, avec le droit de faire arrêter ceux qui contrevenaient aux coutumes ou qui commettaient des délits; l'exercice même de la juridiction appartenait à celui qui était le *Bannherr*[4]. L'abbesse d'Erstein avait dans ce village *Bann und Gezwing*, bien qu'il fût une *villa* royale[5]. Il arrivait aussi qu'un seigneur abandonnât à un autre la propriété d'un bien dépendant d'un village, en se réservant néanmoins le droit de juridiction. C'est ainsi qu'en 1234 l'évêque Berthold donna au couvent de Haute-Seille une *curia* à Altorf avec l'usage des pâturages et

---

1. *Als. dipl.*, t. I, p. 67.
2. *O. cit.*, t. II, p. 162. — Grandidier, *Œuvres inédites*, t. IV, p. 554.
3. *Herlicheit* (*Herrschaft*) ...*dazu gehört Twing und Bann, Wald und Weide, Zins, Zehende*, etc. Schwarzach. *Weisth.*, t. I, p. 423.
4. Le prévôt de Lièvre avait *Twing und Bann* à Saint-Hippolyte, l'abbé de Lucelle, à Lutterbach, sans qu'ils eussent été seigneurs territoriaux de ces villages.
5. *Weisth.*, t. V, p. 451. — *Als. ill.*, t. II, 164.

de la forêt ; en même temps il lui transmit le pouvoir d'instituer un *bangard* et d'exiger des colons des corvées ; il ne garda pour lui-même que la *jurisdictio dicta Twanc*, la juridiction seigneuriale[1]. Ailleurs, comme on le verra plus bas, il se trouvait à côté du seigneur territorial un seigneur colonger avec des droits spéciaux. C'étaient là des situations peu nettes ; il y en avait d'autres plus compliquées encore. Plusieurs de nos villages étaient habités par des sujets de seigneurs différents et soumis par conséquent à des juridictions différentes ; chaque seigneur n'exerce son autorité que sur les siens, c'est à lui qu'ils doivent les impôts, les corvées, le gîte, c'est lui qui les fait juger dans sa cour judiciaire par ses officiers. Ces juridictions partagées sont un des faits les plus singuliers de cette histoire. Dans une petite localité, qui ne comptait peut-être qu'une cinquantaine de pères de famille, les uns relevaient de tel maître, les autres de tel autre ! Les raisons de cet état de choses, qui devait être fécond en conflits de toute sorte, n'ont pas été partout les mêmes. Tantôt, quand un seigneur venait à mourir, son domaine, y compris le droit de juridiction, était partagé entre ses enfants. Tantôt l'empereur n'abandonnait à une église ou ne donnait en fief à un noble, que la moitié, le tiers, le quart, le cinquième d'un village et de son *bannus*. Ou bien encore un père en détachait une portion pour former la dot de sa fille, ou on en vendait ou en engageait une partie pour se procurer les moyens de payer des dettes. Herlisheim, dans la Haute-Alsace, était un domaine des comtes d'Eguisheim, qui en firent un partage entre eux ; vers 1092, le comte Albert céda à l'abbaye de Marbach la moitié du *bannus* qui avait appartenu à sa cousine Richarde, épouse de Gérard de

---

[1]. Dans l'original de cette charte, conservé aux archives de la Basse-Alsace, et dans le texte qui est publié dans les œuvres inédites de Grandidier, t. III, p. 331, on lit : *Tuvanc*. Dans l'inventaire sommaire des archives du Bas-Rhin, t. III, p. 5, on a imprimé par erreur *Tuvane*. *Tuvanc* est pour *Twanc* ; c'est la seule fois que cette forme se rencontre en Alsace pour *Twinc* ou *Twing* ; elle était employée dans d'autres parties de l'Allemagne. V. Bønecke, t. III, p. 164. Le scribe, qui a écrit la charte, a dû être un étranger, peu familiarisé avec les mots et les noms alsaciens ; c'est ainsi qu'au lieu de Girbaden il met *Guirebalde*, au lieu de Dagewan, *Daguewank* ; l'éditeur de Grandidier a corrompu ce dernier mot encore davantage, il en fait *Daguowantz*.

Vaudémont[1]. A Eguisheim même un quart du ban dépendait de l'abbaye d'Ebersmünster, laquelle avait en outre le quart de celui de Valff et la moitié de ceux de Hüttenheim, de Limersheim, de Müttersholz. Sundhausen était partagé entre les abbayes d'Erstein et de Hohenbourg. D'après un rotule écrit en 1383 et rappelant les traditions de Kembs, ce village avait été au XIe siècle la propriété de trois frères; l'un des trois étant mort, son tiers était revenu aux deux survivants, dont chacun avait eu ainsi la moitié du domaine; l'un avait fait don de sa part au chapitre de la cathédrale de Bâle, l'autre de la sienne au couvent de Saint-Alban dans la même ville; depuis lors Kembs était resté partagé entre ces deux seigneurs[2]. A Rumersheim (Haute-Alsace) les Habsbourg ont eu la moitié de *Twing und Bann*, à Hirsingen ils n'en ont eu que le cinquième. En 1314 quatre nobles tenaient en fief des Ribeaupierre le village de Heitern et en étaient les *Bannherren*. Vers 1336 l'évêque de Strasbourg concéda à Ebelin Beger le tiers d'un village dans le Val de Villé[3]. Ces exemples pourront suffire.

Tantôt les sujets des différentes juridictions demeuraient dans le village, les uns mêlés aux autres; tantôt c'était un chemin ou une rivière qui formait la limite des bans. Dans une ancienne charte pour Ebersmünster on indique entre autres comme délimitation d'un *bannus* une ligne partant du *mons Peleus* (Bâlon) et passant par le milieu des villages de Rödersheim et d'Alschwiller[4]. A Gildwiller la juridiction de l'abbesse de Massevaux était bornée à un district entre le Sulzbach et un étang dit Egelsee; à Eschau, celle de l'abbesse du couvent ne s'étendait que depuis le pont sur l'Ill jusqu'à la forêt;

---

1. Grandidier, *Hist. d'Als.*, t. II, p. CLVIII. Dans *l'Als. ill.*, t. II, p. 474, Richarde est appelée Hadwidis; elle était fille de Gérard d'Eguisheim, oncle d'Albert.
2. Burckhardt, p. 141.
3. *Als. dipl.*, t. I, p. 67. — *Weisth*, t. I, p. 677. — Hanauer, *Constitution*, p. 291. — Pfeiffer, p. 5, 25. — *Als. dipl.*, t. II, p. 103. — Grandidier, *Œuvres inédites*, t. IV, p. 557. — Etc., etc.
4. *Als. dipl.*, t. I, p. 66. Alschwiller, village détruit.

à Ebersheim, celle de l'abbé d'Ebersmünster ne comprenait qu'un espace entre l'Ill et un de ses bras [1].

§ 2. — La banlieue.

Dans tous les documents dont nous avons extrait la substance du paragraphe qui précède, ban n'a jamais d'autre sens que celui de juridiction. Le district, dans lequel un propriétaire exerçait ses droits, paraît dans quelques-unes de nos chartes du VIIIe siècle sous le nom de *mitium*; il est parlé de gens vivant *super terris vel mitio* des religieux de Murbach [2]. Le professeur Zöpfl dérive ce terme du vieux allemand *mitan*, *messen*, mesurer; *mitium* serait ainsi une propriété délimitée, entourée d'une clôture, après qu'on en a mesuré la contenance [3]. Le mot, d'ailleurs, ne se conserva point.

On a vu qu'à la même époque l'ensemble d'une *villa* et des terrains qui en dépendaient était désigné par *Mark*; cette dénomination est encore employée parfois au XIe et au XIIe siècle: *in Volkoldesheim marcha* 1089, *in Wittenesheim marcha* 1094, *in Willegoltcheim marcha* 1101, *in Northeim marcha* 1128, *in Eckeboldesheim marcha* 1163, etc. Comme la juridiction du seigneur s'étendait sur tout ce qui était compris dans la marche, le mot était pris alors dans le sens de district judiciaire ou seigneurial. Mais plus tard il n'est plus, dans quelques localités, que synonyme de confins de la banlieue: *Osthusmark*, à Bolsenheim, Erstein, Matzenheim, *Santmark*, à Matzenheim. C'est *bannus* qui prit la place de *Mark* pour indiquer le district, la *banlieue*, où le seigneur avait *Twing und Bann*, où il exerçait son droit d'ordonner, de défendre et de juger. Dans cette acception nous avons trouvé *bannus* en Alsace pour la première fois en 1031, *in banno Muteresholz*, puis, vers 1127,

---

1. *Weisth.*, t. IV, p. 65; t. I, p. 667. — Arch. de la Basse-Alsace.
2. 760, 775, 777. *Als. dipl.*, t. I, p. 35, 41, 43.
3. Zöpfl, p. 32. D'après ce savant le mot *mitium* se retrouve dans la locution populaire, usitée encore en Allemagne, *ich sitze auf meinem Mist*, je suis sur mon bien.

in banno Berse, ut verbo utar rustico[1]. On voit par ce passage qu'avant d'entrer dans le langage officiel, le mot ban avait été employé par le peuple ; les limites jusqu'où pouvait atteindre la justice du seigneur avaient paru aux paysans plus importantes qu'une simple délimitation territoriale ; c'est pourquoi ils avaient substitué *Bann* à *Mark*. Depuis lors on ne connait bientôt plus que *Bann* : *in duobus bannis Utenheim et Hantschuhesheim* 1147, *in banno villæ Ingmaresheim* 1225, *in villa et banno Dunninheim* 1236, etc.

Quand un même seigneur avait la juridiction sur plusieurs villages, son district judiciaire formait ce qu'on appelait un *Gericht*[2].

La banlieue, comme l'ancien *mitium* et la *Mark*, était entourée d'une haie, *Hag*, masculin, ou *Hage*, *Hege*, féminin. Dans presque toutes les descriptions de biens que nous avons vues, il est fait mention de ces haies banales ; on en voit représentées sur des gravures sur bois de la fin du XVᵉ et du commencement du XVIᵉ siècle. Là où elles étaient coupées par un chemin, on établissait des barrières, *Fallbaum*, *Fallthor*, *Grendel*, *Serre*, destinées à empêcher le bétail de passer d'une banlieue dans une autre ; c'étaient des portes en bois ou de simples perches posées sur des supports, que chacun pouvait ouvrir ou soulever, et qui ensuite retombaient d'elles-mêmes, telles qu'on en fait encore à l'entrée des pâturages de la Suisse.

Les limites mêmes de la banlieue, *Bannscheide*, étaient marquées :

1° Par des pierres, *Markstein*, reconnaissables de loin par leur couleur ou leurs dimensions [3] ;

2° Par des arbres, le plus souvent des saules, des peupliers, des noyers, des aulnes, isolés ou formant soit des groupes, *Kopelbäume*, soit des lignes, *Zilbäume* ; il était défendu de les

---

1. Würdtwein, *Nova subsidia*, t. VI, p. 193. — Grandidier, *Hist. d'Als.*, t. II, p. CCLXVIII.

2. Grendelbruch, Storbach. *Weisth.*, t. V, p. 416, 413.

3. *Der hohe — grosse — breite — rothe Markstein.*

couper, et quand il en périssait un, on le remplaçait par un autre de la même espèce [1];

3° Des troncs ou souches, *Stöcke*, restes d'une ancienne forêt défrichée;

4° Des poteaux, *Pfähle*;

5° Des fossés, *Graben* ou *Graft*;

6° Des buttes artificielles;

7° Des croix ou des images de saints, *Bildstock*.

En cas de contestation sur l'emplacement ou la direction de la haie banale, c'étaient ces marques qui faisaient foi.

Dans plusieurs villages situés sur les bords du Rhin, la banlieue s'étendait jusque dans le fleuve, aussi loin qu'un cavalier armé pouvait descendre dans l'eau et atteindre avec sa lance [2].

§ 3. — Le village et le château.

Le village formait le centre de la banlieue, et le château, *Burg*, le centre du village; çà et là toutefois la *Burg* se trouvait en dehors. Servant d'habitation au seigneur, elle était destinée surtout à la défense de ses propriétés et de ses hommes. Beaucoup de ces maisons, souvent assez modestes, mais protégées par des fossés et des tours, nous sont connues par l'histoire; la plupart ont disparu sans laisser de traces. Et lors même que ni dans les chroniques ni dans les chartes on ne parle de châteaux, les désignations de *Burgweg*, *Burgstrasse*, *Burggasse*, si fréquentes dans les descriptions de biens ruraux, nous autorisent à admettre qu'il y a eu des *Burgen* auxquelles ont conduit ces chemins [3]. Nous avons rencontré ceux-ci dans plus de cent banlieues de la Basse-Alsace; dans la Haute-Alsace, M. Stoffel en cite également un certain nombre. Dans

---

1. ...so tieff in den Rin als einer mit einem Stechross und einem Rüsp'ess in den Rin geriten und gereichen mag. Kembs. Burckhardt, p. 113.

2. Je n'ai pas trouvé en Alsace le mot *Lochbaum*, par lequel, selon Grimm, *Rechtsalterthümer*, p. 514, on désignait ces arbres.

3. Comp. Mone, *Zeitschrift*, t. VIII, p. 390.

quelques localités un petit ouvrage avancé, *Bürgelin*, complétait la défense du château et du village¹. Au milieu des champs ou sur des éminences on élevait en outre des tours de garde, *Wehr, Warte*, pour signaler l'approche de troupes ennemies.

Les villages eux-mêmes ont eu quelquefois des enceintes fortifiées. Blotzheim venait d'être muni de nouveaux *propugnacula*, quand, en 1268, il fut dévasté par l'évêque de Bâle². A Niedernai, on voit encore une tour, à Bernhardswiller des parties de l'enceinte avec trois portes. Là où rien ne s'est conservé, l'existence d'anciens murs est révélée par les noms des champs ; plus d'une fois ceux-ci sont dits situés près des portes des villages ; tels de ces derniers ont eu une porte orientale et une occidentale, tels autres une porte supérieure et une inférieure³.

Ailleurs c'était l'église qui était mise en état de défense⁴, ou bien l'on avait fortifié le cimetière par des murs crénelés, garnis de meurtrières. Une quinzaine de ces cimetières subsistent, soit en entier, soit en partie, tels qu'on les avait établis au moyen âge⁵. Chaque village enfin était entouré d'un fossé, *Dorfgraben*, en arrière duquel courait une haie, *Etter*, qu'il faut distinguer de la haie banale, et qui comme elle avait des barrières. L'*Etter* était le dernier enclos du village, il enfermait les vergers, les jardins potagers et les habitations des paysans, composées d'une maison basse et couverte de chaume, d'une grange et généralement aussi d'une étable ou d'une écurie.

---

1. *Ein castelle oder ein Bürgelin*, Kœnigshofen, éd. Hegel, t. I, 318.
2. Trouillat, t. II, p. 186.
3. *Osterthor*, Brumat, xiv⁰ siècle, Dangolsheim, 1327, Duntzenheim, xiiiᵉ siècle, Dürningen, 1373. — *Westerthor*, Brumat, 486, Duntzenheim, xiiiᵉ siècle, Mittelhausen, 1343. — *Das nidere Thor*, Breuschwickersheim, 1290, Hindisheim, 1322, Geispolsheim, 1506, Mittelhausen, 1313. — *Das obere Thor*, Altorf, 1411, Dürningen, 1435, Krautergersheim, xivᵉ siècle, Mommenheim, 1351, Ober-Schäffolsheim, 1331. — *Das Kuwe thor*, porte des vaches, Mutzig, 1330.
4. En 1262, dans la guerre avec l'évêque Walther de Geroldseck, les Strasbourgeois détruisirent la tour de l'église de Mundolsheim, *quæ erat valde fortis, lapidea et alta. Notæ historicæ argent.*, chez Böhmer, *Fontes rerum germ.*, Stuttg. 1853, t. III, p. 128.
5. Straub, *Bulletin de la Société pour la conservation des monuments historiques d'Alsace*, 2ᵉ série, t. I, p. 76.

CHAPITRE III

LES PAYSANS ET LEURS CHARGES

§ 1. — L'ensemble des habitants du village.

Les habitants d'un village, *villani*, *Dorflüte*, *Geburen*, les pauvres gens, *arme Lüte*, comme ils sont appelés çà et là dès le xiv⁰ siècle[1], étaient désignés dans leur ensemble par le nom de *Geburschaft*, *Bauerschaft*[2], terme pour lequel la langue française ne paraît pas avoir d'équivalent. Les mots de *communitas, universitas, Gemeine*, qu'on rencontre d'assez bonne heure[3], n'ont pas eu dans l'origine le sens de commune, tel qu'il est entendu plus tard ; ils ne signifiaient d'abord que la totalité des habitants. Pendant plusieurs siècles les villages n'ont été, en effet, que des agglomérations de paysans demeurant au même endroit et ne formant un tout que par l'unité du nom que portait la localité[4]. La *Geburschaft* comprenait indistinctement, quels que fussent les seigneurs dont ils dépendaient, aussi bien les hommes libres ayant quelques biens personnels, que les hommes propres d'un noble ou d'une église[5]

---

1. 1370, à Souffelnheim. Batt. *Das Eigenthum zu Hagenau*, Colmar, 1876, t. I, p. 101. V. aussi les rotules de Sierentz, de Preuschdorf et du Haltgau. Le mot *arm mann* pour paysan devient surtout commun à partir de la fin du xv⁰ siècle, chez les écrivains qui tendent à l'amélioration du sort des populations rurales.

2. 1272, à Eschau. Dans la Haute-Alsace, *die Gebursami*, Kembs, Bixheim.

3. *Communitates* de Steinbourg et d'Ernolsheim, 1126. Grandidier, *Hist. d'Als.*, t. II, p. cclxiv, etc.

4. Raspieler, *Mémoire pour Strasbourg contre Barr*, etc., 1826, p. 78.

5. On pouvait être fermier, *Lehnmann*, sans être homme propre : *die Lüte die des Gotzhus von S. Blesien eigen sint oder von im belehent sint*. Weisth., t. I, p. 322.

et les colons héréditaires d'une colonge, les *Huber*. Ceux qui n'étaient ni hommes propres ni colons étaient dits *Bannlüte*, gens vivant dans la banlieue et obligés de se conformer à ses coutumes[1]. Les colons héréditaires, qui cultivaient de grands biens et qui jouissaient de certains droits particuliers, étaient ce que nous appellerions les notables des villages, *prudentes viri, biderbe, erbere Lüte*; ils participaient d'ordinaire à l'exercice de la justice ou à la répartition des impôts; c'est parmi eux qu'on choisissait de préférence les échevins et les fonctionnaires; c'est eux aussi qu'on chargeait parfois de déclarer les droits, non seulement du propriétaire de leur bien, mais ceux du seigneur et des paysans[2].

Comme, lors même qu'ils étaient sujets de seigneurs différents, tous les habitants étaient unis par quelques intérêts communs, comme ils avaient l'usage du même *Almend*, comme ils se réunissaient pour fixer ensemble les bans des récoltes ou pour déterminer la quantité de bois à prendre par chacun dans la forêt communale, comme ils allaient tous à la même église et étaient enterrés au même cimetière, comme en outre ils avaient à concourir indistinctement à l'entretien des haies, des barrières, des chemins, à se prêter assistance en cas d'incendie et à prendre les armes quand on sonnait le tocsin à l'approche de l'ennemi, il arriva que les liens se resserrèrent de plus en plus et que les villages finirent par devenir réellement des communes, avec une administration et une police locales, avec des revenus, avec la faculté de choisir quelques officiers et de faire des actes civils et judiciaires. C'est alors aussi que les paysans se donnèrent le titre de bourgeois, *Bürger*. Rien ne nous éclaire sur l'époque où s'est opérée cette transformation; nous n'avons aucune charte, par laquelle on aurait accordé à un village, non pas des franchises communales, mais une simple existence communale; les règlements

---

1. Les *Huber* sont distingués des *Bannlüte* et des *Gotzhuslüte*, à Bösenbiesen, à Fessenheim, à Kintzheim, à Grussenheim. *Villani et hubarii*, Ober-Sultzbach, 1383.
2. Burckhardt, p. 67, 77, etc. Comp. aussi *Weisth.*, t. I, p. 319.

coutumiers, les seuls documents villageois que nous possédions et qui, d'ailleurs, ne peuvent en aucune manière être assimilés à des statuts municipaux, ne contiennent pas le moindre indice sur l'origine du nouvel ordre de choses. Celui-ci a dû se développer peu à peu, dans tel endroit plus tôt, dans tel autre plus tard, peut-être sous l'influence de l'exemple des villes, selon des circonstances que nous ne connaissons plus. On ne peut que citer quelques faits, dont les plus anciens que nous ayons trouvés remontent au xiii° siècle ; comme ils supposent l'organisation communale établie, il est à présumer qu'elle existait au moins depuis quelque temps. En 1251, les frères chargés des soins de l'hôpital de Strasbourg réclamèrent pour leurs biens situés dans la banlieue de Berstett l'exemption des taxes; la *communitas villæ* la refusa d'abord et n'y consentit que contre le paiement d'une somme de vingt livres[1]. L'année suivante l'*universitas villanorum* de Griesheim près Dingsheim accorda au même hôpital la même exemption gratuitement[2]; il s'agissait d'une institution charitable, qui était encore peu riche et qui ne subsistait généralement que d'aumônes. En 1280, la *Gemeine* de Gresswiller loue un communal à la maison de Saint-Jean de Dorlisheim[3]; trois ans plus tard la *communitas sive universitas villæ Brunner* a un litige avec les Johannites de Schlestadt, et les deux parties choisissent des arbitres[4]; en 1370, Oberhofen emprunte au chevalier Kuntz de Lampertheim une somme de cent livres, pour être employée à l'utilité commune du village; en 1445, la commune de Lüttenheim, convoquée au son de la cloche, décide, pour couvrir une dette, d'emprunter de Martin Winter de Lupfenstein, bailli du Kochersberg, trente livres pour lesquelles elle donne en gage un terrain communal[5]. D'autres fois les actes ne sont passés

1. L'accord est fait en présence de nombreux témoins et d'Eberhard d'Ettendorf, avoué du village. *Strassb. Urkundenbuch*, p. 257.
2. Le fait fut attesté et publié par le Magistrat de Strasbourg. Le seigneur du village n'est pas nommé dans l'acte. *O. C.*, p. 280.
3. Arch. de la Basse-Alsace.
4. Arch. de la Basse-Alsace.
5. *Ibid.*

qu'avec l'autorisation du seigneur, mais toujours au nom du village et par ses représentants. C'est ainsi, par exemple, qu'en 1397, Bischofsheim se fait prêter, pour subvenir à des « besoins urgents », 20 livres par Jean Richter, ci-devant Schultheiss de Soultz-les-Bains[1]; qu'en 1413, la *villa* de Bergbietenheim emprunte du chapitre de Saint-Thomas 200 livres pour élever un nouveau mur d'enceinte afin de faire du village un *oppidum*; qu'en 1481, les *villæ* de Reitwiller et de Gimbrett empruntent 200 florins du même chapitre[2]. A Bischofsheim le consentement était donné par l'évêque de Strasbourg, à Bergbietenheim, par trois frères de Hohenstein, qui tenaient le village en fief de l'évêché, à Reitwiller, par le comte Henri de Deux-Ponts. Ces emprunts, et bien d'autres semblables, étaient faits dans l'intérêt des villages; les agents communaux surveillaient l'emploi des fonds avancés; les seigneurs, auxquels l'amélioration de leurs domaines ne pouvait que profiter, assignaient, comme gages du remboursement, les revenus et les impôts que leur devaient les paysans; c'était là le sens et le but de leur intervention; au fond c'étaient eux qui empruntaient, en donnant hypothèque sur leurs revenus[3].

§ 2. — Obligations des paysans, restrictives de leur liberté personnelle.

On voit, par ce qui précède, que, tout en devenant des communes, s'administrant dans une certaine mesure elles-mêmes, les villages n'en étaient pas moins restés soumis à leurs seigneurs territoriaux; rien n'était changé à la condition personnelle des habitants. Comme membres de la commune, les hommes propres eux-mêmes pouvaient se qualifier de bour-

1. Collection particulière.
2. Arch. de la Basse-Alsace et de Saint-Thomas.
3. Dans l'acte concernant Bischofsheim, on engage *bannum, silcas, aquas, pascuas, almendas, agros, prata, utilitates, obventiones, bona et jura*. Dans celui d'Oberhofen, fait *în des Dorfes gemeinen Nutz*, on engage la moitié du village, *mit Twinge und Banne, Walden, Wassern, Weiden, Gerihte, Vellen, Nützen, Zinse, Gülten, Gelte und allen Rehten*.

geois, sans que par là ils fussent relevés de leur position inférieure.

Il résultait du droit de juridiction du seigneur sur ceux qui demeuraient sur sa terre, que pour tout ce qui concernait leurs relations avec lui-même, ils n'étaient justiciables que de lui, qu'ils ne pouvaient recourir à aucun autre tribunal; il leur devait la justice, mais ils n'avaient à la demander qu'à lui; ils étaient attachés à lui par les liens d'une sujétion absolue. Dès qu'ils devenaient majeurs, çà et là dès l'âge de seize ou même de quatorze ans, ils étaient tenus, lors des plaids annuels, de lui rendre hommage, *hulden*, en jurant de lui rester fidèles, de le préserver de tout dommage et d'observer les coutumes.

Une des conséquences les plus graves de cette condition territoriale des paysans se rapportait au mariage. Dans les premiers temps du régime germanique, l'usage paraît avoir existé d'obliger les paysans à prendre femme; il n'est mentionné dans aucun de nos rotules alsaciens[1]. En revanche il était défendu d'épouser des femmes qui n'étaient pas sujettes du même seigneur, des *Ungenossinnen*. A Neuwiller celui qui en prenait une était condamné à une amende de 5 schillings. Si à Sierenz un des gens de l'évêque de Bâle se mariait en dehors de la seigneurie, on lui commandait dans trois sessions successives de réparer sa faute, sinon le *Voyt* le punissait en son corps et en son bien. Les dispositions les plus dures étaient celles qu'avait prises l'abbesse d'Erstein à l'égard de ses hommes propres de Grussenheim; celui qui contractait un formariage payait chaque année, sa vie durant, 30 schillings, à sa mort l'abbesse s'emparait de ses biens meubles, ses enfants ne pouvaient hériter d'aucune terre dépendant du monastère, celle qu'il avait cultivée lui-même revenait à ceux de ses parents

---

1. A Witnau, dans l'Oberland badois, chaque *Gotshusman* de l'abbaye de Saint-Blaise était tenu de se marier à l'âge de 18 à 20 ans, sous peine d'une livre d'amende; les femmes de même, 1344. Burckhardt, p. 236. C'est un des rares exemples de la persistance de la coutume.

les plus proches qui étaient *Gotshuslüte*. La cause de cette interdiction, qui nous paraît tyrannique, était que l'homme, qui épousait une femme étrangère et qui l'emmenait avec lui, faisait perdre au seigneur de cette dernière le travail qu'elle lui aurait dû, si elle n'avait pas quitté son domaine. Le formariage étant défendu aux femmes, on faisait acte de réciprocité en punissant les hommes qui, tout en restant sur les terres de leur maître, prenaient pour épouses des personnes dépendant d'un autre.

La coutume était fondée sur la règle, que le sujet ne devait pas quitter le sol de sa seigneurie. Jadis cette règle ne s'était appliquée qu'aux serfs et aux colons attachés à la glèbe[1]; plus tard on l'avait étendue à tous les sujets : *naturales proprium dominum ubique sequuntur*, est-il dit dans une charte de 1105 relative à Schlestadt[2]. Si quelqu'un émigrait d'un domaine, le seigneur pouvait le réclamer, en se faisant accompagner de témoins et en jurant que l'homme qu'il recherchait était bien à lui[3]. Dès le xıı° siècle, on voit des paysans tenter de se soustraire aux charges féodales, en se transportant dans des villes; en 1190, Henri VI, lors d'un litige à ce sujet entre les cités d'Alsace et les nobles de la province, fixa le mode à suivre pour ces derniers quand ils voulaient s'emparer d'un de leurs sujets qui les avait quittés : ils se présenteront devant un magistrat, accompagnés de sept parents du côté maternel, ou, à défaut de ceux-ci, de deux témoins, anciens voisins du fugitif; tous jureront que le réclamant est dans son droit[4].

Quand un émigrant venait dans un village, on ne devait le recevoir que s'il était libre de toute attache seigneuriale, si, comme on disait, il n'avait pas de *dominus sequens, nachfolgender Herr*. La loi salique fixait à douze mois le délai pendant lequel un maître pouvait exercer son droit de réclamation[5],

---

1. *Lex alem.*, tit. LXXXV. *Capitul.*, t. I, p. 81.
2. Grandidier, *Hist. d'Als.*, t. II, p. cc.
3. *Lex salica*, tit. XLVII, cap. 4; *Capitul.*, t. I, p. 313.
4. Grandidier, *Œuvres inédites*, t. III, p. 219.
5. *Lex salica*, l. c., note 4.

Cette disposition resta en vigueur dans la plupart des communes de l'Alsace; un séjour d'un an et un jour dégageait l'émigrant de ses obligations envers son seigneur; durant ce temps il pouvait user du bois communal, ne payait pas d'impôts et ne faisait pas de corvées; on le considérait comme un étranger, auquel il fallait laisser le loisir de se décider; le délai passé, si personne ne l'avait poursuivi, il devenait de fait le sujet du seigneur sur le domaine duquel il s'était établi, il lui jurait fidélité et se soumettait à toutes les charges[1]. Si parfois un seigneur permettait à un de ses hommes de s'éloigner, c'était à la condition de rester sous sa dépendance; l'émigrant avait alors des obligations doubles, les unes envers le maître qu'il quittait et auquel il demeurait redevable de certains impôts, les autres envers son maître nouveau; à Heitern, par exemple, il payait au *Bannherr* les taxes locales[2]; à Kembs, il fournissait à l'évêque de Bâle et au prévôt de Saint-Alban, entre lesquels se partageait la commune, deux hommes de corvée par an et concourait, en temps de troubles, à la défense du village; dans l'Ufriet, les étrangers étaient soumis à un droit de manance de deux schillings par an. On comprenait ces hommes sous les noms d'*advenæ, darkomen Lüte, Ungeburen, Hintersassen*.

Ce n'est que dans un petit nombre de villages que les habitants ont joui du droit de se transporter librement dans un autre lieu, *freier Zug;* tantôt, il est vrai, ils ne pouvaient se fixer que dans des localités soumises à la même juridiction[3],

---

1. Saint-Pierre, Andolsheim, Pfaffans, Kembs.
2. *Als. dipl.*, t. II, p. 109.
3. Il se présentait des cas assez compliqués. En 1281, les nobles de Landsberg, *Bannherren*, seigneurs justiciers, de Flexberg, firent avec les nobles de Hohenstein, *Bannherren* de Bergbietenheim, la convention suivante : si un homme ou une veuve de Flexberg s'établissent à Bergbietenheim, ils serviront les Landsberg *von dem Libe* et les Hohenstein *von dem Bann*; l'inverse aura lieu si un homme ou une veuve de Bergbietenheim vont demeurer à Flexberg. Si une femme de l'un des deux endroits épouse un homme de l'autre, elle et ses enfants deviendront hommes propres du seigneur duquel dépend le mari. *Dienen von dem Libe*, c'est rendre les services incombant à l'homme propre; *dienen von dem Bann*, c'est se soumettre à la juridiction. *Als. dipl.*, t. II, p. 23

mais tantôt aussi leur liberté était sans restriction. Seulement on ne pouvait émigrer que si on ne laissait pas de dettes et qu'on avait acquitté tous les impôts; à Sulzbach (Soppe) il fallait même payer un impôt supplémentaire. On dénonçait d'abord au seigneur, puis on prévenait le *Vogt*, et celui-ci était tenu de fournir une escorte[1]. A Sierenz, le *Vogt* accompagnait le partant jusqu'à un mille de distance du village; à Huningue, jusqu'aux confins de la plus prochaine seigneurie, et cela par n'importe quel temps; jadis à Honau, jusqu'au milieu du Rhin, contre une rétribution de 6 deniers. Si une roue de la voiture du paysan se cassait, ou si celle-ci était si lourdement chargée qu'elle restait sur place, le *Vogt* devait descendre de cheval et venir en aide[2]. A Kembs on pouvait partir avec une voiture attelée de six chevaux; le maire la suivait jusqu'en dehors du village; pouvait-il l'arrêter avec son petit doigt, le paysan était obligé de rebrousser chemin : manière de parler symbolique pour dire que, si la voiture portait si peu de chose qu'elle se laissait arrêter sans peine, on passait pour vouloir échapper à la hâte à ses créanciers. D'autres règlements spécifiaient un minimum d'ustensiles qu'il fallait emporter[3]; comme ils ajoutaient que le reste du mobilier pouvait suivre, ils ne mentionnaient sans doute quelques objets que pour signifier la défense de partir les mains vides. Le maire ou le *Vogt*, s'ils rencontraient l'émigrant dans la banlieue sans les ustensiles indiqués, l'empêchaient de passer outre; mais avait-il dépassé la limite du ban, il était libre. Quand cette limite était un ruisseau, comme la Larg à Baltschwiller, il suffisait qu'un des chevaux de la voiture eût posé les pieds de devant sur le bord opposé, pour qu'on ne fût plus inquiété; le *Vogt* aidait même au conducteur à faire monter le chariot sur le

---

1. Villages du Hattgau, Odern, Sulzbach (Soppe).

2. Marlenheim, Wasselonne, Neuwiller, Hattgau.

3. A Baltschwiller et dans quatre villages voisins, dépendant tous des archiducs d'Autriche, on devait emporter un pilon, un tamis, un robinet et un *Hehl* (ailleurs *Hahel*, crochet pour suspendre la marmite au-dessus de l'âtre); à Soppe, une houe, un van, un boisseau et un pilon. *Weisth.*, t. IV, p. 45, 72.

rivage et lui donnait 4 deniers de sa bourse. Arrivé à l'endroit où il se proposait de résider, l'émigrant recevait l'assistance des indigènes pour faire avancer son équipage [1].
A Odern, le maire, eût-il déjà un pied au lit, devait accueillir instantanément celui qui demandait le droit de bourgeoisie.

Il est probable que ces coutumes, comme d'autres dont nous aurons à parler encore, n'étaient plus, à l'époque où elles furent notées par écrit, que des formes tombées en désuétude; on les conservait comme des traditions, mais elles ne servaient plus qu'à exprimer d'une manière symbolique, saisissante pour l'imagination, les droits que l'on pouvait réclamer. Il faut ajouter que, d'après quelques rotules, l'émigré pouvait revenir à son lieu d'origine, quand il était libre de tout engagement envers le seigneur qu'il quittait et de toute affaire qui aurait pu entraîner celui-ci dans des embarras [2].

§ 3. — Charges des paysans.

1. Impôts.

En parlant de charges, nous n'avons pas encore en vue les redevances que le tenancier avait à fournir au propriétaire dont il cultivait la terre, nous ne songeons qu'aux impôts féodaux, aux prestations que le paysan devait à son seigneur territorial; on verra que, dans leur ensemble, ces obligations ont constitué un fardeau assez lourd.

Parmi les taxes, il en est qui se sont perpétuées depuis le régime romain; d'autres datent de l'époque où beaucoup de villageois s'étaient trouvés encore dans l'état de servitude. Pour les cultivateurs libres mais peu fortunés, pour les fermiers héréditaires, même pour les hommes propres, elles étaient censées représenter le prix d'une concession primitive, fondée sur le principe que tout le sol était la propriété directe du sei-

---

1. Preuschdorf. Lampertsloch.
2. Drusenheim. Val d'Orbey.

gneur; celui-ci, exerçant le *dominium terræ*, avait consenti à laisser l'usage de sa terre à ceux qui y demeuraient ou qu'il y avait appelés comme colons, à condition pour eux de reconnaître sa supériorité territoriale par des services et des contributions, et à condition pour lui d'être leur protecteur, leur patron équitable.

Les hommes propres sont ceux qui ont eu à supporter les charges les plus lourdes; la part imposée aux cultivateurs libres et aux *Huber* n'est pas toujours facile à distinguer de celle des *hoirs*; on peut dire toutefois qu'en général elle a été moins onéreuse.

Nous devons observer aussi que sur plusieurs points nous n'avons que des données fort incomplètes; nous tâcherons de les grouper et de les expliquer, autant que cela nous sera possible, d'après les renseignements puisés dans nos documents :

1° *Census capitalis sive de capite*, dans l'origine un cens, généralement modique, imposé au serf pour sa tête ou sa personne [1]. Il continua d'être exigé encore des serfs affranchis, devenus hommes propres; il était ce qu'en France on appelait la taille personnelle. Une charte de 837 nous apprend que les hommes appartenant à l'abbaye de Hohenbourg lui devaient *censum de corpore suo* [2]. Dans sa confirmation des privilèges de l'abbaye de Seltz, Conrad III déclare en 1139 que les habitants du lieu n'étaient soumis à aucun autre impôt que le cens capital [3]. A Marmoutiers, au contraire, ceux qui demeuraient dans la marche en étaient exempts; il n'était exigé que des gens de la *familia* de l'abbé établis en dehors de la marche, l'homme payait quatre deniers, la femme deux [4]. Dans les possessions de l'abbaye de Wissembourg, l'homme n'était taxé qu'à deux deniers, la femme à un seul [5]. C'était donc une

---

1. Ducange, t. II, p. 140.
2. *Als. dipl.*, t. I, p. 107.
3. *O. C.*, t. I, p. 220.
4. *O. C.*, t. I, p. 226.
5. *Tradit. Wizen.*, p. 308.

vraie capitation. Plus tard on lui donna le nom de *Lipbette,
Leibbette*[1], ce qui équivaut au *census de corpore* dont il vient
d'être parlé à propos de Hohenbourg. Dans le Hattgau, on le
définit en 1490 : l'imposition en retour de laquelle le seigneur
doit protéger ses sujets contre toute violence[2]. On voit ainsi
comment un cens originairement servile avait fini par se transformer en une charge féodale ;

2° Une autre de ces charges était un tribut en grains, perçu
sur les terres cultivées, *Bannkorn* quand c'était du froment,
du seigle ou de l'orge, *Bannhaber* ou *Zinshaber* quand c'était
de l'avoine[3]. Au xɪɪɪ° siècle le chapitre de Saint-Thomas, par
exemple, se faisait livrer par les jardiniers de Sainte-Aurélie
à Strasbourg, ses hommes propres, le sixième de chaque boisseau de seigle et de chaque boisseau d'orge[4]. A Eckbolsheim
et à Wolfisheim, le même chapitre avait converti ce tribut en
argent; chaque paysan, ayant une charrue, devait 30 deniers par an[5]. D'autres seigneurs prélevaient lors de la moisson des gerbes, champart, *Landgarbe;* les gens qui, dans le
comté de Ferrette, cultivaient eux-mêmes leurs champs, fournissaient au comte deux gerbes de grains et deux bottes de
paille; ceux qui faisaient cultiver ou qui associaient leurs
attelages pour le labourage, n'étaient taxés qu'à une gerbe et
une botte[6]. Le cens en avoine était plus usité que l'autre; il
est mentionné presque partout; les seigneurs ne cultivaient
guère cette céréale dans leur terre salique, et pourtant il leur
en fallait beaucoup pour leurs chevaux. Les maisons religieuses abandonnaient d'ordinaire ce tribut à leurs avoués.
Quand un seigneur donnait un village en fief à un autre, l'a-

---

1. Schertz, *Glossarium*, col. 909.
2. *Leibbette,* ...die Bette dardurch das Mensche beschirmet werden soll für Gewalt. *Weisth.,* t. V, p. 502.
3. *Weisth.,* t. I, p. 734.
4. *Als. dipl.,* t. I, p. 421.
5. Ces derniers étaient dits *Juchpfennige,* de *Juch, Joch, jugum,* joug ou paire de bœufs pour l'attelage de la charrue.
6. *Coutumes du val d'Orbey,* p. 12.

voine banale était souvent un des revenus qu'il se réservait[1]. La quantité était en général assez considérable; les gens de Habsheim, par exemple, devaient aux Habsbourg dix résaux par an[2]; ceux de Vendenheim en devaient au landgrave d'Alsace 26 et quelques boisseaux; la veille de Noël un des officiers du village allait, avec un chariot à quatre chevaux, de maison en maison pour recueillir le tribut; quand quelqu'un s'y refusait, le landgrave pouvait faire saisir son bétail[3]. Dans un de nos documents il est dit que par cette avoine on payait la jouissance des pâturages, des eaux et des bois[4];

3° Une troisième contribution consistait en poules et parfois en œufs. A l'origine, elle ne figure que comme tribut des serfs[5], mais elle ne tarda pas à être imposée à tous les sujets, quelle que fût leur condition. Elle était due par quiconque avait un *ignis ardens*, un foyer, *Hertstette*, feu et fumée, *Für und Röch*; de là le nom de *Rauchhuhn*[6]; c'était l'impôt pour avoir le droit d'habiter une maison avec un jardin potager et d'entretenir un ménage; les valets et les servantes, qui demeuraient chez leur maître, en étaient exemptés[7]. A Wolfswiller, il suffisait que dans un jardin on plantât quatre choux pour qu'on dût un *Gartenhuhn*[8], synonyme de *Rauchhuhn*[9]. Généralement

---

1. En 1458, le duc Sigismond donna quelques villages du Sundgau en fief à Jean de Münsterol, en se réservant la dîme, l'avoine et les poules. *Als. dipl.*, t. II, p. 392.

2. Pfeiffer, p. 9.

3. Sur la quantité d'avoine qu'il fallait, par exemple, à l'évêque de Strasbourg, voir la relation sur l'élection de Guillaume de Honstein, dans le *Code historique et diplomatique de Strasbourg*, t. II, p. 251.

4. Rotule de Hofen et Büren.

5. Tit. XXII. *Capitul.*, t. I, p. 63.

6. *Für und Rouch*, dans un grand nombre de rotules. *Ignis ardens*, Marmoutiers. *Hertstette*, Dannemarie, Heitern.

7. La contribution était appelée *Hünergelt*, *Als. dipl.*, t. I, p. 392, ou *Hertrecht* droit de foyer, *ib.*, t. II, p. 24. Dans le canton de Zurich, elle était due par quiconque mangeait son propre pain, *wer sin eigen Brott isset. Weisth.*, t. I, 91.

8. De même à Thiengen, dans l'Oberland badois. Burckhardt, p. 124. Le mot *Kolorss*, employé dans ces rotules pour choux (proprement trognon de choux) est encore usité en Alsace sous la forme de *Kruidörsche*.

9. A Ober-Hergheim, chaque maison, à Dannemarie, chaque *Hertstette* devaient un *Garthun*.

on ne livrait qu'une poule par an, à l'époque du carnaval, *pullus carnis privialis, Fastnachthuhn* ; dans quelques localités on en devait une seconde, à la Saint-Martin ou à la Saint-Pierre, *Herbsthuhn*[1] ; ailleurs même trois, dont deux pour le seigneur et une pour son avoué ; ceux qui, à Nieder-Magstatt, en fournissaient trois, étaient dispensés des corvées. Comme les paysans paraissent avoir été enclins à garder ce qu'ils avaient de meilleur, on prenait des précautions pour s'assurer de la qualité de la volaille ; on exigeait que la poule pût sauter d'un degré de l'échelle à l'autre ou voler à une certaine distance. Quand le collecteur en trouvait une trop maigre, il faisait fermer la porte de la cour ; si la poule volait depuis le poulailler sur la porte, il était tenu de la prendre ; il la refusait, si elle revenait en arrière[2]. Le paysan qui devait une poule entière était obligé de la donner en nature ; pour une demie ou un quart, on s'acquittait moyennant deux deniers ou un denier. A Oltingen, celui qui cultivait dans son jardin du persil, des choux ou des bettes, présentait, à la Saint-Martin, une poule en état de voler par-dessus la haie ; il la prenait dans une main, dans l'autre il tenait 4 deniers, c'était au seigneur à choisir. Cette prestation s'est maintenue pendant fort longtemps ; pour les maisons religieuses elle constituait un revenu qu'elles ne dédaignaient pas. Ce n'est qu'à Marmoutiers que les *consocii* de la marche et même leurs serfs en étaient exemptés. A Thann, on en dispensait les maris dont les femmes étaient en couches, si l'enfant était né en mai ou en septembre[3] ;

4° La contribution dite *Wisung*. Ce terme paraît avoir été d'un usage si général, et chacun a si bien su ce qu'il voulait dire, qu'on a pu l'employer dans les rotules sans l'accompagner d'une explication. Cette absence d'éclaircissements en quelque sorte officiels donne lieu à une certaine obscurité, qui ne se

---

1. Banzenheim, Wintzenheim. Pfeiffer, p. 6, 14, etc.
2. Wasselonne, Hofen et Büren, Mülbach, Nieder-Magstatt, Dannemarie.
3. *Coutumes du Val d'Orbey*, p. 82.

dissipe un peu que par une comparaison attentive des différents passages[1]. *Wisunga*, de *wisen*, *weisen*, est un vieux mot dont on s'est servi déjà au IX° siècle pour traduire *visitatio* et *oblatio*[2] ; il s'agit d'une offrande, avec laquelle on se présentait devant un seigneur pour lui rendre hommage. On connaît, d'autre part, la coutume très ancienne de ceux qui ont eu le domaine des terres, de tirer de leurs sujets et de leurs tenanciers tout ce dont ils avaient besoin pour mener une existence facile. Il est donc permis de voir dans la *Wisung* un tribut, que chaque année on apportait au seigneur quand on lui jurait fidélité, ou qu'il faisait recueillir dans les villages par ses collecteurs. Elle a consisté principalement en porcs. On se fait difficilement une idée de la consommation de porcs que faisaient dans ces siècles les hommes de toutes les classes de la société. Les grands troupeaux qu'entretenaient les riches ne leur suffisaient pas, il fallait encore que leurs paysans leur présentassent de ces bêtes. Les chanoines du grand-chapitre appartenaient à la plus haute noblesse du pays ; eh bien, qu'on ouvre leur *liber coquinæ*, on sera frappé de l'énorme quantité de viande de porc, fraîche ou fumée, de lard, de saucisses, qu'on leur distribuait les jours où l'on ne faisait pas maigre ; le mouton et le bœuf n'entraient que pour une part minime dans cette nourriture animale.

Il paraît, d'après quelques indices, que la *Wisung* n'était pas toujours un porc entier, mais que certains seigneurs se contentaient des jambons et du lard, et qu'ils ne prélevaient même ce tribut que sur les paysans plus aisés. Chaque colon de Soultzmatt devait un *Wisevarch*, porc servant de *Wisung* ;

---

1. Schilter, chez Schertz, col. 2046, le traduit par *esca*, en comprenant mal un passage du rotule d'Ebersmünster, dont il sera parlé plus bas. Burckhardt, p. 22, pense que *Wisung* est tantôt le laudème, tantôt un dédommagement pour une nouvelle délimitation d'un bien, tantôt un impôt pour avoir le droit de jouir de *Wunne und Weide*.

2. Graff, t. I, col. 1069. La vraie explication est celle de Pfeiffer, p. 365 : *einem wisen, sich zu bestimmten Zeiten oder auch bei besondern Anlässen mit einem Geschenk bei einem sich einfinden, wohl ursprünglich ein Zeichen der Hörigkeit*. Comp. Schmeller, *Bayerisches Wörterbuch*, Stuttg. 1827, t. IV, p. 179, et Benecke, t. III, p. 763.

sept témoins étaient chargés de l'examiner, pour constater que ce n'était pas une truie et qu'il n'était pas malade; on lui coupait des deux côtés le lard, gros de deux doigts, en y laissant la graisse et les jambons; ce qui manquait en fait de lard était compensé par la tête et le dos; le reste revenait au paysan [1]. Cela rappelle les *scapulæ suillæ* qu'avaient à fournir au xe siècle quelques tenanciers du grand-chapitre [2].

Chaque année, les maires de l'abbé d'Ebersmünster lui offraient chacun un porc; en même temps ils lui apportaient comme *Wisungen* les côtes et le lard qu'ils avaient recueillis pour lui; si l'abbé préférait de l'argent, on lui donnait 5 schillings [3].

Le *census qui vocatur Wisunge*, dû au grand-chapitre par ses hommes de Lampertheim, fut converti, vers 1244, en une contribution en argent de 20 deniers [4].

Dans quelques rares localités, on donnait comme *Wisung* des moutons. Le couvent de Neuwiller possédait à Reitwiller un demi-manse, qui lui livrait 20 deniers et *wisungam dimidiam*, estimée à un bélier ou à un agneau; ces animaux valaient, paraît-il, la moitié d'un porc [5]. Cette *Wisung* de Reitwiller était plutôt une redevance qu'une charge féodale. Ce dernier caractère reparaît, au contraire, à Breitenbach, dont les habitants, sujets des Habsbourg, devaient à ceux-ci un total de six agneaux [6]. Il en était de même à Fegersheim; chaque paysan avait à fournir à l'abbesse d'Eschau, outre un cens en grains, 11 deniers pour un agneau et 8 pour quatre

---

1. *Weisth.*, t. IV, p. 186. Le texte a faussement *Wisefarth*; il faut lire *Wisevarch*, *Varck*, *Ferkel*, porc.

2. Ce même usage de fournir des *scapulæ* se retrouve dans l'Oberland badois au commencement du xive siècle : à Urberg, on donnait *ze Wisunge ein Schulter* (*scapula*), à Küchelbach et à Eschibach, deux, à Geis, quatre. Pfeiffer, p. 49, 50.

3. *Ein zitig Swin... und die Wisunge die dozu hörent. Weisth.*, t. I, p. 671. C'est dans ce passage que Schilter prend *Wisung* pour *esca*, la nourriture qu'il faut pour le porc offert à l'abbé. — A Issenheim, un des douze biens dits *Mentag* était tenu par le *Zehender* (chargé de recueillir la dîme), *der git die Wisunge und nit anders*, il ne devait rien d'autre. *Weisth.*, t. V, p. 127.

4. Grandidier, *Œuvres inédites*, t. III, p. 372.

5. *Weisth.*, t. V, p. 462.

6. Pfeiffer, p. 16. — Chaque manse du couvent de Neuwiller lui devait comme *Wisung* deux chapons et deux quarts de vin.

poulets[1]. Citons encore le chapitre de Saint-Thomas, qui percevait des jardiniers de Sainte-Aurélie, à titre de *wisunga dimidia*, la moitié de chaque quart de vin, plus six pains et trois chapons ; c'était à peu près ce qu'on devait aussi au seigneur du village de Saint-Gilles[2] ;

5° *Bette, petitio, precaria.* Dans le vocabulaire de Twinger, on lisait : *Bette der Geburen, betta vel precaria.* Comme le mot l'indique, cette contribution a dû être dans l'origine un don volontaire, sollicité par le seigneur. Au xi° siècle et plus tard elle est désignée quelquefois par le terme de *collecta*[3], qui semble prouver à son tour que dans les premiers temps le seigneur faisait faire une sorte de collecte, à laquelle chacun concourait selon ses moyens et sa bonne volonté. Ne semble-t-il pas évident d'après cela que ceux qui donnaient la *Bette* ont été d'abord des hommes libres, possédant des propriétés personnelles? S'ils avaient appartenu corps et biens à leur seigneur, celui-ci n'aurait pas eu besoin de leur adresser des sollicitations. Mais à mesure que le pouvoir seigneurial s'était consolidé, la *Bette* avait perdu son caractère volontaire, elle était exigée de tous les sujets comme un tribut; tout au plus disait-on parfois qu'il fallait la répartir entre les habitants « selon l'équité », en proportion de ce que chacun possédait et en tenant compte du plus ou moins d'abondance des récoltes[4]. Elle consistait en blé, plus rarement en argent. Dans quelques villages elle n'était due qu'une fois par an, dans d'autres deux fois, en hiver et en été; les paysans de Hüttenheim payaient 3 livres en fé-

---

1. Arch. de la Basse-Alsace.
2. *Als. dipl.*, t. I, p. 424. — D'après un passage un peu obscur du rotule de Saint-Gilles, la *Wisung* consistait en deux quarts de vin et quatre pains blancs, qui étaient un bénéfice pour les colons. Le mot paraît avoir été détourné ici de son sens ordinaire, pour signifier sans doute ce qu'ailleurs on appelait *Hubrecht*, v. plus bas. — A Ober-Hagenthal, la *Wisung* des colons était pour le prévôt de Bâle, celle des *Schupposen* (v. plus bas), pour le maire. — Ajoutons encore qu'à Ulm (Bade), chaque manse devait dix deniers ou deux chapons *zu Wisung*, qu'à Zarten (canton de Zurich), les biens non sujets à des corvées avec les voitures donnaient un schelling *ze Wiset. Weisth.*, t. I, p. 430, 340.
3. *Betha seu collecta*, Grandidier, *Hist. d'Als.*, t. II, p. cxliii. — Ducange, t. I, p. 635.
4. *Nach Billigkeit*, Huningue. Burckhardt, p. 72.

vrier, *Hornungbelle,* ceux de Matzenheim, 5 livres à la même époque et 11 lors de la moisson, *Ernebelte*[1]. En 1265 sept nobles, qui s'étaient partagé la *Belle* de Kolbsheim et de Wittersheim, l'engagèrent au landgrave Sigebert de Werd pour une somme de 195 marcs d'argent : preuve que dans les deux banlieues le revenu était fort considérable[2].

Quelques désignations de champs font supposer que les seigneurs avaient consenti à ne prélever l'impôt que sur certains biens, faisant partie de domaines plus grands : 18 *agri zu Betten* à Westhofen 1261, *das Bellegut* à Stützheim 1402[3]. Les nobles, qui tenaient des terres en fief, n'étaient pas soumis à cette charge envers le propriétaire, bien qu'il ne soit pas dit qu'ils n'aient pas pu en profiter pour eux-mêmes. Cependant, il est parlé aussi de biens loués ou appartenant à des villageois, et qui n'étaient pas grevés de la *Belle.* Les seigneurs avaient-ils senti qu'il était peu juste d'exiger de leurs paysans ce que ceux-ci auraient dû être libres de ne pas accorder? Les gens de Hofen et de Büren, qui dépendaient du chapitre de Saint-Pierre-le-Jeune, en étaient dispensés. Lorsqu'en 1272 Otton, *Schultheiss* de Marlenheim, et Diether Schönerknabe vendent à Saint-Thomas leurs propriétés à Ittenheim pour 22 marcs d'argent, ils déclarent qu'elles sont libres de toute *exactio seu census vel jus quod dicitur Belle*[4].

En 1276, trois frères de Greifenstein renoncent à la *Belle* sur 18 arpents que le curé d'Achenheim venait de vendre à une femme de ce village[5]. En 1307, Walther de Geroldseck, près de Lahr, atteste que les paysans d'Ober-Schäffolsheim lui

---

1. *Ernebelle,* à Kogenheim, 1459. Dans l'Ufriet, deux *Belle* par an, à la moisson et à Noël.
2. *Alsatia,* 1876, p. 251.
3. *Uf der grossen Belt,* Offwiller, xive siècle.
4. Schmidt, *Histoire du chapitre de Saint-Thomas,* p. 323. — En 1240, Eberhard de Greifenstein, avoué d'Eckwersheim, affranchit *ab omni exactione vel collecta* 25 arpents que Burkart Sidelin, bourgeois de Strasbourg, avait achetés dans cette banlieue ; en 1266 Frédéric et Eberhard d'Ettendorff déclarent que 41 arpents à Lampertheim, appartenant à Diether, de Strasbourg, ne leur doivent ni service, ni *Belle. Strassb. Urkundenbuch,* p. 203, 459.
5. Arch. de la Basse-Alsace.

doivent trois livres par an pour la jouissance des pâturages et des eaux, et que lui et ses héritiers n'exigeront plus d'eux ni la *Bette*, ni le droit de gîte et la prestation de voitures ; la commune avait racheté des impositions variables par une taxe annuelle fixe[1] ;

6° *Stür, Steuer*, aide, pour les besoins généraux de l'État, surtout en temps de guerre et à l'occasion des voyages des empereurs pour se faire couronner à Rome. L'aide était à fournir par les vassaux, qui se la faisaient payer par leurs sujets roturiers. Les églises, les couvents, parfois aussi les villes, en étaient dispensés. Subordonnée aux circonstances, elle n'était pas levée chaque année, et quand on l'exigeait, on devait se conformer équitablement à la situation des paysans[2]. Dans l'Ufriet, chaque village choisissait des jurés spéciaux, chargés de répartir l'aide, de manière qu'aucun habitant n'eût à porter une charge disproportionnée à ses moyens. A Huningue, c'était le maire qui, assisté de colons, faisait la répartition ; quand chacun avait apporté sa part, on mettait le tout sur un manteau, le maire et les colons en prenaient d'abord ce qu'il leur fallait pour s'indemniser de leurs frais, du reste on formait trois tas, dont deux pour le seigneur (le prévôt de Bâle) et un pour son avoué. Dans les premières années du xiv° siècle maître Burckart de Fricke, secrétaire d'Albert de Habsbourg, fit le recensement des revenus de cette maison dans ses domaines de l'Allemagne méridionale, de la Suisse et de l'Alsace ; on voit par ce travail combien l'aide était variable selon les années ; à Logelnheim, par exemple, elle avait produit au moins 4 résaux de seigle, au plus 55 ; à Dessenheim, le minimum avait été de 40 résaux de seigle, 60 d'avoine et 12 livres en argent, le maximum de 100 résaux de seigle, 100 d'avoine et 14 livres ; à Rixheim, minimum 7 foudres de vin et 11 livres, maximum 9 foudres et 12 livres ; à Habsheim, minimum

---

1. *Ibid.*

2. *Wann der Bischoff ein Stür wil legen, die sol er legen nach sinen Gnaden und der armen Lüte Notdurft.* Sierentz, Burckhardt, p. 197.

3 foudres et 10 livres, maximum 5 foudres et 13 livres, etc.[1]. Observons toutefois que la terminologie n'a pas été constante, et qu'on n'est pas toujours sûr que *Stür* ait eu le sens que nous avons indiqué; il y a des documents où l'on trouve *Stüra seu betta*[2]; la *Stür* due aux Habsbourg pourrait donc avoir été simplement l'impôt ordinaire de la *Bette;*

7° *Gewerf.* Il est assez difficile de se rendre compte de la vraie nature de cette contribution[3]. D'après quelques passages, il semblerait que le mot, de même que le latin *exactio,* a été un terme général pour désigner tout impôt quelconque; en 1335, l'abbé de Murbach parle de *Stüræ vel exactiones vulgo dictæ Gewerf*[4]; plus haut nous avons cité *exactio seu census vel jus quod dicitur Bette;* l'abbesse de Massevaux levait sur ses gens des *exactiones tamen competenter moderandas*[5]; à la fin du xiii° siècle, Guebwiller devait à l'abbé de Murbach, son seigneur, 40 marcs d'argent par an comme *Gewerf*[6]. Dans ces cas il se peut que le mot ait été pris pour *Stür* ou pour *Bette;* mais il en est d'autres, où l'on fait une distinction : dans un des rotules de Hüningue, il est dit que chaque année on donne *Stür, Bette und Gewerf,* et que les trois sont à répartir selon l'équité; à Bâle, on distinguait de même[7]; l'abbesse de Remiremont, seigneur d'Odern, n'avait le droit d'imposer aux habitants du village ni *Steuer,* ni *Gewerf,* outre les cens ordinaires. Les hommes de l'abbé d'Ebersmünster, établis dans l'enceinte du village, étaient exemptés du *Gewerf;* à Wörth,

---

1. Pfeiffer, p. 3 et suiv.

2. En 1360, deux nobles de Schauenburg, qui avaient possédé *titulo feodi* de Henri de Geroldseck, près de Lahr, une rente de 3 résaux sur la *Stüra vel betta* de Wolfisheim, la vendirent à Nicolas Ouwener, bourgeois de Strasbourg. Arch. de la Basse-Alsace.

3. Schöpflin, *Als. dipl.*, t. II, p. 34, note, dit à propos de *Gewerf: ita Alsatiæ superiores vocant tributum principi suo persolvendum.* On voit par l'exemple de Wörth que le mot était aussi usité dans la Basse-Alsace. Sur l'étymologie, v. Benecke, t. III, p. 740.

4. *Als. dipl.*, t. II, p. 150.

5. 1211, Trouillat, t. II, p. 57.

6. 1286, *Als. dipl.*, t. II, p. 34.

7. Wackernagel, *Basler Dienstmannenrecht*, p. 21.

il n'était dû que par ceux qui résidaient au dehors, dans la *Vorburg*, faubourg ; il formait là un total annuel de 3 livres et demie[1]. Au fond, il a dû être, comme l'aide, une taxe variable et extraordinaire, que l'on pouvait compenser par un tribut régulier ; seulement jusqu'à présent nous en ignorons la cause et la destination.

2. *Hébergement et charroi.*

1° Parmi les charges des paysans, une des moins légères fut l'héberge, le gîte, *alberga*, *Herberge*[2], qu'ils devaient à leur seigneur et à ses hôtes. Le vassal était obligé de loger et de nourrir son suzerain en voyage, le sujet son seigneur. La coutume voulait que ce dernier fît des visites régulières dans ses villages, soit pour inspecter ses biens, soit pour présider des sessions judiciaires ou colongères[3]. On n'a que peu de renseignements sur les tournées faites par les seigneurs séculiers, mais elles ne doivent guère avoir différé de celles des seigneurs ecclésiastiques, sur lesquelles les données abondent.

En principe le gîte ne pouvait être exigé arbitrairement ; il n'était dû qu'à de certaines époques, et tout ce qui était à fournir était strictement réglé. Le seigneur ne devait venir, faire sa *Zufahrt*, qu'avec un nombre déterminé d'hommes et de chevaux, mais à cet égard les usages locaux ont été très divers. C'était le village entier qui était chargé de l'entretien, chacun y contribuait, même les plus pauvres, la part principale toutefois retombait sur les plus aisés, les colons héréditaires. Tantôt le seigneur ne venait qu'une fois par an, soit lors d'un des plaids, soit entre la Saint-Martin et le carême ; dans ce dernier cas, il informait le maire du jour précis de son arrivée, et le maire en prévenait les paysans huit ou

---

1. *Als. dipl.*, t. II, p. 227.

2. A Münster on se servait du mot *Atz*, action de nourrir quelqu'un. *Weisth.*, t. IV, p. 186. Ailleurs, on disait *Atzung*, *ibid.*, t. I, p. 599.

3. Ces visites étaient appelées *Zufahrt*.

quinze jours à l'avance. Tantôt on s'accordait deux et jusqu'à trois visites annuelles[1]; d'autres seigneurs, au contraire, ne se rendaient dans leurs villages que tous les quatre ans[2]. Abbés et abbesses se faisaient escorter de leurs ministériaux nobles[3]; l'abbé de Münster amenait son maréchal, son camérier, son chapelain et son cuisinier. Si en route le seigneur rencontrait un chevalier, un écuyer ou un simple notable, *Bidermann*, il pouvait l'inviter à être son hôte[4]. Était-il empêché lui-même, il se faisait remplacer par son Vogt, auquel était dû presque le même accueil. Le nombre des hommes formant l'escorte se voit par celui des chevaux; le prévôt de Saint-Alban de Bâle faisait son entrée à Kembs *cum tribus equitaturis;* l'abbesse de Saint-Étienne, à Bofzheim avec quatre chevaux; le prévôt de Saint-Morand, dans ses différents villages, avec cinq; l'évêque de Bâle à Sirenz, le représentant du grand-chapitre de Strasbourg à Wilgotheim avec six; le camérier de Neuwiller à Soultz-les-Bains avec huit; l'abbesse de Niedermünster à Nothalten avec douze. Souvent on rencontre la mention d'un demi-cheval, *Halbross*: à Storbach et à Marlenheim, l'abbesse d'Andlau, à Mülbach le sire de Ratsamhausen venaient avec *drithalb Ross*, deux et demi; à Sundhofen l'abbesse de Hohenbourg, à Gresswiller et à Volgelsheim celle d'Erstein, à Huningue l'évêque de Bâle avec *dreizehnthalb*, douze et demi. Le professeur Zöpfl, dans son remarquable travail sur la seigneurie d'Ebersheim, a pris *halb Ross* pour *equus castratus*[5]; il n'a pas remarqué qu'il s'agit d'un mulet, qui dans la langue populaire ne passait que pour un demi-cheval; dans les règlements coutumiers de Türckheim et de Hochstatt, il est dit en termes exprès que l'abbé de Munster venait dans la pre-

1. Une fois : Werentzhausen, Berentzwiller, Aspach, Brinighoffen, Hohen-Rodern, Saint-Léger. Deux fois, coutume la plus répandue. Trois fois, Offwiller, Ebersheim, Türckheim.
2. Sundhausen, Gresswiller, Romanswiller, Volgelsheim, Hochstatt.
3. *Mit Rittern und Knechten*, Gresswiller, Volgelsheim.
4. Brinighoffen, Hohen-Rodern.
5. P. 144.

mière de ces localités, et l'abbesse de Remiremont dans la seconde, avec douze chevaux et une mule[1]. Cette dernière servait à porter les bagages du seigneur ; de même que l'abbé d'Œlenberg, tous les autres ont dû avoir dans leur suite un serviteur monté, conduisant la mule chargée de la valise[2]. Il a fallu toute la subtilité d'un esprit cherchant des rapprochements ingénieux, pour que Zöpfl, qui ne paraît avoir connu que le nombre douze, ait pu l'attribuer à un souvenir de l'ancien usage de composer un tribunal de douze échevins[3] ; on vient de voir que le chiffre a été loin d'être uniforme, outre que les gens de l'escorte du seigneur n'ont jamais fait partie des sessions judiciaires.

Les chevaux et les valets étaient généralement logés dans les fermes des colons[4]. Le prévôt de Bâle, arrivant à Huningue, se rendait à la maison du maire, dont un domestique conduisait les chevaux chez les colons ; si un de ces derniers opposait un refus, on plantait devant sa porte un poteau auquel on attachait le cheval, en le rendant lui-même responsable de la conservation. Quand l'évêque de Strasbourg se rendait au couvent d'Ittenwiller, chaque habitant, *Hausgesesz*, du village de Saint-Pierre lui gardait deux de ses chevaux. On exigeait que les écuries fussent bâties de manière à ne pas être accessibles par derrière ; le paysan n'avait à réparer que les vols commis par des gens pénétrant par la clôture du fond[5] ; ce n'est qu'à Türckheim qu'on signale la coutume inverse. Aux chevaux il fallait procurer de la paille blanche ou sèche, leur montant « jusqu'au ventre », du foin frais, de l'avoine en

---

1. *Zweliff Ross und ein Mul.* XII chevals et un mulet. *Weisth.*, t. IV, p. 209, 26. V. aussi t. I, p. 319. La question, du reste, est décidée par ce passage, relatif à l'avoué de Breuschwickersheim : *nünthalp Ross, das ist mit acht Rossen und ein Mul. Weisth.*, t. I, p. 718. Déjà Schöpflin, *Als. dipl.*, t. II, p. 155, a parfaitement traduit *zwölfhalp Ross* par *cum duodecim equis et mulo.*

2. *Ein ritender Knecht der sinen Watsack fürt.*

3. P. 146.

4. Dans les *Hubhöf,* à Marmoutiers, Ebersheim, Nothalten, Volgelsheim, etc. Un manso était-il sans ferme, le colon contribuait pour 2 schellings. Landersheim.

5. Gresswiller, Romanswiller, Sundhausen, Ittenwiller, Wasselonne, Heimsbrunn.

quantité suffisante pour que la tête pût s'y enfoncer jusqu'aux oreilles[1]. A Nothalten, les colons ne donnaient que la paille, le maire fournissait le fourrage aux frais de l'abbesse de Niedermünster. A Storbach, les chevaux de l'abbesse d'Andlau étaient envoyés dans les prés, sous la garde du plus riche et du plus pauvre des paysans du village. A Türckheim, lors du plaid du mois de mai, la haquenée, *Zelter*, de l'abbé de Münster pouvait paître pendant trois jours à trois endroits différents la largeur d'un pas au bord des champs ensemencés; les autres chevaux étaient conduits au pâturage communal.

Les colons prêtaient les lits et la vaisselle pour les valets, auxquels, à Offwiller, on avait à servir en outre un jeune porc et des fromages larges d'une main et assez durs pour que, lancés contre une paroi, ils en rebondissent sans se briser en morceaux[2].

Quant au seigneur, il voyageait avec des chiens et des faucons, pour se distraire pendant la route et pour se procurer lui-même son gibier.

Il partageait le produit de sa chasse avec les colons, qui de leur côté nourrissaient les chiens avec du pain de seigle et les faucons avec des poules[3]. Dans la plupart des villages le seigneur descendait chez son maire, qui lui devait, aux frais des paysans, des lits et du linge fraîchement lavé, des assiettes et des gobelets neufs, et le soir des chandelles de cire[4]. Outre la literie et la vaisselle, le camérier de Neuwiller, venant à

1. Kembs, Bernhardswiller, Nieder-Ranspach, Marlenheim, Soultz-les-Bains, Sundhausen, Offwiller, Hohen-Rodern, Saint-Léger.

2. Dans ce même rotule et dans d'autres, les lits qu'il fallait fournir aux valets sont dit *geschunden Bett*; Scherz, col. 1409, explique cela par *lectus minus mollis*. Mais pourquoi *geschunden*? *Schinden* est *excoriare*, enlever la peau ou l'écorce.

3. Kembs, Nieder-Ranspach, Werentzhausen, Berentzwiller, Saint-Léger, Aspach, Brinighofen, Hochstatt, Hohen-Rodern.

4. Les colons de Marmoutiers avaient à fournir, en cas de besoin, des lits *ad caminatam* pour les hôtes de l'abbé. *Idem* ceux d'Ebersmünster. — A Sundhausen, chaque ferme donnait un *wisz Tischlachen*. A Sierenz, six fermes se réunissaient pour donner *nûwe Becher* et *wisse Tischlachen*. Les colons de Saint-Léger et ceux de Hohen-Rodern joignaient à la vaisselle et aux nappes des *Handzwcheln*, essuie-mains, et des *Krachende Betten und wisz Lilachen* (draps de lit), ou bien *gute Betten mit Krachenden Lilachen. Krachend*, craquant, fraîchement lavé et séché.

Soultz-les-Bains, réclamait aussi « une chaise avec de beaux coussins ». Beaucoup de règlements spécifient le menu des repas. Quelques abbés avaient l'habitude d'envoyer la veille leurs cuisiniers, pour recevoir les victuailles et les apprêter; ils se méfiaient du talent des paysannes. A Hohen-Rodern, on offrait du veau, du porc, des poulets, avec des épices « bonnes et suffisantes » ; à Saint-Léger, on ajoutait du bœuf, du fromage et des fruits. Le soir de l'arrivée du seigneur (l'abbesse de Saint-Étienne), le maire de Gresswiller lui servait *fliegendes und fliessendes, wildes und zahmes*, de la volaille et du poisson, du gibier et de la viande de boucherie ; le curé y contribuait par du gingembre, des clous de girofle et par le mélange d'épices appelé *Speiswurz*[1] ; le lendemain le curé conduisait l'abbesse et ses hôtes à l'église ; après la messe, il la ramenait à la maison du maire, où il lui offrait, à ses frais, le double de ce qu'on lui avait servi la veille. Les formules *wildes und zahmes, fliegendes und fliessendes* se retrouvent dans une foule de rotules. D'après d'autres, les repas ont été un peu plus simples : à Romanswiller, l'abbesse d'Erstein et ses ministériaux se régalaient d'un porc, dont une moitié était rôtie et l'autre bouillie ; à Bösenbiesen, celle de Niedermünster recevait pour un schilling de viande, une livre de poivre et une de cire ; à Marlenheim, le *Schultheiss* (un noble), quand il présidait un plaid, comme représentant de l'abbesse d'Andlau, avait droit à douze pains et à la moitié d'un porc d'un an; lors de la visite de la même abbesse à Storbach, chaque maison envoyait un homme pour pêcher pour elle dans la Bruche[2].

Il fallait en outre du vin, rouge ou blanc selon les contrées, vieux ou nouveau selon les saisons[3]. Si, à Bernhardswiller

---

1. Sur ce mélange, v. Hanauer, *Études économiques sur l'Alsace*, t. II, p. 249.

2. Les pêcheurs de Storbach recevaient chacun un pain large d'un empan, lors même que les poissons qu'ils apportaient n'étaient pas plus longs que l'articulation d'un doigt. Quand l'évêque de Strasbourg se rendait au couvent d'Ittenwiller, chaque maison de Saint-Pierre avait à fournir « un bon poulet ».

3. A l'abbé d'Œlenberg on devait, à Saint-Léger, avant Noël du vin nouveau et du vieux, après Noël seulement du vieux ; à Hohen-Rodern, au même, du vin blanc, vieux et nouveau, du meilleur qu'on pût trouver.

(Haute-Alsace), on n'en trouvait pas, le seigneur (le prévôt de Saint-Alban) donnait en gage son manteau ou un autre objet, afin qu'on lui cherchât du vin dans une autre commune; les paysans, qui avaient négligé de se pourvoir, étaient tenus de racheter le gage. L'abbé d'Œlenberg, si, à Hohen-Rodern, le menu tout entier faisait défaut, allait dans une auberge d'un village voisin, et, pour chaque plat réglementaire qu'on lui servait, les gens de Rodern étaient frappés d'une amende de 3 schillings [1].

Quand le seigneur avait achevé son repas, son valet prenait la nappe avec tout ce qui était dessus, assiettes, gobelets, vin, pain, etc., et la rapportait au paysan qui l'avait prêtée [2]. Quelques abbés faisaient partager les restes entre tous leurs hommes, en ne réservant parfois que les pains et les fromages non entamés [3].

Les frais de ces festins étaient supportés par les paysans, qui n'en étaient que médiocrement indemnisés par la distribution des restes. A Sierenz, on répartissait la dépense entre tous les hommes propres, pauvres ou riches; c'était là probablement la coutume la plus générale. Dans un petit nombre de communes les colons seuls avaient la charge des frais; à Landersheim, chacun d'entre eux était taxé à cet effet à une once [4]. Un usage particulier a régné dans quelques communes de la Haute-Alsace : le maire, qui avançait les sommes nécessaires, faisant semblant de garder en gage le cheval du seigneur au moment du départ, les colons avaient à le racheter en payant la consommation ; ou bien il prenait le cheval par la bride en

---

1. Quand l'abbé de Murbach allait visiter l'église collégiale de Saint-Amarin, la veille de l'Épiphanie, il invitait 12 chanoines; l'avoué fournissait le soir 12 assiettes et gobelets neufs, le custode donnait la cire pour le luminaire; le lendemain matin, c'était au prévôt à servir les gobelets et les assiettes; avant que l'abbé célébrât la messe, les officiers de ses curiæ dans la vallée lui mettaient sous les pieds 12 peaux de renard. *Als. dipl.*, t. I, p. 331.

2. Sundhausen.

3. Nothalden.

4. A Gildwiller, la contribution de chaque manse était de 12 d. pour la viande, 12 pour le pain, un demi-pot de vin vieux, un demi-pot de vin nouveau, 2 poules et 2 boisseaux d'avoine.

disant : Qui me remboursera? le seigneur répondait : Tu le seras dans huit jours, et il ordonnait aux paysans de s'exécuter dans cet intervalle[1].

On comprend que les seigneurs aient tenu à ce droit de gîte, quelque onéreux qu'il fût pour leurs sujets. En 1243, l'évêque Berthold publia une déclaration, portant que les biens des bourgeois de Strasbourg, situés dans quinze villages du landgraviat, étaient exempts de tout impôt et service, à l'exception de l'hébergement, auquel le prélat ne semblait pas disposé à renoncer[2]. D'après la coutume, le gîte n'était dû que quand les seigneurs faisaient réellement leurs tournées; cependant plus d'un d'entre eux avait réussi à le convertir en un impôt annuel, évalué en argent ou en nature, et exigible lors même qu'il ne venait pas. Meienheim livrait aux Habsbourg, à titre de *Herberg*, au moins 60 résaux d'avoine, au plus 90; Logelnheim, au moins 15, au plus 25; Wattwiller, 3 foudres de vin blanc, etc.[3]. Quelques villages, préférant un mode qui avait l'avantage de ne pas les exposer à des exactions arbitraires, avaient demandé eux-mêmes à racheter par une somme fixe l'obligation de défrayer le seigneur et ses compagnons. Les paysans de Lipsheim payaient à cet effet 12 livres, qu'en 1359 les comtes d'Œningen vendirent avec d'autres droits à l'évêque de Strasbourg[4]. En 1426, Jean-Henri Hacker de Landsberg renonça au droit de gîte dans deux fermes du grand-chapitre à Düppigheim, contre une indemnité annuelle de 2 livres[5]. Vers la fin du siècle les huit villages du Hattgau se libérèrent de la charge en s'engageant à payer une somme de 231 livres par an[6]. Ober-Schäffolsheim s'en était également affranchi[7].

1. Nieder-Ranspach, Nieder-Spechbach, Ober-Michelbach, Hohen-Rodern, Hüningue.
2. *Als. dipl.*, t. I, p. 386. *Strassb. Urkundenbuch*, p. 216. Les quinze villages étaient Griesheim, Dingsheim, Pfulgriesheim, Pfettisheim, Dorstett, Frankenheim, Olwisheim, Truchtersheim, Dürningen, Ittenheim, Offenheim, Auenheim, Dossenheim, Behlenheim, Himmelolwisheim (détruit).
3. Pfeiffer, p. 3 et suiv.
4. *Als. dipl.*, t. II, p. 237.
5. Arch. de la Basse-Alsace.
6. *Weisth.*, t. V, p. 501.
7. V. plus haut. Les paysans de Hofen et Büren ne devaient pas non plus l'hébergement.

2° *Angaria, Enger*, charroi, prestation de chevaux et de voitures pour les récoltes du seigneur, pour ses voyages et pour la guerre. En ce moment nous ne parlerons pas encore de celles de ces corvées qui se faisaient lors des moissons et des vendanges, nous ne mentionnerons que les autres, et encore ne pourrons-nous réunir que quelques renseignements isolés. Mais ce genre de service a été d'un usage si universel, qu'on doit le supposer établi, même quand il est passé sous silence dans les rotules; par le peu qui en est dit, on voit seulement que l'étendue de l'obligation n'a pas été partout la même.

Quand le roi, l'évêque de Strasbourg ou le *Landvogt* d'Alsace se rendaient à l'abbaye de Hohenbourg, les habitants de Rosheim avaient à fournir des voitures jusqu'au couvent; les gens du grand-chapitre qui demeuraient dans la petite ville en étaient dispensés, à moins de le faire par bonne volonté[1]. Le roi voulait-il se rendre à Marmoutiers, l'évêque de Metz en prévenait l'abbé; celui-ci réunissait ses ministériaux et les chargeait de procurer des diverses dépendances du monastère 4 chariots, chacun avec 6 bœufs et 2 voituriers, et de plus quelques bêtes de somme avec leurs selles, leurs harnais et 2 valets, l'un pour les conduire, l'autre pour les faire marcher; si le but du voyage était l'Italie, chacun des hommes de l'abbé concourait aux frais par une somme égale à son cens annuel; si, au contraire, on restait en deçà des Alpes, la contribution n'était que d'un demi-cens; elle servait à l'entretien des conducteurs, des chevaux et des bœufs. Deux manses spéciaux de Marmoutiers devaient ensemble un charroi, pour aller tantôt à Strasbourg, tantôt à Marsal en Lorraine, où l'abbé se pourvoyait de sel. Les gens de Kembs avaient à fournir à l'évêque de Bâle, lorsqu'il entreprenait un voyage, une voiture, quatre chevaux et quatre valets. Quand l'abbé d'Ebersmünster partait pour la cour, chacun de ses hommes

---

1. *Nisi ex gratia.* 1303, 1315. Arch. de la Basse-Alsace.

propres lui devait un denier; quand il n'allait qu'à Strasbourg, il s'y rendait par eau, ses paysans lui fournissaient des bateliers, à condition pour lui de les nourrir, s'il les gardait au delà d'un jour et d'une nuit, et de ne pas trop charger le bateau. Les gens de Saint-Jean-des-Choux, de Wasselonne, d'Odern, etc., n'étaient tenus de servir leurs seigneurs avec des chevaux ou avec des voitures qu'une fois par an, pendant un jour et de manière à pouvoir rentrer avant le coucher du soleil. Il y avait enfin des biens chargés à cet égard de servitudes particulières; tels étaient les *Söumergüter* à Ober-Hergheim, ainsi appelés parce qu'eux seuls avaient à livrer à l'abbé de Murbach, quand il voulait franchir les montagnes, c'est-à-dire aller en Italie, des chevaux de charge[1].

Au sujet des charrois en temps de guerre, nous n'avons trouvé que fort peu de chose. L'abbé de Marmoutiers, quand le roi lui demandait des hommes *in hostem*, désignait à cet effet quatre tenanciers de manses serviles. Parmi les hommes propres de l'abbé de Wissembourg, ceux du village de Modern fournissaient chacun deux bœufs, et deux d'entre eux s'associaient pour livrer une voiture; ceux d'Urwiller donnaient chacun un bœuf, ceux de Kirwiller et de Schaffhausen trois deniers[2]. Il paraît d'après cela que régulièrement les paysans n'étaient appelés à la guerre que pour le transport des bagages et des vivres.

3. *Mortuaire*. Fall.

Le mortuaire, prélevé par le seigneur sur les successions, est mentionné en Alsace dès 758 sous le nom de *justitiæ hominum*[3],

---

1. *Weisth.*, t. IV, p. 139. *Sagma, sauma*, en all. *Söum*, charge; *Sagmarius, saumarius*, en all. *Söumer (Saumthier)*, cheval ou mulet de somme. Dans la charte de Marmoutiers, *Als. dipl.*, t. I, p. 227, il y a *somes*, plur. *Somedes*, forme qui manque chez Ducange, t. VI, p. 21. — Le cheval à fournir à l'abbé de Murbach devait être un *Söymer der Zopf und Zagel hat* et valoir 3 livres. *Zopf*, tresse (la crinière tressée?), *Zagel*, queue.
2. *Tradit. Wissen.*, p. 269.
3. A Schwindratzheim; *Als. dipl.*, t. I, p. 31. Schöpflin donne cette charte d'après

terme qui semble avoir exprimé un rapport entre cet impôt et la capitation. En 837, et généralement dès lors, il est désigné par *mortuarium* ou *Fall*, plus rarement par *jus capitale*, *Hauptrecht*[1]. Ceux qui étaient soumis à cette charge portaient le nom de *Fallmannen*; dans l'origine c'étaient les serfs; comme ils n'avaient aucun droit à une possession personnelle, pas même à celle de leurs meubles, le seigneur, quand l'un d'entre eux mourait en laissant une famille, faisait acte de propriétaire en s'emparant d'une partie de la succession. Ce privilège était trop profitable pour que les seigneurs y eussent renoncé quand ils émancipaient des serfs.

Ceux-ci, lors même qu'ils devenaient hommes propres, ne jouissaient de leur mobilier et de leur bétail que par une sorte de concession; à leur mort, les maîtres rentraient dans leurs prétentions en réclamant le mortuaire. Le rotule de Drusenheim contient à cet égard un passage très explicite : *darumbe das die Lüte eigen sint S. Peters, so verzinsent sie ime den Lip mit Vellen, und die Güter mit Habern und Pfenningen, es sy Frawe oder Man*[2]; les hommes et les femmes, parce qu'ils appartiennent à Saint-Pierre (l'abbaye de Schwarzach, consacrée à cet apôtre), lui doivent des mortuaires comme cens

le cartulaire de l'abbaye de Schwarzach, il n'en a pas vu l'original; les mots *quæ vulgo val dicuntur* y sont entre parenthèses; le copiste les avait ajoutés comme explication, de même qu'un peu plus loin les mots *Schöffel* et *Huber*. — *Justitia* a fort souvent, au VIII⁰ et au IX⁰ siècle, le sens de prestation, cens, impôt. Ducange, t. III, p. 951.

1. 837, abbaye de Hohenbourg. *Als dipl.*, t. I, p. 107. — *Mortuarium, quod vulgo val dicitur*, 1830, Eckartswiller, O. C., t. I, p. 366. *Fall*, ce qui échoit à quelqu'un. *Jus capitale*, 1278, *Hauptrecht*, 1342, Wissembourg, O. C., t. II, p. 7, 21. — *Hauptrecht*, 1490, Hattgau. *Weisth.*, t. I, p. 504. — A Molsheim, 1219, on trouve *Val vel Butel*; à Wissembourg, 1215, *Buteteil*, 1282, *Buteil*; *Als. dipl.*, t. I, p. 136; t. II, p. 7, 21. *Butheil*, *Tradit. Wiss.*, p. 308. On avait aussi le verbe *buteilen*. *Als. dipl.*, t. I, p. 121. Grimm, *Rechtsalterth.*, p. 361, cite le terme sans l'expliquer. Peut-être faut-il le dériver de *büten*, bien que cela ne signifie généralement que faire ou partager du butin; Benecke, t. I, p. 190, pense que cette acception ne paraît pas avoir été la seule. Je suppose que par *Büte* on a entendu aussi un bien acquis par des moyens légitimes; Scherz, col. 206, a des passages où *Büteteil* a le sens bien net de part d'un héritage. Scherz ne se trompe que quand il rapporte le *Büteteil* au seul mortuaire pris sur les vêtements ou sur les meubles; on le trouve toujours comme synonyme de *Fall*. Kehrein, *Sammlung alt. und mitteldeutscher Wörter aus lateinischen Urkunden*, Nordhausen 1863, p. 27, cite aussi les formes *Buweteil*, 1195, et *Buweteilung*, 1319.

2. *Weisth.*, t. I, p. 734.

pour leurs corps, de l'avoine et des deniers comme cens pour leurs biens. Mais il arriva un moment, que l'histoire ne peut pas préciser, où les hommes propres ne furent plus seuls redevables du *Fall*; les seigneurs parvinrent à l'imposer à tous ceux qui reconnaissaient leur supériorité territoriale[1]. Les églises n'en exceptèrent que leurs ministériaux nobles[2]. Tout roturier, homme propre ou paysan libre, devait le mortuaire; l'homme propre le devait même quand il avait quitté la banlieue. Chaque personne née à Drusenheim, dès qu'elle atteignait l'âge de la majorité, devenait avec toute sa descendance *fällig* envers l'abbé de Schwarzach, soit qu'elle habitât Strasbourg, Haguenau ou n'importe quelle autre ville. Quand un des hommes propres de l'abbé de Wissembourg épousait une femme d'une autre condition, ils restaient tous deux soumis au mortuaire. Pour Haguenau, au contraire, le roi Richard déclara, en 1257, que si un étranger se mariait en cette ville, le seigneur de cet étranger n'aurait pas le droit de le « molester », lui et ses enfants, en réclamant une part de l'héritage[3]. Dans quelques parties de l'Alsace, cette charge avait passé des personnes aux biens, lors même que ceux-ci étaient loués héréditairement à des colons libres[4]. Ailleurs, ce qui semblait plus équitable, mais ce qui attestait en même temps le caractère arbitraire de l'impôt, il ne pesait que sur les paysans fournissant un cens plus élevé que leurs voisins du même village; à Oltingen, il n'était dû que par ceux qui payaient plus de 4 schillings, et ils pouvaient s'en racheter moyennant une somme de 3 livres; les gens de Nieder-Spechbach, qui payaient moins de 4 deniers, ceux de Tränheim et de Dangolsheim, qui

---

1. Cela est dit expressément dans le rotule de l'abbaye de Saint-Pierre dans la Forêt-Noire : *wo ein frier Man oder Frau in des Gotshus Gerichten stirbt*, il doit le même mortuaire que les *Eigenlüte*. O. C., t. I, p. 354.

2. *Als. dipl.*, t. I, p. 107.

3. *Tradit. Wiss.*, p. 308. — *Als. dipl.*, t. I, p. 421.

4. Val de Villé, Scherwiller, Zillisheim. — A Kembs, il y avait 10 *Fallhöfe*, à Ober-Michelbach, 4 *Fallgüter*. — A Deckwiller, village détruit, près de Reiningen, les biens qui livraient des cens en avoine étaient grevés du mortuaire, ceux qui livraient du seigle ne l'étaient pas.

livraient moins de 1 pots de vin et demi, en étaient exemptés[1]. D'autre part il y a eu des localités où le seigneur prenait un mortuaire double ; les hommes propres de l'abbé de Selz, ceux de l'abbesse de Saint-Étienne à Booftzheim, étaient taxés de cette manière, pour leur corps et pour leur bien ; le maire d'Ebersheim l'était de même, pour son bien et pour son office[2]. Le mortuaire avait fini par devenir un impôt de succession, perçu par le seigneur territorial ; il est vrai qu'il prouvait alors que les hommes propres pouvaient posséder ; le seigneur, qui s'en contentait, constatait par là même qu'il laissait à ses gens la propriété du reste ; il ne prenait le tout que si quelqu'un mourait sans héritiers.

L'objet prélevé comme mortuaire a été dans l'origine la meilleure tête de bétail, *das beste Haupt*[3] ; c'est ce qui explique le nom de *Hauptrecht, jus capitis*. A défaut de bétail, on le remplaçait par le meilleur vêtement ou le meilleur meuble. Cette coutume primitive de s'emparer de ce qu'il y avait de meilleur ne paraît avoir persisté que dans un petit nombre de nos villages[4] ; dans la plupart des cas, les seigneurs accordaient un adoucissement, en laissant le meilleur aux héritiers et en ne prenant que « le second meilleur », *das ohn eins best*[5]. Quand au lieu d'un habit on demandait un meuble, il fallait qu'il eût quatre pieds ou quatre coins, représentant les quatre pieds du bœuf ou de la vache qu'on aurait pu exiger d'abord et qui ne se trouvait point ; on choisissait alors un lit, un oreiller, une

---

[1]. A Rixheim, les paysans, dont les redevances consistaient en avoine et en vin rouge, étaient seuls soumis au mortuaire.

[2]. Tandis qu'à la fin du XIIIᵉ siècle, l'abbé de Wissembourg prélevait encore sur la succession des bourgeois de la ville un droit mortuaire converti en argent (1279, confirmé en 1289 par l'empereur Rodolphe. *Als. dipl.*, t. II, p. 7, 21), Frédéric II en avait affranchi dès 1219 les bourgeois de Molsheim. *O. C.*, t. I, p. 336. Ceux de Haguenau en étaient aussi exemptés.

[3]. *Optimum caput animalis*, 961. *Strassb. Urkundenbuch*, p. 33.

[4]. Ebersmünster, Saint-Pierre, Gildwiller, Helmsprung, Reiningen. — A Katzingen, Ober-Hagenthal, Nieder-Spechbach, *das best tier, mit gespaltenen Klawen oder ungespaltenen, nach des Herrn Gefallen*.

[5]. A Rixheim, le seigneur prenait *das beste Haupt*, sinon *das onbeste Gewand*. A Booftzheim, au contraire, et dans le Hattgau, les héritiers avaient le premier choix parmi le bétail ; si celui-ci manquait, le seigneur avait le premier choix parmi les meubles.

nappe, une armoire, une chaise, même une porte[1] ; à Rixheim et à Oltingen, villages où l'on cultivait la vigne, l'on prenait un tonneau ou une cuve ayant quatre cercles. Ce n'est que rarement qu'on descendait aux volailles, ou que l'on compensait le *bestes Haupt* par une somme d'argent, fixée soit uniformément à 5 schillings, soit en proportion du cens que le défunt avait payé[2]. Quand il n'y avait absolument rien à enlever, le seigneur, pour affirmer son droit d'une façon symbolique, faisait emporter du jardin un petit carré planté de légumes[3].

Tantôt l'officier du seigneur réclamait le mortuaire aussitôt après le décès, tantôt il attendait que le convoi funèbre fût revenu du cimetière. Mais dans aucun cas le bien qu'avait cultivé le défunt n'était rendu à ses héritiers avant la remise de l'objet caduc. A Sulzbach (Soppe), le maire prenait celui-ci d'une main, tandis que de l'autre il investissait le nouveau tenancier. Si la famille, cachant les meilleurs objets, en présentait un de valeur moindre, le maire, qui devait connaître la fortune de chacun, retenait ce qu'on lui offrait, mais tâchait aussi de s'emparer de ce qu'on voulait recéler. Les héritiers avaient la faculté de racheter le *Fall* ; on le leur cédait généralement moins cher qu'à d'autres ; dans quelques villages de la Haute-Alsace, le prix de rachat pour une tête de bétail était fixé à 3 livres. A Schwindratzheim, il était stipulé que, si le possesseur d'une ferme était un prêtre ou un noble, c'était à lui à racheter le mortuaire du tenancier défunt et à le rendre à ses héritiers. D'après une coutume que nous n'avons rencontrée qu'à Zillisheim, un colon malade pouvait dégager sa famille de l'obligation du *Fall* en se faisant conduire par le maire et quelques voisins, comme témoins, dans la rue ; s'il faisait trois pas et s'il rentrait sans être tombé, la succession était libre.

Une famille appauvrie qui, après la mort de son chef, ne

---

1. *Das beste was vier Zipfel hat, Das beste mit vier Beinen*. Zillisheim, Soppe, Saint-Léger, Balschwiller, Nieder-Spechbach, Sterentz, etc.

2. Ammertzwiller, Kembs, Zillisheim, Heimsprung, Rixheim, Mülbach.

3. *Ein Bette Louches uszteben* (*Lauch*, poireau). Nieder-Burnhaupt, Sennheim.

pouvait fournir le mortuaire et renonçait à l'héritage, peut-être grevé de dettes, posait la clef de la porte sur le cercueil, que seul elle pouvait emporter; les funérailles faites, elle n'avait plus le droit d'entrer dans la maison.

§ 4. — Monopoles du seigneur.

Taverne. — Ban du vin. — Moulins et fours banaux, etc.

Les seigneurs ecclésiastiques et laïques ont joui de quelques monopoles, dont plusieurs remontaient à des privilèges royaux, et qui constituaient ce qu'on appelait la banalité; elle était fondée sur le droit de ban ou d'interdiction. Grâce à ces monopoles, les seigneurs défendaient à leurs sujets de se pourvoir, pour certains de leurs besoins, ailleurs que chez ceux auxquels, contre une redevance, ils donnaient la permission de la fabrication ou de la vente; ou ils prohibaient le débit de certaines denrées, avant d'avoir écoulé, soit celles qu'ils récoltaient dans leurs terres saliques, soit celles qui leur revenaient sous forme de cens et dont ils ne se servaient pas pour leur propre usage. La banalité s'étendait sur le vin, la mouture et la boulangerie.

1. *Taverne. Ban du vin.* — Le *jus tabernæ* était le droit d'autoriser l'ouverture de tavernes. En 1153, Frédéric Ier et, en 1192, le pape Célestin III, confirmèrent ce droit à l'abbé d'Altorf; en 1217, Frédéric II donna à l'église de Sainte-Foy, à Schlestadt, quelques domaines en échange, entre autres, du *bannum vini* et du *jus tabernæ* dont elle avait joui jusqu'alors[1]. La taverne de Hirsingen, appartenant aux Habsbourg et affermée par eux, leur rapportait 7 schellings par an[2]. Cet

---

[1]. Würdtwein, *Nova subsidia*, t. VII, p. 163; t. X, p. 292. *Als. dipl.*, t. I, p. 295.

[2]. A Nieder-Ranspach, c'était l'avoué qui louait la taverne. — L'abbesse de Niedermünster avait à Kogenheim une *Gelte*, qu'elle louait pour 6 deniers à un homme propre du couvent, et plus cher à tout autre; le fermier devait vendre du vin blanc et du rouge, selon l'estimation de quelques notables. *Gelte*, cruche; encore aujourd'hui dans quelques contrées de l'Allemagne, le cabaret villageois est appelé *Krug*.

exemple, assurément, n'a pas été le seul. Là où il y avait de ces tavernes banales, personne, outre celui qui avait la licence, ne pouvait vendre du vin. Ailleurs, au contraire, la vente était permise à tout paysan, à la seule condition de fournir au seigneur une quantité déterminée de *Fürwin*, vin prélevé par avance. A Saint-Pierre, à Ebersheim, à Bühl (Haute-Alsace), chaque tavernier avait à livrer environ une mesure par foudre; à Selz, on devait au couvent six pots (*Becher*) pour un foudre et quatre pour un demi[1]. Çà et là, le *Schultheiss* en avait aussi sa part; celui d'Ebersheim recevait un quart (demi-mesure); celui de Sainte-Odile prenait des gens, qui, sur la montagne, débitaient du vin, une demi-mesure par foudre, deux pots par demi-foudre, et ainsi de suite; il ne dispensait de cette contribution que ceux qui vendaient en détail le produit de leurs propres vignes. C'est lui, comme officier seigneurial, qui, à la Saint-Martin, fixait le prix de vente pour toute l'année; à Neuwiller, les taverniers qui se faisaient payer plus cher devaient, pour chaque demi-denier en sus du taux officiel, une mesure au chapitre, à titre d'amende.

La permission n'était donnée le plus souvent que pour un certain temps. Partout où les seigneurs possédaient des vignobles ou recevaient des cens en vin, ils ont eu le privilège de suspendre temporairement la licence accordée aux paysans ou aux taverniers; c'est le *bannum vini*, défense de débiter d'autre vin que celui du seigneur, ou permission donnée seulement contre une redevance extraordinaire qui, en forçant le débitant à hausser ses prix, l'empêchait de faire au seigneur une concurrence déplaisante : moyen commode pour ce dernier de se défaire de son superflu sans trop d'embarras. En 1104, Brunon, prévôt de Honau, décida que les habitants de l'île pourraient vendre du vin depuis Pâques jusqu'à la Nativité de la Vierge, sauf à livrer au cellérier du monastère une *situla* par *carrada* (une demi-mesure par foudre); en même temps,

---

1. Pour *Fürwin*, *Vorwin*, on rencontre aussi *Rechtwin*; ainsi à Budwiller où le droit était d'un quart par tonneau.

il se réserva le droit de vente, chaque fois que les nécessités du chapitre l'exigeraient; plus tard, le prévôt n'eut plus son ban que deux fois : au printemps et en automne[1]. Dans la marche de Marmoutier, quiconque voulait tenir taverne depuis la Saint-Martin jusqu'à l'époque où l'on commençait à boire du vin nouveau, payait à l'abbé six deniers par demi-foudre. A Strasbourg même, l'évêque avait joui du banvin, au printemps et en été, d'une manière très oppressive pour les habitants; il tenait, pendant la période indiquée, de même que l'abbé de Marmoutier, à faire vendre de préférence son propre vin; au commencement du xiie siècle, il consentit à une réduction des droits; d'après une charte de 1119, les débitants ne devaient plus au fisc épiscopal qu'une mesure par foudre; le document dit que c'était là un adoucissement à un état de choses antérieur qu'il qualifie de tyrannique; on peut se figurer ce qu'il a dû être, si une mesure sur vingt était considérée comme un allégement. En 1252, la ville racheta le banvin pour 400 marcs[2].

Les époques du ban ont été très variables. Les abbés d'Ebersmünster et de Münster ont eu leurs bans du vin trois fois par an : à Noël, à Pâques et à l'Ascension, chaque fois pendant quinze jours; à Marlenheim, l'abbesse d'Andlau l'a eu en décembre, son *Schultheiss* en temps de carême; l'abbé de Murbach, pendant trois semaines avant le solstice d'été et autant après; celui de Selz, pendant six semaines, depuis les vêpres du samedi de la semaine de Pâques jusqu'à celles de la veille de la Pentecôte; ne voulait-il pas vendre son propre vin, il concédait le droit de ban aux aubergistes pour une somme de 2 livres 5 schellings, etc. Quelques seigneurs ne faisaient sortir de leurs caves qu'une quantité fixe : le prévôt de Honau deux foudres; le grand-chapitre, à Geispolsheim, un foudre; à Bœrsch, deux; le chapitre de Neuwiller, trois, etc.

1. Würdtwein, t. VI, p. 283. — Hanauer, *Constitut.*, p. 175.
2. Grandidier, *Hist. d'Als.*, t. II, p. ccxxxiv. *Als. dipl.*, t. I, p. 407. *Strass. Urkundenbuch*, p. 59, 273.

D'ordinaire, le débit du vin banal était confié au maire, qui annonçait l'ouverture huit jours à l'avance. Tout autre paysan qui, pendant la durée de l'interdiction, tenait taverne, était passible d'une amende de 30 schellings, à Münster même de 60. Quand le ban était proclamé, le maire remettait à chaque paysan un petit bâton, *Kerbholz*, dans lequel on faisait des entailles pour marquer la quantité fournie et reçue; on n'était pas tenu de payer au moment même de la consommation; après l'expiration du ban, le maire, muni du *Kerbholz* et accompagné du sergent du village, allait de maison en maison pour recueillir l'argent[1]. A Neuwiller, le prévôt du chapitre chargeait de la vente de son vin quelque aubergiste, qui recevait en outre, avec chaque foudre, douze pains et une certaine quantité de sel, de légumes secs et de bois; si le buveur, devenu ivre par suite de la bonté du vin, oubliait de payer, on le laissait aller, pourvu que ses biens fussent suffisants pour servir de gage. La coutume la plus bizarre a été l'obligation, pour les paysans, de boire tout le vin banal; le seigneur ne voulait rien perdre. A Münster, à Türckheim, dans le Hattgau, si quelqu'un refusait « par arrogance » d'aller boire dans le local autorisé pendant le ban, les valets lui apportaient sa part à la fin de la période; leur fermait-il sa porte, ils versaient le vin soit dans un seau, soit dans la basse-cour ou dans l'auge des porcs, et s'emparaient de gages pour le paiement.

L'*Umgeld*, impôt sur le débit du vin au détail, ne paraît pas avoir été perçu dans les villages; on ne le trouve introduit que dans les villes.

2. *Moulins et fours banaux.* — Les chartes du viiie siècle nous apprennent qu'à cette époque la plupart des *villæ* ou domaines ont eu leurs moulins; des *farinariæ*, des *molendina* sont mentionnés dans les *traditions* de Wissembourg. L'existence de ces moulins comme propriétés particulières est sup-

---

1. Hatten, Sundhofen.

posée, d'ailleurs, par la loi salique, qui punit les vols et les dégâts commis *in molino alieno*[1]. Les uns passèrent, par des donations, à des églises, les autres restèrent entre les mains de nobles; partout le seigneur territorial s'en réserva le monopole. Les paysans étaient tenus d'y faire moudre les grains destinés à leur propre consommation[2]. Dans les communes plus grandes, il y avait généralement deux moulins banaux, *Banmüle* ou *Fronmüle*, aux deux extrémités du village, *die ober und die nider Müle*. Le seigneur, qui était le *Mülherr*, donnait son moulin à ferme à un paysan; dans quelques endroits, les meuniers étaient même comptés parmi ses officiers[3]; ils devaient des redevances, mais avaient l'usage, soit d'un arpent, *Mülacker*, soit d'une portion de forêt, *Mülholz*. A Achenheim, les deux meuniers du couvent d'Eschau prenaient dans le domaine de l'abbesse le bois nécessaire pour faire leurs digues; en retour, ils fournissaient, pendant le carême, cinquante œufs et le jour de la Sainte-Sophie (15 mai), un agneau. La redevance due par le meunier de Biederthal à son seigneur, le duc d'Autriche, consistait en deux résaux de *Kernen* (épeautre?) et en un porc valant 10 schellings. A Storbach et à Viche, chaque canal servant à un moulin était taxé, au profit de l'abbesse d'Andlau, à quatre boisseaux d'avoine. Dans d'autres villages, les meuniers employaient le son pour engraisser des porcs pour le seigneur; chacun de ceux de Gendertheim en entretenait un pendant six semaines, avant Noël; les deux d'Achenheim en nourrissaient six depuis la Saint-Michel (29 septembre) jusqu'à la Saint-Thomas (21 décembre); le cellérier d'Eschau allait de temps à autre s'informer de leur état; quand ils étaient livrés, l'abbesse rendait aux meuniers les dos, larges de trois doigts et longs d'une aune et d'un pouce.

Sur les grains que les paysans apportaient au moulin banal,

---

1. Tit. XXIV, Baluze, t. I, p. 296. (Codex I, éd. Hessels.)
2. Ils sont *gebunden da zu malende*. Balschwiller.
3. Achenheim, Fegersheim.

le meunier prélevait une partie comme droit de mouture ou de farinage. Il ne pouvait donner à personne une préférence, le premier venu était servi le premier, les autres à leur tour; celui auquel il refusait son tour pouvait se rendre au moulin d'un village voisin. Si la nuit survenait avant que tous ceux qui s'étaient présentés eussent été expédiés, on devait aux restants le manger et le boire. A Offwiller (mais l'exemple est unique), les propriétaires libres avaient le pas sur les colons. Dans ce village, ainsi qu'à Bibelnheim, le meunier allait lui-même, avec une voiture et un valet, prendre le grain des paysans de la banlieue. Celui qui, au moment où le meunier s'arrêtait devant sa porte, ne voulait pas encore faire moudre, lui payait ses frais de route; si, au contraire, le meunier négligeait ou refusait de venir, les paysans portaient leurs sacs chez le maire, chargé de leur procurer la mouture sous sa responsabilité; si quelqu'un se présentait au moulin, et que le meunier voulût le renvoyer au lendemain, il attendait la fin du travail commencé pour se servir ensuite lui-même des roues et des meules; si le meunier et ses gens, se mettant en colère, essayaient de l'en empêcher, il avait le droit de s'emparer d'un sac de farine.

Nous n'avons rien trouvé dans nos rotules sur les usages concernant les fours banaux; mais la preuve que ces fours ont existé chez nous, c'est la mention d'un *gemein Ofenhus* dans beaucoup de nos villages. Quelques localités du comté de Ferrette ont même eu des boulangeries banales. Les forges ont eu également le caractère de la banalité; les maréchaux-ferrants n'ont été ni des industriels libres, ni des employés des communes, mais des agents auxquels les seigneurs affermaient leurs ateliers. Ceux de Haslach avaient à fournir au sire d'Ochsenstein, avoué de l'évêque de Strasbourg, chaque année, des fers et des clous pour quatre chevaux. Dans le Hattgau, ils pouvaient, pendant l'hiver, couper chacun un foudre de bois dans la forêt, pour se procurer le charbon nécessaire. Quelques maréchaux ont eu, comme les meuniers, l'usufruit d'un arpent

(*Smideacker*). D'ordinaire, les forges étaient établies en dehors des villages, sur une partie du communal[1].

Un très petit nombre de villages ont eu le privilège d'être affranchis du vin, du moulin et du four banaux; dans la Basse-Alsace, c'étaient Wasselonne et Brechlingen, dans la Haute-Alsace, Huningue, Pfaffans, Odern, les communes du Val d'Orbey et du Val de Rosemont. A une époque, et pour des raisons que nous ne connaissons pas encore, les habitants de ces localités avaient obtenu, pour le débit du vin, la mouture et la boulangerie, la même franchise que ceux des villes; les seigneurs avaient cessé d'y exercer leur monopole.

Un dernier de ces monopoles était le droit de lever des péages sur les marchandises. Pour les établir, ainsi que pour instituer des foires, il fallait des autorisations du souverain. Malheureusement nous n'avons, sur cette matière, que des données très rares. Au XIIe siècle, chaque marchand de la marche de Marmoutier devait à l'abbé un *teloneum*[2]. Dès 993, Otton III donna à l'abbé de Selz le *jus telonei et mercatus*[3]; à celui d'Altorf, il accorda le même privilège, confirmé, en 1153, par Frédéric Barberousse[4]; en 1014, Henri II en avait gratifié l'abbé d'Andlau[5]. On peut inférer de ces exemples que d'autres seigneurs ont joui de droits analogues. La seule foire de village sur laquelle nous possédions des détails circonstanciés, contenus dans un rotule de 1380, est celle de Dettwiller[6]; le seigneur du lieu était alors l'évêque de Metz. Elle avait lieu le jour de Saint-Jacques (25 juillet), sous la surveillance et la protection de l'avoué épiscopal. Ce dernier prenait sous sa

---

1. *Des Smides Almende*. Pfettisheim et Ober-Schæffolsheim, XIVe siècle, Furdenheim, 1519. — *Des Dorfes Almende das zu der Smitten höret*, Reichstett, 1343. — Comme dans plusieurs banlieues il y avait des champs *bi der Smitten*, on doit en conclure que la forge se trouvait en dehors des villages.

2. *Als. dipl.*, t. I, p. 225.

3. *O. cit.*, t. I, p. 137.

4. *O. cit.*, t. I, p. 238.

5. *O. cit.*, t. I, p. 143.

6. *Weisth.*, t. V, p. 480.

sauvegarde, jusqu'à un mille de distance du village, les marchands du dehors qui amenaient des chevaux, des ânes, des bêtes à corne, des moutons, des porcs, ou bien des draps, des peaux tannées, des souliers, du vin, etc. De chaque bête ou de chaque objet exposés en vente, il prenait un péage d'un ou de deux deniers. S'il arrivait du désordre, il appelait comme témoin ou comme aide un homme de la banlieue, qui ne pouvait s'y refuser, sous peine d'une amende de 30 schellings; pour cette raison, les marchands, originaires de la banlieue même, étaient exempts des péages. — Les gens d'Odern ont eu, outre leurs autres franchises, celle de ne payer aucun droit pour aucune marchandise quelconque; de même ceux du Val de Rosemont allaient librement « par tous les marchés et foires de la seigneurie, acheter toutes sortes de viandes, comestibles et denrées, selon que la nécessité le requiert ».

CHAPITRE IV

JURIDICTION SEIGNEURIALE

§ 1. — Les officiers judiciaires.

1. Le *Schultheiss*. — Nous avons dit plus haut que les seigneurs territoriaux ont eu dans leurs domaines le privilège de *Twing und Bann* et que, conformément aux anciennes idées, ce droit de juridiction a été une des conditions mêmes de la propriété. La haute justice seule était réservée aux souverains. En principe, les seigneurs auraient dû eux-mêmes exercer leurs fonctions judiciaires, mais la plupart d'entre eux, ecclésiastiques et séculiers, ne résidant pas sur les lieux ou possédant plusieurs villages, en avaient chargé un officier, généralement désigné sous le nom de *scultetus*, *Schultheiss*. Dès le viiie siècle, on rencontre des *scukdaii*, agissant comme juges, sans qu'on sache, avec certitude, par qui, à cette première époque, ils étaient institués[1]. Bientôt après, ce ne sont plus que les seigneurs qui les choisissent; les *Schultheiss* sont toujours et partout des officiers seigneuriaux. Ils jurent fidélité à celui qui les nomme, et quand ce dernier appartient à l'É-

---

1. Chez les Francs, *Capitul.*, éd. Baluze, t. I, p. 514; t. II, p. 315. — Chez les Lombards, o. cit., t. II, p. 333. — Selon Grimm, *Rechtsalterth.*, p. 611, *scultheizo* était celui qui avait le droit de réclamer une dette en argent; Wackernagel, *Wörterb.*, p. 251, l'explique par *der Verpflichtungen befiehlt*, *Schuld* étant pris dans le sens général d'une chose due, et *heizan, heissen* (*heischen*) dans celui d'exiger, commander. Au ixe siècle, le mot est aussi employé comme correspondant à *tribunus*, *rector loci*. Graff, t. IV, col. 1090; Grimm, o. cit., p. 755. — Dans une charte de 835, relative à la Haute-Alsace, on trouve aussi le *centenarius*, connu par la loi salique et par quelques capitulaires. (*Als. dipl.*, t. I, p. 76.)

glise, ils promettent aussi d'obéir à son *Vogt*[1]. Dans la partie de la Haute-Alsace qui dépendait de l'évêché de Bâle, le maire, intendant ou agent administratif des domaines, joignait à ces attributions celles de juge; à Eckbolsheim, dont le seigneur était le chapitre de Saint-Thomas, les deux fonctions étaient également remplies par la même personne.

Le *Schultheiss* était chargé de veiller à ce que personne ne portât atteinte aux droits du maître, de convoquer les sessions, d'instituer les divers agents choisis par les paysans, et de juger, sans égard à la qualité de l'accusé et de l'accusateur, les causes qui rentraient dans la juridiction seigneuriale. Comme juge, son rôle se bornait à proclamer les sentences et à dicter les amendes, en se conformant au verdict des échevins, qui seuls avaient qualité pour *déclarer* le droit. Quand, en latin, il est appelé *causidicus*, cela signifie simplement que c'est lui qui *disait* l'arrêt dans une *cause*[2].

Il n'était pas toujours pris parmi les paysans, mais assez souvent dans la noblesse[3]. On a même des exemples qui prouvent que l'office était devenu un fief héréditaire dans quelques familles, ainsi, à Obernai (avant l'érection du village en ville impériale), dans la famille des chevaliers d'Ebenheim, ministériaux de l'abbesse de Hohenbourg; à Andlau, dans la famille des chevaliers d'Andlau[4], etc.

Le *Schultheiss*, noble ou paysan, était exempt de la plupart des taxes; il avait droit à une part des amendes et à quelques redevances. Celui de Marlenheim, généralement un noble, jouissait d'un certain nombre de champs, de prés et de vignes; en outre, il percevait 15 résaux d'avoine et 15 schellings, et

---

1. Burckhardt, p. 77.

2. A Marmoutier, à Strasbourg, etc.

3. 1263, le chevalier Rodolphe, *Schultheiss* de Hangenbieten; 1293, le chevalier Henri, *Schultheiss* de Kolbsheim; 1295, le chevalier Gözelman, d'Utwiller. En 1397, Guebwiller et Wattwiller ont eu des *Schultheiss* nobles.

4. Depuis 1361. *Als. ill.*, t. II, p. 262. — 1439, Rodolphe d'Andlau, oberster *Schultheiss und Richter des Tales zu Andelo*, et plusieurs autres dans la suite.

prenait une gerbe de chaque arpent de la banlieue; ces gerbes formaient le champart que l'abbesse d'Andlau lui abandonnait. Celui d'Achenheim avait 10 schellings et 20 résaux de méteil. Ces revenus étaient diminués de ce que les *Schultheiss* fournissaient à leurs seigneurs, à titre d'hommage; celui de Marlenheim devait 6 livres; celui d'Achenheim livrait à l'abbesse d'Eschau, à Noël, un saumon; aux Trois-Rois, 18 gâteaux faits avec 10 boisseaux de froment; au Carême, quatre pots d'huile; à Pâques, une grue; à la Sainte-Sophie et à l'Assomption, chaque fois un porc; celui de Fegersheim, à la même abbesse, à Pâques, deux agneaux et à la Saint-Étienne, un porc valant une livre. Aux plaids d'Ammerschwihr, le *Schultheiss* devait se présenter avec des habits de trois qualités différentes, pour le cas que l'abbé de Murbach, son seigneur, lui ordonnerait de l'accompagner dans un voyage au delà des monts; s'il négligeait de suivre cette prescription, il avait à livrer un foudre de vin[1].

2. Les échevins, *scabini, scabiniones, Schöffen, Scheffel, Gerichtslüte.* — A l'époque de Charlemagne, les *missi* du roi choisissaient les *scabini* qui, au nombre de sept ou de douze, devaient servir d'assesseurs aux comtes et à eux-mêmes et *dicere rei veritatem*[2]. Plus tard, ces échevins sont élus par les paysans et institués, au nom du seigneur, par le *Schultheiss.* Dans le val d'Orbey, quand l'un venait à manquer, par suite de décès ou de départ, ceux qui restaient élisaient trois candidats, qu'ils présentaient à la commune, laquelle, à son tour, pouvait en désigner trois autres; le *Schultheiss* se décidait pour un des six

---

1. *Das schwachest Kleit sol sin Kungelin.* Hanauer, *Constit.*, p. 316. M. H... suppose, avec un point d'interrogation, qu'il s'agit d'un habit de lin. *Kungelin* signifie ordinairement lapin, surtout en Alsace; encore aujourd'hui nous disons *Kinfele.* L'habit en question est donc sans doute un habit avec une fourrure de lapin. Comme il est dit *das schwachest*, le plus pauvre, le moindre, les deux autres ont dû être plus précieux; d'où l'on peut conclure que le *Schultheiss* d'Ammerschwihr a aussi été un noble. L'amende, s'il refusait, consistait en *ein Kung Fuder Wines*; M. Hanauer demande : « un foudre de vin ordinaire? ». Je conviens que dans cette locution le sens de *Kung* ne m'est pas clair.

2. Capitulaire de 803. *Capitul.*, t. I, p. 391. (Borétius, I, p. 115, c. 3.)

et l'installait. Il est probable qu'un usage analogue a été observé à peu près partout. Eschau est, à ma connaissance, le seul endroit où les échevins aient été nommés directement par le *Vogt* sans élection préalable. Le plus souvent on les prenait parmi les colons héréditaires qui, comme nous l'avons dit, ont été les notables des villages. Quand le propriétaire d'une colonge était en même temps le seigneur du lieu, il n'avait pas deux tribunaux, celui des *Huber* suffisait à tout. C'est ainsi qu'à Börsch, dont le grand-chapitre était seigneur territorial et où il avait une grande colonge, toutes les affaires étaient jugées par le *Schultheiss* et les colons; après que le village fut devenu ville, le chapitre, prévoyant qu'il pourrait inféoder la seigneurie à quelque noble, se réserva la juridiction et, pour ses officiers, l'exemption de tout service ou impôt envers celui *der die Stat zu Berse in Henden hette*[1].

Pendant tout le moyen âge, les échevins restèrent ce qu'ils avaient été dans l'origine, les assesseurs du juge. Ils prêtaient serment de maintenir les droits du seigneur et de rendre la justice également aux pauvres et aux riches, sans contrainte, sans faveur et sans haine. Comme on ne jugeait que d'après la coutume, le *Schultheiss* les invitait chaque fois à la déclarer; ils le faisaient après avoir constaté la culpabilité de l'accusé ou son innocence; le *Schultheiss* n'avait qu'à formuler leur déclaration en sentence et à la faire exécuter. Ils formaient avec lui le tribunal, *Gericht*. Leur nombre n'a pas été partout le même; à Lohr, ils étaient trois; à Scherrwiller, quatre; à Ober-Hagenthal, sept; à Gisenheim et à Sessenheim, neuf; à Eschau, douze; à Achenheim, à Haslach, à Grendelbruch, quatorze. Le tribunal du Val d'Orbey, qui avait son siège à Lapoutroie, était composé de seize échevins, quatre de chacun des quatre villages de la vallée.

De même que le *Schultheiss*, ils avaient quelques avantages. Ceux de Haslach étaient dispensés de la prestation des poules

---

1. Börsch fut érigé en ville en 1328 par l'évêque Berthold de Bucheck. La décision du chapitre est de 1385. (Arch. de la Basse-Alsace.)

et du mortuaire; quand le seigneur les requérait pour une expédition, ils n'étaient tenus de le suivre que pendant un jour, du matin au soir. Ceux de Grendelbruch n'étaient exempts que du mortuaire. A chacun de ceux d'Achenheim, l'abbesse d'Eschau concédait deux arpents, et le détenteur n'avait à livrer qu'une redevance d'un résal de méteil. A Lampertsloch, au contraire, l'échevin nouvellement élu devait à chacun de ses collègues une journée de corvée et au *Schultheiss* un repas.

Une fois installés, ils étaient forcés de remplir leurs fonctions. Le rotule de Haslach rappelle à ce sujet une coutume, qui parait tellement barbare qu'on se demande si l'on doit la prendre à la lettre, ou s'il ne faut y voir, peut-être, qu'une menace exprimée en termes hyperboliques. Il est dit que, si un échevin ne se présente pas au tribunal, le seigneur lui fait démolir les murs de sa maison, en ne laissant subsister que la charpente, qu'il s'empare de ses meubles, à l'exception du lit et de la charrue, qu'il le fait traîner hors le seuil de la porte, jeter sur un cheval comme un sac et transporter ainsi au lieu de la séance. Faut-il conclure de là que les échevins montraient peu d'empressement à se rendre aux sessions judiciaires et qu'on ne réussissait à les y amener que par une intimidation aussi brutale ?

3. Chaque village a eu son *Büttel, Bot, Weibel, præco, nuntius, cursor*; dans quelques rotules français que nous possédons, ces divers titres, qui tous s'appliquaient au même officier, sont traduits par *sergent*. Le propriétaire colonger pouvait avoir à son service un *Büttel* particulier, qu'il ne faut pas confondre avec celui du village, bien que ce fût souvent la même personne. Le sergent villageois, qui n'a pas été un employé aussi subalterne que son titre pourrait le faire supposer, était élu par les paysans. A Kintzheim, et sans doute aussi dans d'autres localités, on présentait au *Schultheiss* trois candidats. Dans le Hattgau, au contraire, le droit de présentation appartenait au seigneur; si les paysans ne parvenaient pas à s'en-

tendre sur un de ceux qu'il leur désignait, on avait recours au sort. Le *Schultheiss* instituait l'élu, après avoir reçu son serment de fidélité. Un bâton, qu'il portait dans l'exercice de ses fonctions, était le symbole de son droit d'exiger l'obéissance à ses messages. Il transmettait les ordres du seigneur ou du *Schultheiss*, convoquait les paysans pour les plaids, arrêtait les malfaiteurs et concourait à la surveillance de la banlieue lors des récoltes. A Münster, il recueillait aussi l'impôt de la *Belle*. Celui de l'abbesse de Hohenbourg devait avoir un cheval toujours prêt, afin de se rendre à l'instant même partout où elle pourrait l'envoyer; il lui était enjoint de ne pas trahir le secret qu'elle lui confierait[1].

Le salaire de ces agents variait suivant les seigneurs dont ils dépendaient. A Breuschwickersheim et à Börsch, ils ne payaient pas d'impôts; celui de Börsch jouissait même de quelques pièces de terre et de deux mesures de vin, et chaque nouveau colon lui donnait une paire de souliers en cuir de bœuf; à Guémar, le sergent recevait du nouveau colon deux sandales, et du seigneur une mesure de vin et deux boisseaux de noix. A Marmoutier, on lui abandonnait un quart de manse, à Marlenheim, un quart d'arpent; à Ebersheim, il prenait, lors de la moisson, 30 gerbes d'orge et autant de seigle; celui de Herlisheim avait droit à une charge de bois traînée par quatre chevaux. Aussi bien que les autres officiers, le sergent devait un hommage annuel à son seigneur; le seul détail que nous ayons trouvé à ce sujet, c'est que lors de la fête de sainte Sophie, le *Büttel* d'Achenheim présentait un agneau à l'abbesse d'Eschau.

§ 2. — L'avoué (advocatus, Vogt).

Les seigneurs ecclésiastiques, qui n'avaient ni le droit de juger eux-mêmes, ni celui de combattre, se faisaient représen-

---

1. Vers la fin du XVe siècle, le *Büttel* des villages du Hattgau était qualifié d'*Untervogt*, et chargé de l'exécution des sentences; de là le nom de *Büttelei* pour circonscription judiciaire.

ter en tout ce qui concernait leur juridiction par des avoués. La mission de ceux-ci était d'exercer la justice au nom des églises et des monastères, et de protéger leurs privilèges, leurs biens et leurs sujets. Ce droit de ban leur était délégué par le souverain, auquel devaient s'adresser les évêques, les prévôts et les abbés, pour obtenir des défenseurs[1]. Comme il fallait, à cet effet, des hommes entourés d'un certain prestige et autorisés à porter des armes, les avoués ont toujours été des nobles. De très bonne heure aussi, la plupart des avoueries étaient devenues des fiefs héréditaires. Cette situation donnait aux *Vögte* une indépendance de nature à provoquer des conflits fréquents entre eux et les maisons religieuses qui leur avaient confié la garde de leurs intérêts. Quelques couvents tentèrent de prendre des précautions; en 1190, l'abbé de Murbach obtint une bulle de Célestin III déclarant que l'avouerie du couvent ne resterait héréditaire dans une famille que quand l'abbé et les frères y consentiraient[2]; le prévôt de Saint-Alban, à Bâle, se réserva même le droit de ne laisser l'office qu'à quelqu'un qui lui inspirerait de la confiance, et seulement à vie[3].

L'avoué était chargé de protéger les villages et leurs habitants contre toute agression. En cas de besoin, il avait à rester à cheval et en armes pendant un jour et une nuit[4]. A Drusenheim et à Herlisheim, chaque fois qu'un paysan le requérait, il l'accompagnait pendant 24 heures, à ses propres frais; si c'était pour un temps plus long, la dépense était à la charge de celui qui avait réclamé son service. Dans le district judiciaire de Haslach et à Kirchheim, quand un paysan était pris par des ennemis, le *Vogt* était tenu de le sauver sans retard; lors même qu'au moment où il recevait l'avis, il n'avait qu'une

---

1. En 823, Louis le Débonnaire, confirmant les biens et les droits de l'abbaye de Massevaux, dit : *advocatus, cui nos vel successores nostri bannum super eandem abbaciam dabimus...* (*Als. dipl.*, t. I, p. 70).

2. *Als. dipl.*, t. I, p. 294.

3. Burckhardt, p. 171.

4. L'avoué d'Artolsheim doit *riten ein Tag und ein Naht mit starckem Halse, wa den Hof oder das Dorf Not angel.* (*Weisthümer*, t. I, p. 693.)

botte et que son cheval ne fût pas sellé, il ne devait pas attendre, mais partir tel quel; apprenait-il que le prisonnier était retenu dans un château fort, il devait passer un jour et une nuit devant la porte, demander des secours et il n'était quitte de son devoir que si les secours n'arrivaient point. Quand un des hommes propres de l'évêque de Bâle était molesté, en son corps ou en son bien, il portait plainte à l'avoué; celui-ci ne réussissait-il pas à lui procurer, par voie judiciaire, la réparation de son dommage, on donnait au paysan les clefs des celliers épiscopaux; si là il ne trouvait pas de quoi se satisfaire, l'évêque excommuniait l'auteur du méfait, et l'avoué aidait le paysan de son épée, en chevauchant et en combattant, s'il le fallait, jusqu'à ce qu'il ne lui restât plus que deux souliers[1]. Ces formules symboliques avaient pour but de rassurer les habitants des villages sur l'empressement des avoués de venir à leur aide; mais, le plus souvent, elles ont dû être illusoires; où trouver le *Vogt*, quand on avait besoin de lui? et dans le cas où on le trouvait, consentait-il toujours à se déranger à la hâte pour *un homme pauvre* qu'il estimait peu, et qui n'avait aucun recours contre lui?

Les avoués avaient, en outre, l'obligation d'assister aux sessions judiciaires, autant pour assurer l'exécution des jugements, que pour défendre les échevins, les colons, les hommes propres, si, lors d'une de ces réunions, ils étaient attaqués. A cause des bénéfices que ce devoir leur procurait, ils étaient plus disposés à le remplir que de monter à cheval pour sauver un paysan persécuté. Mais leur présence n'était légitime que lors des plaids réguliers; à toute autre époque de l'année, il leur était interdit de se mêler des affaires des villages, à moins d'être appelés d'urgence par le *Schultheiss* ou par le maire. Cette précaution avait été jugée nécessaire dès le commencement du IXe siècle; les avoués, forts de leur pouvoir, avaient entrepris de bonne heure d'en abuser, pour extorquer des sei-

---

[1] ... *unz das er gat von Armut in zwen Rintschuhen.* Burckhardt, p. 101.

gneurs ecclésiastiques des privilèges ou des biens. Dès 823, Louis le Débonnaire déclara, dans une charte accordée à l'abbaye de Massevaux, que *propter inquietationem evitandam*, l'avoué ne pouvait venir qu'autant qu'il serait requis[1]. Cela resta l'usage constant dans notre province. L'avoué ne se rendait au village que quand le *Schultheiss* avait besoin de lui; il lui était enjoint de paraître au premier appel, mais il ne s'occupait alors que des causes pour lesquelles son intervention était indispensable. Il aidait au *Schultheiss* à maintenir les droits du seigneur, à faire rentrer les amendes, à punir les coupables; il lui prêtait main-forte quand quelqu'un refusait l'obéissance; il exécutait les arrêts; c'est à lui qu'on remettait les voleurs et les homicides.

Nous devons faire observer ici que les établissements religieux, quand même ils n'étaient que seigneurs colongers dans une banlieue, sans y exercer aussi la seigneurie territoriale, ont eu également des avoués avec des attributions et des droits en partie analogues à ceux des avoués seigneuriaux. Pour éviter des redites, nous réunirons en cet endroit ce qui se rapporte aux deux classes de ces officiers, que fort souvent, du reste, il n'est pas facile de distinguer dans nos documents.

Quand l'avoué se rendait au village pour une session régulière, il jouissait du même droit de gîte que le seigneur qu'il représentait. Ce n'est que lorsqu'il venait sans être appelé, qu'on ne lui devait rien. De même que pour le seigneur, le nombre des chevaux qu'il pouvait amener et les repas qu'on lui servait étaient exactement déterminés par les coutumes. Çà et là, il ne se faisait accompagner que de deux valets, l'un à cheval, l'autre à pied, pour conduire des chiens[2]. Ailleurs, son escorte se composait de six, de sept, de huit, de douze ca-

---

[1]. *Als. dipl.*, t. I, p. 70. D'après Zöpfl, p. 258, les avoués n'auraient entrepris de molester les églises qu'à partir du xe siècle, et c'est alors seulement que les évêques et les abbés auraient sollicité des empereurs l'ordre donné aux avoués de ne venir que quand on les appelait. On voit par la charte de 823 qu'il faut reporter cela au plus tard au commencement du ixe siècle. — *L'authenticité de cette charte a été justement attaquée.* — C. P.

[2]. Sierentz, Sigolsheim, Nieder-Burnhaupt.

valiers, chaque fois avec une mule pour ses bagages¹. A Rosheim et à Bläsheim, il faisait même son entrée avec vingt-quatre chevaux. Ce n'était pas seulement pour paraître plus grand seigneur qu'il arrivait en si nombreuse compagnie, c'était pour protéger plus efficacement les paysans ou les colons réunis en plaid; dans le rotule de Herlisheim, il est dit en termes formels que le *Vogt* vient avec douze cavaliers armés, afin de servir de garde à la réunion judiciaire².

Il pouvait, de même que le seigneur, amener des chiens et des faucons pour chasser en route. Les chevaux étaient logés dans les fermes des colons, où on leur devait les mêmes écuries sèches et le même fourrage qu'à ceux du seigneur. Si, à Rixheim, il ne trouvait pas de paille préparée, il faisait enlever celle du toit; dans ce village, les ouvertures des écuries devaient être assez hautes pour laisser passer un cavalier, sinon les gens du *Vogt* enfonçaient les murs au-dessus des portes ou menaient les chevaux dans les cuisines après y avoir éteint le feu. A Hoh-Frankenheim, il fallait à l'avoué lui-même une écurie telle qu'en y entrant à cheval et en étendant sa lance, il pût se retourner sans rencontrer d'obstacle. Les repas de l'avoué et de ses hommes étaient, à l'inverse de ceux qu'on devait au seigneur, généralement à la charge de ce dernier. Le jour même d'une session judiciaire, le *Schultheiss* et les échevins prenaient part au dîner du *Vogt*, avec lequel ils composaient le tribunal. Au IX° siècle, il était dit simplement que les seigneurs avaient à traiter leurs avoués honnêtement, *honeste*³; mais ceux-ci, étendant les limites de l'honnêteté due à leur rang, prirent l'habitude d'exiger un traitement trop somptueux; on se vit donc forcé de spécifier le menu des repas. Dès 956, le *Vogt* de

---

1. *Drittalb Ross*, Achenheim. *Siebenthalb*, Daugolsheim et Tranheim. *Sechs Ross und ein Mul*, Fegersheim. *Achtalb*, Selz. *Nünthalb*, Breuschwickersheim. *Zwölf*, Blotzheim, Rixheim, Geispolsheim. *Dritzehenhalb*, Haslach.

2. *Derselb Vogt soll selb zwölf beritten Lüte mit Harnasch da sitzen, ob man dem Hof oder den die in dem Geding sitzend keinen Gewalt wöle thun, das er sie schirmet.* Burckhardt, p. 212.

3. Massevaux, 823. *Als. dipl.*, t. I, p. 70.

Düppigheim ne recevait plus, lors du plaid d'été, qu'un agneau, 12 pains et une demi-mesure de vin; en automne ou en hiver, l'agneau était remplacé par un porc d'un an[1]. L'abbé de Marmoutier, qui tenait trois plaids annuels, à Noël, à Pâques et à la mi-mai, fournissait à son avoué, lors de chacun des deux premiers, 2 porcs, l'un *honestior*, l'autre *minor*[2], des pains faits avec 2 boisseaux de froment, 6 muids d'avoine et 3 mesures de vin; au troisième, seulement 1 boisseau d'avoine et, au lieu de porcs, des moutons âgés de plus d'un an. A Haslach, le cellérier de l'évêque de Strasbourg donnait le fourrage, le pain, une mesure de vin, une livre de poivre, une de cire, 13 gobelets et 13 assiettes et, selon la saison, 1 porc ou 1 mouton. A Eschau, à Geispolsheim, les dispositions étaient à peu près les mêmes[3]. Le prévôt de Honau offrait, le matin, 6 pains, une demi-mesure de vin, 3 fromages et 6 boisseaux d'avoine; à l'heure du diner, la même chose, sauf qu'il fallait une mesure entière de vin. A Ebersheim, c'était une demi-mesure de vin nouveau et une demie de vieux, plus 60 pains; le matin du jour de la session, chacun des maires apportait un quart de vin, 2 chapons et 2 pains blancs, mais ces derniers seulement, s'ils voulaient manger eux-mêmes avec l'avoué[4]. Celui de Rixheim pouvait faire tuer le taureau communal, à condition d'en rembourser le prix selon l'estimation des colons. Dans tous les

---

1. *Strassb. Urkundenbuch*, p. 33.

2. En outre, *unum sportale, id est reph porci*. *Sportale* est la même chose que *sporta*, panier. *Reph* est le vieux mot *Ref*, *sarcina* (Graff, t. IV, col. 1151), en allemand moderne, *Reff*, hotte, crochet; *reph porci*, un panier ou hotte pour emporter un porc. V. Henschel, dans son édition de Ducange, t. VI, p. 337.

3. A Eschau, une mesure de vin, un muid de blé, une demi-livre de poivre, une voie de bois, un quart de sel, 12 assiettes et 6 gobelets; au mois de mai on y ajoutait 4 agneaux ou 2 brebis âgées d'un an; en automne, un porc. A Geispolsheim, 2 muids de blé, 2 mesures de vin, 1 porc de grandeur moyenne, une livre de poivre, une de cire, une voie de bois, 2) assiettes et 12 gobelets.

4. A Boofzheim, on servait autant de pains qu'on pouvait en faire de 2 résaux, pour 12 schellings et demi de viande fraiche et salée, 2 mesures de vin rouge qui ne fût pas moisi, une dem. · de poivre et 4 poules. A Herlisheim, 32 pains, 1 porc et une mesure de vin; au mois de mai, seulement 24 pains, un quart de vin et 2 *Knievelinge* (jambons ?). A Grendelbruch, on ne devait à l'avoué qu'un repas modique, *ein smalen Imbiss*; à Ingersheim, on ne le traitait pas autrement que les colons; s'il demandait davantage, il avait à le payer.

villages enfin, on devait à l'avoué le linge de table, la vaisselle, la literie et le luminaire.

Toutefois, ce n'était pas partout que le seigneur se chargeait de la nourriture de son *Vogt;* il y avait quelques localités où elle était supportée par les paysans. A Achenheim, c'étaient ces derniers, les *Dorflüte*, qui servaient, lors de la session de mai, à l'avoué ainsi qu'au *Schultheiss* et aux échevins, 4 agneaux ou 2 épaules de mouton; lors de celles de janvier et d'automne, 1 porc, outre du pain, du vin, du poivre et de la cire. A Sierenz, les hommes propres de l'évêque de Bâle donnaient, une fois par an, du bœuf, des navets et du vin rouge, une autre fois, du lard, de la viande salée et du vin blanc. A Eschau, les *Dorflüte* ne fournissaient les vivres que lors du plaid de février; en mai et en automne, ils étaient livrés par l'abbesse. Dans très peu de communes, le *Vogt* était obligé de pourvoir lui-même à son entretien; ainsi à Rosheim, à Bläsheim, à Hoh-Frankenheim.

Quelques avoués jouissaient du privilège de pouvoir mettre, pendant un certain temps, un ou plusieurs chevaux en pâturage sur les terres des paysans. Celui de Guémar envoyait dans cette banlieue un cheval, que le bangard faisait paître pendant quinze jours le long des champs, et pendant quinze autres jours le long des prés. Le maire de Sundhofen avait à entretenir trois chevaux de l'avoué, huit jours avant la Saint-Jean d'été et huit jours après; le valet qui les avait amenés leur coupait de l'herbe ou du blé sur une largeur de trois pieds des deux côtés de la grande route; si cela ne suffisait pas, il prenait ce qui manquait sur la terre salique du seigneur; le maire ne lui devait que du pain et de l'eau[1]. A Hoh-Frankenheim, on pouvait se racheter de cette servitude en donnant à l'avoué 20 boisseaux d'avoine, 2 agneaux et 200 œufs.

A tout cela s'ajoutait pour l'avoué une somme annuelle payée par le seigneur, et une taxe prélevée sur les paysans, en re-

---

1. A peu près de même à Andolsheim.

connaissance de la protection qu'on attendait de lui. L'abbesse de Saint-Étienne devait à son *Vogt* de Boftzheim 12 schellings et 3 résaux de seigle; le chapitre de Saint-Thomas, aux sieurs d'Eckbolsheim, d'Adelshofen et de Nieder-Hausbergen, à chacun 30 schellings; l'abbé de Schwarzach, à celui de Tränheim et de Dangolsheim, 2 livres. A Wintzenheim, l'avoué recevait 6 schellings et un *Helbing*, à Saint-Gilles, 5 schellings et un *Helbing;* ce demi-denier compensait la bourse dans laquelle on aurait dû remettre l'argent. Le revenu le plus considérable et le plus apprécié des *Vögte* était l'avoine banale, que, d'ordinaire, les églises et les monastères leur abandonnaient; quand ceci n'était pas le cas, les paysans avaient à livrer un cens spécial en avoine, à titre de *Vogtstür* ou *Vogtrecht;* parfois même ils étaient tenus d'y ajouter de l'argent ou des poules[1]. Ceux de Drusenheim devaient, deux fois par an, chacun un denier, une poule et un résal d'avoine, mais le percepteur de l'avoué n'avait pas le droit d'entrer chez eux; la redevance était censée volontaire, ils la donnaient par-dessus la porte. L'abbaye d'Einsiedeln, un des deux seigneurs de Sierenz, pour affranchir ses paysans de la *Vogtstür*, avait introduit l'usage que chaque nouvel abbé remettait à l'avoué un cheval valant 4 marcs, un faucon, un chien de chasse et une paire de gants blancs. Celui de Saint-Léonard, près de Börsch, avait eu chaque année une peau de brebis et des « souliers de matin »; il y renonça vers 1230[2].

De très bonne heure, les avoués, qui demeuraient soit dans les villes, soit dans des châteaux, éloignés des villages qu'ils étaient chargés de défendre, avaient tenté d'y établir des *sub-*

---

1. Chaque habitant d'Artolsheim devait à l'avoué 4 deniers et un quart d'avoine; les colons y ajoutaient, à la Saint-Martin, 1 boisseau d'avoine, 1 denier et 1 pain. A Behlenheim et à Dürningen la taxe, pour chaque paysan, était de 6 deniers et d'un boisseau d'avoine; à Hoh-Frankenheim, de 3 deniers et de 2 boisseaux d'avoine; à Nieder-Ranspach, de 18 deniers et d'une poule; à Ober-Michelbach, de 3 schellings et de 2 poules; à Gildwiller, d'un schelling, 2 boisseaux d'avoine et 2 poules. A Fegersheim, chaque manse payait 21 deniers, à Limersheim, 6 deniers, etc.

2. *Pellicium ovinum et duos calceos matutinales* (pantoufles ?). *Strassburger Urkundenbuch*, p. 181.

advocati, pour les remplacer dans leurs fonctions et surtout pour recueillir leurs redevances. Bien que déjà Louis le Débonnaire eût interdit cette coutume[1], elle persista pendant tout le moyen âge, mais elle ne paraît pas être devenue générale dans notre province. L'avoué du chapitre de Neuwiller a eu sous ses ordres un *advocatus minor*, celui du chapitre de Haslach, un *vice-advocatus*; ce dernier, qualifié aussi de *Pfleger*, administrateur, et pouvant être un homme riche ou un pauvre, n'avait aucune autorité, ni sur les officiers du seigneur, ni sur ceux du village; il ne semble avoir eu d'autres fonctions que celles de veiller aux intérêts de l'avoué, le sire d'Ochsenstein, et de faire rentrer ce qui lui était dû par les paysans[2]. Dans quelques communes, partagées entre deux seigneurs, le tribunal était présidé par un des avoués, l'autre n'assistait que comme auditeur, *stillschweigender Vogt*[3].

Malgré toutes les précautions prises pour définir et limiter les attributions de ces fonctionnaires, des contestations entre eux et les maisons religieuses ont été inévitables, surtout à l'époque où les coutumes n'étaient pas encore rédigées par écrit. Au lieu de rester protecteurs, les avoués devenaient oppresseurs, ils abusaient du droit de gîte, se livraient à des exactions sur les paysans, usurpaient des biens, refusaient des services. En 1190, Célestin III défendit à l'avoué de l'abbaye de Murbach de commettre des violences, de molester les *rustici* par de trop fréquents *hospitia*, de leur extorquer des contributions[4]. Mais que pouvaient des prêtres contre les chevaliers peu scrupuleux de ce temps ? Il leur restait l'arme spirituelle de l'excommunication; seulement, comme elle était peu redoutée, ils préfé-

---

1. Privilège pour Masseraux, 823. *Als. dipl.*, t. I, p. 70.

2. *Vice-advocatus* de Haslach, 1163. *Als. dipl.*, t. I, p. 252. — Les Ochsenstein, *hant Gewalt zu xelende einen Mann, riche oder arm, der ir Pfleger und ein Vogel Achleue an irre Stat*. Rotule inédit, fin du XIIIe siècle. (Arch. de la Basse-Alsace); le passage ne se trouve pas dans le rotule de 1335 (*Als. dipl.*, t. II, p. 155, et *Weisth.*, t. I, p. 699). Dans un renouvellement de 1566 (*Weisth.*, t. V, p. 421), il est dit que l'avoué peut *besetzen den Hof durch einen freien Herrn von seinen wegen*.

3. Ulfried. — Comp. Grimm, *Rechtsalterthümer*, p. 759.

4. *Als. dipl.*, t. I, p. 391.

raient soumettre les litiges à des arbitres, ou ils consultaient les jurés des villages, pour que, sous serment, ils rappelassent les coutumes. Ces moyens de vider les querelles d'une manière pacifique ne restèrent pas toujours inefficaces; en général, toutefois, aussi longtemps que dura l'institution des avoués, les seigneuries et les propriétés ecclésiastiques demeurèrent exposées à des risques divers; et ceux qui avaient à souffrir le plus, c'étaient moins encore les seigneurs eux-mêmes que leurs sujets, les paysans.

§ 3. — Exercice de la juridiction seigneuriale.

On vient de voir quelles ont été les personnes chargées d'exercer dans les villages la justice seigneuriale. C'étaient des échevins, élus par les paysans, un *Schultheiss* nommé par le seigneur, et ce dernier lui-même, chaque fois qu'il jugeait à propos d'assister aux plaids; quand il appartenait à l'ordre ecclésiastique, il se faisait représenter par un avoué laïque et noble, revêtu en quelque sorte de la mission d'être son bras séculier. Il nous reste à examiner l'exercice même de cette juridiction; à ce sujet, nous aurons à parler du local des réunions et de ses franchises, de l'endroit où l'on détenait les malfaiteurs, de la tenue de la session, de la compétence du tribunal, et des peines qu'il pouvait prononcer.

1. *Local.* — Au VII° et au VIII° siècle, on avait eu la coutume de tenir en plein air les *placita* convoqués pour rendre la justice; à cet effet, on avait choisi principalement des lieux situés sur des éminences, *Malberg*, *mallobergus*[1]. En parcourant les descriptions de biens ruraux, qui sont parvenues jusqu'à nous, et dont les plus anciennes remontent au XIII° siècle, on est frappé de rencontrer dans presque chacune des banlieues de l'Alsace un *Bühl*, colline; ne paraît-il pas naturel de supposer

---

1. De *mahal*, *mellum*, réunion judiciaire. Grimm, *Rechtsalt.*, p. 746, 800. — Cette opinion a été très vivement combattue par M. Fustel de Coulanges, dans les *Recherches sur quelques problèmes d'histoire*, p. 383 et ss. — C. P.

que ces collines ont été, à l'origine, les endroits destinés aux sessions judiciaires ? Cette supposition semble confirmée par le fait qu'on rencontre des *Bühl* même dans le pays le plus plat, où l'on ne voit plus aucune élévation de terrain; dans ce cas, faut-il songer à des buttes artificielles, qui auraient été nivelées plus tard, ou faut-il admettre que le terme avait été pris dans l'acception générale de lieu servant à un plaid ? Quoi qu'il en soit, depuis que les réunions furent tenues dans les *curtes dominicæ*, la plupart des *Bühl* — si, comme nous sommes porté à le croire, ils ont été primitivement des *Malberg* — furent rendus à l'agriculture, mais les champs en gardèrent le nom à travers les siècles. Ce n'est que dans un petit nombre de nos villages que se conserva l'usage de siéger en plein air; on s'asseyait en cercle autour d'une pierre ou d'un arbre, ce qui explique la locution si fréquente : *zu Ding und zu Ring*. A Marmoutier, les *consocii* de la marche, les échevins et les ministériaux de l'abbé se réunissaient chaque année, lors de la fenaison, sur un pré, pour tenir un *placitum*. A Eckartswiller, à Molkirch, à Olvisheim, on s'assemblait sous un tilleul, à Vechenheim, sous un chêne[1]. A Eguisheim et à Gildwiller, c'était dans un jardin, excepté en hiver ou en cas de mauvais temps, où l'on allait soit dans une taverne, soit dans la maison du maire. Partout ailleurs, les sessions avaient lieu dans une ferme dite *curtis dominica*, cour réservée au seigneur et où il rendait la justice; le nom allemand *Fronhof*[2] est la traduction littérale de ce terme; en Alsace, il était moins usité que *Dinghof*, cour où se tenait le plaid ou *Ding*[3]. Une des plus anciennes mentions d'une pareille *curia* se trouve dans le prétendu testament de sainte Odile[4].

---

1. *Privilegium S. Adelheidis, cujus tenorem plebanus de Schweighusen, sub quercu Vechenheim, omnibus auditoribus recitavit...* (*Als. dipl.*, t. I, p. 362). Vechenheim, village détruit, jadis près de Kaufenheim.

2. *Fron*, ce qui est consacré au seigneur. *Fronhof*, à Erstein, Weitbruch, Türckheim Herlisheim, etc.

3. *Curia quæ vulgo judicialis dicitur*. 1255, Eckbolsheim. *Strassburger Urkundenbuch*, t. I, p. 293.

4. *Præter curiam unam in Ehenheim sitam, ob cujus curiæ dignitatem et memo-*

Le *Dinghof* devait être construit de telle sorte « que ny la pluye ny vents nempesche de y pouvoir juger [1] ». Il était entretenu par le seigneur; quand il n'était pas en bon état, quand les vitres étaient brisées, quand le poêle fumait ou que la pluie passait par le toit, les paysans n'étaient pas tenus de venir, à moins qu'ils n'y consentissent par bonne volonté [2]. Quelques détails qu'on nous a conservés sur celui de Bergbietenheim nous permettent de nous représenter ce qu'ont été la plupart de ces cours : il y avait une salle, pourvue de fenêtres, d'un poêle, de chaises, de bancs, de tables, et assez spacieuse pour que cent personnes pussent y être assises commodément. Quelques *Dinghöfe* avaient des galeries, *Lauben*, où l'on siégeait en été [3]. Le bâtiment, pour être à l'abri de toute attaque ou surprise, était entouré d'une clôture, avec une grande porte se fermant à clef, et une autre plus petite, qui restait ouverte pour une raison dont nous parlerons ci-dessous [4]. Un capitulaire carolingien défendait de tenir des plaids séculiers dans les églises ou dans leurs vestibules [5]; le seul exemple d'une dérogation à cette règle est fourni en Alsace par le *Ding* d'Ittenheim, qui se tenait dans une chapelle.

Beaucoup de nos cours dominicales ont été des cours franches, *Freihöfe*, jouissant du droit d'asile. Dans les rotules, cette franchise est dérivée de privilèges royaux ou impériaux; pour quelques cours, on peut prouver la vérité de cette asser-

---

riale, quia curia pupplica (sic) ducis dicebatur, et sedes judicialis ducis inibi erat ab antiquitate, volui ut hæc eadem curia sine scissura amodo spectaret ad usum utriusque abbatissæ; et ut in diebus statutis ad prebenda beneficia vel ad cetera negotia tam pupplica quam privata disponenda in eadem curia vice judiciaria simul presiderent. Grandidier, *Hist. de l'Égl. d'Als.*, t. I, p. xliii. — Zöpfl, p. 263, rapporte même à cette cour le nom du village d'Ehenheim : « welcher an E — Eh — Ehaftding oder E — Gericht anklingt, worunter regelmässig die Dinghofgerichte verstanden wurden ». Le nom d'Ehenheim vient simplement de ce que le village est situé sur le ruisseau appelé Ehn.

1. Ammertzwiller, rotule français, *Weisth.*, t. IV, p. 63.
2. Storbach, autrefois département des Vosges, près de Wisches.
3. *Dinglaube* à Königshofen ; à Sundhofen, un *Schopf*, couloir ouvert.
4. Berentzwiller, Brinighofen, Eichhofen, Gildwiller, etc.
5. *Capitula e canonibus excerpta*, 813, c. 21, Borétius, I, 174; *Capitulare Nantuanum*, c. 4, Borét., I, 196; *Capitula legibus addenda*, 818-819, c. 14, Borét., I, 281, etc.

tion par des chartes; pour celles, sur l'origine desquelles nous n'avons pas de documents, il faut présumer néanmoins qu'il a existé des concessions du souverain; lui seul, en effet, comme justicier suprême, pouvait octroyer un droit qui semblait suspendre l'action des tribunaux. Le seigneur, dont la cour avait ce droit, prenait sous sa protection ceux qui voulaient se soustraire à des vengeances personnelles ou à la justice sommaire de populations irritées; il n'entendait pas, s'ils étaient coupables, leur garantir une immunité permanente et absolue, il ne préservait leurs personnes que pour un certain temps. C'est pour eux qu'on laissait ouverte la petite porte dans la clôture dont il a été parlé plus haut. Grendelbruch, qui n'avait pas de *Freihof*, avait un arpent seigneurial, *Fronacker*, qui était affranchi, *gefreit*, et où celui qui pouvait y atteindre était inviolable. Tout homme poursuivi avait la faculté de profiter du droit d'asile; dans les cours du grand-chapitre[1] et dans celle de Hochstatt, dépendant de l'abbaye de Remiremont, on admettait même les homicides; dans d'autres on les repoussait, « aucune franchise ne devant les protéger[2] ». Généralement le réfugié n'était gardé que jusqu'au troisième jour; à Hochstatt, à Nieder-Spechbach, il pouvait rester six semaines et deux jours, et sur sa demande le seigneur devait lui renouveler ce délai. S'il voulait quitter la cour et le village, le seigneur lui assurait sa liberté en le faisant escorter jusqu'à la distance soit d'un mille, soit d'un coup d'arbalète[3].

Des peines sévères frappaient celui qui pénétrait dans une cour pour s'emparer d'un fugitif; dans quelques villages de la Haute et de la Basse-Alsace, le violateur de l'asile était puni dans son corps et dans son bien[4]; à Nothalden, il ne devait au seigneur qu'une amende de 30 schellings; à Herrlisheim, à Vol-

---

1. En 1367, l'évêque publia un acte, déclarant que toutes les *curtes* du grand-chapitre jouissaient du droit d'asile. Arch. de la Basse-Alsace.
2. *Die Kein Friheit schirmen sol*. Nieder-Spechbach.
3. Hochstatt, Herlisheim.
4. Boltzheim, Kintzheim, Storbach, Nieder-Spechbach.

gelsheim, à Gresswiller, c'étaient 30 schellings pour chaque pas qu'il faisait dans la cour, à partir de la porte. A Scherrwiller, il était mis au ban de l'empereur et du pape; à Grussenheim, l'amende était de 40 livres d'or pour la chambre impériale, outre une punition infligée par l'abbé d'Ebersmünster pour l'outrage commis envers lui-même. A Gresswiller, s'ajoutait aux 30 schellings, pour chaque pas, une somme de 50 marcs d'or, à partager entre le fisc impérial et l'abbesse d'Erstein. Dans le *Freihof* des nobles de Küttolsheim, lequel était un fief de la couronne, le fugitif était sous la protection de l'empereur; les peines étaient graduées selon la qualité des personnes qui méprisaient la franchise; était-ce un prince, la punition était une amende de 400 marcs d'or; un comte ou un baron, *Freiherr*, 40 marcs et la perte des fiefs; un simple noble, *Edelmann*, 20 marcs et également perte des fiefs; une ville libre, 60 marcs et privation de ses franchises; une ville non libre, *Herrenstadt*, 20 marcs; la commune d'un village, 5 marcs; les habitants de ce dernier, ainsi que ceux de la ville non libre, étaient punis, en outre, par leur seigneur, dans leurs corps et leurs biens; un particulier roturier, *gemeiner Mann*, qui violait l'asile en son nom personnel, était livré aux nobles de Küttolsheim, qui pouvaient lui faire trancher une main et un pied, mais qui pouvaient aussi lui faire grâce.

2. Le *droit de juridiction* conférait au seigneur celui de faire arrêter les malfaiteurs rencontrés sur son territoire et de les retenir dans un *cippus*, *Stock*. Les expressions *bannus et cippus*[1], *Bann, Twing und Stock*, désignaient l'essence même du pouvoir judiciaire. Le *cippus* était ce qu'en vieux français on appelait chip ou cep, un bloc de bois percé de trous dans lesquels on mettait les pieds des prisonniers, en les retenant avec

---

[1]. D'après une charte datée de 815, mais dont l'authenticité est douteuse, l'abbesse de Saint-Étienne aurait eu, dès cette époque, le droit de *bannus et cippus* à Schiltigheim. *Als. dipl.*, t. I, p. 82. Strassb. Urkundenbuch, t. I, p. 20. — *Cippus bannalis*, 999. Grandidier, *Hist. d'Als.*, t. I, p. CLXXXVI. — *Cippus dominicus*, Marmoutier. *Als. dipl.*, t. I, p. 227.

des chevilles en bois ou des serrures en fer[1]. Le cep de Honau avait 12 ouvertures, dont 4 pour les gens arrêtés dans la paroisse d'Offendorf. L'entretien de l'appareil était à la charge du seigneur; à Marlenheim, toutefois, le *Schultheiss* de l'abbesse d'Andlau ne fournissait que le bois, le charpentier du village était tenu de le façonner gratis; l'abbesse d'Eschau ne contribuait à son cep qu'en donnant les serrures. Quand il ne se trouvait pas dans l'enclos d'un *Dinghof*, il était placé sur quelque terrain de la banlieue; celui de Künheim était par moitié sur un champ du seigneur (abbesse d'Erstein), par moitié sur le communal. A Grendelbruch, on l'avait établi sur le *Fronacker*, qui servait aussi de lieu d'asile; des *Fron-* ou *Stockacker* et des *Stockmatten*, mentionnés dans d'autres communes, paraissent avoir eu la même destination. Dans la formule assez fréquente *Stock und Stein*[2], le *Stein* désigne la pierre sur laquelle on dressait le carcan; nous ignorons si, en Alsace, on y décapitait aussi les condamnés[3]. Dans la cour d'Ebersheim, il y avait deux *Staffelsteine*, ainsi appelés parce qu'ils étaient posés sur quelques marches[4].

Quand un malfaiteur était rencontré dans un village, les paysans le poursuivaient en poussant des cris[5]; c'est la même coutume que le haro usité jadis en France. Les voleurs, les homicides, arrêtés en flagrant délit, même les gens simplement

---

1. *Compedes ferrei vel lignei.* Börsch. — *In iserae Heilzin oder in Plöcher.* Geispolsheim. *Heilze* pour *Helze*? *Helze*, qui, dans les glossaires, est expliqué par *capulus*, manche, poignée d'une épée, aurait ici le sens de fermoir. *Ploch, Bloch,* bloc.

2. Artolsheim, Gresswiller, Grussenheim, Volgelsheim.

3. Scherz, col. 1552. — Dans quelques contrées, la pierre était appelée *lapis sanguinis* (Zöpfl, p. 61); en Alsace, nous n'avons pas rencontré cette dénomination.

4. Plus tard, 1619, le tribunal d'Ebersheim est qualifié, à cause de cette pierre, de *Steingericht*. (Zöpfl, p. 62.) Ce *Staffelstein* n'est pas à confondre avec le *Staffelgericht* de Wissembourg, ainsi appelé, d'après Schöpflin (*Als. dipl.*, t. II, p. 392), parce qu'il se tenait en plein air, sur les marches de l'hôtel de ville; il nous paraît plus probable qu'on se bornait à proclamer, du haut des marches, les jugements rendus dans une salle; c'était là la coutume à Strasbourg, où la proclamation se faisait *uf den Greden, gradus,* du portail de droite de la façade de la cathédrale; à Haguenau, de même, sur les gradins de la chapelle du château. Batt, t. I, p. 118.

5. Sierenz. — *Beschreien* (*clamare*) était devenu synonyme d'accuser, poursuivre judiciairement; celui qui s'était réfugié dans la cour franche de Nothalden, y était en sûreté jusqu'à ce qu'il fut *beschruwen und gejaget mit gerihte*. Weisth., t. I, p. 682.

suspects, étaient mis en cep¹. Quant à ce genre de détention, il régnait çà et là quelques pratiques assez barbares; sur le *Fronacker* de Grendelbruch, le cep était disposé de manière que le corps du prisonnier fût à couvert et ses pieds exposés à la pluie; à Marlenheim, au contraire, les pieds étaient à sec et la tête sous la gouttière du toit de la cour. Tantôt c'était le sergent qui était chargé de la garde, tantôt c'était le forestier ou le bangard ou bien même le maire, qui tous pouvaient requérir des paysans pour les assister². A Wiedensohlen, il n'y avait que sept fermes qui eussent à fournir des gardiens, à Ebersheim, il y en avait 26; chacun des gardiens recevait un pain, un verre de vin, et du bois pour se chauffer.

Dans quelques villages, le détenu ne restait au cep que pendant une nuit; dès le lendemain, le *Schultheiss* prévenait l'avoué³; à Gildwiller, si celui-ci ne venait pas dans la journée, le prisonnier était remis en liberté, eût-il même commis un meurtre. Ailleurs, on le retenait plus longtemps, à Heimsprung, pendant onze jours; si, durant ce temps, il ne se présentait pas de plaignant, il était libre. A Küttolsheim, les paysans avaient à le garder et à le nourrir à tour de rôle chacun pendant deux jours; quand tous les habitants avaient rempli ce devoir, et qu'il n'était pas encore réclamé, la commune prenait à sa charge la surveillance et l'entretien. A Lutterbach, la durée du délai était de six semaines⁴. Un usage suivi à Guémar et à Bergheim témoigne du soin jaloux avec lequel les

---

1. *Misselhäter, unfertig man, homo injustus, argwenig Man.*

2. A Börsch, le malfaiteur était gardé au *truncus qui dicitur cippus* par ceux qui *tenentur dare censum super lapidem in cymelerio*. Weisth., t. I, p. 693. Je ne crois pas qu'on puisse conclure de cette phrase, comme le fait Zöpfl, p. 60, que le cep lui-même avait été établi au cimetière; les mots *super lapidem* se rattachent à ceux qui précèdent : *qui tenentur dare censum*; la pierre était une table sur laquelle on déposait les cens en deniers; il paraît qu'à Börsch, il n'y avait qu'une certaine classe de paysans soumis à cette formalité.

3. Eichhofen, Eschau, Ingmarsheim, Rosheim, Gildwiller, Heitern.

4. La première nuit, c'est le forestier, faisant ici fonctions de maire, qui garde le détenu; si celui-ci s'échappe, le forestier doit se mettre à sa place. A Artolsheim, le sergent du village a la garde pendant la première nuit; la seconde, il se fait assister de trois colons; la troisième, de tous les colons; la quatrième, de tous les *Banlût*, et ainsi jusqu'à ce que le malfaiteur soit livré au tribunal.

seigneurs faisaient respecter leurs droits judiciaires : si un malfaiteur était pris sur le grand chemin et qu'on fût dans le doute sur la juridiction à laquelle il fallait le livrer, on mesurait avec une corde la distance aux deux cours les plus voisines et on le conduisait à la plus rapprochée. Comme une partie des amendes revenait au seigneur, il ne voulait pas perdre cette occasion de se procurer un bénéfice.

3. *La session.* — A l'époque carolingienne, on ne jugeait les délits qu'une ou deux fois par an, quand le comte ou le *missus* faisant ses tournées, s'arrêtait dans une localité et y convoquait un plaid[1]. Cette coutume se maintint encore beaucoup plus tard, malgré les changements survenus dans les conditions sociales et politiques. Les *placita generalia*, dont il est fait mention vers 1187 comme ayant existé *ab antiquo*[2], étaient les anciens plaids annuels, avec la différence qu'au lieu d'un délégué du roi, c'était le seigneur territorial qui les réunissait et qui les présidait, soit lui-même, soit en la personne de son *Schultheiss* et de son avoué. On y jugeait toutes les causes ressortissant à la juridiction seigneuriale, en même temps qu'on y faisait la déclaration des droits et des coutumes.

Quand la session se tenait au *Dinghof*, et que le seigneur ou son avoué y assistaient, on prenait des précautions pour garantir leur sécurité. Des colons armés gardaient la cour pendant la nuit, afin qu'en cas de danger le *Vogt* ou le seigneur pussent se mettre en défense ou se retirer « honorablement[3] ». Pendant la session même, un valet ou un des paysans restait sur le toit pour donner l'éveil si l'on voyait venir des gens suspects[4]; à Rixheim, le bangard était chargé de ce soin; il

---

1. Mais à côté de l'*ungebotenes Ding*, auquel assistaient tous les hommes de la circonscription, il y avait le *gebotenes Ding* qui était convoqué toutes les fois qu'il en était besoin et auquel assistaient les seuls échevins. — C. P.

2. Habsheim. Trouillat, t. I, p. 406. — En 1105, il est fait mention du *placitum generale* de Schiestadt. Grandidier, *Hist. d'Als.*, t. II, p. cc.

3. *Das er wol gestrit oder mit Ehren gefliche.* Reiningen. — *Das sy wol geflüchen mögent.* Detwiller. — Hohen-Rodern, Ober-Hagenthal, Nieder-Spechbach, Huningue.

4. Gildwiller, Brinighofen, Balschwiller. — A Odern, un valet est posté sur la mon-

s'asseyait sur le faîte avec une cruche de vin, un pain et un plat de légumes. Ces usages ne paraissent avoir été observés que lors des plaids généraux, qui avaient lieu à des époques fixes. De bonne heure, toutefois, on avait compris l'importance de juger certains délits sans attendre le retour des sessions annuelles; on avait adopté la coutume de permettre au *Schultheiss* de convoquer les échevins et d'appeler le *Vogt* chaque fois qu'il le jugerait nécessaire. Au XVe siècle, on rencontre même, dans la Haute-Alsace et dans le Hattgau, des sessions hebdomadaires, *Wochengerichte*. Pour les réunions, régulières ou extraordinaires, les échevins étaient prévenus par le sergent; l'heure même de l'ouverture du tribunal était annoncée par la cloche du village.

La présidence appartenait au *Schultheiss*; en signe de son pouvoir judiciaire, il tenait un bâton, *Stab*. Le seigneur ou l'avoué, quand ils venaient, prenaient place à côté de lui. A Grendelbruch, il était prescrit à l'avoué de se laver d'abord les mains dans le ruisseau et d'entendre une messe. Personne de son escorte ne pouvait entrer avec lui dans le local des séances, à l'exception d'un valet et d'un écuyer portant son épée[1]. Les échevins s'asseyaient, comme assesseurs, des deux côtés du juge. Quand le seigneur ecclésiastique, qui ne devait pas juger, était présent lui-même, c'était le *Vogt* qui prenait la parole en son nom. Dans les villages du Hattgau, quand les échevins ne se mettaient pas d'accord sur l'avis à donner, ils pouvaient appeler à siéger avec eux le premier qu'on rencontrait sur la grande route, que ce fût un laïque ou un clerc, un roturier ou un noble. Pendant la session, nul ne parlait sans y être autorisé; l'opinion des échevins était exprimée par l'un d'entre eux[2], le *Schultheiss* prononçait la sentence. Ce dernier, quand tout était fini, servait au tribunal une collation[3].

tagne dite Kastelberg, un autre sur le toit. A Wissembourg et à Marmoutier, c'étaient les teneurs de manses serviles qui avaient à monter la garde.

1. Honau.
2. L'un des échevins *hat die Rede*. Haslach.
3. Prenschdorf.

4. *Compétence.* — La juridiction seigneuriale dans les villages ne comprenait généralement que la basse justice, à peu près ce qu'on appellerait aujourd'hui la justice civile et la police correctionnelle. Outre les questions de dettes et les contestations entre les habitants de la commune et les propriétaires qui n'y résidaient pas[1], les tribunaux jugeaient les violations de bans, les délits forestiers, les infractions aux coutumes, la résistance à un ordre du seigneur ou d'un de ses officiers, les injures, les rixes. Ces derniers cas constituaient ce qu'on qualifiait de *Frevel, temeritas, violentia.* Les usages à cet égard étaient fondés sur le principe de l'ancien droit germanique, que sans accusateur il n'y a pas de procès; on ne jugeait que quand il se présentait un plaignant. Un malfaiteur arrêté était rendu à la liberté, si celui auquel il avait fait un tort ne venait pas demander en personne sa mise en jugement. Ce n'est que dans le Hattgau, à la fin du XVe siècle, que le *Büttel* pouvait dénoncer les délits qui arrivaient à sa connaissance, mais il lui fallait le faire dès la plus prochaine séance du tribunal, sinon l'accusé n'était pas poursuivi au nom du seigneur.

Celui qui avait à porter plainte en prévenait le sergent, auquel il remettait un denier, pour qu'il convoquât le *Schultheiss* et les échevins. Dans le val d'Orbey, on acceptait sa déposition, sans qu'il eût besoin de la faire appuyer par des témoins. Les accusés étaient enfermés, à moins de fournir des cautions, garantissant qu'ils se présenteraient dès qu'ils seraient cités. Devant le tribunal, il leur fallait quelqu'un pour soutenir leur cause; il était rare qu'on leur permit de se défendre eux-mêmes.

Les peines consistaient en amendes, selon le vieil usage d'absoudre le coupable après le paiement d'une somme d'ar-

---

1. En 1328, un paysan de Scherwiller est condamné par *Vogt, Schultheiss und gemeinde* à abandonner au chapitre de Saint-Thomas deux arpents de vignes dont il ne pouvait plus payer la rente. En 1360, le receveur du même chapitre opère, devant le *Vogt* et le *Schultheiss* de Saint-Hippolyte et en présence de *vil erber Lüte*, le retrait d'un bien dont le tenancier était devenu insolvable. Archives de Saint-Thomas.

gent. Les amendes étaient de deux sortes : les petites, appelées *Busse* (*amenda*) ou *Wette*, ne s'élevaient guère au delà de 2 sols, qu'on n'était pas tenu d'acquitter de suite, et pour lesquels on pouvait fournir une caution ou un gage, *vadium ;* les grosses, dites *Frevel* (*violentia*), infligées pour les délits graves, étaient de 30 sols; à Huningue, elles allaient jusqu'à 3 marcs, peut-être par suite d'un privilège impérial particulier, ou simplement d'un acte arbitraire du seigneur local. Si le délinquant habitait la banlieue, on lui laissait un délai pour le paiement de l'amende; à Ebersheim l'on attendait quinze jours; si après ce temps, le coupable ne s'était pas acquitté, il était mis au cep et le sergent s'emparait de son meilleur vêtement à titre de gage[1].

Le seigneur ou son avoué pouvaient faire grâce des amendes, en partie ou en totalité; quand l'un des deux les remettait, l'autre devait en faire autant. Généralement elles étaient partagées entre eux, le seigneur en prenait deux tiers, le troisième tiers revenait à l'avoué. Dans quelques villages, comme à Marlenheim et à Neuwiller, le seigneur abandonnait ses deux tiers à son *Schultheiss;* dans d'autres, il en laissait une partie, soit aux échevins (Gœrsdorf), soit à la commune (Lampertsloch, Preuschdorf); dans ces derniers cas, il ne se faisait même livrer sa part qu'après que les villageois avaient reçu la leur.

Quelques usages concernant les mauvais débiteurs méritent une mention particulière. A Marlenheim et à Börsch, on les mettait au cep, où ils étaient obligés de se nourrir à leurs frais. A Gœrsdorf, si un débiteur, condamné à fournir un gage, était sujet du seigneur de la banlieue, le sergent, accompagné d'un échevin, se rendait dans sa demeure, forçait, s'il le fallait, les portes et prenait soit un meuble, un habit, un ustensile, soit une pièce de bétail; l'objet inanimé, *liegend Pfand*, restait déposé pendant quinze jours dans le local du tribunal, la bête, *essend Pfand*, pendant huit jours; après ces délais, on les of-

---

1. Si les gardiens le laissent échapper, c'est à eux à payer l'amende.

frait au débiteur; s'il ne les rachetait pas, on les vendait au profit du créancier. Le débiteur était-il, au contraire, un étranger, le sergent l'arrêtait et le gardait enfermé; le créancier lui devait de l'eau et pour un denier de pain par jour, le sergent pouvait lui vendre du vin et de la viande, mais ne devait pas le conduire dans une auberge. A Bergheim, on était plus sévère; le débiteur pouvait être gardé pendant quinze jours au cep; à la fin, on le menaçait de lui faire des incisions sur le corps, pour lui arracher trois lanières de peau; on retrouve là une vieille coutume de la barbarie germanique, qui est mentionnée même dans les plus anciens statuts de Strasbourg[1].

5. *Jugement des voleurs et des homicides.* — La haute justice, celle qui connaissait des crimes, *Malefitz*, n'a pas été aussi inséparable de la seigneurie territoriale que la basse; elle ne compétait qu'à l'empereur, qui en déléguait l'exercice à un *Landrichter* ou *Landgraf*; à Strasbourg, la justice criminelle avait été entre les mains de l'avoué de l'évêque, *Blutvogt*, aussi longtemps que le prélat avait été le seigneur de la ville. C'est à cette juridiction supérieure qu'étaient déférés le *Malefitz* et les délits dont l'amende dépassait 30 sols. Cependant quelques seigneurs ont aussi eu le droit de juger le vol, *Dieb und Frevel*[2]; mais s'ils étaient ecclésiastiques, ils ne faisaient pas traduire les voleurs devant le *Schultheiss* et les

---

1. *So soll man jne schinden zwo gassen oder zwo Strossen durch das Haupt, Fele und Fleische.* Weisth., t. IV, p. 246. *Fele* pour *Fell*, peau. La même peine, *Scheren und villen*, damnatio pellis et pili, avait été usitée à Strasbourg, sans qu'on sache pour quels délits. Statuts du xii siècle, Grandidier, *Hist. de l'Égl. de Strasb.*, t. II, p. 51, *Strassb. Urkundenbuch*, t. I, p. 468. Dans les statuts postérieurs, il n'est plus question de cette peine. La coutume avait donné lieu à un proverbe, qui avait cours encore au commencement du xvi° siècle; Murner dit :

Es gilt dir nit ein Riemen zwar,
Sunder den Leib, Hant und Har.
(*Lutherischer Narr*, vers 3556.)

« Tu ne risques pas seulement une lanière, tu risques ton corps entier, c'est-à-dire la vie. » — Comp. Grimm, *Rechtsalterthümer*, p. 701.

2. Cela constituait ce qu'on appelait la moyenne justice.

échevins; ils les livraient au *Vogt*. Dans plusieurs villages de la Haute-Alsace, les seigneurs ou leurs avoués ont pu même prononcer directement sur les cas d'effusion de sang (*blutige Hand*) et de meurtre[1].

Le criminel, quand il devait être jugé, était extrait du cep et conduit à la limite de la banlieue, où l'attendaient les gens du seigneur ou de son *Vogt*[2]. A Sierenz, partagé entre l'évêque de Bâle et l'abbé d'Einsiedeln, les deux avoués se réunissaient pour juger le coupable, s'il était accusé par les deux cours du village. Les rotules recommandaient de procéder selon le droit, sans violence arbitraire, « afin que le condamné ne restât pas sur la conscience du juge[3] ». Les coups et blessures étaient punis à Huningue d'une amende de 20 livres, à Pfaffans d'une amende de 10 livres et de la perte d'une main; dans beaucoup d'autres communes l'amende n'était que de 30 schellings, les blessures n'étant considérées que comme des violences rentrant dans la catégorie du *Frevel*; les coups n'allant pas jusqu'au sang ne donnaient pas même lieu à des plaintes[4].

Le vol et le meurtre entraînaient la peine de mort, qui était presque partout la pendaison; une seule fois, dans le rotule de Börsch, il est question de la décapitation. L'exécution de la sentence, quand celle-ci était prononcée soit par un avoué, soit par le *Schultheiss* d'un seigneur ayant le droit de juger les voleurs, était commise au *Landgraf* du district, qu'on avertissait à temps; mais les tribunaux villageois avaient la faculté de procéder eux-mêmes à l'exécution, s'il ne se rendait pas à leur appel dans le délai fixé par la coutume. A Kembs, le grand-chapitre de Bâle et le couvent de Saint-Alban avaient cédé au landgrave d'Otmarsheim quelques arpents pour qu'il se chargeât de la punition des coupables qui avaient mérité la

---

1. Kembs, Ober-Hagenthal, Lutterbach, Eschenzwiller, Nieder-Spechbach. — Quand dans la session, on passait aux causes criminelles, le seigneur ecclésiastique se levait, remettait le jugement à l'avoué et quittait la salle.

2. Rosenbiesen.

3. *Also das er uf siner Selen nit ensta*. Neuwiller.

4. Honau.

mort; les deux bangards conduisaient le condamné jusqu'à la pierre qui marquait les confins de la banlieue de Niffer; là, ils le remettaient au *Schultheiss* d'Otmarsheim, lequel leur devait une collation de pain, de viande fumée et de vin rouge, et, en outre, à chacun un sol. Le *Schultheiss* de Sundhofen prévenait le landgrave d'Ensisheim qu'avant midi il eût à se rendre à la limite de la banlieue pour s'emparer des condamnés; ne venait-il pas, ces derniers étaient pendus par ordre du *Schultheiss*.

Chaque village avait son gibet, dressé soit sur un arpent, *Galgen-* ou *Diebacker*, soit sur une hauteur, *Galgenbühl, Galgenberg*. A Küttolsheim, à Preuschdorf, à Lampertsloch, il était érigé par la commune; à Dettwiller, le seigneur payait les deux tiers des frais, l'avoué le troisième tiers; à Artolsheim, le seigneur fournissait deux poutres, l'avoué en donnait une et le sergent la corde; à Eschau, le gardien des granges de l'abbesse coupait le bois dans la forêt, le bouvier le façonnait et portait l'échelle; à Wasselonne, le tenancier d'un bien dit bien royal, *Königsgut*, ne livrant qu'un cens minime, donnait le bois et prêtait, conjointement avec un voisin, une voiture pour amener le condamné, s'il était trop faible pour marcher. Des sept villages du Hattgau, l'un entretenait le local pour le tribunal, le second fournissait la place pour le gibet, le troisième les arbres, le quatrième faisait couper et conduire le bois, les gens du cinquième équarrissaient les poutres, ceux du sixième creusaient les trous pour les poteaux, ceux du septième, enfin, dressaient le gibet et refermaient les trous. A Obernai, il existait un fief impérial, dit fief du bourreau, *Henkerlehn*; les nobles, qui en étaient investis, étaient tenus de faire les frais des exécutions[1].

On donnait à boire au condamné jusqu'au lieu du supplice et on faisait chanter pour lui une messe[2]. Le seigneur ou

---

1. En 1436 il y eut à ce sujet une contestation entre le magistrat et les frères Henri et Jean Wepfermann, possesseurs du fief. *Als. dipl.*, t. II, p. 355.

2. Küttolsheim.

l'avoué devaient assister à l'exécution ; dans le Hattgau, le comte de Hanau-Lichtenberg s'y rendait avec sa bannière déployée. A Wasselonne et à Dettwiller, il est fait mention de bourreaux attitrés, jouissant d'un arpent dit *Henkeracker*. Dans la plupart des autres villages, l'office était rempli par le sergent, qui pouvait s'approprier l'habit du pendu [1]. Les immeubles du condamné n'étaient pas susceptibles de confiscation ; s'il avait été homme propre ou colon, ils revenaient au seigneur auquel appartenait la terre et qui la laissait aux héritiers ; ceux-ci gardaient de droit les biens, si le condamné avait été un propriétaire libre. Le seigneur ne s'emparait que de la succession mobilière ; on exprimait le tout par cette formule significative : *das fahrend Gut dem Herrn, das liegend den Freunden, den Leib den Vögeln, und die Sele da sie hin geworben hat* [2], le bien meuble au seigneur, l'immeuble à la famille, le corps aux oiseaux et l'âme là où elle a voulu aller. A Artolsheim, à Sundhofen, le seigneur prenait deux tiers du mobilier et laissait le troisième à son avoué ; à Heitern, une moitié en revenait au *Banherr*, l'autre au landgrave. Il arrivait toutefois que le seigneur consentait à abandonner le tout ou une partie des meubles ; dans le comté de Ferrette il le faisait par grâce, dans l'Udfriet, au contraire, c'était de règle : un tiers, quand le condamné avait été un homme, et deux tiers quand c'était une femme. Si un mineur se rendait coupable d'un meurtre, les parents étaient punis de la perte de leur mobilier ; mais ils n'étaient pas responsables quand le crime avait été commis en dehors de la banlieue.

Dans le Hattgau, quand un meurtrier prenait la fuite, la famille de la victime s'adressait à l'avoué pour qu'il convoquât le tribunal ; on y portait et exposait publiquement le cadavre ; trois fois, de quinze jours en quinze jours, on sommait le coupable de paraître ; après quoi, le sergent le cherchait jusque dans la plus prochaine ville libre ; s'il n'était pas découvert,

---

1. *Das oberste Kleid.* Neuwiller.
2. Preuschdorf.

on le condamnait par contumace à la perte de ses biens et on le mettait au ban. Un reste de l'ancienne législation germanique se retrouve dans la coutume, observée dans quelques villages, de permettre à un homicide de se racheter par une somme d'argent, mais celle-ci n'était pas remise à la famille de la victime, elle revenait au seigneur[1]. Parfois aussi, le meurtrier était livré comme serf à la famille de la victime. A Wasselonne, même encore au commencement du seizième siècle, le meurtrier gracié tombait dans l'état de servitude[2].

Il faut rappeler enfin un article du rotule de Nieder-Spechbach, où il est parlé de combats judiciaires en présence du prévôt de Bâle et de son avoué[3]. Comme le document est du quinzième siècle, on peut croire qu'il n'a conservé que par tradition une disposition depuis longtemps tombée en désuétude. Aucun autre des rotules alsaciens n'a gardé une trace de cette coutume, souvent défendue par l'Église.

1. Sundhofen, Neuwiller, villages du Hattgau.
2. Le seigneur ne pouvait pas avoir de serf, si ce n'est un homme qui est *von dem galgen erlöst*.
3. *Ist es das man einen Kampf halten sol, so sol man kempfen vor einem Probst und vor einem Vogt.*

CHAPITRE V

ADMINISTRATION ET POLICE VILLAGEOISES

Les villages, même avant d'être devenus des communes, jouissant, sous l'autorité de leurs seigneurs, d'une certaine existence municipale, ont eu des officiers particuliers chargés de l'administration des intérêts communs à tous les habitants. Cette matière est encore fort obscure; on se trouve en présence de faits qui paraissent appartenir à des époques plus avancées, et d'autres qui semblent remonter à des temps plus reculés. Nous ne pouvons ici que rassembler les éléments épars dans nos documents, sans avoir la prétention de distinguer ce qui peut être d'introduction plus récente d'avec ce qui est ancienne coutume traditionnelle.

Une première question, qu'il n'est pas facile de résoudre, est celle-ci : les villages ont-ils eu des revenus, et les paysans ont-ils été soumis à des contributions communales? Parmi les impôts seigneuriaux dont nous avons parlé, aucun ne paraît avoir été affecté aux besoins des villages; comme preuve à l'appui de cette opinion, on peut citer les exemptions accordées à des églises et même à des laïques; un seigneur pouvait renoncer à ce qui aurait dû lui revenir à lui-même; il n'est guère probable qu'il eût affranchi n'importe qui de l'obligation de contribuer aux dépenses de la commune. Mais comment celle-ci subvenait-elle à ses nécessités? Nous n'avons à cet égard que des données fort insuffisantes. On sait que dans quelques localités une part du prix de location des terrains communaux, et une autre, prélevée sur les amendes, particulièrement sur celles qui étaient dues pour violation de ban, ont servi à alimenter la caisse villageoise; il n'est pas téméraire de supposer que cet usage a été observé à peu près partout. Mais le principal impôt des paysans a dû consister en prestations en nature, en charrois, en journées de travail, pour l'entretien des chemins, des ponts, çà et là aussi d'un des côtés des églises.

Les officiers chargés de cette administration étaient :

1. *Les jurés.* — On peut affirmer que, sinon tous nos villages, du moins la plupart d'entre eux ont eu, outre les échevins, des officiers, élus par les paysans, institués par le *Schultheiss* du seigneur, et désignés sous le nom de *jurati, Geschworne.* Quelquefois peut-être ces jurés ont été les mêmes que les échevins, en sorte que ces derniers ont eu en même temps une mission judiciaire et une mission civile; mais, d'autre part, il est certain aussi que souvent les uns ne doivent pas être confondus avec les autres. On trouve des formules où les jurés sont nommés à côté des échevins, ce qu'on n'aurait pas fait s'ils avaient été les mêmes personnes et s'ils avaient eu les mêmes attributions. Leur préposé direct n'est ni le *Schultheiss*, ni le maire, mais le *Heimburge*, dont il sera parlé plus bas[1]. Tandis que les échevins sont les assesseurs du *Schultheiss* pour former le tribunal, les jurés, adjoints au *Heimburge*, ont à s'occuper des affaires de la communauté. Ils sont chargés de l'administration rurale et communale, ils ont la surveillance des chemins, des haies, des ponts, ils représentent le village dans les transactions concernant la location des terrains de l'*Almend*, les emprunts, la fixation de l'époque et de la durée des bans, la répartition et la perception des taxes. Quand un seigneur donne en gage à un autre ou à un capitaliste les redevances, les impôts, les amendes qui lui reviennent d'un village, les jurés prêtent serment, au nom de la commune, de les livrer à celui auquel ils sont engagés. Çà et là on les voit même constituer un tribunal, distinct de celui du seigneur; mais ni la compétence, ni la procédure de cette juridiction villageoise

---

[1]. *Jurati villæ.* Kembs, 1282. — *Die Geschwornen und die Gemeinde.* Viehe. — *Meier, Heimburge und Geschworne.* Oltwiller. — *Der Heimburge, die Geschworen und die Schöffen.* Westhoffen, 1482. — *Heimburge und vier Geschworne.* Wörth, etc.

ne sont clairement déterminées chez nous. A Wasselonne, qui était un village libre, *Freidorf*, aucun délinquant n'était traduit devant le seigneur banal ; il n'était justiciable que du tribunal des paysans, sous l'autorité du bailli de l'empereur. Les *bourgeois* d'Odern jugeaient même les homicides. La commune de Küttolsheim, représentée par ses jurés, avait le droit de condamner des coupables, sauf à ne pas le faire à l'insu du seigneur, sous peine d'une amende de 16 marcs. Si, dans les banlieues de Gresswiller (Basse-Alsace) et de Volgelsheim (Haute-Alsace), on prenait un malfaiteur, on le menait sur la grande route ; là, on appelait trois fois le landgrave ; s'il venait, les paysans, *Banlüt und Huber*, jugeaient le criminel et le landgrave exécutait la sentence ; s'il ne venait pas, ils jugeaient et exécutaient sans lui ; et remarquez que ce n'étaient pas le *Schultheiss* et les échevins qui prononçaient, c'étaient les paysans, qui agissaient comme s'ils avaient formé une commune indépendante. Dans cette coutume on a vu, non sans raison, une preuve de la ténacité avec laquelle certaines populations rurales avaient su maintenir leur ancien droit de punir un coupable pris sur le fait ; elles reconnaissaient le pouvoir du juge supérieur, mais au lieu de requérir ce dernier par un message, elles se bornaient à l'appeler à haute voix ; comme il était peu probable qu'il entendit leur appel, celui-ci n'était qu'un acte symbolique, sous le couvert duquel les paysans se faisaient justice eux-mêmes.

2. Le *Heimburge*. — Au douzième siècle nous rencontrons trois *Heimburgen* à Strasbourg ; tout ce qu'on en dit, c'est qu'ils étaient institués par le *Schultheiss* de l'évêque, l'un pour ce qu'on appelait alors la vieille ville, les deux autres pour la ville extérieure. Dans une rédaction un peu postérieure du même statut, ils sont appelés *præcones*[1]. Comme d'après un

---

[1]. Dans le plus ancien statut de Strasbourg il est dit, § 9 : *Ad causidicum pertinet statuere tres personas quas Heymburgen dicimus, unum in interiori scilicet ceteri urbe, et duos in exteriori*. La vieille ville était la partie qui comprenait la cathédrale ; la ville extérieure, celle qui s'étendait vers l'ouest et le nord, en dehors

document de 1164, le *Heimburge* ou *præco* de Haguenau avait à fixer le prix et à surveiller les mesures du vin [1]; il est permis de supposer qu'à la même époque ceux de Strasbourg ont eu à remplir un office analogue. *Præco* était pris dans l'ancienne acception de crieur public [2]. La fixation et la proclamation du prix du vin, spécialement du vin banal du seigneur, a été, en effet, une des principales obligations de ces employés. A Honau, et ailleurs, le *Heimburge* faisait l'estimation, conjointement avec les jurés. Il avait en dépôt les mesures et les poids prescrits par les seigneurs pour les liquides, les céréales et d'autres denrées; il les marquait d'un signe avec un fer chaud, les fournissait aux paysans et vérifiait chaque année ceux dont ils s'étaient servis. Il prélevait à son bénéfice une quantité proportionnelle du vin que les aubergistes achetaient pour le revendre; ceux qui ne débitaient que le produit de leurs propres vignes ne lui devaient qu'un denier par pot. A cause de cette surveillance des poids et mesures, le *Heimburge* portait à Münster, à Türckheim, dans la vallée de Saint-Amarin et peut-être aussi à Colmar, le nom de *Hangisen* ou *Hengisel*, qui devait être une traduction du latin *libripens* [3]. Dans le statut de Strasbourg, rédigé vers la fin du douzième siècle, il n'est plus question de ces agents [4]; le commerce et la consommation

de l'ancienne enceinte romaine. Grandidier, *Hist. de l'Égl. de Strasb.*, t. II, p. 46; *Strassb. Urkundenbuch*, t. I, p. 467. Dans la rédaction publiée par Schilter (addit. à la *Chronique de Königshofen*, p. 715), le mot *personæ* est remplacé par celui de *præcones*.

1. Batt, t. I, p. 119, 127. Cet auteur suppose qu'en 1164 le *Heimburge* de Haguenau a été *Ortsvorsteher*, bourgmestre ou maire. Cette opinion est contraire au sens du mot et aux faits historiques.

2. Ducange, t. V, p. 395, *præco vini*, crieur du vin.

3. On avait cru que *pens* venait de *pendere*, hängen, pendre, au lieu de le dériver régulièrement de *pendere*, peser. Dans la banlieue de Colmar il y avait des champs dits *im Hangisen*, attachés peut-être à l'office. Stoffel, 2ᵉ éd., p. 218. L'existence, à Strasbourg, d'une maison zum Hangisen, ne prouve pas qu'il y ait eu dans la ville un employé de ce nom; en 1427 la maison appartenait à un forgeron appelé *Johannes dictus Hangisen*, et ce mot signifiait simplement balance. — Dans un document de 1216 il est question, parmi les *officiales* de l'abbé de Murbach, du *Heinigisel* de quelques villages de la vallée de Saint-Amarin. *Als. dipl.*, t. I, p. 331. C'est évidemment une erreur pour *Hengisel*.

4. Grandidier, *Œuvres inédites*, t. I, p. 186. Strobel, t. I, p. 316. *Strassb. Urk.-Buch*, p. 477.

du vin ayant pris plus d'extension et la ville ayant racheté plus tard le banvin de l'évêque, il se forma une corporation spéciale de *mensuratores* et *proclamatores vini*, *Winmesser*, *Winrufer*.

Dans les villages, le *Heimburge* a eu encore d'autres attributions, qu'on peut comprendre sous le terme général d'administration et police villageoises, et auxquelles répondait, mieux que le nom de *præco*, celui de *tribunus*, sous lequel cet employé paraît le plus souvent, au moins depuis le quatorzième siècle[1]. Il a été l'agent communal par excellence, mais il est aussi remarquable que fâcheux que nulle part on ne trouve des renseignements détaillés sur la nature et l'étendue de ses fonctions; dans la plupart des rotules, celles-ci sont supposées connues, on n'en indique accidentellement que l'une ou l'autre. Quoi qu'il en soit, on commettrait une erreur grave en identifiant les *Heimburgen* avec les *Rachimburgi* de l'époque franque; ces derniers ont été des assesseurs du tribunal, tandis que les autres n'interviennent jamais dans l'exercice de la justice seigneuriale. Ils étaient élus par les paysans et institués par un officier seigneurial. Au douzième siècle, les habitants d'Ingmarsheim, village dépendant de l'abbaye de Hohenbourg, s'arrogèrent le droit de conférer seuls le *Heimburgthum*; en 1196, l'abbesse Herrade leur signifia qu'elle reprenait son privilège, tombé en oubli, et que désormais le fonctionnaire en question serait de nouveau installé par le *villicus* du monastère[2]. L'époque de l'élection n'était pas partout la même; tantôt c'était la Saint-Martin, tantôt la mi-mars, tantôt la fin d'avril. A Geispolsheim, quand les paysans ne tombaient pas d'accord, le maire désignait celui qui devait prendre la charge. Le nouvel élu donnait une gratification à l'officier qui l'instituait, à Marlenheim un sol, à Ingmarsheim deux boisseaux de pommes. Nul n'était tenu de garder la place pendant plus

---

1. *Scultetus, tribunus et potiores universitatis.* Obernai, 1312. *Als. dipl.*, t. II, p. 101, etc.

2. *Oblivionis neglectu.* Würdtwein, t. X, p. 1178.

d'un an; le *Heimburge* sortant pouvait soit permuter avec le bangard, soit prendre le métier de gourmet. En rétribution de ses fonctions, il paraît avoir eu l'usage de quelques pièces de terre. Il convoquait les paysans pour les travaux communaux, proclamait les bans des récoltes et recueillait les amendes de ceux qui les violaient, assistait avec les jurés à la fixation des impôts, ou la faisait lui-même, et avait soin qu'ils fussent répartis équitablement entre les riches et les pauvres. A Rosheim, il était le percepteur des contributions et avait comme tel un salaire de deux livres [1]; à Vendenheim, il faisait rentrer pour le seigneur les cens en avoine. Accompagné des jurés, il faisait le tour de la banlieue pour s'assurer que les bornes étaient à leur place; il veillait aux coutumes sur l'usage de l'*Almend*; il était présent quand le village vendait ou louait une partie des communaux et quand il contractait des emprunts soit pour couvrir des dettes, soit pour entreprendre des travaux publics. A Huningue et à Münster, il engageait les pâtres; à Rosheim il recueillait le salaire du pâtre de cette commune, auquel, en échange de ce service, il ne devait rien pour son propre bétail. C'est lui aussi qui présidait le tribunal *villageois*; il avait le droit de juger les causes dont l'amende ne dépassait pas un sol; il constatait, avec les échevins, à qui appartenaient certains biens, et, çà et là, dans la Haute-Alsace, les fermiers lui déféraient leurs plaintes au sujet des dommages causés à leurs champs [2]. Celui de Rosheim, enfin, était tenu de voyager un jour et une nuit à ses frais, quand il en était requis par la commune ou par l'abbesse de Hohen-

---

1. Dans la plupart des communes de l'Alsace il y a eu, jusqu'à la Révolution, des *Heimbürger*, chargés des fonctions de percepteurs des taxes. Celui de Barr était élu pour un an; quand son temps était écoulé, il devenait de droit *Winsticher*, gourmet.

2. *Wir Heimburg und Schöffen des Gerichts zu Gimbrecht*, déclarent que certains arpents sont la propriété du chapitre de Saint-Thomas. 1491. Arch. des hospices. — Le *Heimburge* d'Attenschwiller jugeait les contestations entre les *Lehenlüt* au sujet des *Gebresten die sy lident von der Güter wegen. Weisth.*, t. IV, p. 10. Celui de Mulhouse paraît avoir rempli le même office; d'après Scherz, col. 637, il était *judex eiusarum campestrium*.

bourg; en outre il accompagnait le chariot, *Heerwagen*, quand on partait en guerre[1].

[1]. Dans les contrées voisines de l'Alsace on trouve en outre, comme fonctions des *Heimburgen*, le maintien des coutumes concernant les enterrements et les processions, la direction des secours en cas d'incendie, la surveillance des forestiers communaux. *Weisth.*, t. I, p. 417, 431.

LIVRE III

LA PROPRIÉTÉ RURALE

En donnant à cette partie de notre travail le titre qu'on vient de lire, nous délimitons le sujet, conformément à notre but de ne parler que de ce qui se rapporte aux populations villageoises. Si nous devions nous occuper de la propriété foncière en général, il nous faudrait examiner aussi la nature de cette propriété dans les villes; or, bien qu'en partie les coutumes aient été partout les mêmes, celles des villes présentent quelques particularités qu'il convient d'étudier à part.

La propriété rurale se divise en deux catégories : le sol non cultivé et celui qui est livré à la culture; ces deux classes comprennent à la fois des terres qui sont à l'usage commun de tous les habitants de la banlieue, et d'autres qui forment des propriétés privées que tantôt le propriétaire exploite lui-même, et que tantôt il loue à des colons.

Nous traiterons d'abord du sol non cultivé.

I⁰ PARTIE

LA TERRE NON CULTIVÉE

OBSERVATION PRÉLIMINAIRE

Déjà du temps de Tacite, quand les Germains faisaient leur répartition annuelle de la terre cultivable, ils réservaient une partie du sol pour servir de communal[1]. Les Romains à leur tour avaient eu des terres publiques. Sous les Mérovingiens et les Carolingiens, on ne fit donc que suivre une coutume ancienne en laissant certaines terres à l'usage de tous, mais avec la différence qu'elles n'étaient pas publiques dans le sens absolu du mot : elles étaient la propriété du maître du sol. Il y eut longtemps des terres sans maître, où le premier venant pouvait établir une colonie ; mais ni dans les périodes celtique et romaine, ni dans la période germanique on ne connaît en Alsace des parties quelconques ayant appartenu à de prétendues associations d'hommes libres ; partout on se trouve en présence de propriétés privées, formant les domaines soit d'individus, soit d'établissements religieux ; la terre sans maître, le *desertum* lui-même finit par être réclamé par les rois. Le seigneur d'une *villa* la possédait *cum cultis et incultis*; *Wald und Weide* lui appartenaient aussi bien que *Twing und Bann*; mais en retour des services que lui devaient ses hommes propres, il les admettait, dans une certaine mesure, à la cojouissance des bois, des pâturages et des eaux. A Hofen et à Büren, le communal était concédé aux paysans, à cause des cens en avoine qu'ils four-

---

[1]. *Area per annos mutant, et superest ager. Germania*, cap. 26. *Ager*, servant d'antithèse à *area*, ne peut signifier ici que l'*Almend*; Tacite, en employant le terme, a songé à l'*ager romanus*.

nissaient à leur seigneur ; ailleurs il est dit expressément qu'ils en profitaient parce qu'ils faisaient des corvées. Cette explication, qui rattache l'origine des communaux à une sorte de contrat entre le propriétaire et ses gens, est mieux d'accord avec les faits que celle qui la dérive d'une antique propriété collective dont chez nous l'histoire n'a gardé aucun souvenir.

Deux sortes de terrains étaient considérés comme communaux : ceux qui étaient couverts de forêts et ceux qui pouvaient servir de pâturage. Aux uns et aux autres on donnait le nom d'*Almeinde* ou *Almend*, ce qui veut dire une chose mise à la disposition de l'universalité, *Allgemeinde*[1]. En Alsace, nous trouvons ce terme dès 1133 : *silva publicalis, quod vulgo almeide dicitur*[2]; dans une charte de 1283, on lit de même : *res communes quæ vulgariter dicuntur Almeinde, silvæ, pascua, seu aliæ res quibuscunque usibus deputatæ*[3].

[1]. Une fois, au XIIIe siècle, dans un document relatif à Weyersheim, on trouve des *Almeine*. La forme *Alseinde*, très fréquente chez nous au XIIe et au XIIIe siècle, disparait au XIVe; dès lors on n'écrit plus que *Almende*. Dans nos chartes, le mot est aussi souvent neutre que féminin. Benecke, t. II, p. 101, a rencontré le mot pour la première fois en 1148; Mone, *Zeitschr.*, t. I, p. 385, en 1150.

[2]. Epfig. Als. dipl., t. I, p. 203.

[3]. Burner. Arch. de la Basse-Alsace.

CHAPITRE Ier

LES FORÊTS

§ 1. — Marches forestières. Forêts communales, seigneuriales, du fisc.

En parlant de la formation de la grande propriété en Alsace, nous avons eu l'occasion de mentionner les vastes forêts qui jadis couvraient le sol de la province. Pour les désigner on trouve, dans nos chroniques et dans nos chartes, des termes divers, principalement ceux de *Forst* et *Wald*. Quelques savants ont pensé que par *Forst* on avait entendu à l'origine un domaine privé dont le propriétaire seul avait eu le droit de faire usage, et que *Wald* était la forêt dont pouvaient disposer les habitants des villages[1]. Encore aujourd'hui la langue anglaise distingue entre le *Wood*, qui est la forêt en général, et le *Forest*, où il n'est pas permis à tout le monde de chasser. Chez nous on ne paraît pas avoir connu cette différence dans l'emploi des deux mots. On rencontre *forestis, foresta, forestum, saltus*, dans le sens de *Waldgebirg*, pour toute la chaîne des Vosges : *forestis Vosagus*[2], *saltus Vosagus*[3]. Les auteurs parlent avec un certain effroi de la *heremus rasta quæ Vosagus appellatur*[4], de la *Vosagi latissima vastitas*[5]; encore au treizième siècle, Richer de Senones disait que ces montagnes étaient tellement couvertes de forêts de sapins, *ut sua nigredine etiam horrorem plurimum incutere videantur*[6]. Mais ce n'était pas

---

1. Mone, *Zeitschr.*, t. II, p. 14.
2. 854. Grandidier, *Hist. de l'Égl. de Strasb.*, t. II, p. ccxxxix.
3. *Vita Hildulphi*, chez Belhomme, *Historia medii monasterii*, Strasb., 1724, 4°, p. 57.
4. Ducange, t. VI, p. 889.
5. *Als. ill.*, t. I, p. 4, note 9.
6. *Chronicon monast. senonensis*, lib. I, cap. 2, chez d'Achéry, *Spicilegium*, 2° éd., Paris, 1723, f°, t. II, p. 601.

seulement sur les Vosges qu'il y avait, comme encore aujourd'hui, des forêts si grandes, il en existait aussi dans la plaine, telles que le *heiliger Forst*, la forêt sainte de Haguenau, et celle entre le Rhin et les montagnes depuis Scherwiller jusque vers Pfaffenhoffen. Là et dans quelques autres localités les mots *Forst* et *Wald* alternent sans avoir deux sens différents[1]. Un autre terme était *Hart*, employé déjà au huitième siècle[2] et paraissant se rapporter de préférence à de vastes forêts de la plaine, telles que la *Hart* de la Haute-Alsace et celle près de Wissembourg. Les bois moins denses ou moins étendus, les taillis, les simples groupes d'arbres, restes d'anciens défrichements, étaient appelés *Holz, Strut, Loch* ou *Loke, Ahe* ou *Ach*[3]. Les noms de beaucoup de cantons ruraux attestent l'existence de forêts dans des endroits où depuis des siècles il n'y en a plus de traces.

Ceux de ces grands bois, qui n'étaient réservés ni au fisc royal, ni à des particuliers, étaient primitivement abandonnés à l'usage des habitants selon les besoins de chacun; la loi des Burgondes disait : *Silvarum, montium et pascuorum unicuique prorata suppetit esse communionem*[4]; ce principe était aussi la règle dans l'Alsace devenue germanique, jusqu'à ce que les

---

1. L'abbesse d'Andlau avait dans la vallée de la Bruche *einen Walt, der heisset der Forst*. Weisth., t. V, p. 411. — Champs dit tantôt *uf dem Walt*, tantôt *uf den Forst*, Schweinheim 1217, Altenwiller 1278, Wangen 1311, Entzheim 1332, etc. — *Saltus* et *forestum* étaient aussi employés pour des forêts plus petites : en 783, Helidmunt donne à l'abbaye de Wissembourg *forestum unum*. Trad. Wiss., p. 200. En 1135, le couvent de Honcourt possède à Gebersdorf *saltum unum integrum et duos dimidios*. Grandidier, Hist. d'Als., t. II, p. ccxci.

2. En dehors de l'Alsace *Hart* est masculin. Benecke, t. I, p. 460. Chez nous il est toujours féminin. *Portionem meam de illa Harde*, 783. Trad. Wiss., p. 200. Outre la grande Hart de la Haute-Alsace et celle de Wissembourg, il y en avait d'autres moins étendues; l'expression *uf die Hart, uf die Herde*, se rencontre dans 25 banlieues de la Basse-Alsace. On trouve en outre *die Bankart, Mülhart, Lüschart, Svennhart*, etc.

3. *Struot, Strut*, tantôt masculin, tantôt féminin, dans divers endroits des deux parties de l'Alsace. — *Lo, Loch, Lohe, lucus*, très fréquent. — *Ach, Ahe, Ech, Ehe, Och, Ohe*, syllabe qui, ajoutée à un mot, exprime que l'objet désigné par ce mot se trouve être en quantité. En Alsace généralement pour de petits bois, des groupes d'arbres : *Buchehe*, bois de hêtres; *Eichehe*, bois de chênes; *Erlehe, Erloch*, aulnaie; *Espehe*, bois de peupliers; *Wideche, Wilgohe*, oseraie.

4. Tit. XIII.

rois se fussent attribué le domaine de tout ce qui n'était pas propriété privée.

Dans les premiers temps, c'étaient les forêts qui marquaient les confins des marches; les villages qui les avoisinaient, ou qui étaient situés dans les clairières, y avaient eu un droit d'usage; ils avaient formé une sorte d'association, *commarchia*, *Wald-* ou *Markgenossenschaft*. Les forêts appartenant à la marche étaient délimitées par des ruisseaux, des rochers, des ravins, des arbres portant des marques[1]. Plusieurs de ces marches forestières, communes à un certain nombre de villages, se maintinrent, à travers les vicissitudes des siècles, alors même qu'elles avaient été partagées entre différents seigneurs propriétaires; d'autres paraissent avoir été dissoutes de bonne heure. En 820, il est fait mention d'une *marca silvatica* de Brunnon (Niederbronn) et d'une autre à Valf; le comte Hugues, qui possédait des *portiones* de l'une et de l'autre, les donna, en échange contre d'autres biens, à l'abbaye de Wissembourg[2]. On connaît la grande marche de Marmoutier, dont les *consocii* avaient la cojouissance. Les *rastitates circumquaque adjacentium saltuum* au-dessus de Steinbourg étaient réservées à l'usage du couvent de Saint-Jean-des-Choux et des *communitates* de Steinbourg (dépendant de l'abbaye d'Andlau) et d'Ernolsheim (dépendant de celle de Neubourg[3]). Les forêts de Barr qui, pendant longtemps, furent domaine impérial, constituaient néanmoins une véritable marche forestière, dont profitaient les gens de Barr, de Heiligenstein, de Mittelbergheim, de Gertwiller, de Goxwiller et de Burgheim. Il en était de même de celle du Mundat inférieur; en 1275, après une contestation entre l'abbé et les bourgeois de Wissembourg, il fut reconnu que toutes les forêts du district étaient *Almend*, à l'exception de trois *montes silvestres*, qui devaient rester

---

1. 1126. *Als. dipl.*, t. I, p. 206.

2. *Trad. Wiss.*, p. 71.

3. *Als. dipl.*, t. I, p. 206.

propriété exclusive de l'abbaye¹. La forêt dite Aspruch, dans le Hattgau, était à l'usage des quatre villages de Hatten, Rittershoffen, Ober- et Nieder-Betschdorf². Dans la Haute-Alsace, on peut signaler également quelques marches forestières : celle de la Hart, s'étendant jusqu'à Bâle et mise à la disposition de tout « le peuple » de la contrée³; le *commune commarchium* ou *silvestre conterminium* des villages de Guebwiller, Bergholz, Ostheim, Isenheim, Merxheim et Rädersheim, dont, en 1135, ces communes consentirent à détacher une partie pour l'abandonner au nouveau monastère de Goldbach dans la vallée de Saint-Amarin⁴; la *gemeine Waldmark* qui, partant de Sigolsheim, remontant la Vosge jusqu'à Pairis et redescendant de là dans la vallée de Munster, était commune à Sigolsheim, Ammerschwihr, Mittelwihr, Hunawihr, Guémar, Ingersheim et Kientzheim⁵; surtout enfin la marche du Riet, dont les habitants de Ribeauvillé, de Guémar, de Bergheim, de Saint-Hippolyte, d'Orschwihr, dans la Haute-Alsace, et ceux d'Ohnenheim et d'Elsenheim, dans la Basse-Alsace, étaient les associés, et les sires de Ribeaupierre les présidents et les juges⁶; comme des communes des deux parties de la province ont participé à cette marche, leur droit remonte à une époque antérieure à l'établissement du fossé (*Landgraben*) qui séparait la Haute-Alsace de la Basse-Alsace.

Dans l'origine, non seulement le chef de la colonie rurale,

1. *O. c.*, t. II, p. 7.
2. Hückel, *notice sur le Hattgau*, dans le *Bulletin* de la Société pour la conservation des monuments historiques d'Alsace, 1878, p. 317.
3. 1004. Zöpfl, p. 330.
4. *Als. dipl.*, t. I, p. 211.
5. *Weisth.*, t. I, p. 666, t. V, p. 317.
6. *O. c.*, t. V, p. 361. Le rotulus est de 1580, mais rappelle et confirme le *alt Herkommen*. — Comp. Véron-Réville, p. 145 et suiv. — Les forêts formant le district *Meingereite*, et dont, outre Landau, treize communes ont eu l'usage, sont situées pour la plus grande partie en dehors de l'Alsace actuelle. *Als. dipl.*, t. II, p. 49. Elles étaient divisées en trois *Zent* et surveillées par des officiers choisis par les communes et nommés *Zehentberger*, centeniers, termes qui nous reportent à l'époque carolingienne, mais qui ne s'étaient pas conservés en Alsace; ils n'étaient usités que dans le Palatinat et en Hesse. *Weisth.*, t. I, p. 477, 513. Comp. aussi *Als. ill.*, t. II, p. 127; Véron-Réville, p. 116 et suiv.

le propriétaire de tout le *prædium*, avait possédé une partie de forêt, mais des hommes libres en avaient reçu des lots, on en avait même attaché une portion à chaque manse, à l'usage du bétail des colons. De nombreux actes de donation et la loi salique elle-même attestent l'existence de forêts, qui étaient des propriétés particulières[1]. En 788, Helidmunt donna à l'abbaye de Wissembourg *forestum unum et portionem meam de illa harde;* en 742, Haroin et Liutfrid avaient cédé au même monastère quelques *hobæ* avec les *silvæ* qui en dépendaient[2].

Les villages et les petites villes, ne faisant pas partie d'une association forestière, ont eu des bois communaux formant leurs marches particulières; en 823, il existait une *Holzmarcha* de Plobsheim[3]; en 1127, on parle de la *silva ad communitatem villæ Eckartswiller pertinens*[4], en 1133, de la *silva publicalis* d'Epfig[5], en 1295, du *Wald der Lüte von Hengebure*[6]; l'*Almend* de l'*universitas* d'Obernai se composait principalement de forêts qui allaient jusqu'au fond de ce qui est aujourd'hui le Klingenthal[7]; Rixheim, Huningue et d'autres localités de la Haute-Alsace ont eu également des bois assez considérables[8]. S'il n'y avait pas de forêt proprement

---

1. *Si quis in silva alterius materiamen furatus fuerit... Lex salica*, tit. VIII, § 4. *Capitul.*, t. I, p. 289.

2. *Tradit. Wiss.*, p. 7, 9, 200. En 786, Engilbert donne à l'abbaye de Wissembourg ses biens à Aginonivilla (Hegeney), excepté une moitié de sa forêt. *O. c.*, p. 88.

3. *Als. dipl.*, t. I, p. 71.

4. *O. c.*, t. I, p. 206.

5. *O. c.*, t. I, p. 203.

6. Il en est fait mention dans un acte par lequel le comte Frédéric de Linango loue un bois et un pâturage au couvent d'Oberstelgen. Arch. de la Basse-Alsace.

7. En 1245, la commune d'Obernai concéda au chevalier Albert Kage le droit d'user de la forêt comme les autres bourgeois et de rester en possession du fonds sur lequel était construit son château dit Kageburg (aujourd'hui Kageufels), contre une livre de cire à fournir annuellement à la nouvelle chapelle de la ville. *Als. dipl.*, t. II, p. 32. — Les religieux de Truttenhausen ayant occupé des *nemora*, *silvas*, *frutices*, *pascua et fundos aliquos almendæ ipsius civitatis* d'Obernai, il y eut un litige qui se termina, en 1312, par un accord, en vertu duquel les religieux furent maintenus dans la jouissance desdits fonds et reçus bourgeois, à condition de fournir, en cas de besoin, des hommes d'armes. *O. c.*, t. II, p. 100.

8. *Weisth.*, t. V, p. 400. Burckhardt, p. 207.

dite, le village possédait au moins un taillis; on en pourrait citer bien peu qui n'aient pas eu la jouissance d'un *Holz* ou d'un *Loch*.

Nous n'avons pas à faire l'énumération des forêts seigneuriales, désignées dans les documents sous les noms de *Fronforst* ou *Fronwald*. *Banforst* peut avoir signifié tantôt une forêt communale, tantôt celle qui était réservée au seigneur seul[1]. Ces dernières propriétés ont eu des origines diverses; les unes remontaient au temps où un chef avait pris possession soit d'une ancienne *villa* et de ses dépendances, soit d'une portion du désert pour s'y établir; d'autres avaient été acquises par héritage, par achat ou par suite de donations. De vastes étendues de bois appartenaient au fisc; se fondant sur le principe romain, que tout ce qui n'est pas propriété privée est au souverain, les rois, comme nous l'avons dit, s'étaient arrogé le domaine des forêts sans maîtres qui formaient ce qu'on appelait le désert, *eremus*[2], et qui, quand elles étaient situées dans le voisinage d'agglomérations d'habitants, étaient considérées comme étant leur *Almend*. La loi ripuaire parle de la *silva communis seu regis*[3]. Quand quelqu'un défrichait pour son usage une partie de l'*eremus*, les rois, comprenant l'utilité de la colonisation, voulaient qu'on ne troublât point ceux qui se constituaient ainsi un *Bifang*. D'autres portions de forêts fiscales furent données en fief à des seigneurs ou cédées à des établissements religieux. Celle de Haguenau, d'abord domaine des Mérovingiens, passa aux ducs d'Alsace et, par eux, aux empereurs d'Allemagne. En 773, Charlemagne confirma à l'évêque Heddon la possession d'un grand district forestier dans la vallée de la Bruche[4]. L'année suivante, l'abbé de Lièvre reçut, dans les environs de ce monastère, *aliqua loca sil-*

---

1. Grimm, *Rechtsalterth.*, p. 217.
2. Dans d'anciens glossaires, *eremus* est rendu par *Wald*. Graff, t. I, col. 802.
3. *Tit.* LXXII. *Capitul.*, t. I, p. 50.
4. Grandidier, *Hist. de l'Égl. de Strasb.*, t. II, p. CVI. Confirmé en 817 par Louis le Pieux. *Als. dipl.*, t. I, p. 65.

*restria ex marca fisci*¹. En 823, Louis le Pieux fit donation à l'abbaye de Münster d'une partie de la *foresta* qui, dans cette vallée, appartenait au fisc royal². La Hart, qu'en 1004 Henri II abandonna à l'évêque de Bâle, n'avait pas appartenu au fisc, elle avait été patrimoine personnel de l'empereur³. D'autres fois les princes n'accordaient que le *jus forestiœ*, *Waldrecht*, c'est-à-dire le droit d'user, à de certaines conditions, d'une forêt qui restait leur domaine; c'est ce que firent, par exemple, en 1006, Henri II, et, en 1196, Henri VI pour des parties de celle de Haguenau en faveur des couvents de Sainte-Walpurge et de Neubourg⁴.

Dans la plupart des chartes relatives à ces donations, on réservait ou sous-entendait le droit d'usage des populations rurales voisines, et, ce qui est plus remarquable encore, c'est qu'il est dit parfois que les cessions étaient faites de leur consentement. Quand Henri II donna la Hart à l'évêque de Bâle, il le fit *assentiente omni populo ejusdem saltus hactenus usum habente;* et quand l'évêque de Strasbourg, en 1125, accorda au couvent de Baumgarten un droit sur les forêts d'Epfig et de Dambach, il s'était informé d'abord si les *pagenses* n'y feraient pas d'opposition⁵. Il se peut qu'à cette époque cette demande d'un consentement n'ait plus été qu'une formalité, mais elle constatait au moins l'ancienne coutume des paysans de se servir, comme d'un bien commun, des forêts devenues royales ou seigneuriales.

§ 2. — Forestiers.

L'intérêt des communes usagères, aussi bien que celui des seigneurs, exigeait que les forêts fussent soumises à une sur-

---

1. Grandidier, *o. c.*, t. II, p. cxiv. Confirmé par Lothaire en 854. *Als. dipl.*, t. I, p. 84.
2. *Als. dipl.*, t. I, p. 69.
3. Zöpfl, p. 330. Confirmé en 1049 par Henri III. *Als. dipl.*, t. I, p. 154.
4. *Als. dipl.*, t. I, p. 187, 305.
5. Zöpfl, p. 330. *Als. dipl.*, t. I, p. 203. — L'évêque Henri de Strasbourg donnant, en 1269, à Rodolphe de Habsbourg en fief le Hohwald du val de Villé, réserva le droit d'usage des gens de la vallée. *Als. dipl.*, t. I, p. 463.

veillance, afin de prévenir une exploitation désordonnée qui eût amené leur destruction. Cette surveillance était exercée par les forestiers, *forestarii*, *Förster*. En 823, Louis le Pieux institua, pour la protection des forêts royales de la Vosge, des gardiens exemptés de la plupart des charges fiscales[1]. Selon les localités, les forestiers qui ne dépendaient pas du roi étaient nommés directement par le seigneur ou élus par les paysans, mais, dans ce dernier cas, installés par le *Schultheiss*[2]. Ils comptaient au nombre des officiers féodaux. Dans la marche de Ribeauvillé, de même que dans celle du Hattgau, chacune des communes associées choisissait un *Waldmeister*; ces maîtres forestiers réunis formaient un tribunal qui, pour la marche de Ribeauvillé, s'assemblait chaque année à Illhäusern, sous la présidence du sire de Ribeaupierre, pour juger les délits et pour renouveler le serment d'observer les coutumes.

La charge des forestiers consistait à marquer les arbres que les habitants pouvaient couper gratuitement, à se rendre une ou deux fois par semaine à la forêt pour constater les abus, à prendre des gages des délinquants, à faire, dans les grandes marches, des tournées annuelles pour recueillir soit les cens dus au seigneur, soit les taxes que, çà et là, on avait à payer pour l'usage du bois. Ils étaient tenus d'assister aux plaids où, après avoir entendu la lecture des droits et des obligations des paysans en matière forestière, ils juraient de les maintenir.

Les seigneurs ecclésiastiques, quand ils possédaient des forêts étendues, en confiaient la surveillance et la gestion supérieures à des nobles auxquels cet office procurait de grands avantages. Au commencement du treizième siècle, l'abbé d'Ebersmünster avait donné la *forestaria* de la forêt dite Erpurg, près d'Erstein, au chevalier Ulric de Schönau; celui-ci étant

---

1. *Als. ill.*, t. I, p. 16.
2. Dans le val de Lièvre ils étaient choisis par les colons, à Neuwiller par le chapitre. *Weisth.*, t. I, p. 593, 756. — L'abbé de Wissembourg les nommait conjointement avec le *consilium commune*, composé de deux membres désignés par lui et de deux élus par les bourgeois. *Als. dipl.*, t. II, p. 7.

mort, l'abbé consentit en 1229, sur les instances de quelques chanoines de Strasbourg, à laisser la charge à Dietrich, frère du défunt[1]. Il ne sera pas sans intérêt de connaître les conditions de cet acte, le seul de cette espèce que nous ayons rencontré : Dietrich paye à l'abbé une somme de deux livres à titre d'hommage ; il s'engage à n'instituer, comme forestier sous ses ordres, qu'un des hommes propres de l'abbé, connu de celui-ci pour sa fidélité, à ne faire couper le menu bois et à n'aliéner aucun arbre sans le consentement de l'abbé, et à céder à ce dernier les deux tiers du prix de vente ; l'abbé se réserve le droit de disposer des grands troncs et de statuer sur la glandée ; si Dietrich dévaste la forêt, il s'engage à réparer le dommage selon l'estimation du seigneur ; la dévastation est-elle irréparable, il est privé de sa charge ; celle-ci, du reste, n'est pas héréditaire ; lors du décès de Dietrich, elle pourra être conférée à n'importe qui, et, si l'abbé vient à mourir, son successeur n'est pas tenu de la laisser à Dietrich, à moins de le faire par bonne volonté et contre une nouvelle remise de deux livres de *gratiarum actio*. Il nous semble hors de doute qu'il a existé des arrangements semblables pris par d'autres maisons religieuses ; à Ulm, près de Lichtenau, l'abbé de Schwarzach avait également confié à des chevaliers la surveillance de ses forêts[2] ; ce fait, rapproché de celui d'Ebersmünster, permet de supposer que la coutume a été assez générale. Nous ne serions pas étonné si l'on découvrait des chartes prouvant que certains petits châteaux des Vosges, dont la première origine est peu connue, avaient servi d'abord à des ministériaux nobles, chargés de la préservation des bois de quelque monastère.

Pour leur salaire les forestiers prélevaient généralement une partie du bois mort et un certain nombre de branches des arbres abattus par les bûcherons. Celui d'Andolsheim avait

---

[1]. Archives de la Basse-Alsace.
[2]. *Weisth.*, t. I, p. 431.

en outre le droit de couper trois troncs à son usage ou bénéfice; celui de Sundhausen jouissait de huit arpents de terre arable; les six de Marmoutier se partageaient le produit de deux manses. L'abbé d'Ebersmünster donnait aux deux gardes, qu'il avait pour ses forêts autres que celle d'Erpurg, à chacun trois résaux de seigle, une paire de souliers et, à Noël, de la graisse pour les graisser. Le forestier de Girbaden recevait de l'abbé d'Altorf deux résaux de seigle et deux boisseaux de pois, et, des Johannites de Dorlisheim, deux résaux également de seigle, 8 sols 4 deniers, un demi-cent de harengs et deux pots d'huile. A Kogenheim le salaire dû par le seigneur était un foudre de foin; dans le val de Lièvre, une mesure de vin, et quand deux fois par semaine les forestiers venaient faire leur rapport à l'abbé, on leur donnait un verre de vin, du pain, de la viande ou des œufs, et, en carême, des poissons frais ou des harengs. A Imbsheim chaque maison livrait au forestier un demi-boisseau de pois; à Fouchy, un pain ou un denier à Noël, à Saint-Hippolyte 4 deniers à la Saint-Martin. A Nothalden les sept forestiers de l'abbesse de Hohenbourg étaient traités, le dimanche après la Saint-Martin, par le maire qui leur servait du pain, du vin, des viandes bouillies et rôties. Quand ceux de la marche de Sigolsheim faisaient leur tournée annuelle, les charpentiers ou scieurs et les charbonniers, occupés en permanence dans la forêt, leur donnaient 20 deniers, un quart de vin et quatre pains blancs; à Pairis, où ils passaient la nuit, ils recevaient de l'abbé chacun une pièce d'étoffe pour un pantalon; à Münster l'abbé leur devait, dans un local chauffé et sur une nappe neuve, un repas composé de vin, de pain et de deux espèces de viandes; le soir il leur envoyait un musicien pour les endormir au son du violon et un valet pour les garder contre les voleurs et contre l'incendie [1]; en partant ils pouvaient

---

1. *Zu Münster sol mans inen wol bieten, abends Strouabe das vür Zellen und einen Giger gewinnen der in gige das sie entslafen, und einen Knecht der in hüte ires Gewandes das es in nût verburne.* Le gardien contre les voleurs est placé à la porte de derrière; celle de devant, ils devaient la garder eux-mêmes.

emporter la nappe et ce qui était dessus, à moins que l'abbé ne rachetât ces objets moyennant 5 sols; en outre il les gratifiait chacun d'une paire de souliers neufs. Arrivés à Wiler, ils mangeaient dans la cour colongère; dans celle de Türckheim, enfin, on leur servait du vin rouge[1].

Une coutume bizarre était observée dans la vallée de la Bruche; quand les deux forestiers de la partie supérieure venaient à Rothau, celui de Mühlbach les attendait près du ruisseau pour les porter à l'autre bord; pour ce service ils lui devaient un demi-quart de vin, sinon il prenait à l'un le soulier droit, à l'autre le gauche, et les donnait en gage à l'aubergiste chez lequel il allait boire.

En compensation des quelques avantages dont ils jouissaient, les forestiers étaient tenus à de certaines redevances envers leurs seigneurs. Il paraît que dans leurs loisirs ils fabriquaient divers ustensiles en bois, des écuelles, des manches de cognées, de haches, de serpes; ils les faisaient pour leur usage et en vendaient peut-être aux paysans. Généralement ils avaient à faire hommage au seigneur de quelques-uns de ces objets. Au commencement du douzième siècle, ceux du couvent de Sainte-Foy, à Schlestadt, présentaient, à Noël, aux frères une hache et une cognée, des fers pour douze chevaux, un saumon, quatre vases neufs remplis de vin, des chapons et un demi-muid de froment; au prieur du même monastère le forestier de Fouchy offrait une mesure de vin, un porc de trois ans, un de deux ans et 66 écuelles[2]. Ceux de Münster avaient à fournir annuellement, dans la cuisine de l'abbé ainsi que dans celle des religieux, une cognée et une serpe neuves[3], en retour desquelles on leur restituait les vieilles. Ceux d'Andolsheim donnaient deux haches, deux ser-

---

1. Rotules de Sigolsheim, d'Ammerschwihr, d'Ingersheim, ainsi que celui de Kientzheim pour les forestiers de l'abbé de Lucelle, lequel participait aussi à cette marche.

2. *Scutella.* Grandidier, *Hist. d'Als.*, t. II, p. cc.

3. *Schselin, Sesselin,* diminutif de *Sahs,* coutelas.

pes, une paire de gants et, pour une raison qui reste à deviner, un vieux chapeau[1]; ceux de Marmoutier, chacun une hache, un porc, 4 setiers de vin, 8 pains et un muid d'avoine; ceux du val de Lièvre, alternativement une serpe ou une hache. Ceux enfin de Neuwiller apportaient au prévôt du chapitre 4 fromages ou 4 sols et, à son schultheiss, 6 poules, 16 pains blancs, une mesure de vin et 3 résaux d'avoine. Toutes ces offrandes donnent à penser que les bénéfices de beaucoup de forestiers ont dû être assez considérables pour que les seigneurs en voulussent une part pour eux.

§ 3. — Usage des forêts.

La principale obligation des forestiers, on l'a vu, était de prévenir et de rechercher les délits; ils n'ont été que des officiers de police seigneuriale et communale; on ne pouvait exiger d'eux la pratique d'une science qui n'existait pas, savoir la science de la conservation méthodique et de l'utile aménagement des forêts. Celles-ci n'étaient laissées à l'usage des seigneurs et des paysans que d'après des coutumes, et ces coutumes étaient aussi peu uniformes que toutes les autres. Dans les forêts seigneuriales, où les sujets avaient gardé une certaine faculté de jouissance, de même que dans les marches et dans les bois communaux, le droit était plus ou moins limité par d'anciennes règles; la liberté des seigneurs et des propriétaires eux-mêmes n'était pas absolue, rien ne semblait livré à l'arbitraire individuel. Nous n'avons aucune preuve constatant qu'on faisait déjà des coupes régulières ou qu'on se préoccupait de reboisements; on ne connaissait que des traditions, d'après lesquelles la part de bois que chacun pouvait prendre était réglée; on ne songeait qu'à la préservation de la propriété, en laissant à la nature le soin de la renouveler.

---

1. Cet usage d'offrir des gants paraît être emprunté à une coutume féodale. L'investiture d'un fief se faisait parfois moyennant la remise par le suzerain de gants, que le vassal avait dû acheter à ses frais. La présentation d'une paire par le forestier

Quand rien n'était stipulé par écrit, ce qui était le cas le plus fréquent, le long usage d'une forêt faisait naître chez les paysans l'idée qu'ils en étaient les propriétaires. En 1257, la communauté, *universitas*, de Dossenheim prétendit avoir joui, de temps immémorial, du droit de couper du bois de construction et de mener le bétail dans *sa* forêt dite Breitschloss. L'abbé de Neuwiller réclama contre cette prétention en soutenant que la forêt faisait partie du domaine du couvent. On nomma des arbitres dont la sentence, confirmée par l'évêque de Metz, portait que les gens de Dossenheim n'avaient pas de *droit*, mais que l'abbé devait leur accorder, par grâce, l'autorisation du parcours et de la coupe[1].

Çà et là le propriétaire cédait à ses colons des parcelles de sa forêt à titre héréditaire; il gardait le domaine du fonds, le preneur n'en avait que l'usage perpétuel contre un cens en nature ou en argent; mais les exemples de ce *Waldrecht* accordé à des paysans sont assez rares[2], et les parcelles dont il s'agit ne sont pas à confondre avec les bois qui, dans quelques-unes des grandes propriétés, dépendaient des colonges.

Dans plusieurs contrées d'Alsace on payait une taxe pour pouvoir se servir des produits de la forêt; dans la partie de la vallée de la Bruche soumise aux seigneurs de Rathsamhausen, chaque maison devait à cet effet 3 deniers par an[3]; à Balbronn, le paysan qui allait au bois avec une voiture payait un sol et 6 deniers s'il n'avait qu'une charrette, de plus 1 denier par cheval, 3 deniers pour un âne ou un mulet, 1 denier pour le couteau avec lequel il coupait les branches. Ailleurs, à Eschau, par exemple, l'usage était octroyé en compensation des corvées. A quelque condition, du reste, qu'on en jouît, on jurait de ne pas en abuser et de dénoncer les délinquants[4].

à son seigneur était un signe d'hommage, mais il n'est pas dit qu'on la lui rendait. Et pourquoi un vieux chapeau ?

1. Arch. de la Basse-Alsace.
2. Il en a existé, par exemple, à Hipsheim.
3. Zu Waldrecht.
4. Les paysans d'Eschau *hant geschworen mit ufgehebeter Hant keinen Schaden niemerme in deer Wable zu tuonde.* 14e s. Arch. de la Basse-Alsace.

De même que pour la moisson et la vendange, on faisait des conventions, *Einungen*, pendant la durée desquelles la forêt était interdite[1]. Ce ban était proclamé d'ordinaire vers l'époque de Noël et s'étendait tantôt sur trois semaines, tantôt sur six. Lors même qu'il était levé, il était défendu de toucher à de certains arbres ; à Saint-Hippolyte, à Neuwiller, dans l'Ufriet, on devait ménager les chênes, les hêtres, les pommiers et les poiriers sauvages, moins à cause du bois que pour les fruits qui servaient à la nourriture du bétail[2]; à Saint-Jean-des-Choux on n'exceptait que les chênes et les hêtres, à Marlenheim et à Lutterbach, seulement les chênes.

2. Quelques communes et quelques seigneurs ont eu le privilège de prendre dans leurs forêts le bois nécessaire à n'importe quel usage, selon leurs besoins, pour la construction, le chauffage, l'entretien des voitures et des ustensiles agricoles, etc.; de ce nombre ont été les communistes des différentes marches, les *Waldgenossen* de Scherwiller; le couvent de Honcourt, l'évêque de Strasbourg et les Habsbourg, dans le Hohwald du val de Villé; les bourgeois de Haguenau, les abbayes de Sainte-Walpurge et de Neubourg, dans la Forêt-Sainte. L'abbesse de Hohenbourg pouvait se procurer dans toute la banlieue de Rosheim le bois qu'il lui fallait pour ses cours colongères. Dans la forêt de Saint-Hippolyte, appartenant à l'abbé de Lièvre, les étrangers même étaient autorisés à couper des arbres, en donnant 4 deniers au forestier ou, en son absence, en déposant la somme sur la souche[3].

Dans d'autres forêts, au contraire, le droit de couper du

---

1. La forêt était alors dite *verschworen* ou *vereinigt*.

2. Les *vier fruchtbare Bäume*. Ufriet.

3. En 1191, l'évêque Conrade de Strasbourg fit une délimitation des parties de sa forêt de la vallée de la Bruche, dont les gens de Molsheim, de Mutzig et d'Urmatt avaient le droit d'usage : dans un des districts ceux de Molsheim et de Mutzig pourront prendre du bois de chauffage; dans un autre, ceux de Mutzig, et dans un troisième, ceux d'Urmatt, prendront du bois de construction et *virgas et sudes sepibus et vitibus necessarias*; il n'y a pas d'autre condition que la défense de vendre du bois, de faire des essarts et d'instituer des forestiers indépendants de ceux de l'évêque. Würdtwein, t. X, p. 167.

bois de construction était soumis à quelques réserves. Les paysans et le seigneur lui-même ne pouvaient enlever qu'une certaine quantité de troncs, laquelle variait suivant la grandeur des forêts et le chiffre de la population. Mais on ne délivrait du bois ni à ceux qui ne voulaient bâtir que pour leur agrément ou dans l'intention de vendre des maisons, ni à ceux qui, par incurie, laissaient tomber leurs habitations en ruine[1]. Le droit de l'abbé de Wissembourg était limité à ce qui était indispensable pour l'entretien de son église, de son monastère et de ses fermes. Dans quelques forêts on fournissait aux paysans le bois gratuitement; le plus souvent, toutefois, ils devaient au forestier une somme modique[2]. A Andolsheim on délivrait gratis ce qu'il fallait pour le plancher; à Bösenbiesen, cinq poutres pour faire un linteau, un sommier, deux montants et le faîte[3]; à Neuwiller et à Imbsheim, quatre poutres pour servir de sommiers[4]; à Hochstatt, autant de pièces que le paysan voulait établir de fenêtres; à Honau, quatre arbres, à condition que la maison ne fût pas destinée à être vendue. Les gens de Marlenheim pouvaient couper du chêne pour reconstruire des habitations incendiées. Quand un paysan d'Imbsheim tombait dans l'indigence, il lui était permis, avant de mettre sa charrue en gage, d'aliéner une partie de sa ferme et de chercher dans la forêt le bois nécessaire pour une construction nouvelle. Si un des hommes propres du couvent de Saint-Jean-des-Choux, dans le dessein de se procurer un bénéfice[5], vendait une maison pour laquelle on lui avait

---

1. Bonvalot, p. 283.

2. Celui qui, avec la permission de l'abbé de Marmoutier, coupe un *arbor ædificialis*, donne au forestier soit un quart de vin, soit les branches de l'arbre. A Lutterbach on donne 4 deniers au forestier et autant au cellérier; à Fouchy, 4 deniers et un pain ou 6 deniers au forestier.

3. *Ein Ueberthür, eine Swelle, ein Virstbalken und zwei Sullen (Sülen, Säulen).*

4. Le paysan d'Imbsheim qui prend du bois pour sa maison peut, le soir venu, marquer l'arbre qu'il a choisi; si, pendant la nuit, cet arbre lui est volé, le seigneur le lui remplace.

5. *Durch sinen hohen Mut, das er sein Ding wolte gebessern. Weisth.*, t. V, p. 418.

fourni du bois, il devait à l'abbesse le tiers du prix de vente ; il ne gardait le total que s'il était forcé de se dessaisir de son immeuble par l'une de ces trois sortes de calamités : une guerre, une disette ou la perte de son bétail[1]. A Grendelbruch enfin, si l'avoué ou l'officier du seigneur refusaient une autorisation de prendre du bois pour bâtir, elle était donnée par les jurés du village contre un quart de vin[2].

3. L'affouage, le droit de couper du bois de chauffage, était accordé partout, mais seulement à de certaines époques de l'année, et chacun ne pouvait prendre qu'une quantité déterminée[3]. A Fouchy c'étaient deux foudres ou voies, entre le 2 et le 20 novembre ; à Künheim, à Oberentzen, une voie la veille de Noël, quand on a une voiture, et, quand on n'en a pas, autant de bûches que l'on peut en porter ; à Vendenheim, après la Saint-Martin, autant de voies qu'on fournit de boisseaux d'avoine à titre de cens ; à Hochstatt, autant que peuvent en traîner deux chevaux. Le bourgeois de Rixheim qui voulait couper du bois prévenait le maire et se faisait accompagner du bangard ; pour que celui-ci ne le quittât point, il l'attachait au timon de la voiture et lui donnait pour un dé-

---

1. *Dreihand Noth, Herrennoth, Hungernoth und Schelmennoth. Herrennoth* est une expression très caractéristique : calamité apportée par des seigneurs quand, dans leurs fréquentes querelles, ils dévastaient les champs et les villages. *Schelm*, cadavre d'une bête morte ; *Schelmennoth*, calamité résultant de la perte du bétail par suite d'une épizootie.

2. Voici encore quelques détails sur la distribution du bois de construction dans le comté de Ferrette : à Werentzhausen, du chêne pour les seuils et les planchers, selon les besoins ; à Fislis, 16 troncs de pin ; à Linsdorf et à Bettlach, 6 à 10 chênes pour le cadre depuis les seuils jusqu'à la toiture ; à Wolschwiller, du sapin autant qu'il en faut, mais seulement 4 chênes, parce qu'ils sont rares ; à Dirlinsdorf (Triaucourt), 10 sapins et 2 chênes ; à Liebsdorf (Lebeucourt), 12 sapins et 4 chênes ; à Moos, 2 chênes pour les seuils ; à Mörnach, 2 chênes et 2 vieux arbres secs au lieu de sapins, la commune n'ayant pas de forêt de cette espèce ; à Köstlach, 11 sapins et 1 arbre au choix de celui qui bâtit, en outre du chêne pour le cadre extérieur et les seuils ; à Vieux-Ferrette, 12 chênes et 13 sapins ; à Riespach, autant d'arbres qu'il en faut. Jusqu'à 35. Bonvalot, p. 281 et suiv.

3. Comme exception à cette règle on peut signaler la coutume d'Offwiller, d'après laquelle certains paysans du village ont pu couper, durant toute l'année, le bois qu'il leur fallait pour leurs fermes, tandis que d'autres n'ont joui du droit que pendant neuf jours avant Noël et autant après ; on les appelait *Neunnachter (neun Nacht*, neuf nuits ; on avait l'habitude de dire, par exemple, 14 nuits au lieu de 14 jours, comme encore aujourd'hui, en anglais : *fortnight*).

nier de pain¹. A Bergheim, on enlevait les branches qu'on pouvait atteindre en se mettant sur un escabeau, mais quand on laissait tomber la hache, il fallait s'arrêter². Dans les forêts où il y avait beaucoup de bois mort, on n'en distribuait pas d'autre pour le chauffage³.

Les paysans pouvaient en outre prendre dans la forêt des perches et des baguettes pour leurs haies, des échalas pour leurs vignes, des tuteurs pour leurs arbres, le bois nécessaire pour la réparation de leurs charrues et de leurs voitures⁴; ils ramassaient le bois mort pour le brûler dans leurs cuisines⁵. Ceux de Sundhofen, s'ils n'en trouvaient pas, montaient sur les arbres et prenaient autant de branches qu'ils en pouvaient mettre sur une voiture, pourvu que celle-ci ne fût pas attelée de plus de chevaux que quand ils allaient aux champs.

Les souches des arbres entiers que l'on abattait et ce qui restait après qu'on avait façonné les troncs et les bûches (*Afterschlag*)⁶, les arbres brisés ou renversés par le vent, ceux qui tombaient de vétusté appartenaient, dans le comté de Ferrette, aux paysans; presque partout ailleurs ils revenaient aux forestiers, autorisés à les vendre⁷. A Marmoutier, sept pieds

---

1. *Und sol den banwart mit jm füren und den an die landwyd binden, jm geben ein Brot 1 pfennig daz er sin damit küte diewil er das holz howet, und wenn er den Boum von dem Stock ledigt, so sol er den Dolden in die Hand nemen und sol under sich schneiden*, Burckhardt, p. 205. La dernière phrase n'est pas bien claire: en séparant l'arbre de la souche (*Stock*), on doit tenir de la main la cime (*Dolde*) et couper au-dessous; cela veut-il dire qu'on ne pouvait prendre que de petits arbres?

2. Le paysan d'Entzheim qui voulait couper un arbre s'en faisait indiquer un par le forestier, auquel il devait 2 deniers *zu Stumpflöse*, pour le droit de détacher, *lösen*, le tronc de la souche, *Stumpf*. De même à Sundhausen. Dans le val de Rosemont chaque maison qui fournissait au seigneur une poule recevait en retour du bois de chauffage.

3. Dans quelques communes du comté de Ferrette.

4. *Smalholz*, menu bois, pour haies et échalas.

5. *Toubholz, Dupholz, toubes Holz, lignum demortuum*. Dans le rotule de Sundhofen c'est dit *akumin Holz*; de *Kumen*, être malade?

6. Les *Afterschläg* ne sont pas, comme le pense Scherz, col. 20, les arbres renversés par le vent (*Windschlag*), mais ce qu'il appelle au même endroit *tenuiora arboris ossa segmina*.

7. Neuwiller, Sundhausen, Lutterbach. Dans les forêts de l'abbé de Munster les forestiers ont eu le droit de prendre annuellement deux voies de *Afterschläg, und was Hölzer der Wint niderwirffet oder von im selber nidervallet*.

de la partie la plus grosse d'un tronc renversé étaient pour l'abbé, le reste pour les forestiers. La commune de Wolschwiller, afin de ménager sa forêt, réservait les arbres déracinés pour la distribution du bois de construction. Dans les forêts, au contraire, de Saint-Jean-des-Choux, les habitants de ce village et ceux d'Eckartswiller, même les serfs de l'abbesse, accouraient avec leurs haches pour s'emparer de quelque morceau des arbres qu'une tempête avait jetés à terre ou qui s'étaient rompus sous le poids du givre [1].

Il était généralement défendu aux paysans de vendre leur part de bois d'affouage. Ceux d'Eschau juraient chaque année de ne céder à prix d'argent ni bûches, ni perches, ni broussailles à quiconque demeurait dans la banlieue, tandis qu'à Scherwiller les colons, qui étaient *Waldgenossen*, pouvaient acheter l'un de l'autre n'importe quelle espèce de bois. Quant aux communes, rien ne les empêchait de faire des ventes, dès qu'elles avaient lieu pour cause d'utilité publique; il fallait, il est vrai, le consentement du seigneur, mais il n'y a pas d'exemple que ce consentement ait fait défaut. Quand le village de Türckheim, soumis à l'abbé de Münster, eut obtenu en 1312 le privilège impérial de s'ériger en ville, il convint avec l'abbé que celui-ci garderait les droits sur la forêt, mais que les bourgeois pourraient y couper du bois pour le vendre « aussi cher que possible », à charge pour eux de n'employer « les deniers provenant des ventes qu'à la construction des murailles de la ville et à la réparation des digues de la rivière [2] ».

4. Dans les premiers temps du moyen âge on paraît avoir joui de la plus entière liberté de faire des défrichements. Non seulement les puissants et les riches avaient formé, avec l'encouragement des rois, des *capturæ* et des colonies dans l'*eremus*,

---

1. *Were es das Duft oder Wind kemen, das ein Gefälle auf dem Walde würde.* Duft, brume, givre.

2. Comme il y eut des contestations à ce sujet, la convention fut renouvelée, en 1407, par sentence arbitrale du Magistrat de Strasbourg. Collection particulière.

mais les hommes libres, les colons mêmes, avaient considéré comme leur appartenant la partie de la forêt commune dont ils avaient eu l'usage personnel et à laquelle ils avaient pu, à leur gré, donner une autre destination[1]. Le défrichement se faisait de deux manières, soit par essartement, en coupant les arbres et en arrachant les sous-bois, soit en les brûlant[2]. Du huitième au douzième siècle on dépouilla ainsi de grands espaces pour les convertir en terre arable; il y a peu de banlieues où l'on ne rencontre des champs situés dans l'essart, *im Geräte* ou *Gerode*[3]. On voit par les noms de ces essarts que les uns avaient été faits par les communes[4], les autres par des particuliers[5]. A mesure que la population villageoise s'était augmentée, il avait fallu plus de terrain pour l'agriculture.

1. Sternegg, p. 16, 50.

2. Le mot de *Brant*, lieu défriché par le feu, était resté comme nom rural : *Almenda quæ vulgo dicitur der Brant*, 1317 Woyersheim; *das gebrant Almende*, 1401 Bilwisheim; *hinter dem Brande*, 1411 Ebersheim; *zu Brande*, 1303 Zehnacker; *an den Branden*, XVᵉ siècle Hoh-Atzenheim, etc. On peut conclure des deux premières de ces dénominations que les *Branden* ont été des terrains communaux non cultivés; après le défrichement par le feu on les avait abandonnés. Dans quelques parties de la France on appelle brande, en bas-latin *branda*, un lieu inculte où croissent des bruyères. Ducange, t. I, p. 761, cite des passages d'après lesquels la *branda*, bruyère, servait à chauffer les fours; il en a d'autres où le mot est pris pour *fax ardens*, torche, *Feuerbrand*. N'aurait-on pas là l'étymologie ? Selon Littré, *Dict.*, t. I, p. 407, « l'origine est inconnue, à moins qu'on ne suppose que le radical soit le même que dans le provençal *brandar*, remuer, et le français brandir ». Quoi qu'il en soit, il n'est pas sans intérêt de voir que notre *Brant* et le français brande ont eu la même signification de lieu inculte.

3. *Rüten, roten*, essarter : *Geräte, Gerode, Ryder, Rieder, Roder, Röder*; toutes ces formes se rencontrent en Alsace. Selon Benecke, t. II, t. I, p. 718, *roten* est propre au bas-allemand; chez nous il est aussi fréquent que *rüten*; *Geräte, Gerode* alternent dans les documents relatifs aux mêmes localités.

4. Dans la seule Basse-Alsace nous en avons trouvé dans 130 banlieues. La *grangia Geräte* 1147, *curia Geräte in sancto foresto* 1156, *curtis Geruta in silva sacra* 1158, était une ferme seigneuriale établie dans une partie défrichée de cette forêt. Le village de *Gereuth*, Neubois, dans le val de Villé, et celui de *Geräte* 1339 dans la vallée de Saint-Amarin, aujourd'hui Krüth, s'étaient groupés sans doute autour de fermes analogues. — *Pratum nuncupatum das Geräte, quod olim silva erat*, 1333 Ebersheim.

5. En voici quelques exemples, sur 46 que j'ai recueillis : *Blochholts Geräte*, Schwindratzheim 1351; *Ezzelinges Geräte*, Lampertheim 1293; *Guckemans Geräte*, Kogenheim XIIIᵉ siècle; *Hiltriches Rode*, Krastatt XIIIᵉ siècle; *Kages Gerode*, Geispolsheim 1354; *Hern Ortolfes Geräte*, appartenant en 1317 au chevalier Ortolf Sicke, Eckbolsheim; *Rudolfes Gerode*, Brumath 1326, etc. Il faut citer aussi le village d'*Ottenrode* (Ottrott) et celui de *Helmans Gereut*, aujourd'hui Saint-Blaise.

Le droit des particuliers de faire des *novalia*[1] dans leurs propriétés personnelles parait être resté sans limites, mais dès le douzième siècle, peut-être même plus tôt, on comprit la nécessité de prévenir le défrichement abusif des forêts communales; ce qui était Almend ne devait plus, autant que possible, être diminué. En même temps on prit des mesures pour empêcher les paysans et les usufruitiers de détruire des parties de forêts, dont les seigneurs ne leur accordaient qu'un usage conditionnel. En 1194, l'évêque Conrade de Strasbourg défendit de faire des *novalia* dans ses forêts du val de la Bruche[2]; un de ses successeurs, Henri de Geroldseck, fit en 1269 la même défense à Rodolphe de Habsbourg pour le Hohwald du val de Villé[3]; le roi Albert, étant en 1314 à Haguenau, apprit que les gens demeurant autour de la Forêt-Sainte s'en appropriaient des parties, arrachaient les arbres par la racine et se formaient ainsi des champs; il condamna ces usurpations et ordonna une enquête pour faire restituer au domaine ce qui en avait été distrait par suite « d'un défaut de surveillance[4] ».

On ne devait défricher qu'après en avoir obtenu la permission. Le couvent de Baumgarten obtint en 1125 le *jus stirpandi* dans les forêts d'Epfig et de Dambach[5]. Celui qui voulait faire un essart dans les forêts de Saint-Jean-des-Choux, de Steinbourg et d'Ernolsheim, ne le pouvait que si les forestiers l'y autorisaient. A Storbach on prévenait le *Schultheiss* et on payait une certaine somme pour le bois qu'on se procurait par le défrichement[6]; à Fouchy de même.

1. *Novale, Niuwelende, Neubruch*, fonds nouvellement pris sur la forêt pour le convertir en champ ou en pré. Les noms suivants ont eu le même sens : *das Gebreche*, Hangenbieten 1387; *das alte Gebreche am Heiligenberg*, Haslach 1338; *der Münche Gebruch*, Hüttenheim 1411; *locus dictus Uffbruch*, Weyersheim 1267; *pratum dictum das Uffbruch*, Olmbrett 1301. (*Brechen*, rompre le sol par la charrue.)
2. *Nova subsidia*, t. X, p. 167. Renouvelé par l'évêque Berthold, 1243. Grandidier, Œuv. inéd., t. III, p. 361.
3. *Als. dipl.*, t. I, p. 463.
4. O. c., t. II, p. 80.
5. O. c., t. I, p. 203.
6. Deux deniers par essart.

5. *Délits forestiers.* — Ils comptaient au nombre des infractions les plus graves; c'étaient des *Frevel*, des *temeritates*, surtout quand ils étaient commis aux époques où la forêt était interdite. Ils étaient jugés par le *Schultheiss* et les échevins des villages; dans les marches de Ribeauvillé et de l'Ufriet, par l'assemblée des *Waldmeister*. Les peines étaient des amendes. Une charge de bois enlevée indûment dans la forêt de Neuwiller était taxée à 5 sols, une charrette pleine à 10 sols, une voiture à 1 livre. A Eschau et dans d'autres localités, c'étaient 30 sols par tronc. Le forestier pouvait exiger les amendes aussitôt qu'il surprenait quelqu'un en flagrant délit; mais comme on supposait que les paysans n'avaient pas toujours la somme suffisante dans leur bourse, on leur prenait des gages, on saisissait la voiture ou un objet quelconque[1]; à Sundhofen on se contentait de la courroie d'un soulier ou du pouce d'un gant. Des coutumes, observées dans quelques villages, tout en étant fondées sur la défense de couper du bois, autorisaient pourtant des licences singulières. Quand le forestier était absent au moment du délit, le paysan n'était passible que d'une amende légère, parfois même il était assuré de l'impunité. Cela devait servir à stimuler le zèle des forestiers, auxquels revenait une part des amendes; mais comme ils ne pouvaient pas être partout, on commettait sans doute bien des vols, sans risquer d'être découvert. Celui qui, à Ober-Hagenthal, coupait un arbre sans permission, devait 30 sols 1 denier, mais s'il réussissait à le transporter hors de la forêt avant l'arrivée du forestier, l'amende n'était que de 9 sols. Dans plusieurs villages on n'appelait le garde qu'au moment où l'on était occupé de la coupe; après avoir chargé le bois, on attendait quelques instants; si le garde ne paraissait pas et qu'on pût arriver à la grande route, on était libre[2]. On faisait de même aussi à Grendelbruch; là, quand le forestier surprenait

---

1. Scherwiller, Wiedensohlen.

2. *So er howet, so ruffet er; so er ladet, so britet er; kumet er zu rehtem Geleise, so sol nieman in phenden.* Seltz, Imbsheim, Huningue.

le paysan pendant qu'il coupait, ce dernier pouvait emporter sa charge à condition de jeter sa cognée, comme gage, de l'autre côté du ruisseau; pendant que le forestier la cherchait, le paysan avait le temps de s'éloigner; refusait-il, au contraire, un gage, le garde le suivait jusqu'au village, « mais sans le battre ». Les gens de Balbronn avaient le droit de prendre du bois dans les grandes forêts de Girbaden; celui qui venait avec une voiture abattait ce qu'en se mettant debout sur celle-ci il pouvait atteindre, mais s'il montait sur un arbre ou s'il en coupait un entier, il était frappé d'une amende de 30 sols; il ne restait impuni que s'il était déjà assez loin pour que le forestier survenant ne pût jeter la cognée jusqu'à la souche. A Andolsheim le forestier suivait la voiture et en tirait autant de souches qu'il pouvait jusqu'au moment où elle sortait de la forêt; à Saint-Hippolyte il criait au paysan de s'arrêter afin qu'il pût toucher la voiture de la main; si le paysan n'obéissait pas, il le suivait et le faisait punir d'une amende de 25 sols, à moins qu'il ne l'aperçût que lorsqu'il était sorti de la forêt. A Hochstatt le délinquant surpris devait à chaque colon 2 sols, et, au seigneur, autant qu'à tous les colons ensemble; mais s'il avait le temps de s'éloigner du tronc dont il avait coupé les branches aussi loin qu'il pouvait lancer sa hache, il était quitte. Manières étranges de concilier les droits du seigneur ou de la commune et la liberté individuelle des paysans!

L'acte de brûler du bois pour en faire du charbon sans permission était puni plus durement que l'enlèvement arbitraire de troncs ou de branches. L'amende était d'une livre; les forestiers demandaient un gage de cette valeur; s'ils ne l'obtenaient pas, ils pouvaient attacher un des pouces du délinquant à un arbre et le lui trancher[1]. Jadis, un châtiment plus cruel encore attendait les tanneurs de Haslach qui prenaient, pour leur métier, plus de la moitié de l'écorce d'un chêne; on les mena-

---

1. Marche forestière de Sigolsheim.

çait de les écorcher à leur tour [1]. Au quatorzième siècle, cette coutume barbare, qui rappelait celle de couper des lanières de peau, avait disparu.

§ 4. — Glandée. Chasse.

1. *Glandée.* — Nous avons dit plus haut que les forêts de chênes et de hêtres étaient spécialement ménagées et que, sauf dans des cas exceptionnels, on défendait d'y faire des coupes. La raison de cette défense était l'usage qu'on faisait des glands et des faînes pour la nourriture des porcs. Pendant tout le moyen âge les porcs ont constitué un des principaux éléments de la propriété rurale; la richesse d'un seigneur dépendait autant du nombre de ses porcs que de l'étendue de ses terres; dans les premiers temps on évaluait même la grandeur d'une forêt d'après la quantité de ces animaux qu'on pouvait y engraisser. En 768, Sigfried donna à l'abbaye de Munster, outre d'autres biens, une forêt à Herckheim *unde potest incrassare porcos quinquaginta*[2]; en 826, Louis le Pieux confirma à l'abbaye de Schwarzach la possession d'une forêt *ad porcos saginandum septenos sexaginta duos*[3].

Quand les fruits des chênes et des hêtres étaient mûrs, on envoyait les troupeaux dans les bois, où l'on établissait, comme l'indique déjà la loi alémanique, des parcs pour les y garder pendant la nuit[4]. Partout les paysans ont joui de ce droit de glandée, *sagina, pasnagium, panagium*. L'ancien terme allemand était *Mast, Waldmast*[5]; plus tard on le remplaça par celui d'*Eckerich*, formé d'*Ecker* qui signifiait à la fois gland

---

[1]. *Man sol su ouch schinden.* Rotule du XIIIe siècle. Arch. de la Basse-Alsace. Le passage n'est plus dans celui de 1336, *Weisth.*, t. I, p. 699.

[2]. *Als. dipl.*, t. I, p. 41.

[3]. Grandidier, *Hist. de l'Égl. d'Als.*, t. II, p. CLXXXVIII.

[4]. *Buricæ porcorum in silca. Lex alem.*, tit. XCVII. *Capitul.*, t. I, p. 83. Parcs ou clos. Val d'Orbey. Bonvalot, p. 13.

[5]. *Waldmasta.* L. c. ci-dessus, note 3. — *Justicia quæ vulgo dicitur Masth. Notitia abbatiæ Altorfiensis, scripta fine sæc. XI. Nova subsidia*, t. V, p. 381.

de faine[1]. L'époque où la forêt était ouverte aux porcs n'était pas fixée dans toute l'Alsace d'après la même coutume; à Marmoutier le forestier prévenait les paysans quand les fruits commençaient à tomber; à Honau, au contraire, c'étaient les paysans qui prévenaient le forestier huit jours avant le terme qu'ils s'étaient eux-mêmes fixé. A Selz les bourgeois s'entendaient avec l'abbé pour convenir de l'époque; ces conventions, *Einungen*, entre le seigneur et ses sujets, paraissent avoir été la règle la plus générale; les sujets devaient tous envoyer leurs porcs en même temps, pour qu'aucun d'eux n'eût un avantage; le seigneur seul avait le privilège de commencer sa glandée avant les paysans, de même qu'il avait celui de commencer avant eux sa fenaison, sa moisson, sa vendange. Le droit cessait pour tous au moment où les glands se mettaient à germer.

Le nombre des porcs que l'on pouvait faire profiter des fruits était déterminé pour le seigneur aussi bien que pour les paysans. L'abbé de Schwarzach en envoyait 40 dans la forêt de Drusenheim, l'abbesse de Niedermünster 30 dans celle de Kogenheim et de Sermersheim, trois jours avant les gens des deux villages; si elle n'en avait pas, elle vendait son droit, en l'offrant d'abord à ses paysans[2]. Chacun des chanoines de Honau avait la glandée pour 18 porcs, chacun des paysans pour autant. Dans les marches du Hattgau, les forestiers ne laissaient entrer que ceux des porcs du seigneur qu'il élevait dans son château pour son usage domestique, ils saisissaient les autres comme gages. Le seigneur de Pfaffans avait des privilèges plus étendus : au début de la saison chaque famille lui fournissait un homme chargé de ramasser pour lui des glands, après quoi ses porcs allaient dans la forêt pendant huit jours, puis ceux de son maire également pendant huit jours, ce n'est qu'alors que venait le tour de ceux des villageois. Dans beau-

---

[1]. Mone, *Zeitschrift*, t. XII, p. 225, cite une charte de 1398 dans laquelle *Eckern* est pris à la fois pour faines et pour glands.

[2]. A Seltz les porcs de l'abbé précédaient aussi ceux des bourgeois.

coup de communes les paysans mettaient à la glandée tous les porcs qu'ils entretenaient dans leurs fermes; il n'était pas à présumer que l'un d'entre eux en eût un trop grand nombre. Celui qui n'en élevait pas était autorisé à en acheter afin de ne pas perdre son droit; un habitant du territoire de l'abbaye de Wissembourg pouvait en acquérir 25, un du val de la Bruche 6, un d'Imbsheim 4; les pauvres avaient la faculté de vendre leur droit. Toutefois l'usage des glands n'était pas gratuit partout. L'abbé de Marmoutier prélevait le dixième des porcs qui allaient dans les forêts de la marche; et quiconque ramassait furtivement les fruits, dans l'espoir de se soustraire à la redevance, était frappé d'une amende quand il se laissait surprendre par un forestier. Pour chaque denier de cens qu'on payait à Nieder-Mattstall on pouvait envoyer un porc dans la forêt. Le forestier de Fouchy, qui avait la surveillance de la glandée, prenait un denier par bête; deux seulement étaient exceptées, une pour servir à la reproduction, une autre destinée à être tuée par le propriétaire; de cette dernière le forestier avait le droit de réclamer un morceau pour un rôti.

2. *Chasse.* — D'après le code de Justinien et la loi ripuaire, la chasse était libre parce que le gibier, n'étant pas fixé au sol mais parcourant les champs et la forêt dans tous les sens, était une chose qui ne pouvait appartenir à personne en particulier[1]; le droit de chasse était considéré comme un droit naturel. Outre les cerfs, les chevreuils, les sangliers, les castors, on rencontrait encore dans notre province des ours, des élans, des bisons, des aurochs. Quand les rois eurent incorporé les forêts sans maître à leur fisc, ils s'attribuèrent aussi les bêtes sauvages. Le roi Gontran punit de mort son *cubicularius* Chundo pour avoir tué un bison dans les Vosges. Personne ne chassait dans les forêts royales que les rois eux-mêmes; Charles le Chauve défendit même à son fils d'y poursuivre le gibier, pendant que

---

1. *Instit.*, lib. 2, tit. 1, § 12. — *Quid non res possessa est. Lex rip.*, tit. LXXVI, *Capitul.*, t. I, p. 50.

lui-même se rendait en Italie. Le poème des *Niebelungen* a conservé le souvenir des grandes chasses qui, jadis, avaient fait retentir de leur bruit les immenses forêts de nos montagnes[1]. Mais, de bonne heure, les rois concédèrent une partie de leur droit à des seigneurs laïques et ecclésiastiques; les évêques et les couvents eurent leurs chasses aussi bien que les barons séculiers. Dès lors la poursuite du gibier fut interdite (*Wildbann*) à quiconque n'en avait pas obtenu le privilège. Dans les chartes des donations de forêts, le donateur fait généralement quelques restrictions, tantôt en se réservant à lui-même les quadrupèdes, tantôt en défendant aux paysans de toucher au gibier du nouveau propriétaire. En 774, Charlemagne n'accorde à l'abbé de Lièvre, dans la forêt qu'il lui cède, que l'autorisation de prendre des oiseaux[2]. Lorsqu'en 1004 Henri II abandonne à l'évêque de Bâle la Hart, il défend aux habitants de s'emparer des cerfs, des chevreuils, des ours, des sangliers, des castors et, en outre, des mésanges[3]. Il inséra une défense pareille dans la charte par laquelle, en 1017, il donna à l'évêque Werner de Strasbourg le droit de chasse dans les forêts entre le Rhin et les Vosges[4]. Quant à la Hart, le landgrave de l'Alsace supérieure convint avec l'évêque de Bâle que ce dernier ne chasserait que d'un côté de la grande

---

1. Avent. 16, strophe 22, il est dit de Sigfrit, chassant dans la Vosge avec le roi Gunther :

Darnach sluog er schiere einen Wisent und einen Elch,
Starker Ure viere und einen grimmen Schelch.

Wisent, bubulus, bison; *Elch*, élan; *Ur*, auroch; *Schelch* n'est ni un *taurus admissarius*, Scherz, col. 1389, ni « un taureau auroch, méchant et formidable », Gérard, *Faune hist. des mammifères sauvages de l'Alsace*, Colmar, 1871, p. 102; c'est le grand cerf, *cervus elaphus*. Benecke, t. II, partie 2, p. 93.

2. *Aves capiendo*. Grandidier, *Hist. de l'Égl. de Strasb.*, t. II, p. cxv. Confirmé par Lothaire, 854, *Als. dipl.*, t. I, p. 84. — Quand les forestiers de l'abbaye de Hohenbourg prenaient dans la forêt de Bernstein un paon sauvage, le maire le leur achetait pour l'abbesse. *Weisth.*, t. I, p. 683. Les paons étaient très recherchés pour les festins des seigneurs, mais plutôt comme ornement de table que comme mets succulent; ils passaient pour durs et indigestes.

3. Zöpfl., p. 330.

4. On ne doit y chasser ni cerfs, ni ours, ni sangliers, ni *capreos*, chevreuils. Grandidier, *Hist. d'Als.*, t. I, p. ccxi.

route, le landgrave de l'autre; si le chasseur de l'un des deux seigneurs arrivait près de la route, il devait arrêter ses chiens, sous peine d'avoir le pouce droit coupé par le chasseur de l'autre; dans le cas que tous les deux poussaient en même temps du gibier sur la route, ils avaient à se le partager[1]. En 1095 des *venatoriæ stationes*, c'est-à-dire des parcs réservés dans la forêt, furent données à l'église de Sainte-Foy à Schlestadt; quand les forestiers, après avoir tendu leurs filets, laissaient échapper un cerf, ils réparaient leur négligence en offrant au prévôt un bœuf, pour une biche une vache, pour un sanglier un porc, *et sic de cæteris animalibus*[2].

Vers 1170, le duc Matthieu de Lorraine avait le *bannus super bestias* (*Wildbann*) dans une vaste forêt des deux côtés de la chaîne des Vosges; il était défendu aux paysans de lancer le gibier, de tendre des pièges, de poser des lacets ou des trappes, sans permission[3]. De même l'abbé de Munster ne souffrait pas que les gens de Türckheim prissent des perdrix, des gelinottes ou d'autres oiseaux; quand ils coupaient du bois, ils devaient s'arrêter à dix pas des parcs (*Wildhäg*[4]). En 1490, Jacques de Fleckenstein, vendant à Philippe de Hanau-Lichtenberg ses droits sur le Hattgau, se réserva la chasse des lièvres et des perdrix dans la forêt qui, depuis Betschdorf, s'étendait jusqu'aux Vosges; quand dans ces contrées le seigneur louait la chasse à un autre, il en exceptait les faucons

---

1. Rotules de Kembs et de Sierentz. — *Als. dipl.*, t. II, p. 393, charte de 1469 concernant le *Wildbann* de la Hart, que l'évêque de Bâle avait donné en fief au chevalier Bernard de Ratperg. — L'évêque de Strasbourg, qui avait le droit de chasse dans ses forêts de la vallée de la Bruche, eut à ce sujet, en 1059, un litige avec Henri, comte de l'Alsace inférieure; l'empereur Henri IV décida que l'évêque et ses successeurs jouiraient des deux tiers du *Wildbann*, le comte et les siens de l'autre tiers. *Als. dipl.*, t. I, p. 169.

2. Grandidier, *Hist. d'Als.*, t. II, p. CLXIII. — Charte de Frédéric II, 1195. *O. c.*, p. cc. — Le couvent de Saint-Jean-des-Choux avait des *venationes* dans les forêts voisines. *O. c.*, p. CCLXIII. — Dans la Haute-Alsace le *Gzjegole* (chasse) entre Lutterbach, Wittelsheim et Thann appartenait à l'abbé de Lucelle. *Welsth.*, t. IV, p. 105.

3. *Als. dipl.*, t. I, p. 258.

4. Collection particulière.

et les éperviers; les paysans qui en prenaient étaient tenus de les livrer au *Schultheiss*.

Quant aux animaux nuisibles, tels que les loups et les renards, dont la fréquence dans les siècles passés est constatée par les chroniques et par des noms locaux dans un grand nombre de banlieues, les paysans pouvaient les tuer impunément; déjà des capitulaires en avaient ordonné la destruction[1]. Pour préserver les troupeaux contre leurs attaques, on entourait les pâturages de haies[2], ou bien on établissait des parcs, *Pferrich*. Quand aux plaids de Viche les chevaux de l'abbesse d'Andlau étaient menés dans les prés, deux paysans les protégeaient contre les voleurs et les loups. On prenait ces derniers en tendant des pièges ou en creusant des fosses; les loups tués étaient suspendus à des espèces de gibet[3] pour effrayer, pensait-on, ceux qu'on ne pouvait pas atteindre.

A une époque où le principe que le gibier n'appartient qu'au seigneur a été la règle générale, il est curieux de trouver quelques villages qui ont joui, sous ce rapport, d'un reste de l'ancienne liberté, sans qu'on sache à quelles circonstances il faut attribuer ces privilèges. Dès le quatorzième siècle, les paysans de Pfaffans ont chassé avec chiens et filets, aussi bien que leur seigneur; ceux de Hofen et de Büren ont pu prendre des lièvres, mais seulement pour les manger eux-mêmes; s'ils les vendaient, ils commettaient un délit passible d'une amende de 30 sols. Ceux du val d'Orbey ne devaient laisser au seigneur que les cerfs et les chevreuils; tout autre gibier leur était abandonné; une fois lancé, ils pouvaient même le poursuivre au delà des confins de la banlieue, sauf à déposer à l'endroit où ils le tuaient soit une des pattes, soit 4 deniers; si c'était un ours, ils avaient à en fournir au seigneur la tête et les pieds. Dans la vallée de Munster on ne remettait à l'abbé

---

1. Les peaux devaient être livrées au roi. *Capit. de villis*, cap. 69. Capitul., t. I, p. 341. Un capitulaire de 813, cap. 8, institue des *Inparil*, louvetiers. O. c., p. 508.
2. Par exemple à Stotzheim. *Weisth.*, t. I, p. 687.
3. *Patibulum luporum*, *Wolfgalgen*. Hochfelden 1280, 1379; Scherlenheim, 1351.

que la tête des ours, ainsi que celle des sangliers; les gens d'Odern, dans la vallée de Saint-Amarin, livraient à leur seigneur, l'abbesse de Remiremont, la tête et une patte droite des cerfs, des sangliers et des ours; une coutume semblable était observée dans le val de Rosemont[1]. On donnait ces parties autant parce qu'elles passaient pour être des délicatesses particulières, que pour attester quelle bête on avait prise et pour rendre hommage au seigneur en reconnaissance de la liberté qu'il laissait à ses sujets.

Nous ajouterons encore que, d'après le même principe, en vertu duquel les seigneurs prétendaient au gibier, ils s'attribuaient aussi la propriété des essaims d'abeilles sauvages qu'on trouvait dans les forêts[2]. On sait qu'au moyen âge la consommation du miel et de la cire a été beaucoup plus considérable que dans les temps modernes; les lois barbares contenaient déjà des articles sur la protection des ruches[3]. Les produits de ces dernières formaient une des principales redevances des seigneurs appartenant à l'ordre ecclésiastique. Un des officiers de l'évêque de Strasbourg était chargé, en qualité de *Zideler*, *cidelarius*, de tout ce qui regardait cette partie du revenu épiscopal; la charge a même été assez importante pour devenir héréditaire dans une famille noble, à laquelle elle donna son nom[4].

1. Du sanglier on avait à livrer au seigneur « le premier quartier jusques à 11 côtes », de l'ours la hure et les quatre pattes, des cerfs et des chevreuils le premier quartier.

2. Les *apium examina* dans les forêts du val de Villé revenaient au couvent de Honcourt. Grandidier, *Hist. d'Als.*, t. II, p. ccxxxvIII. — Uffel. *Weisth.*, t. V, p. 494.

3. V. l'art. *opiarium*, Ducange, t. I, p. 544.

4. Dans les chartes du xe siècle, pour les églises de Paderborn et de Ratisbonne, les *cidelarii* sont également cités parmi les serviteurs et officiers épiscopaux. Ducange, t. II, p. 349.

CHAPITRE II

LE COMMUNAL PROPREMENT DIT

§ 1. — Coutumes concernant le droit de disposer du communal.

Le nom d'*Almend*, communal, qui, dans son sens général, s'appliquait à toute propriété non particulière, était réservé plus spécialement, dans le langage du peuple, aux terrains vagues, impropres à la culture à cause de leur stérilité, ou destinés au parcours du bétail. Selon la nature de ces terrains, on les appelait *Riet*, *Sant*, quand ils étaient pierreux ou sablonneux, et *Bruch*, *Wasen*, quand ils étaient plus ou moins marécageux. Les îlots permanents ou variables dans la rivière, les *Owen* (*Auen*) et les *Werde* (*Wörthe*), couverts de broussailles, les *Grian*, formés de cailloux ou de sable, passaient également pour *Almend*.

L'administration de tous ces communaux appartenait aux paysans, sous la surveillance du *Heimburge*, et généralement sous l'autorité du *Schultheiss*. Les seigneurs, qui en avaient le domaine réel, défendaient de les vendre, de les surbâtir, de les mettre en culture; mais, d'autre part, s'ils consentaient à une aliénation partielle, il fallait aussi le consentement de tous les habitants. L'abbesse d'Eschau faisait à ce sujet des conventions avec ses hommes propres[1]. En 1280 le *Schultheiss* seigneurial et la commune de Gresswiller se mirent d'accord pour céder aux Johannites de Dorlisheim un *Almend* pour en faire un chemin[2]. Les paysans de Honau, quand ils voulaient vendre ou louer une portion de leur communal, prévenaient le forestier du chapitre; si, au moment de passer l'acte, il ne

---

1. 1357. Arch. de la Basse-Alsace.
2. L. c.

se présentait pas, on concluait sans avoir à risquer d'opposition; la moitié du produit revenait au chapitre, l'autre à la caisse villageoise.

Il y a même eu des villages qui ont possédé des communaux entièrement indépendants de leurs seigneurs; dans une vingtaine de banlieues de la Basse-Alsace nous avons trouvé les dénominations *Almenda rusticorum, der Geburen* ou *der Burger Almende;* à Westhausen le communal paraît aussi quelquefois sous le nom de *die versworne Almende,* les paysans s'engageaient par serment, les uns vis-à-vis des autres, à ne l'employer qu'à des usages communs. Il en était de même dans quelques villages de la Haute-Alsace, à Rixheim, à Nieder-Ranspach; la *commune* de Huningue, quand une nécessité publique le réclamait, pouvait louer une partie de son *Almend*, sans consulter ni le seigneur, ni ses officiers. L'abbaye de Neubourg, ayant établi une cour dominicale à Harthausen, obtint en 1146 des *prudentes viri* et des autres paroissiens de Brumat, la permission de faire paître le bétail de ladite cour sur le communal de ce village, à condition de fournir chaque année à l'église une boîte, *pixis*, remplie d'hosties[1]. Rappelons encore qu'en 1283, lors d'un litige au sujet de l'*Almend*, entre le village de Burner et les Johannites de Schlestadt, c'est la *communitas villæ* qui figure dans l'acte, sans qu'il soit fait mention du seigneur[2].

La communauté de l'*Almend* formait ainsi un des principaux liens de l'agglomération villageoise; nous avons déjà fait remarquer qu'elle a dû contribuer pour sa part à donner aux villages le caractère de communes, administrant elles-mêmes leurs intérêts propres.

C'est aussi sur l'*Almend* qu'on prenait les emplacements pour les fêtes et les divertissements populaires. Plusieurs villages ont eu chacun un endroit dit *der Plan;* la preuve que

---

1. *Als. dipl.*, t. I, p. 231.
2. Arch. de la Basse-Alsace.

c'était un communal est fournie par l'expression *die Almend genant der Mittelplan* à Hangenbieten; la destination est révélée par le mot *Bechtplan* à Heiligenberg. *Bechten* était une coutume d'origine païenne, observée jadis à Strasbourg et dans les villages [1]; à de certaines époques de l'année les jeunes gens allaient de maison en maison pour recueillir du vin et des comestibles; après quoi ils se réunissaient soit dans une taverne, soit sur une place publique, pour se livrer à toutes sortes de réjouissances; en 1510 le chapitre de Saint-Thomas, seigneur d'Eckbolsheim, défendit le *bechten* dans cette commune, qui avait un *Plan* mentionné en 1438. D'autres parties du communal servaient à ces courses, à pied ou à cheval, tant goûtées au moyen âge; tels le *Rennewasen* de Duntzenheim et celui de Suffelweyersheim, la *Rennematte* de Geispolsheim, le *Rosselauf* de Königshofen. Enfin les sentiers, les chemins, les ponts étaient également de l'*Almend*; comme ils étaient à l'usage de tous, ils étaient entretenus par l'universalité des habitants.

§ 2. — Pâturage et troupeaux.

1. *Pâturage*. — La partie principale de l'*Almend* servait de pâturage; *communia pascua* était la traduction latine la plus ordinaire du mot [2]. Toutes les terres incultes étaient livrées à la vaine pâture; seigneurs et paysans y avaient le droit de parcours pour leurs troupeaux. Ce droit ne s'étendait pas seulement sur les terrains sans arbres, les *Enger*, les *Weiden*, les *Triften* [3], il comprenait aussi l'herbe qui couvrait le sol des

---

1. Sur l'origine, voir Grimm, *Deutsche Mythologie*. Gött. 1835, p. 172, et Aug. Stöber, dans l'*Alsatia* de 1852, p. 119.

2. *Compascuus ager, Almeinde*. Herrad de Landsberg. *Communes pascuae quae Almende vocantur*. 1275. Trad. Wiss., p. 322. — *Communia pascua quae Almeinde vulgari vocabulo nuncupantur*. 1275. Als. dipl., t. II, p. 8.

3. Un grand pacage commun aux villages de Bischofsheim, Niedernai, Meistratzheim et à la ville de Rosheim, était spécialement appelé die *Trift*. — *Pascua quae Rietum ab incolis vocantur*. Schlestadt. 1105. *Almenda dicta das Isenriet*, Weyersheim 1315. On signale des *Riet* dans un grand nombre de banlieues. Déjà au XIII⁰ siècle, le même

forêts. En 1125 le couvent de Baumgarten obtint, à Epfig et à Dambach, le privilège *pascendi cujuslibet pecoris in pascuis publicalibus, tam in arboreis quam in gramineis*[1]. Le même privilège était accordé aux monastères de Sainte-Valpurge et de Neubourg dans la forêt de Haguenau, à l'abbesse de Hohenbourg dans celles de Rosheim et de Bläsheim[2]. De temps immémorial les paysans de Waldolfisheim faisaient paître leurs bestiaux dans une forêt près de Steinbourg, appartenant à l'abbaye d'Andlau ; pour cette concession chaque maison fournissait annuellement un cens de 4 œufs qui, en 1145, fut converti en un boisseau d'avoine[3]. En 1360, Charles IV donna au couvent de Truttenhausen le droit de pâturage *in silvis, almendis et pascuis* des villages impériaux de Barr, Heiligenstein, Mittel-Bergheim, Gertwiller, Goxwiller et Burgheim[4]. Il est inutile de multiplier les exemples d'un usage qui a été général ; il suffira d'ajouter qu'il n'était permis aux paysans ni de faucher l'herbe des communaux, ni de conduire sur ceux-ci des bêtes qui ne leur appartenaient pas.

Un chemin particulier, *via pastoralis, via pecudum, Viehweg*, conduisait au pâturage ; le pâtre ne devait pas en suivre d'autre et il veillait à ce que les bêtes ne s'en écartassent point ; à Wiedensohlen le sergent du village les accompagnait, armé d'une gaule de quinze pieds de long, pour les empêcher d'aller sur les champs ; pour chaque pas que l'une d'elles faisait en dehors du chemin, le propriétaire était puni d'une amende de 30 sols. Dans d'autres banlieues on garantissait par des haies les arpents touchant à la voie pastorale. Sur le pâturage lui-même se trouvaient des parcs ou clôtures, *Pferrich*, pour protéger

nom était donné à un district de la Basse-Alsace, comprenant plusieurs villages, Dalhunden, Reschwoog, etc. — *Pratum dictum das Geweide*, Achenheim ; *das gemeine Geweide*, Plobsheim ; *Viehweide*, dans beaucoup de communes.

1. *Als. dipl.*, t. I, p. 203.
2. Sainte-Walpurge, 1106 ; Neubourg, 1153, ö. e., t. I, p. 187, 216. — Hanauer, *Constitutions*, p. 263, 281.
3. *Als. dipl.*, t. I, p. 230.
4. *Als. dipl.*, t. II, p. 235.

contre les loups les troupeaux quand ils passaient la nuit dehors. Le sens de l'expression *Nachtweide*, pacage nocturne, qu'on rencontre souvent en Alsace, n'est pas bien clair ; peut-être faut-il songer à des endroits où l'on menait le soir les chevaux de labour, qui avaient travaillé pendant la journée[1]. Presque partout, d'ailleurs, il y avait des pâturages spéciaux, destinés aux différentes espèces de bétail : à Holzheim, une *Hengstweide;* à Geispolsheim, un *Rosseleger;* les colons d'Ittenheim, relevant du chapitre de Saint-Pierre-le-Vieux, pouvaient envoyer, depuis Pâques jusqu'à la Pentecôte, leurs chevaux dans la *Wanzenau*, contre une rétribution de 2 deniers par tête ; pendant la même période les paysans de Frankenheim et de Stützheim envoyaient les leurs sur les communaux de Drusenheim et de Kutzenhausen. A cause du grand nombre d'ânes qu'on élevait au moyen âge, pour porter soit le blé au moulin, soit les fruits ou les légumes au marché, soit le fumier dans les vignes, on avait pour eux des pacages particuliers[2]. Les noms de *Kügealmende*, *Kügematte*, indiquent des lieux pour les vaches[3]; *Stiermatte*, *Varrenmatte*, *Pforsmatte* étaient des prés où les vaches étaient menées, accompagnées du taureau de la commune[4]. Enfin on mentionne des endroits réservés aux oies, aux moutons, aux porcs, aux chèvres[5]. Dans la seigneurie de Ferrette il était défendu d'en-

---

1. *Nachtweide* dans 16 banlieues, *Nachtalmende* dans 3. Comp. Weisth., t. I, p. 127. En général on avait l'habitude de laisser le bétail au pâturage pendant la nuit. *Das Vihe, so von Kügen, Pferden, Swinen, Gensen, sol uszwendig des Closters zu weiden gon, es sige Tag oder Naht.* 1482, couvent de Saint-Arbogast, près de Strasbourg. Mone, Zeitschr., t. XV, p. 402, explique *Nachtweide* par *Nach-* oder *Herbstweide*, pâturage d'automne, après que les récoltes sont faites ; cela supposerait une erreur dans la manière d'écrire le mot, erreur qui serait possible si on ne rencontrait *Nachtweide* qu'une ou deux fois ; mais cette forme est constamment la même, malgré la différence des localités et des époques.

2. *Eselweide*, Geispolsheim, Westhoffen.

3. Griesbach, Ingenheim, Eguisheim, Bernwiller. — *Kügebruch*, Hindisheim.

4. *Varre*, *Phar*, *Pfor*, taureau, Barr, Westhoffen, Weyersheim, Sundhausen, etc.

5. *Gensweide*, *Gensematte*. Très souvent. — *Schafmatte*, Ober-Modern. — *Gewand wo die Verker ligent* (Varch, porc), Ittenheim, *Verkerbruch*, Zellwiller, *Suxematte*, Rossfeld. — *Geisweide*, *Geisematte*, Obernai, Eckbolsheim. *Geisbühel*, dans 11 banlieues.

tretenir des chèvres; on les considérait comme des bêtes nuisibles[1].

Chaque village avait son pâtre, différent de celui du seigneur. Tantôt il était choisi par les paysans, tantôt par le *Heimburge*, qui recueillait aussi son salaire, consistant en une petite somme payée par chaque habitant, selon le nombre de ses bêtes[2]. Celui de Vendenheim, quand le soir il revenait de la forêt, pouvait emporter une charge de bois sec contre un quart de vin qu'il payait aux deux forestiers.

2. *Troupeaux.* — A chaque bien appartenaient, dès l'origine, des bestiaux qui en constituaient une partie intégrante. Dans un grand nombre de donations du huitième et du neuvième siècle, il est parlé du *peculium* cédé avec le reste de la propriété[3]. C'est ainsi que s'étaient formés les grands troupeaux de plusieurs maisons religieuses et de quelques seigneurs laïques. Comme nous avons déjà parlé des porcs, nous ne nous occuperons ici que des bêtes à cornes et des brebis. Chaque propriétaire de troupeau avait à ses ordres un ou plusieurs pâtres qui, d'ordinaire, étaient des serfs ou des descendants d'anciens serfs. D'après la loi alémanique il fallait qu'on eût, pour pouvoir se servir d'un pâtre, plus de 12 vaches ou plus de 80 moutons[4]. Mais on ne s'en tenait pas à ces chiffres; en 774 Sigibald donna à l'abbaye de Wissembourg 12 vaches, 15 juments, 50 porcs, 40 brebis, chacun de ces groupes ayant son gardien spécial[5].

Quand se fut constituée la grande propriété territoriale, les paysans durent se restreindre au bétail nécessaire à leur

---

1. *Schädlich Vieh.* Bonvalot, p. 262.

2. A Bühl il était choisi par la *Geburschaft*, à Hüningue et à Munster, par le *Heimburge*.

3. 700, 715, 713. *Trad. Wiss.*, p. 233, 209, 176, etc. — En 797, Rihbald donne à l'abbaye de Wissembourg, outre d'autres biens, ce qu'il possède *in bovis* (sic) *in gaballis, in animalibus, in porcis, in berbicibus, in capris et in mancipiis*; o. c., p. 67.

4. *Lex alem.*, tit. LXXIX. *Capitul.*, t. I, p. 79.

5. *Trad. Wiss.*, p. 58

labour et à l'entretien de leurs familles; il est dit expressément dans les rotules que le seigneur seul a le droit d'élever un troupeau, *Sweige*, composé de bêtes qui ne travaillent pas[1]. Ces troupeaux, quand ils n'étaient pas trop nombreux, étaient logés dans les étables du maire; là où celles-ci ne suffisaient pas, on avait des fermes spéciales, *curiæ armamentariæ*, *Sweighöfe*, qui servaient soit de vacheries, soit de bergeries[2]. Ces dernières étaient souvent des propriétés très considérables; en 1421, Louis de Lichtenberg, qui en avait engagé deux, situées à Weitbruch et à Hörth, au chevalier strasbourgeois Jean Bock, les racheta pour la somme de 155 livres; elles comprenaient, outre les étables des moutons, des maisons d'habitation, des granges, des colombiers[3]. Les *grangiæ*, si fréquemment citées dans les documents du douzième siècle, et où l'on recueillait ce qui, des produits du sol, revenait au seigneur, étaient en même temps de ces *curiæ armamentariæ*[4]; elles se trouvaient au milieu des pacages, où il était défendu d'élever d'autres constructions. C'est dans ces cours qu'on fabriquait les fromages qui ont joué un si grand rôle dans l'alimentation de ces siècles[5].

1. *Congregatio animalium non arantium, quæ vulgariter dicitur ein Sweige*. Rotule de Saint-Hippolyte. *Weisth.*, t. V, p. 389.

2. Le village de Schweighausen près de Haguenau et les deux du même nom dans la Haute-Alsace ont dû leur existence à d'anciens *Schweighöfe*. Ratt., t. I, p. 28, retrouve le premier dans une localité mentionnée, en 739, sous un nom qui paraît corrompu, *Hischaigitisagmi*, *Trad. Wiss.*, p. 22; il l'explique par *ussichaigetes Heim, augeschiedener Ort*. Mais le mot est formé comme *Schweigmatte* (Châtenois, Ernolsheim, Nordhausen, etc.), *Schweigbrügel* (Dambach), *Schweigeberg* (Dossenheim).

3. Arch. de la Basse-Alsace.

4. *Grangia, Granion*, grange et, dans un sens plus étendu, ferme avec ses étables et autres dépendances. Ducange, t. III, p. 553. Les cours qui, dans des chartes du couvent de Neubourg de 1176, 1177, 1208 (Würdtwein, t. X, p. 52; *Als. dipl.*, t. I, p. 262, 317) sont appelées *grangiæ*, portent dans d'autres de 1219 et de 1356 (Würdtwein, t. XIII, p. 217; *Als. dipl.*, t. II, p. 216) le nom de *curtes*. En 1182 des *grangiæ* sont aussi mentionnées parmi les possessions du couvent de Baumgarten, *Als. dipl.*, t. I, p. 276. En 1269 il est parlé de *fructus decimarum, quæ de grangia seu de banno in Dunheim solcantur*. *Strassb. Urkundenbuch*, t. I, p. 345. Celles de Neubourg avaient chacune son *ovile, et præter istas grangias in nullis locis casulæ erunt ædificandæ*. 1176. Würdtheim, t. X, p. 52. Marmoutier a eu des *cellulæ, ubi jacent vaccariciæ*. *Als. dipl.*, t. I, p. 198.

5. *Sweigkäse, casei armentales*.

A une époque impossible à déterminer, les seigneurs, afin de ne pas trop empiéter sur le droit d'usage de leurs paysans, consentirent à limiter le nombre des bestiaux qu'ils envoyaient eux-mêmes au pâturage commun. Le prévôt de Honau y mettait 12 vaches, le chapitre autant ; le seigneur de Herlisheim, 16 bœufs et 1 vache qui, pour une raison que j'ignore, devait être sans queue ; celui de Dettwiller, 4 bœufs et 1 vache. L'abbesse d'Andlau avait à Kintzheim un pâtre avec 12 vaches et 1 taureau qui, depuis le 1er mai jusqu'à la fin de septembre, paissaient sur le communal ; si elle avait d'autre bétail, il s'adjoignait au troupeau du village et l'abbesse contribuait au salaire du pâtre. Les 5 bœufs, au contraire, qu'elle entretenait dans sa cour de Marlenheim, étaient nourris du produit de son pré (*Fronmatte*) ; en cas d'insuffisance, le *Schultheiss* ajoutait le nécessaire, de même qu'il était tenu de remplacer les bêtes qui périssaient ; en compensation il prenait les peaux des bœufs qui revenaient à l'abbesse comme droit mortuaire.

Mais si les seigneurs n'envoyaient au communal qu'un nombre déterminé de bœufs ou de vaches, ils jouissaient, en revanche, du privilège abusif de laisser paître leur bétail pendant un certain temps sur les terres cultivées soit par leurs fermiers, soit par des propriétaires libres. Le maire de la cour du chapitre de Saint-Dié à Ingersheim « chassait », au mois de mai pendant quinze jours, 6 bœufs « sur seigles, sur prairies, sur ban et pasturage quel il soit ». A Andolsheim et à Lièvre 4 bœufs, 2 chevaux et 1 poulain du seigneur allaient, pendant quinze jours avant la Saint-Jean d'été, sur toutes les terres, *Eigen und Erbe*, excepté sur les champs ensemencés de blé. Douze bœufs de l'abbesse de Niedermünster pâturaient aux extrémités des champs de Kogenheim et de Sermersheim ; huit de l'abbé d'Ebersmünster sur les jachères de Grussenheim. Depuis la Saint-Georges (23 avril) jusqu'à la fenaison, l'abbé de Marmoutier faisait paître 12 chevaux successivement sur divers prés de ses hommes propres, pendant un certain nombre de jours ; ou diminuait ce nombre quand celui des chevaux dépassait douze. Les colons de Riespach étaient chargés de nourrir pendant six semaines et deux jours 6 vaches de leur seigneur; deux fois par semaine le maire venait les visiter; s'il en trouvait une trop maigre, le colon qui l'avait dans son étable payait une amende; si l'une d'elles, au contraire, donnait un veau, il était prêté au paysan.

Quand le seigneur avait son propre pâtre, l'office de ce dernier était estimé souvent à l'égal de ceux de forestier, de cellérier, de maire; le pâtre n'était plus alors un serf, simple gardeur de vaches ou de moutons, mais une sorte d'intendant préposé à une des parties les plus importantes de la propriété rurale. Les *Ochsener*, bouviers, des abbesses de Hohenbourg et d'Eschau, avaient toute la gestion des troupeaux; sous leurs ordres étaient les valets qui conduisaient le bétail au pâturage et qui le surveillaient. Ces valets portaient des bâtons, garnis aux deux bouts de pointes en fer; pour ne pas s'endormir, quand ils se reposaient, ils mettaient un des bouts sur un de leurs pieds et l'autre sous le menton; s'ils négligeaient cette précaution et que, pendant leur sommeil, un bœuf s'égarât dans un champ, le paysan qui le rencontrait l'emmenait chez lui et le maire le rachetait moyennant 30 sols à récupérer sur le pâtre[1]. Dans le Brisgau on pouvait même tuer le pâtre endormi sans être poursuivi pour ce crime[2]; en Alsace nous n'avons pas trouvé de trace de cette barbarie.

3. *Bêtes mâles (Faselvich)*. — Les animaux mâles servant à la reproduction étaient fournis aux paysans par le seigneur. Cette coutume remontait à l'époque où tout ce qui dépendait d'une *villa*, y compris le bétail, avait été propriété exclusive du maître; il fallait bien que celui-ci, dans son propre intérêt et dans celui de ses gens, s'occupât de la conservation de ses troupeaux; la loi salique elle-même l'y invitait; elle parlait

---

1. Dettwiller, Ingersheim, Andolsheim, Lièvre, Sundhofen, Herlisheim, Wiedensohlen.

2. *Weisth.*, t. I, p. 360.

d'un taureau commun pour trois *villæ*[1]. Plus tard l'obligation resta la même pour les seigneurs-propriétaires, avec des modifications résultant des besoins locaux. A Sundhausen l'abbesse d'Erstein entretenait un verrat, à Romanswiller un taureau ; le seigneur de Saint-Léger devait également avoir un taureau, celui de Kogenheim un verrat, celui de Grussenheim un bélier. Le plus souvent c'étaient un taureau et un verrat ; dans quelques villages s'y ajoutait un bélier, parfois même deux. A Dettwiller l'avoué livrait aux habitants, de la fin d'avril à la fin de septembre, un taureau et, pendant toute l'année, un verrat ; le bélier et un bouc étaient à la charge du curé. Ces bêtes étaient généralement gardées par le maire ; à Booftzheim celui-ci recevait, pour l'indemniser de ses frais, les cens en deniers d'une manse. A Balschwiller elles étaient entretenues dans les étables du *Schultheiss* qui, en retour, envoyait son propre bétail à n'importe quel pâturage. Dans les villages de Dettwiller, de Zutzendorf, de Grussenheim, c'était le curé qui fournissait l'un ou l'autre des animaux mâles, par la raison qu'il jouissait de la menue dîme[2].

Taureaux, verrats, béliers pouvaient paître partout, même sur les terrains non communaux[3] ; ils n'étaient exclus des champs et des prés que pendant la moisson et la fenaison. Dans les mois où tout le sol de la banlieue leur était livré, le paysan auquel ils causaient du dommage ne devait les saisir ni comme gages, ni comme indemnité ; il pouvait les faire sortir de son champ, mais « doucement », sans les blesser[4] et sans les pousser dans un champ voisin, sous peine d'amende.

Le maire de Kiffis était chargé d'entretenir, outre le verrat et le taureau, un étalon ; au mois de mai il le menait chaque jour dans les champs ensemencés de grains, sans rembourse-

---

1. *Lex salica*, tit. III, cap. 5...

2. A Oberentzen et à Wiedensohlen si les bêtes mâles manquaient, les paysans, *Dorfläte*, n'étaient pas tenus de fournir la menue dîme, ni les colons de siéger lors des plaids.

3. *In Matten und in Korn*, Dettwiller, Vogelsheim.

4. *Hübschlichen ueztriben*. Dettwiller. — *Nit versehren*. Sundhofen.

ment aux fermiers ou aux propriétaires. Partout ailleurs l'étalon n'était pas gardé au village pendant l'année entière, mais envoyé en mai ou en juin par le seigneur, auquel on le ramenait après quatre semaines. Il était généralement mis dans l'écurie de la cour dominicale; le bangard lui procurait du fourrage en coupant de l'herbe et même du blé en herbe au bord des champs; s'il ne trouvait pas la quantité suffisante sur les terres des paysans, il complétait la provision en coupant sur celles du seigneur lui-même. Pour le transporter à la cour, il prenait le premier cheval qu'il rencontrait dans la banlieue; à Herlisheim, si la cour était fermée et si, après trois appels, on ne lui ouvrait pas, il jetait l'herbe par-dessus la porte; il avait rempli son devoir, il n'était plus responsable des suites. Dans quelques communes de la Haute-Alsace on attachait l'étalon à un piquet, au milieu d'un pré ou d'un champ, à l'aide d'une corde longue de 40 toises; quand il avait brouté tout à l'entour, on plantait le piquet plus loin[1]. Celui que l'abbé de Murbach prêtait aux gens d'Issenheim était nourri pendant quinze jours d'herbe et, pendant quinze autres jours, de seigle. En arrivant dans un village il devait être ferré à neuf; après les quatre semaines les paysans étaient tenus de lui faire mettre de nouveaux fers. Les bangards, quand ils le ramenaient au seigneur, recevaient de celui-ci une paire de souliers en cuir; si on la refusait, ils enlevaient au cheval ses quatre fers[2].

Il est parlé quelquefois de ce droit de fourrage, *Atz*, sans qu'il soit ajouté que le cheval du seigneur dût servir aux juments de ses sujets; je crois qu'il faut supposer que cette condition était sous-entendue. L'abbesse de Niedermünster et celle d'Eschau envoyaient, avant la moisson, chacune un cheval, la première à Kogenheim, la seconde à Fegersheim, pour le faire nourrir sur les champs et les prés de leurs paysans.

1. Ammertzwiller, Balschwiller.
2. Issenheim, Helmsbrunn, Gildwiller, Ober-Hergheim.

A Wolfswiller le bangard allait le long des champs, ayant un pied sur le chemin, l'autre sur la terre cultivée, et coupait autant d'herbe qu'il pouvait atteindre pour un cheval du prévôt de Bâle. L'abbesse d'Andlau avait à Kintzheim trois coupes d'herbe, chacune de sept pieds de large à travers une partie des champs ; elle en laissait la jouissance à son *Schultheiss*, afin que celui-ci entretînt pour le village un étalon, qui servait aussi au sergent, quand les paysans avaient à expédier un message au *Landvogt* ou au roi.

On voit que cette servitude de l'*Atz* était autre chose que l'obligation, dont il a été parlé plus haut, de nourrir les chevaux des seigneurs ou de leurs avoués lors des plaids ; cette dernière ne procurait aux paysans aucun avantage ; par l'autre ils payaient les frais de l'étalon qui servait à leurs juments. Ils pouvaient, d'ailleurs, s'en affranchir ; ceux de l'Ufriet, après un conflit avec leur seigneur, la rachetèrent par un tribut de 50 florins par an.

§ 3. — Eaux. Pêche. Navigation.

Les eaux courantes avaient été primitivement, et d'après les lois romaines[1], d'un usage aussi commun que les forêts et les pâturages, et la pêche aussi libre que la chasse. Mais les mêmes circonstances qui avaient amené une limitation de cette dernière au profit des seigneurs avaient aussi privé les sujets du droit naturel de la pêche. Rien n'est plus fréquent dans les anciennes donations que la formule *cum aquis et aquarum decursibus;* ces eaux faisaient partie des domaines dont, à un titre quelconque, on devenait propriétaire. Pour comprendre la totalité des biens d'un seigneur, on disait qu'il avait *Wald und Weide, Wildfang, Wasser und Wag*[2]; toutes les eaux, dans le district de la banlieue, n'étaient qu'à lui, il n'en laissait aux paysans qu'un certain usage, en gardant pour lui-

---

1. *Instit., Lib.* 2, tit. 1er.
2. Sur le mot *Wag*, voir plus bas, p 166, n. 2.

même le privilège de faire pêcher avant eux, ainsi que celui de les exclure de quelques parties de la rivière soit pendant toute l'année, soit seulement à des époques déterminées.

L'usage accordé aux paysans était subordonné à des conditions diverses. Tantôt, comme à Munster, il fallait pour la pêche une permission seigneuriale, autrement on commettait un de ces délits graves appelés *Frerel*. Tantôt il n'était défendu que de tendre des filets; ainsi à Eschau, à Fegersheim, dans le val d'Orbey; les habitants de cette vallée ne pouvaient prendre des poissons qu'avec la main; ce n'est que quand une femme était en couches que le mari était autorisé à se servir d'un engin. Dans la vallée de Munster l'interdiction des filets était si absolue que, même quand il s'agissait de procurer du poisson à des malades, on devait tâcher de l'attraper avec la main. Les gens de Lupstein étaient libres de faire usage d'hameçons et de petits rets, mais obligés de rester sur le bord de leur ruisseau. A Munster les hommes propres de l'abbaye qui obtenaient une permission de pêche, étaient tenus d'offrir à l'abbé « un bon poisson »; à Honau on donnait au cellérier du chapitre le premier saumon que l'on prenait dans le Rhin, et, trois fois par an, à Noël, à Pâques et à la Pentecôte, toute la capture d'un jour revenait au chapitre. Les pêcheurs de l'Ufriet devaient à leur seigneur le plus grand de leurs poissons et le dixième denier de ceux qu'ils vendaient.

L'abbesse d'Eschau pouvait faire pêcher pour elle à Achenheim, celle d'Andlau à Viche, le prévôt de Sainte-Foy à Fouchy, chaque fois qu'ils se rendaient dans ces villages pour assister à des plaids. Les pêcheurs de l'abbesse de Niedermünster, à Kogenheim et à Sermersheim, travaillaient pour elle pendant trois jours en septembre, en ayant le droit de dépasser les autres barques qu'ils rencontraient.

La partie exclusivement réservée au seigneur formait son eau banale, *Bannwasser*[1]; là la défense de la pêche était pour les

---

1. Aussi *Fischwasser* (Selz), *Fischgewand* (Viche), *Fischenze* (Buettwiller).

paysans sans restriction. Celui qui, à Türckheim, prenait du poisson dans la rivière de l'abbé de Munster, était puni d'une amende de 30 sols; en cas de récidive, l'abbé le châtiait « selon son bon plaisir ». A Seltz le délit commis le jour n'était passible que d'une amende; avait-il eu lieu la nuit, le coupable était puni « en son corps et en son bien ».

Pour leurs pêcheries les seigneurs avaient des pêcheurs à leur solde, *Fronfischer*, qui comptaient au nombre de leurs officiers. Celui de l'abbé de Lucelle, à Lutterbach, avait la jouissance d'un pré. L'abbé d'Ebersmünster, qui avait six *Bannwasser* dans l'Ill, faisait poser dans chacun quatre filets; quand l'un se déchirait, les pêcheurs le remettaient à la cuisine du monastère pour servir au nettoyage de la vaisselle, et l'abbé leur donnait un sol pour un nouveau; chaque fois qu'ils apportaient du poisson, ils recevaient quatre pains blancs, deux fromages et un quart de vin.

Les seigneurs qui ne voulaient pas profiter eux-mêmes de leurs eaux les donnaient en location. Quand le chapitre de Saint-Thomas affermait la Bruche à Eckbolsheim, il touchait un tiers du loyer, les deux autres tiers étaient partagés entre l'avoué et les paysans. L'abbesse d'Eschau louait l'Ill comprise entre ses deux moulins, à condition pour le locataire de livrer chaque vendredi au couvent pour 8 deniers de poisson. D'autres maisons religieuses, qui avaient des pêcheries, suivaient le même usage. La partie de la rivière qu'on louait ainsi, et qui pouvait être barrée pendant la pêche, s'appelait *Fach* ou *Zich*[1].

Quelques pêcheries étaient restées domaine impérial. En 1284, Rodolphe de Habsbourg engagea au chevalier Burckart de Mülnheim, qui lui avait avancé 20 livres, le droit de pêche

---

1. *Ein Fach heisset ein Wassergut*. Ergersheim 1381. — *Ein Vachrecht*. Illwickersheim 1518. Dans la charte de Rodolphe, mentionnée dans la note suivante, il est dit : *piscationem sive tractum unum, qui vulgariter Zūch dicitur, in superiori parte Wickersheim, necnon unum tractum in superiori parte Illenkirchen, et unum tractum apud Gravenstaden.* — *Tractus, Zug, Zūch, Zich*, une certaine longueur de la rivière où l'on avait le droit de traîner le filet. Ducange, t. VI, p. 629.

dans l'Ill à Illwickersheim, Illkirch et Grafenstaden[1]; en 1293, une autre pêcherie à Illwickersheim fut engagée par l'empereur Adolphe à Jean, bourgeois de Strasbourg[2].

Les seules contrées alsaciennes, où les ruisseaux tout entiers ont été à la libre disposition des habitants, ont été, outre les villes principales, le territoire de Wasselonne et le val de Rosemont; les seigneurs n'ont pas pu y avoir d'eau banale.

Les quelques rivières qui s'y prêtaient étaient utilisées, comme partout, pour le flottage des bois et pour le transport par bateaux des produits du pays. Mais les données sur cette matière sont malheureusement très insuffisantes. La coutume du flottage nous est prouvée par un détail relatif aux forêts de la vallée de la Bruche, qui dépendaient des Rathsamhausen : le maire de Müllbach, aidé des habitants, *Banliit*, prenait des troncs de 24 pieds de long; on en formait pour le seigneur des radeaux, qui descendaient la Bruche jusqu'au pont de Hermolsheim près de Mutzig; là on devait aux flotteurs une collation, sinon chacun d'eux s'emparait d'un des meilleurs troncs[3]. Un fait plus intéressant encore, s'il était mieux connu, c'est l'existence, dans la Basse-Alsace, de canaux dits *Schiffgraben*. Quand et par qui avaient-ils été établis? Jusqu'à présent il est impossible de le dire; la seule chose que nous sachions, c'est qu'ils sont mentionnés dès le commencement du treizième siècle. Le principal paraît avoir été la rivière d'Andlau que, par quelques travaux, on avait rendue navigable jusqu'à sa jonction avec l'Ill, au-dessous de Fegersheim[4]. Ce canal servait notamment aux villages de Barr, Mittel-Berg-

---

[1]. *Als. dipl.*, t. II, p. 29. Renouvelé en 1300 par Albert Ier, *o. c.*, p. 75.
[2]. *O. c.*, t. II, p. 60.
[3]. *Weisth.*, t. I, p 697.
[4]. Au dernier siècle on voyait encore des restes de ces travaux de canalisation de l'Andlau. Horrer, *Dictionnaire géogr. de l'Alsace*. Strasb. 1787, 4°, p. 176. — Un autre canal utilisait un bras de la Bruche depuis Molsheim; un troisième, qui encore aujourd'hui est appelé *Schiffbach*, se servait de l'Ehn et passait par les banlieues de Bläsheim et de Geispolsheim, où, déjà au commencement du XIIIe siècle, il était dit *der alte Schiffgraben*; un quatrième est mentionné à Achenheim, dans la direction même du canal actuel de la Bruche. Nous en avons trouvé un cinquième près de Baldenheim, 1359.

heim, Valff, Zellwiller, Heiligenstein, Gertwiller, Goxwiller, Burgheim. Ces communes, qui toutes ont des vignobles, profitaient du cours d'eau pour l'expédition de leurs vins; elles seules étaient chargées de l'entretenir en bon état; à cet effet ceux des habitants qui faisaient transporter des tonneaux payaient deux deniers par foudre; pour les étrangers le péage était du double.

L'entrepôt, *Ladhof*, servant en même temps de douane, était à Zellwiller; un agent spécial, *Hofmann*, choisi par les huit communes, en avait la direction et la surveillance. Dès qu'un batelier avait gagné le milieu de l'eau, il ne pouvait plus être poursuivi en justice, à moins d'avoir commis un délit grave; le *Hofmann*, qui était juge, prononçait ses sentences soit en restant sur le rivage, soit en montant sur le bateau; en cas de meurtre, il convoquait des jurés des huit villages pour former avec lui le tribunal, qui siégeait sous le tilleul de Zellwiller. Cette association, avec sa juridiction indépendante, est assurément un des phénomènes les plus curieux de notre histoire provinciale[1].

Pour terminer ces observations, fort incomplètes, sur les eaux, nous dirons encore que les étangs, les mares, les eaux dormantes, *See, Lache, Way*[2], où l'on abreuvait le bétail, étaient des *Almend;* les nombreux puits au milieu des champs servaient également à l'usage commun.

---

1. Voir un extrait du règlement de 1493, d'après les *Annales de Brant*, chez Silbermann, *Beschreibung von Hohenburg*. Strassb. 1781, p. 74.

2. Dans les documents alsaciens où l'on rencontre *Way*, employé pour désigner la situation de biens ruraux, il ne peut avoir eu que le sens du *lacus* que lui donnait Herrad de Landsberg. D'après le rotule de Dornstetten, dans le Wurtemberg, il paraît avoir été, dans ces contrées, synonyme de *Zich. Welsth.,* t. I, p. 383.

IIe PARTIE

LA TERRE CULTIVÉE

CHAPITRE Ier

LA TERRE CULTIVÉE EN GÉNÉRAL.

Pour compléter le tableau de la condition sociale de nos paysans au moyen âge, il nous reste à les envisager comme agriculteurs, dans leurs rapports avec la terre qu'ils avaient à cultiver et avec ceux qui possédaient le domaine de cette terre.

Le sol livré à la culture se divisait en champs, prés et vignes. Le terme qui, pour le désigner, avait la signification la plus étendue, était *Land, Gelende,* que Herrad de Landsberg traduisait par *rus,* la campagne en général. Dans ce même sens on trouve *rus* dans un document du XIIe siècle sur les propriétés du chapitre de Saint-Thomas : *quicquid viniferi ruriferique* (lisez *frugiferique*) *ruris*[1]. En opposition au pâturage, *Weide,* on donnait à la terre cultivée le nom de *Wunne.* Selon Grimm ce mot aurait été pris pour le pâturage dans la forêt[2]; mais un rotule de Rosheim contient ces phrases : *wenne der Wunneban wurt zu Einungen geton an Velde und an Reben...; so der erste Wuneban zitig wurt, es si zu Velde oder zu Reben oder*

---

[1]. Schmidt, *Histoire du chapitre de Saint-Thomas,* p. 286.

[2]. *Die Weidetrift im Wald. Rechtsalterth.,* p. 521, où Grimm dérive le mot du gothique *vinja, pascuum.* Graff, t. I, col. 882, a aussi *winnt, depascuit, winne, pastus.* Cette forme, qui n'est pas restée dans le dialecte alsacien, ne paraît s'être conservée que dans quelques expressions locales: *Winebruch,* Olvisheim, 1376; *Winloch,* Herbsheim 1322; *Winneburne, Winbach,* Westhoffen 1262.

in der Stat an Gebömede und an allen Frühten[1]... Le *Wunneban* s'étendait aussi sur les champs, les vignes, les arbres fruitiers des jardins. Dans le même rotule il est question de *Wunnebotten*, chargés, à l'époque des vendanges, de surveiller les vignobles de l'abbesse de Hohenbourg. Le chanoine du grand-chapitre, qui venait à Börsch pour recueillir les redevances en vin, portait également le nom de *Wunnebotte*[2]. Le *Winnebotte*, mentionné dans quelques comptes du chapitre de Saint-Thomas, avait à remplir une mission pareille[3]. *Winne* était la même chose que *Wunne*. Il ne s'agit donc pas ici de l'herbe de la forêt, mais de productions dues à la culture de la terre. C'est ainsi aussi qu'il faut l'entendre quand il est dit, dans une formule très fréquente, que le seigneur a droit sur *Wunne und Weide*, ayant le domaine du fonds, il prend comme redevance une partie de ce que celui-ci produit, *Wunne*, et il partage avec les paysans l'usage des pâturages communaux, *Weide*. Les étrangers n'étaient autorisés à s'établir dans les villages qu'en payant les taxes qui les admettaient à la jouissance de *Wunne und Weide*, c'est-à-dire à la faculté de cultiver des champs et de faire paître leur bétail[4]. D'après quelques rotules les indigènes ne faisaient des corvées que parce que le seigneur leur laissait cette même jouissance[5]; à Saint-Hippolyte ils assistaient aux plaids pour s'entendre rappeler à qui ils en étaient redevables[6]. Les bêtes mâles, que les seigneurs entretenaient pour les paysans, pouvaient aller sur *Wunne und*

---

1. Hanauer, *Constit.*, p. 267, 278.

2. *Weisth.*, t. I, p. 693.

3. 1422, den Win zu Dambach zu lesende dem Winnebotten 6 schellings 6 deniers. 1423, 2 schellings 2 deniers den Winnebotten, die daby worent so man lasz, das der Win reht geteilet ward. — 1421, 2 schellings eine Winnebotten zu lon. Arch. de Saint-Thomas. — D'ordinaire le chapitre affermait ses vignes de Dambach; il n'envoyait un agent que quand il les exploitait à ses propres frais. *Winnebote* ne peut être que pour *Wunnebote*, autrement on aurait dit *Winbote*.

4. A Heitern. *Als. dipl.*, t. II, p. 109.

5. Kogenheim, Sermersheim, Künheim.

6. *De quo utatur et de quo habebit vulgo dicendo Wunne und Weide; ...von weme er Wunn und Weide nieszet.* *Weisth.*, t. V, p. 392, 395.

Weide, expression évidemment synonyme de cette autre : *in Korn und in Matten*[1]. Si j'osais proposer une étymologie, ce serait celle qui dérive le mot de l'ancien verbe *winnu, laboro*[2], travailler avec peine, dans l'allemand du moyen âge autant que *gewinnen*. C'est bien là, je pense, ce qui révèle la signification de *Wunne :* ce que par son travail on a gagné en cultivant la terre, et, par extension, la terre cultivée elle-même, différente de la *Weide*, dont l'herbe pousse spontanément, sans avoir besoin de la main de l'homme.

Feld, campus, désignait plus particulièrement la terre labourée par la charrue, *terra aratoria, arativa, arabilis, culturalis*, opposée aux vignobles et aux prés.

§ 1. — **Mesures. Bornes.**

1. *Mesures.* — Presque partout la terre arable était divisée en trois cantons principaux, formés chacun d'un nombre indéterminé d'arpents. Ces cantons étaient appelés, soit d'après la situation par rapport au terrain, *Oberfeld, Mittelfeld* et *Niederfeld*, soit, d'après l'orientation, *Osterfeld* (est), *Norderfeld, Westerfeld* (ouest)[3]. Non seulement le *Feld*, mais en général toute terre cultivée, était partagé en outre en subdivisions, destinées à faciliter l'exploitation du sol et l'évaluation de ses produits. Ce partage, commencé sous l'administration romaine, fut maintenu par les Germains et complété par eux, à mesure qu'ils mettaient en culture une plus grande étendue de terrains défrichés. Plusieurs des mesures agraires usitées au moyen âge ne sont que les anciennes mesures des Romains; d'autres por-

---

1. Saint-Léger. Griesbach. Dettwiller. *Weisth.*, t. IV, p. 21; t. V, p. 388, 482. — Dans le rotule de Saint-Hippolyte, *l. c.*, p. 389, il est dit : *prædicta animalia debent uti pascuis, quæ pascua dicuntur vulgo* Wunne und Weide, *absque bladio custodiæ quod vulgo dicitur* bannewartig Korn, *et absque gramine custodiæ quod vulgo dicitur* bannewartig Gras. On voit bien que *Korn* se rapporte ici à *Wunne*, et *Gras* à *Weide*. Le taureau et le verrat pouvaient paître partout, excepté dans les champs et les prés appartenant au seigneur et mis sous la surveillance spéciale du bangard.

2. Graff, t. I, col. 875.

3. Une seule fois j'ai trouvé aussi *Sunderfeld*, champs vers le sud, Imbsheim 1350.

tent des noms introduits par les populations franques et alémaniques. Il est à remarquer encore que plusieurs de ces noms sont tombés de bonne heure en désuétude, tandis que d'autres ne se rencontrent que dans quelques districts, dont ils ne paraissent pas avoir franchi les limites[1]. Voici les mesures que nous pouvons signaler comme ayant été employées en Alsace.

1° *Aripennus*, arpent. — Le seul document dans lequel j'ai trouvé ce terme pour notre province est une charte de Louis le Pieux, datée d'Aix-la-Chapelle, 828, et confirmant un échange de biens entre le comte Erkinger et l'abbé Waldo de Schwarzach : *de vinea aripennos duos* à Zeinheim[2].

2° *Anzinga.* — Dans une ancienne énumération des biens de Marmoutier on lit : *mansa fiscalia LXXXI, cum anzingis totidem, servilia XLV cum anzingis appendentibus*[3]. La *lex Bajuvarum* indique la grandeur de ces pièces : *andecingas legitimas, hoc est perticas decem pedum habentem, quatuor perticas in transverso, quadraginta in longo*[4]. L'emploi du mot dans le document de Marmoutier est une preuve, entre d'autres, que celui-ci remonte, dans ses principaux éléments, plus haut que le commencement du XII° siècle, où il est placé par Schöpflin. C'est du reste la seule fois que *anzinga* se rencontre dans une charte alsacienne. La *pertica*, perche, *Rute*, de dix pieds, resta en usage comme mesure de longueur, particulièrement pour les champs.

3° *Jurnalis, Jurnale*, pièce de terre qu'avec un attelage on peut labourer en un jour. C'est la mesure le plus souvent

---

1. Sur le rapport des mesures agraires du moyen âge aux mesures actuelles, voir Hanauer, *Etudes économiques*, t. II, p. 1 et suiv.
2. *Als. dipl.*, t. I, p. 73. — Comp. Ducange, t. I, p. 356.
3. *Als. dipl.*, t. I, p. 199.
4. *Les Bajuv.*, tit. I, cap. 14. *Capitul.*, t. I, p. 11. — V. aussi Ducange, t. I, p. 349.

mentionnée dans les *Traditions de Wissembourg* et dans les autres documents du VIII° et du IX° siècle. Encore en 1120 nous trouvons *XVIII jurnales*. Le rotule de Börsch, du XIII° siècle, emploie le terme *diurnale*.

4° *Jugerum*, en allemand *Juchart, Juche*, en latin du moyen âge *juchum*, terrain pouvant être labouré en un jour avec une paire (*jugum*) de bœufs. D'après Grimm[1], *jurnalis* se rapportait spécialement aux prés, *jugerum* à la terre arable. Il n'en était pas ainsi pour l'Alsace : *jugerum* servait indistinctement pour des champs, des prés, des vignes, même pour des forêts, ainsi en partie pour des terrains qui n'étaient pas retournés par la charrue. *De terra arabili jugera XLIV, de silva quasi jugera VII*, Dumenheim 823 ; *vinea duorum jugerorum*, Scherrwiller 1031 ; *jugera vinearum XXIX, pratorum jugera XII, aratoriæ terræ jugera CII*, Eguisheim 1128, etc.

5° *Frehte, Gefrehte, fracta.* — En 743, à Weitbruch, *fractas XXX*[2] ; Mone cite, d'après une charte bavaroise de 1260 : *agri qui dicuntur fractum quartale*[3]. *Frehte, pars fracta*, est ainsi une fraction, une partie d'un arpent. On lit dans un document du XI° siècle, sur les revenus de la cour colongère d'Ingenheim : *ad Scerlenheim quatuor frehte, quinta ad Mellesheim, istæ quinque frehte persolvunt idem quod persolvit quarta pars mansi*[4] ; d'où il suit que cinq *Frechten* équivalaient à la quatrième partie d'un manse. Dans quelques banlieues on s'est servi du mot jusqu'au XVI° siècle, par exemple à Gugenheim, *ein Freht in der krummen Anewand*, 1506 ; à Dettwiller, une *frehta prativa, una frehta frugifera*, 1509. Ailleurs il resta attaché comme nom local à de certains cantons ou arpents[5].

1. *Rechtsalterth.*, p. 951.
2. *Trad. Wiss.*, p. 11.
3. *Zeitschr.*, t. X, p. 9.
4. Hanauer, *Constit.*, p. 12.
5. M. Hanauer, *Études économiques*, t. II, p. 11, ajoute aux mesures agraires le

6° *Acker*. — Ce terme, qui n'est que le vieux mot romain *ager*, ne fut introduit qu'assez tard dans l'usage rural comme nom de mesure. Au viiie et au ixe siècle on ne le rencontre que dans le sens général qu'il avait eu dans les anciens temps, comme synonyme de fonds de terre : *cum campis, agris, pratis*, 796 ; *loca, vel agros seu reliquas possessiones*, 816[1]. Il ne paraît dans le sens d'arpents ayant une contenance fixe qu'à partir du xiie siècle, mais depuis lors il remplace successivement tous les autres : *XXXII frugiferi agri et dimidius et duo pratorum et duo viniferi*, 1181 ; *agri de terris arabilibus, de vineis, de pratis*, 1187 ; *agri frumentiferi, prativi, viniferi*, 1235, etc.

L'*Acker* était l'arpent actuel d'environ 20 ares.

7° *Morgen*, généralement deux *Acker*. Latinisé : *duo vinearum morgines*, Neuwiller 1157.

8° *Schemel : fünf Schemel mit Reben*, Printzheim 1337 ; *drie Schemel Matten*, Ebersheim 1360 ; *unus ager, heisset der Schemel*, Dorlisheim 1331. J'ignore le sens de ce terme.

Pour évaluer la mesure des prés et des vignes on avait encore, outre les termes déjà indiqués, quelques expressions particulières. Jusque vers le xiiie siècle on estimait souvent la grandeur de ces propriétés d'après la quantité de foin ou de vin qu'on pouvait y récolter : *pratum ubi potes annis singulis plus minus quinque carradas de feno colligere*, Westhoffen 743 ;

Geren « qui rappelle le français guéret ». *Gere*, pièce en forme de coin, n'a pas été le nom d'une mesure ; le mot a servi à désigner la forme de certaines pièces de terre, de grandeur variable, intercalées comme des coins entre deux autres plus longues ou entre deux chemins : *unus ager, ist ein Ger*, Wittisheim, 1312 ; *ager vinifer dictus der Ger an der Linden*, Andlau, 1316 ; *duo agri vulgariter dicti der Gere zwischen den zwein Wegen*, Dimsthal, 1300 ; *an dem Geren zwischen den zwein Wegen*, Schaenlitt, 1295 ; *unum duale, ein Gerlin uf den Burgweg*, Hürtigheim, 1335, etc. — On appelait *Spis* les arpents moins larges à l'un des bouts qu'à l'autre ; *Strang*, ceux qui étaient longs et peu larges ; *Krumbling*, ceux qui étaient courbes. Aucun de ces termes n'impliquait l'idée d'une mesure.

1. *Als. dipl.*, t. I, p. 59, 62.

prata ad carradas quinque, Hatten 808 ; *prata ad carradas XX,* Marlenheim, commencement du xii⁰ siècle. *Vinea ad carradas IV,* viii⁰ siècle; *vineæ ad carradas XL,* Marlenheim, commencement du xii⁰ siècle; *VI carradæ vini,* Sultzmatt 1216, etc. *Vineæ ad siclos XXX,* Handschuhheim 804; *vineæ ad siglas XX,* 808, etc. La *carrada,* charretée ou voie, équivalait à un foudre ou 20 mesures; *sigla, siclus,* mesure de capacité pour les liquides dans la Loi alémanique et dans les capitulaires, était une demi-mesure.

Un peu plus tard ce fut la somme de travail fournie par un homme en un jour qui devint la mesure des prés et des vignes : *Mansmatte* ou *Manwerk*[1]*: zwelf Mannematten,* Strasbourg 1270 ; *zweier Manne Matte,* Weyersheim 1294; *unum dimidium Manwerk prati, quinque Manwerk vinearum,* Rixheim 1273, etc. Le mot *Tagwan* avait le même sens de journée de travail : *ein halb Tagewon Matten,* Eckbolsheim 1399, etc. *Slag* était une petite pièce de pré, dont un homme pouvait *schlagen,* abattre, faucher l'herbe en restant sur une même ligne sans avancer d'un pas ; *Scher,* de *scheren,* couper, était en longueur ce que le *Schlag* était en largeur[2]. Pour les pièces plus petites encore on disait *ein Pfennigwert, ein Helbelingwert Matte*[3]. Dans la Haute-Alsace on avait aussi pour les vignes le mot *Saz, Schazz, Schadus,* qu'il me serait difficile d'expliquer : *XI Sazza,* Ober-Hergheim, xi⁰ siècle; *XXIII schadi vinearum,* Cernay 1267; *nün Schatz Reben,* Rouffach 1367; *zwölf Schatz, IV Schadi,*

---

1. *Si quæris cur vocetur Manwere, ideo dicitur, quod uni viro committitur ad eo leadum, et est tantum terræ quantum par boum in die arare sufficit. Acta fundationis monasterii Murensis,* chez Pfeiffer, p. 351. Dans ce passage, *Manwerk* est synonyme de *jurnalis* et de *jugerum.* En Alsace le mot n'a guère été en usage que pour les prés. Aux bords de la Moselle et dans l'Oberland badois on s'en servait aussi pour les vignes. Mone, *Zeitschr.,* t. XX, p. 139.

2. *Drie Slege in der Burnematte,* Griesbach, 1341; *nün Slege an der obern Matte,* Holtz-Frankenheim, 1601; *drie lange Slege. 15 kurtze,* Fegersheim, 1346, etc. — *Ein Schere Matten,* Truchtersheim, 1343; *fünf Scheren in der Ziegelmatte,* Weiterswiller, 1440, etc.

3. *Pfennigwert,* objet valant un denier; *Helbelingwert,* valant un demi-denier ; en général quelque chose de peu de valeur. *Ein Pfennewert Matten,* Pfettisheim, 1313 ; *ein Driteil eins Pfennewerdes,* Schaffhausen, 1299. *Drie Helbelingwert Matten,* Eckwersheim, 1305, *ein Helbewert,* Westhoffen, 1295, etc.

Uffholz xiv⁰ siècle. Sur *Lüs,* conservé comme nom de mesure pour les prés, voyez ci-dessus p. 15 et 16.

2. *Unité de mesure des grands biens cultivés par les colons.* — En Alsace le nom le plus généralement usité pour ces biens a été *Hube, mansus*[1]. *Huoba, Hoba,* est très ancien, il se rencontre dans presque chaque charte des *Traditions* de Wissembourg. Mone croit que ce n'est que depuis le xii⁰ siècle qu'on a traduit *Hube* par *mansus,* qui, jusque-là, n'aurait désigné que des propriétés libres ou seigneuriales[2]. Mais d'abord les *Huben* elles-mêmes ont toujours été propriété de quelque seigneur, et puis l'on sait que, dans la seconde moitié du ix⁰ siècle, toutes les terres cultivées dans l'empire franc ont été divisées en manses[3] correspondant, comme on le voit par la suite, à des *Huben.* Dans ce passage: *tertia pars de una mansura et quicquid ad ipsa aspicere videtur*[4], *mansura* est sans contredit pour *mansus,* dont le scribe n'avait pas connu le sens originel. Toutefois, pendant quelque temps encore, le mot *Hoba* fut employé plus souvent que *mansus* dans les chartes alsaciennes latines; à partir du xii⁰ siècle le second remplace définitivement le premier dans le langage des notaires : vers 1127, Webo *nobis contradidit mansum id est hubam et quartam partem hubæ*[5]. Herrad de Landsberg disait à son tour : *Mansus, Huobe.*

La *Hube* ou manse ne consistait pas seulement en terre arable; fort souvent elle comprenait aussi des prés, des vignes,

1. L'étymologie de *Huobe, Hube,* plus tard aussi *Hufe,* est incertaine. Wackernagel, *Wörterbuch,* p. 112, dérive le mot de *haben, heben,* tenir, posséder. Benecke, t. I, p. 729, y met un point d'interrogation. — *Mansus* est étranger au latin classique. Le glossaire (*Rudimentum*) de Papias, xi⁰ siècle, donne cette explication peu acceptable : *mansus dictus a manendo, quod integrum sit duodecim jugeribus.* Ducange, t. IV, p. 241. Zöpfl, p. 263 et suiv., croit à une origine germanique; rappelant la forme *mansis* (Ducange, l. c., d'après une charte de 974), il pense à *Mansess, Mannsitz,* lieu ou bien où est assis, établi, un homme et suffisant à son entretien. Cette opinion n'est pas à dédaigner; de *Mansess* on peut rapprocher *asess, absess,* employé, comme on le verra plus bas, pour un manse qui, momentanément, n'a pas de colon.

2. *Zeitschr.,* t. X, p. 12.

3 *Annales Hincmari,* dans les *Monumenta* de Pertz, t. I, p. 471, 501.

4. *Tax Tradit. Wiss.,* p. 120.

5. Grandidier, *Histoire d'Alsace,* t. II, p. cclxviii.

des parties de forêt[1]. Elle était rattachée à une ferme, où demeurait le colon, *curtis*, *Hubhof*[2]. La grandeur n'en a pas été partout la même ; en 855 on mentionne à Bosselshausen et à Lixhausen des *Hobæ*, composées chacune de trente *jurnales*, avec des prés *ad carradas tres* ; à Adelshofen 42 arpents avaient formé un manse ; à Eckbolsheim, 40 ; à Dinsheim et à Heiligenberg, 32 ; à Nieder-Hausbergen, 30 ; à Batzendorf, 24. La moyenne du nombre des arpents était donc environ de 30. On verra, par la suite de ce travail, que ces grands corps de biens ont eu une importance particulière, à cause de la condition spéciale de ceux qui en étaient les colons.

D'autres biens d'une certaine étendue étaient appelés *Scuopoza*, *Scopoza*, *Schuopose*, *Schuppose* ; c'étaient, comme les manses, des fiefs ruraux ou tenures héréditaires. L'étymologie du mot est encore fort douteuse. Mone, qui a eu la passion du celtique, a pensé que *Schuppos* est « la manière sifflante » (*gezischte Aussprache*) de prononcer le gaélique *cyfod*, primitivement *cobot*, habitation ; il s'agirait ainsi d'une cabane de paysan[3]. Selon Grimm, le terme signifie *Schuhfleck*, morceau de cuir mis sur un vieux soulier pour le raccommoder ; le savant germaniste se fonde sur le fait que *Schuppose* est quelquefois écrit *Schuopuoze* ; ce serait une expression figurée, la *Hube* entière serait représentée par le soulier, la *Schuppoze*, partie de la *Hube*, par le morceau de cuir[4]. Mais la forme la plus ancienne de la seconde moitié du mot n'est pas *puoze*, c'est *poze* ; or, *pozan* veut dire frapper, tandis que pour raccommoder on disait *buozan*, *büssen*. Mone remarque avec raison que jamais la *Hube* n'a été comparée à un soulier et que le

---

1. *Hoba una... cum omni integritate quicquid ad ipsa hoba aspicere videtur, cum terris, pratis, pascuis, silvis, aquis.* 169. *Tradit. Wiss.*, p. 96, etc. — *Ein halb Hube Holzes.* Wickersheim, 1310. *Mit Huben mit Holz in silca.* Mommenheim, 1351.

2. *Hoba una cum casa et scuria cum omni edificatione.* 798. *Tradit. Wiss.*, p. 29, etc. *Scuria, Schüre, Scheuer, grange.* — *Duos mansus et semis in villa Meisteresheim, cum tribus curtibus et omnibus appenditiis suis.* 1031. Grandidier, *Hist. d'Als.*, t. I, p. CLXXXII.

3. *Celtische Forschungen.* Frib. 1857, p. 300. *Zeitschr.*, t. V, p. 129.

4. *Haupts Zeitschr. für deutsches Alterthum*, t. VIII, p. 326.

vieux mot pour le morceau de cuir n'est pas *buoza*, mais *blezza*¹. *Schuopuoze* est une erreur de copiste ou une altération provenant d'une époque où l'on n'avait plus le souvenir du vrai sens du terme. Guillaume Wackernagel me proposa un jour une autre explication : il crut retrouver dans le mot un usage symbolique, observé jadis lors du partage des terres ; on déterminait la mesure de portions plus grandes en en faisant le tour à cheval dans un temps donné ; pour des lots de moindre dimension on faisait le tour à pied et on marquait les limites en imprimant les traces du soulier dans le sol, *scuoh, pozan*². Plus tard Wackernagel, peu satisfait de cette étymologie, en adopta une autre ; il fit de *Scuopoza* un pléonasme, composé de l'allemand *scuoh* et du roman *bota*, soulier-botte³. Pfeiffer songeait soit à *Schoppen*, échoppe, remise, soit à *Schoup*, terrain marécageux, couvert de broussailles et de joncs⁴.

Quoi qu'il en soit de ces explications si diverses, les *Schupposen* ont été des biens plus petits que les manses⁵ ; il en a existé en Suisse, en Souabe, dans le Brisgau. Dans aucun des

1. *Zeitschr.*, l. c., note 32.
2. *Histoire du chapitre de Saint-Thomas*, p. 229.
3. *Die Umdeutschung fremder Wörter*, Basel, 1861, 4°, p. 47.
4. *Habsb. Urbarbuch*, p. 358.
5. Quelquefois des parties de manses. Burckhardt, p. 11. Pfeiffer, l. c. — Mone (*Zeitschr.*, t. II, p. 210) donne quelques extraits du *Codex traditionum* du couvent d'Allerheiligen près de Schaffouse, xɪɪᵉ siècle (publié par Kirchhofer dans l'*Archiv für schweizerische Gesch.*, t. VII) ; on y rencontre des phrases comme celles-ci : *habemus tresiusiurnalem I apud Trullinchoven ; in Hallangia insuper computantur XIV mansi et XXXIV tresiusiurnales ; villa Bösingen ad cuius trasalicam computantur XXIII mansi et XXXVIII tresiusiurnales* ; au-dessus de ce dernier mot est chaque fois écrit *Scouppozze*. *Tresiusiurnalis*, dit Mone, est un barbarisme pour diviser un journal en trois ; *trasalica* serait également un barbarisme, mais là au moins Mone prend *tra* pour une abréviation de *terra* (*terra salica*). S'il en est ainsi pour *tra*, pourquoi le *tre* de l'autre mot ne serait-il pas l'abréviation de *terrae* ? Je ne crois pas qu'il faille songer à des barbarismes ; au-dessus de *tra* et de *tre* il y avait sans doute un signe abréviatif, devenu invisible dans le manuscrit. Ce qu'on a lu *sius* me paraît aussi être une forme abrégée, écrite *suis*, plutôt que *sius* : *suis=servilis*. Je suppose qu'il faut lire : *terrae servilis jurnales*. Les *Schupposen* seraient donc ici les manses serviles, de même que dans un passage cité par Mone, t. V, p. 264, d'après un cartulaire du couvent de Salem : *cum areis, curtibus, curtiliibus, id est mit Aegerden, Höfen, Schupposen* ; les *curtes* sont les fermes des colons, les *curtilia* les cabanes des serfs sur les manses serviles.

rotules de l'Alsace le mot lui-même n'est employé pour désigner un corps de biens loué à un tenancier; deux fois seulement, à Kientzheim et à Ober-Hagenthal, il est parlé de *Schupposer* comme ayant été des fermiers moins considérables et moins considérés que les colons ou *Huber*[1]. Ce qui paraît digne de remarque, c'est que les *Schupposen* mentionnés par les rotules sont des biens attachés à des offices : au sergent de Börsch était assigné un arpent et demi *qui dicitur Schubuoze*[2]; les trois forestiers d'Andolsheim avaient, outre quelques autres bénéfices, un *Schuchbosz*[3]; dans la première moitié du XII° siècle, le *Schultheiss* épiscopal de Strasbourg a eu la jouissance d'un terrain dit *Schuchbuze*, situé entre les portes Blanche et de Saverne, et pour l'exploitation duquel il pouvait se servir des bœufs destinés aux charrues de l'évêque[4]. Pourquoi ces divers officiers ont-ils eu précisément des biens de cette dénomination? Nous ne saurions le dire. D'autres *Schupposen* se rencontrent dans des urbaires et dans des titres de propriété, mais ce ne sont que des cantons ruraux qui, dans l'origine, avaient formé peut-être des corps de biens, et qui n'avaient retenu, comme souvenir obscur du passé, qu'un nom souvent étrangement défiguré. M. Stoffel en a trouvé 2 dans la Haute-Alsace[5], nous en pouvons citer 15 dans la Basse[6].

1. De la cour de Kientzheim dépendaient quatre *Schupposser* qui, dans un renouvellement fait en 1591, sont appelés *Schuppäster*; dans un autre, de 1734, ils deviennent même des *Suppenesser*, mangeurs de soupe. Ils avaient à livrer, lors de la vendange, un lit, une hache, un foret, une serpe, une nappe, une cruche et un gobelet; ils transportaient le vin du seigneur et, quand celui-ci donnait aux colons le repas de la Saint-Martin, ils les servaient à table et ne mangeaient qu'après eux. *Weisth.*, t. IV, p. 220. Dans le rotule d'Ober-Hagenthal il est simplement dit que les *Schuppasser* et les colons fournissaient au seigneur et à sa suite la nourriture et le fourrage; mais là aussi ils ont dû être d'une condition inférieure. Burckhardt, p. 78.

2. *Weisth.*, t. I, p. 691.

3. Hanauer, *Constit.*, p. 193.

4. Grandidier, *Hist. de l'Égl. de Strasb.*, t. II, p. 82. *Strassb. Urkundenbuch*, t. I, p. 174. Le terrain avait d'abord été un parc, dont il avait même gardé le nom : *in dem Tiergarten alias in der Schuppussen*, XIV° siècle.

5. *Ein Wald, heisset Schuppusz*, Hartmannswiller, 1453. *Acker im Schuposz*, Sainte-Croix, 1490. Stoffel, 2° éd., p. 503.

6. *Super Schuohbuozzen*, Behlenheim, XIII° siècle, *uf die Schobosse*, 1331. — *Zu der Schuochbuossen*, Eckwersheim, 1305, *an der Schuochbühssen*, 1457. (*Bühste*,

Le *Mentag* était également un bien d'une étendue moindre que le manse. *Mentag*, formé de *Mene*, *vectura*, attelage d'une voiture, était synonyme de *Tagewan*, journée de travail ; et, de même que *Tagewan* était employé pour désigner le terrain qu'on pouvait labourer, faucher, moissonner en un jour, *Mentag* était pris dans un sens analogue, mais plus général, pour un bien qu'un fermier moins aisé qu'un *Huber* était capable de tenir en bonne culture. Par une fausse interprétation du mot, en le prenant pour *Montag*, on l'avait rendu en latin par *lunaris*, *lunadium*, *lunaticum*[1]. Dans la Haute-Alsace ces biens ont été assez nombreux ; les rotules en signalent dans une quinzaine de communes. Dans la Basse-Alsace, au contraire, on n'en connaît qu'un à Bindernheim et un à Kogenheim. La grandeur était variable ; à Rixheim le *Mentag* correspondait au tiers d'un manse ; à Hirsingen, à Kogenheim, il n'en était que le quart. Ce n'était pas toujours un bien formé d'une pièce ; les arpents, les prés, les vignes, composant ensemble un *Mentag*, pouvaient être situés dans des cantons différents[2].

Dans la vallée de Münster il y a eu des biens appelés *Zelle*, dont chacun pouvait être occupé par quatre *Huber*. Ce nom rappelle les *cellulæ* de l'abbaye de Marmoutier[3] ; comme ces dernières ont eu des vacheries, les *Zellen* de Münster ont été peut-être également des fermes ou chalets avec des pâturages,

---

Büchse, boîte ; boîte à souliers). — *In dem Schuochbuoz*, Fegersheim, 1308, *zu Schuochbuossen*, 1316. — *An der Schuochbuossen*, Geudertheim, 1279, 1469 ; Imbsheim, 1350 ; Gimbrett, 1314, *an der Schupbuossen*, 1343. — *Zu Schuochbossen*, Lipsheim, 1324. — *Neben der Schuechbützen*, Niveratesheim (village détruit) 1299 ; on avait pris le mot pour *Schüchbutz*, épouvantail pour chasser les oiseaux. — *An der Schochbossen*, Pfulgriesheim, 1234. — *Uf die Schuochbuosse, uf den Schuochbos*, Sermersheim, XIIIe siècle. — *Uf Schuochbuoz*, Stützheim, 1298. — *Neben Schuochbussen*, Weyersheim, 1418. — *An der Schuochbuossen*, Wickersheim, XVe siècle. — *Via dicta Schuochbuot*, Isermolsheim, XVe siècle. — *Zu Schuochbüsselinge*, Birkenwald, 1374. — Dans la plupart de ces manières d'écrire, la première syllabe est *Schuoch*, *Schuh*, soulier ; on l'avait adoptée parce qu'elle avait un sens, sans se demander si c'était le vrai ; qu'entendait-on, d'ailleurs, par *buosse, buoz, bosse*? probablement on ne s'en inquiétait pas.

1. *XVI lunadia*, Kembs. Burckhardt, p. 139. — Ducange, t. IV, p. 160. — *Mendat*, Sulzbach (Soppe) 1271. *Als. dipl.*, t. II, p. 3, doit être une faute pour *Mendag*.

2. Par exemple à Zimmersheim, 1319. Cartulaire de Mulhouse, t. I, p. 222, 223.

3. *Als. dipl.*, t. I, p. 198.

que l'abbé louait à ses colons; chacune avait un *Schutzhof* pour le bétail[1].

Quant au mot *Binwis*, usité jadis dans les environs de Delle, sur les confins de la Bourgogne, je n'en connais pas l'explication; à Delle, les Habsbourg ont possédé, au xiiie siècle, onze *Binwis*, à Saint-Dizier douze; ni le latin, ni l'ancien allemand, ni les patois bourguignon, comtois, lorrain, ne fournissent une étymologie satisfaisante[2].

3. *Cantons et bornes.* — Chaque banlieue était divisée en un certain nombre de cantons, *Gewand*. Il est impossible de dire à quelle époque remonte cette division, qui n'est pas un des faits les moins remarquables de notre histoire rurale. A-t-elle été établie par les premiers propriétaires des grands *prædia*, ou est-elle née spontanément, comme résultat de la nécessité pour les paysans et les seigneurs eux-mêmes de savoir à tout moment où étaient situés leurs champs ou leurs prés? Aucune tradition, aucun document écrit ne nous éclaire sur ce point pourtant si intéressant. Pour désigner les propriétés dans les chartes on inscrivait, dès le viiie siècle, soit les noms des voisins, soit la désignation des lieux adjacents : dans une donation faite en 786 à l'abbaye de Wissembourg il est dit : *jurnales tres, ex una parte tenet Ebroinus et in alia parte habet Adalbertus, et in tertio latere silva mea est, et in quarto latere habet Helmoinus;* dans une autre de 833 : *in villa vel in marca nuncupante Meistaresheim curtilem unum, in occidente res S. Petri* (du couvent de Wissembourg), *in plaga siquidem orientali res mea, in latere vero australi terminatur in rivolum nuncupatum Argenza, in aquilone currit in via pu-*

---

1. *Als. dipl.*, t. II, p. 166. — *Weisth.*, t. IV, p. 190.

2. Pfulfer, p. 27-28. Au commencement du xive siècle sept des *Binwis* de Delle étaient donnés par les Habsbourg en fief à des nobles, les quatre autres rapportaient chacun un cens de 6 sols *stefninger*; le cens de chacun de ceux de Saint-Dizier était de 4 sols *stefninger* et d'un résal d'avoine. *Stefninger, moneta stephanensis,* monnaie bourguignonne. Ducange, t. IV, p. 519. Dans la même contrée on avait pour les blés une mesure dite *Bitschart;* c'était le *bichetus, bichetum*, cité par Ducange, t. I, p. 674, comme *mensura granorum apud Burgundos.*

blica[1]. Cette coutume fut observée pendant tout le moyen âge; elle l'est encore dans le cadastre actuel; on l'appelait jadis l'*exterminatio* d'un bien, l'indication de ses *termini* ou limites[2].

Dans les premiers temps on ne voit pas encore de trace de cantons ruraux proprement dits; les plus anciens documents où ils paraissent sont du commencement du XIIIᵉ siècle, mais ces documents supposent la division établie, ils ne la donnent pas comme une nouveauté, elle se montre tout d'un coup dans toute la province et partout sous des formes identiques, comme si une pensée unique et souveraine y avait présidé. D'ailleurs, elle n'a pas été propre à la seule Alsace; elle se retrouve en Suisse, en Allemagne, en France. Chez nous elle révèle quelques mots qui, quand ils furent écrits dans les urbaires ou dans les chartes, n'étaient plus usités dans la langue parlée dans les couvents ou dans les villes; le peuple des campagnes les comprenait encore, mais les scribes, en en corrompant les formes, prouvaient qu'ils n'en savaient plus le sens[3]. Ces noms étaient empruntés à la nature ou à des accidents du terrain, à des bouquets d'arbres, à des arbres isolés ou de forme particulière, à des fleurs, à des sources, à des ruisseaux, à des roches, à des endroits fréquentés par des fauves, des oiseaux, des lézards, des fourmis, etc. On est frappé de trouver même une certaine poésie dans quelques-unes de ces dénominations; en disant, par exemple, que tels arpents étaient situés à l'éclat du soleil, *im Sunnenglantz*[4], ou au chant des alouettes, *im Lerchengesang*[5], les rudes paysans d'alors n'ont-ils pas prouvé qu'ils n'ont pas été tout à fait insensibles

---

1. *Tradit. Wiss.*, p. 113, 147.

2. ... *Habet ipse mansus exterminacionem*... 840. O. c., p. 206. — En allemand *Abscheid, Gescheid*, de *scheiden*, séparer.

3. Voici comme exemples les diverses manières d'écrire deux termes très anciens, qui reviennent assez fréquemment : Ebenote, plaine (chez Otfried, I, 9, vers 36, Ebonoti; v. aussi Graff, t. I, col. 58) : Oebenble, Obenote, Obenoble, Ebenhöble, Ebeneth, Ebenhat, Ebenheit; — Erdbrust, crevasse (*Brust*, manque, rupture, Graff, t. III, col. 276). *Erprust, Arbrust, Opprust*.

4. Ernolsheim.

5. Eckbolsheim, Kirrwiller, Richtolsheim, Wangen, Westhoffen.

aux charmes de la nature qui les entourait? Ces noms se maintinrent à travers les siècles, alors même que les objets qui les avaient fournis n'existaient plus ou avaient changé de caractère; à Handschuhheim on trouve, vers le milieu du XIII° siècle, un canton dit près du petit arbre, *uf das Bömelin*; à Eckbolsheim, à la même époque, un autre dit près du petit poirier, *uf das Birbömelin*; ces noms étaient encore usités au XVI° siècle, quand depuis longtemps les petits arbres étaient devenus grands ou avaient péri de vétusté.

Dans chaque canton les champs, les prés, les vignes étaient entourés de pierres-bornes, marquées de certains signes. Lors d'une révision de la banlieue d'Obernai, en 1456, on trouva que sur une pierre était sculpté un *Rütel*, petite verge, sur une autre un *Gensefus*, patte d'oie, sur une troisième un *Wolfangel*, piège à loups; on remarqua aussi un arpent dont la pierre n'avait pas de signe, *der Stein daruff hat kein Zeichen*. Bien des arpents désignés dans les urbaires par *zur Angelrute* (ligne à pêcher), Schnersheim 1400, *zur Hallenbarde*, Dürningen 1300, *zum Kugelhut* (capuchon), Königshoffen 1400, *zum Schlüssel* (clef), Neugartheim, XV° siècle, etc., etc., devaient sans doute ces noms aux signes que portaient les pierres.

La pose des bornes était un acte officiel. A Rosheim, le bourgeois qui voulait renouveler les siennes prévenait le maire; celui-ci s'adjoignait un témoin, qui ne pouvait refuser ce service sous peine d'amende; lui et le maire recevaient, pour s'être dérangés, un quart de vin, deux pains blancs et un fromage. Quelques communes ont eu des aborneurs, *Märker, Markmannen, Scheidmannen, Gescheidsleute*, jurés élus par les paysans pour procéder à la vérification annuelle des bornes et pour prononcer sur les litiges entre les voisins; à Dettwiller ils recevaient 4 deniers par pierre; à Wörth, deux deniers de chacun de ceux dont les bornes séparaient les biens; à Saint-Léger on leur servait seize pots de vin et seize pains, et quatre pains et quatre pots au maire qui les accompagnait. Quand, à Neugartheim, le seigneur demandait un nouvel abornement des propriétés, les colons étaient tenus de le faire à leurs frais si la demande leur était adressée lors de la réunion d'un plaid; sinon, l'opération était à la charge du seigneur lui-même. Quiconque dérangeait ou enlevait une borne par malveillance était condamné à cinq livres d'amende, si le délit était commis le jour; s'il avait lieu la nuit, le coupable était livré à la discrétion de son seigneur; quand, au contraire, une pierre n'était renversée qu'accidentellement par la charrue ou par la voiture d'un paysan, ce dernier avait quinze jours pour la remettre en place à ses frais[1].

§ 2. — Exploitation et surveillance.

1. *Einung, ban.* — Les champs destinés à la culture des céréales étaient alternativement ensemencés de seigle ou de froment, d'orge ou d'avoine, et en dernier lieu laissés en friche pendant un an. Cet assolement triennal était introduit dès avant Charlemagne; par la manière dont il en est parlé dans quelques capitulaires, on voit que ce n'était pas alors une coutume nouvelle; celle-ci, du reste, était fondée sur un intérêt très réel des cultivateurs. On formait trois cantons principaux; dans chacun les diverses parcelles qui le composaient étaient labourées à la même époque, ensemencées de la même graine, et laissées en repos en même temps. Chacune des trois portions formait ce qu'on appelait une Zelge, solo[2]. Le *Schultheiss* de l'abbé de Münster fournissait annuellement à chaque colon trois socs, *zu ieglicher Zelgen eins*. A Hüttendorf il est même parlé de quatre *Zelgen*. Les jachères, *Egerden, Brachen*, étaient livrées au parcours du bétail; elles n'étaient interdites que quand elles étaient situées entre des arpents cultivés. Les champs de fèves, de pois, d'épeautre, de millet, de lin, de chanvre, n'étaient pas soumis

1. Wörth.
2. La coutume de trois soles est encore assez commune en Alsace, mais elle n'est plus réglementée.

au régime de l'assolement; ils servaient invariablement aux mêmes espèces; pour celles qui exigeaient une exposition plus chaude, on choisissait de préférence le penchant des collines[1]. Ces champs, entourés de clôtures, formaient les *Bünden*; déjà en 774 on mentionne à Eckendorf une *Scalchenbiunda*, *Bünde* d'un certain Schalk[2].

Au moyen âge la culture de la vigne a eu en Alsace une extension beaucoup plus considérable que dans les temps modernes; dans toutes les banlieues où existent encore des vignobles, il en a existé jadis et on en trouvait dans d'autres où, depuis, ils ont été remplacés par des champs de blé ou de légumes. Quand les vignes ne couvraient pas des coteaux entiers, elles étaient séparées des autres cultures par des haies ou des palissades et portaient le nom de *Rebgarten* ou *Wingarten*. Pour la reproduction des plants on réservait des lieux spéciaux, espèces de pépinières dites *Pflantzer*, *Pflentzer*[3]; *nüwe Gesetze*, *Nüwesetze* était un terrain nouvellement planté de vignes[4]; le vin d'Alsace, très estimé, était devenu un des principaux articles du commerce de la province; au XIIIe, au XIVe siècle, des seigneurs défrichaient encore des bois pour augmenter la superficie de leurs vignobles.

Les prés, qui ne servaient pas de pâturage communal, et qu'on appelait plus spécialement *Matten*, étaient destinés à être fauchés; le bétail n'y entrait qu'après la récolte du regain.

---

1. *Erweisbühel, Linsenbühel, Hirsebühel, Flachsbühel.*

2. *Bünde*, de binden, lier. *Piunte, clausura.* Graff, t. III, col. 342. Ducange, t. I, p. 693. D'après un rotule suisse, tout terrain destiné à une culture spéciale, *es zyge ein Garten, ein Pündt oder ein Wyngart*, devait être entouré d'une clôture. Weisth. t. I, p. 90. En Suisse il y avait dans quelques localités des *Hanfbünden*, en Alsace des *Dinkelbünden* (Dinkel, épeautre). Beaucoup de nos *Bünden* ont été, à une époque quelconque, des propriétés particulières: *Berlins Bünde*, Ittenheim; *Gutolts Bünde*, Uttenheim; *Henninbünde*, Hilsenheim; *Kienes Bünde*, Griesheim; *Wibels Gebünde*, Geudertheim, etc.

3. *Pflantz, Pflantzer, plantarium.* Ducange, t. V, p. 289. En Alsace on disait aussi *Setzelinggarten* (Setzeling, plant).

4. *New Gesetz, Ort do man junge Reben gepflanzet hat.* Gol, Onomasticon latino-germanicum. Strassb. 1636, p. 53. — *Ein Acker, ist ein nüwe Gesetze*, Obernai 1293. *Ein Acker, ist ein Nüwesette*, Burgheim, 1288, etc.

Chaque année, quand approchait le temps de la fenaison, de la moisson, de la vendange, les paysans se soumettaient à des conventions, *Einungen*, par lesquelles ils s'engageaient à commencer les opérations tous ensemble, à la même époque[1]. Le but en était de prévenir les abus qui auraient pu se produire, si chacun avait choisi à son gré le moment de sa récolte; l'un aurait pu empiéter sur la propriété de l'autre. Les champs, les vignes, les prés étaient alors *gebannt*, mis en défens et surveillés plus rigoureusement que pendant le reste de l'année. Le ban s'étendait même parfois aux arbres fruitiers et aux jardins[2]. Les grandes banlieues étaient divisées en plusieurs *Einungen*, où l'on travaillait successivement; on convenait que les biens les plus éloignés seraient interdits jusqu'à ce que la récolte fût achevée sur les plus rapprochés du village; à Schiltigheim il y avait six de ces divisions; à Königshofen, à Marlenheim, à Odern, à Bühl, il y en avait également un certain nombre[3]. Dans quelques communes le seigneur seul fixait les époques; ainsi, à Honau le chapitre, à Blæsheim l'abbesse de Hohenbourg; les paysans étaient obligés de les accepter; dans d'autres, comme à Wolfswiller, à Bösenbiesen, c'étaient les officiers du seigneur, sur l'avis des notables du village; dans d'autres encore, comme à Rosheim, à Eschau, à Schäffersheim, à Huningue, c'était l'universalité des habitants de la banlieue. L'*Einung*, suivie du ban, était faite quand les fruits commençaient à mûrir; le maire l'annonçait aux paysans, convoqués par la cloche de leur église; ils juraient de s'y conformer, d'entourer les biens de haies et

---

1. *Einung*, toute convention ayant force de loi. — *Quando facta fuerit... quod dicitur Eynunge vulgariter, ordinatio super illas...* 1272. Wissembourg. *Als. dipl.*, t. II, p. 8. — A Strasbourg les bourgeois firent en 1264 une *Einung* avec les boulangers, en vertu de laquelle celui qui voulait cuire son pain dans son propre four payait à ces derniers un droit annuel de 12 sols. Archives de la ville.

2. *Der Schultheiss verbietet Gärten und Obst bei der Einigung*. Morsbronn. *Welsch.*, t. V, p. 521. — *Wunnebann in der Stat an Gebömede und an allen Früchten*. Rosheim. Hanauer, *Constit.*, p. 275.

3. Item à Bœsenbiesen, Dangolsheim, Dorlisheim, Erstein, Landersheim, Odratzheim, Westhoffen.

de fermer les sentiers par des paquets de broussailles ou de ronces, afin d'empêcher d'y entrer non seulement le bétail, mais aussi les hommes, à l'exception des propriétaires et de leurs fermiers[1]. La violation d'un ban entraînait une amende appelée *Einung*, de même que celle pour un *Frevel* s'appelait *Frevel*; à Marlenheim c'était 30 sols, à Eschau 5, ailleurs seulement 2; à Eschau le produit était employé par les jurés « de la manière la plus profitable au village et à la banlieue ». Après la récolte l'*Einung* cessait, les clôtures des biens étaient enlevées et la terre, là où elle s'y prêtait, était livrée à la vaine pâture.

2. *Bangards*. — L'institution de cet office, *Banwarllhum*, bangardie, est très ancienne; il en est parlé en 999[2], mais il remonte certainement plus haut. Dans l'origine, le *custos bannorum* n'était pas appelé ainsi parce qu'il aurait été le gardien de la banlieue, mais parce qu'il était chargé de faire observer l'interdiction des biens qui étaient mis en ban. Dans la suite, pourtant, ses fonctions devinrent plus étendues, il s'éleva au rang d'un des principaux officiers villageois; comme *custos campi*, il eut la mission de protéger pendant toute l'année les propriétés comprises dans la banlieue, *Wunne und Weide*[3]. A cause de cette protection, *Schutz*, il portait lui-même, çà et là, le nom de *Schutz*, qu'on aurait tort de prendre pour *Schütze*, tireur; le bangard n'avait pas d'armes contre les délinquants, il ne pouvait que leur demander des gages[4]. Son office comprenait la surveillance des terres cultivées, des bois, des eaux, des chemins, des pierres-bornes; il devait réprimer les délits ruraux et empêcher les bêtes de commettre des dégâts; dans quelques localités il concourait même à la police du village.

---

1. *Die Stigel verschlagen*, fermer les sentiers. L'usage est observé encore aujourd'hui.
2. Grandidier, *Hist. d'Als.*, t. I, p. CLXXXVI.
3. Burckhardt, p. 89.
4. *Wissenhaftige Schützen, das sind die Banwarten*. Saint-Pierre.

il gardait les malfaiteurs mis au cep. Comme il était responsable des dommages, il n'était pas pris parmi les paysans pauvres; il fallait qu'il possédât assez de bien personnel pour offrir des garanties[1].

Dans beaucoup de villages il n'y avait qu'un seul bangard, dans d'autres deux, trois et même quatre[2]. Peu de coutumes ont été moins uniformes que celles qui étaient observées pour l'élection de ces officiers. Comme ils devaient leurs services à la fois au seigneur et au paysan, qui se méfiaient l'un de l'autre, on avait donné à tous les deux une part dans la nomination, mais cette part était réglée très diversement. Quelques communes, telles que Wasselonne, Marlenheim, Börsch, Andolsheim et deux ou trois autres, où le garde était élu directement à la majorité des voix, soit par les habitants de la banlieue, soit seulement par les notables, formaient des exceptions; dans ces villages le seigneur instituait un bangard pour son propre compte, *Fronbanwart*. Dans la plupart des cas le seigneur ou les paysans n'ont eu que le droit de se présenter réciproquement des candidats. A Entzheim le maire pouvait s'offrir lui-même pour remplir la charge; si les gens du village ne l'agréaient pas, il leur nommait deux noms; outre celui des deux pour lequel ils se prononçaient, ils choisissaient librement un deuxième garde. Ailleurs enfin, à Isenheim, à Sundhofen, à Kembs, le bangard était donné à la commune par le seigneur ou ses officiers, sans s'inquiéter de l'avis des paysans.

Généralement il n'était élu, de même que le *Heimburge*, que pour un an. A la fin de l'année il avait à se présenter devant un des officiers seigneuriaux pour lui rendre compte de son exercice; il disait : « quelqu'un a-t-il souffert un dommage par ma faute, je le réparerai »; s'il n'y avait pas de plainte,

---

1. *Und sont ouch solich Eigen han, ob yeman kein Schade geschiht, das sü ime den mügent abetun.* Bläsheim.

2. Deux à Breuschwickersheim et à Ingmarsheim, trois à Andolsheim et à Börsch, quatre à Marlenheim, à Volgelsheim, à Wasselonne. La ville de Rosheim en avait même huit.

on le confirmait dans ses fonctions. Dans quelques villages dépendant du chapitre de Bâle, le *Banwartthum* devenait vacant, comme tous les autres offices, à la mort du prévôt; le successeur de ce dernier le conférait à nouveau, sans être tenu de le conserver à celui qui, à ce moment, en était investi. Là où les paysans concouraient à l'élection, l'élu était institué tantôt par le *Schultheiss*, tantôt par le maire; il jurait de protéger les biens et les récoltes des riches et des pauvres sans égard aux personnes. Lors de son installation il devait à l'officier du seigneur généralement une somme d'argent, variant selon les localités, depuis 2 deniers jusqu'à 13 sols; à Hüningue il donnait au maire deux gants blancs; à Bläsheim, au même quatre pains blancs, un fromage et un quart de vin, et, au *Heimburge*, un sol; à Heimsbrunn, au cellérier un sol et, aux colons, du vin et quatre pains blancs; à Wolfswiller, au maire un sol et, aux colons, huit pains et seize pots de vin, etc.

En rémunération de leurs services, certains bangards ont eu la jouissance de quelques pièces de terre, attachées à leur office[1]. D'autres prélevaient des gerbes, lors de la moisson[2], ou recevaient quelques résaux de blé[3]. Ceux de Fegersheim avaient ensemble 8 gerbes de chaque manse, 1 de chacun des biens moins importants, 60 sur la dime et une voie de bois; celui d'Osthausen prenait une gerbe de chaque arpent de froment ou de seigle et, de chaque arpent d'orge, autant d'épis qu'il pouvait en lier avec une corde allant de l'extrémité du bras étendu jusqu'au milieu de la poitrine; le paysan qui ne consentait pas à l'enlèvement des gerbes devait au bangard un quart de blé en grains. L'abbé de Pairis, qui possédait à Kembs un pâturage, récompensait chaque année un des ban-

---

1. Dans quelques banlieues il y a eu des arpents simplement appelés *das Banwarttum*. A Brunstatt, à Hirzbach, à Ottersthal, des *Schützenacker*. Le bangard de Kintzheim jouissait d'un arpent et demi, celui de Heimsbrunn de trois arpents et d'un pré.

2. Andolsheim. Heimsbrunn. Sundhausen.

3. Le bangard d'Issenheim recevait un sol et deux muids de seigle.

gards de l'endroit par 12 sols ou par une paire de souliers neufs¹. Pendant la vendange ceux de Sigolsheim étaient autorisés à couper autant de raisins que pouvait en contenir une cuve, à condition de rester avec un pied sur les chemins traversant les vignes.

Certaines bangardies étaient d'un rapport si considérable que des nobles même en sollicitaient l'investiture; naturellement ils n'en exerçaient pas en personne les fonctions; ils en prenaient les profits en en remettant la charge à des valets auxquels ils payaient un salaire. Au XII° siècle, les chevaliers de Bischofsheim avaient eu, pour le chapitre de Saint-Léonard, la *custodia* de ses vignes dans la banlieue de Börsch; ils y renoncèrent vers 1230². Le *Banwartthum* d'Obernai était un fief impérial accordé, au XIV° siècle, aux chevaliers Gosmar; ils touchaient deux deniers pour chaque arpent de vignes, et un pour chaque arpent de champ ou de pré³.

Si les bangards avaient ainsi quelques avantages, ils étaient chargés aussi, comme les forestiers et d'autres agents, de quelques redevances particulières envers leurs seigneurs. Ils leur fournissaient chaque année un certain nombre de résaux de blé⁴. L'abbesse d'Eschau réclamait même de ceux d'Achenheim, lors de l'Épiphanie, 18 gâteaux faits de 10 boisseaux de froment, au Carême un quart d'huile, à Pâques une grue, à la Sainte-Sophie deux agneaux; le *Bannherr* de Wasselonne prétendait à un mouton de deux ans ou à deux d'un an chacun.

Pour exercer leur surveillance les bangards avaient des cabanes au milieu des champs et des vignes⁵. Nous avons dit

---

1. Vers 1187. Trouillat, t. I, p. 407.
2. *Strassb. Urkundenbuch*, t. I, p. 181.
3. Dag. Fischer, *Die Bergfeste Türckstein*. Saverne, 1819, p. 19.
4. A Cresswiller, 4 résaux moitié de seigle et moitié d'orge ou d'avoine; à Eschau, 2 résaux de seigle et d'orge; à Eckbolsheim, 4 sols au chapitre de Saint-Thomas et 1 résal de blé à son *Schultheiss*; à Appenwiller, 2 boisseaux de seigle; à Volgelsheim, 4 résaux de seigle, 4 d'orge et 4 d'avoine; à Réguisheim, 2 résaux de seigle.
5. *Tugurium, Hütte, casula custodum vinearum*. Herrad de Landsberg. — *Banwarthütte*, Mittelhausen, 1351; *Warthütte*, Sermersheim, 1393; *Hütte*, très souvent.

plus haut que, quand ils surprenaient un délinquant, leur autorité se bornait à lui demander un gage; à cause de la protection dont ils étaient chargés, on appelait ce gage, comme on les appelait eux-mêmes, *Schutz*[1]; le même nom était donné aux amendes. Quand le garde rencontrait dans un champ une vache, un mouton, un porc, il appelait trois fois le propriétaire de la bête; si celui-ci ne se présentait pas, il la conduisait chez le maire ou dans la ferme la plus voisine. Dans quelques communes il prenait des gages à l'avance en saisissant le premier animal venu[2]; dans d'autres on lui en demandait lors du plaid annuel, à moins qu'il ne pût prouver par serment d'avoir rempli fidèlement ses devoirs. L'amende pour un animal trouvé sur un champ variait de 5 sols à 10, dont une partie revenait au bangard[3]. Le maire gardait les gages jusqu'à ce qu'ils fussent réclamés par le paysan auquel ils appartenaient; celui-ci, outre l'amende, avait à dédommager le cultivateur du bien sur lequel ils avaient été pris, à payer au maire les frais de nourriture et à lui donner du pain et du vin. Si le gage

---

1. Nous réunirons ici les passages qui se rapportent à cette coutume : *Dictus praeco sol tribus drige Schuzzen in eandem curiam, ubicunque invenict in bonis.* Wibolsheim. De même à Herlisheim; si le bangard ne trouve pas trois *Schuzze* valant chacun 10 sols, il en doit un de 30 sols, à moins d'affirmer par serment qu'il n'a pas pu s'en procurer. — *Der Banwart sol entwurten drie Schutze..., und sol der Schutz teglicher gelten 30 schellings. Er ensol ouch kein Vihe entwurten für einen Schutz, es ensi denne ein Vih mit vier Bein, das 30 schellings wert si.* Eschau. — *Die Banwart... sollen in den Hof bringen dri Schutz, und sol ieder Schutz nit minder sin dann zwelf Vihe.* Kintzheim. *Weisth.*, t. V, p. 399; cela ferait 36 bêtes, ce qui paraît énorme; au lieu de *Vihe*, il faut lire sans doute *Schilling.* — *Die Banwarten zu Marley... sint jne (dem Schultheiss) schuldig vier Schoupfant, und obe sü es nit enfindent bi jrne eide, so sint sü lidig.* Copie faite en 1581 du rotule de Marlenheim d'après un renouvellement de 1338, chez Wencker, *Argentorat. historico-politica,* ms., f°, vol. 1, n° 35. Arch. de la ville. Le texte publié d'après la même copie dans les *Weisth.*, t. I, p. 728, a, au lieu de *Schoupfant, vier Schoubbande,* quatre bottes de paille. En comparant le passage avec celui du rotule de Herlisheim que nous venons de mentionner (Burckhardt, p. 214) on se convaincra que *Schoubband* serait une erreur, lors même que cela se trouverait dans la copie conservée par Wencker, où on lit distinctement *Schoupfant,* gage que le bangard présente, fait voir, au *Schultheiss.* — J'avoue que je ne saisis pas la raison de cette coutume. S'agit-il d'une sorte de cautionnement?

2. Bläsheim.

3. Pour chaque bête à quatre pieds qui, pendant le ban de la moisson, à Bösenbiesen, allait sur un champ, le propriétaire devait 5 sols *zu Schuzze*, dont 3 pour l'abbesse de Niedermünster et 2 pour la *Geburschaft*. A Wiedensohlen les bangards avaient 1 sol de chaque *Schütz*.

n'était pas racheté après huit jours, le maire annonçait, au son de la cloche et en présence de deux témoins, qu'il l'exposait à une enchère; du prix qu'on en retirait on déduisait l'amende, les frais et les dommages-intérêts; le reste était rendu au délinquant.

CHAPITRE II

CHAMPS COMMUNAUX ET PETITE PROPRIÉTÉ LIBRE

Une terre cultivée suppose un propriétaire qui la met en exploitation. On pourrait croire que, depuis l'établissement des grands domaines, tout le sol mis en culture n'a appartenu qu'à des seigneurs qui en ont retiré un profit sous forme de redevances; on verra que, pour l'Alsace, cette opinion n'est pas conforme à la réalité des faits; tout sujet d'un seigneur n'a pas été nécessairement son tenancier.

Il est à remarquer d'abord que, dans bien des banlieues, une portion de l'*Almend* était livrée à l'agriculture. Cette portion était divisée, comme les autres champs, en trois-soles, et chaque sole en autant de lots qu'il y avait de paysans; on distribuait les lots par le sort, en en réservant quelques-uns au seigneur local, copropriétaire des communaux[1]. Dans l'Ufriet cette répartition était faite chaque fois pour neuf ans. Il ne faut pas songer ici aux *Lüsse;* ceux-ci, provenant du partage primitif, étaient restés, tout en passant dans d'autres mains, des propriétés particulières. Quand l'accroissement de la population ou d'autres besoins le demandaient, on convertissait en arpents une partie de l'*Almend*. Chaque paysan, d'ailleurs, pouvait labourer, à ses risques et périls, des parcelles de ces terrains sablonneux ou couverts de broussailles, qui n'étaient pas même propres au pâturage; après quelques années on laissait repousser l'herbe maigre du *Sand* ou les broussailles du *Ried*. Comme tous les champs nouveaux étaient aussitôt soumis aux taxes et aux dîmes[2], les seigneurs avaient un intérêt à favoriser ces opérations; ils ne s'opposaient qu'au

---

1. Quand les paysans de Drusenheim et de Kutzenhausen faisaient un partage, deux lots revenaient à leur seigneur, l'abbé de Schwarzach.
2. *Als. dipl.*, t. II, p. 7. — Hanauer, *Constit.*, p. 151.

défrichement abusif des forêts et à l'aliénation arbitraire des communaux utiles. Il y avait aussi des villages possédant des prairies communes, *gemeine Matten, der Geburen Matten*, dont les paysans se partageaient le produit ou qu'ils fauchaient à tour de rôle[1].

Ces terres n'ont donc pas été la propriété personnelle des seigneurs des villages. Il en est encore d'autres dont ils n'ont pas eu davantage le domaine direct; sur ceux qui les possédaient ils n'ont pas exercé de droit patrimonial, ils n'ont eu sur eux que le pouvoir du seigneur sur les sujets résidant dans sa banlieue. En parcourant nos anciens cartulaires on est frappé du grand nombre de biens appelés d'après des hommes; des champs, des prés, des bois, des collines, des fontaines, des arbres portent des noms de personnages qui n'ont laissé aucun souvenir dans l'histoire[2]; comment expliquer ces dénominations et leur persistance à travers les siècles, si ce n'est en admettant que dans l'origine elles ont distingué, de biens devenus ensifs, ceux qui étaient restés des propriétés libres? Dans la suite, sans doute, beaucoup de ces dernières furent aliénées à des nobles ou à des églises, tout en gardant les noms par lesquels on s'était habitué à les désigner.

Nous avons vu que, de très bonne heure, de riches seigneurs avaient acquis des biens dans des villages qui n'étaient pas sous leur domination. Un exemple fort intéressant de ce fait nous est fourni encore au xii° siècle; en 1181 Walfrid de Bischofsheim donna au monastère de Baumgarten cinq fermes

---

[1]. *Der Geburen Matte*, Dingsheim, Saint-Pierre, Rumersheim, Zutzendorf. *Gemeine Matte*, dans 13 banlieues.

[2]. Parmi les quelques centaines de ces noms que j'ai recueillis, je ne choisirai comme preuves que les suivants: *Hermots Acker*, Wangen, 1282. *Wolframes Acker*, Truchtersheim, xiv° siècle. — *Dietotres Le*, Pfettisheim, xiii° siècle, 1375. *Reimottes Le*, Truchtersheim, 1293, 1482. *Rotmannes Le*, Klein-Frankenheim, 1307, 1520. (*Le*, bien formant un enclos.) — *Berhtoldes Matte*, Littenheim, 1520, 1529. *Bertrames Matte*, Wickersheim, 1335, 1520. *Vern Uten Matte*, Wittersheim, 1309, 1337 (de la femme Uta). — *Reigelins Loch*, Wittisheim, 1312, 1445. *Bogoltz Holz*, Westhoffen, 1361, 1509. *Ringolves Holz*, Mittelhausen, 1293, 1331. *Berhten Rode*, Epfig, 1294, 1437. *Etgelinges Gerüte*, Lampertheim, 1293, 1431. — *Brendelins Boum*, Molsheim, 1372, 1437. *Vern Heiliken Böme*, Schwindratzheim, 1399, 1516. — *Eckelmannes Bühel*, Marlenheim, 1335, 1509. — *Dietmans Burne*, Hochfelden, 1277, 1376, etc., etc.

et un cellier à Bischofsheim ; 70 arpents de terre arable, 1 arpent et demi de prés et 29 arpents de vignes à Griesheim, 2 fermes à Börsch, 5 fermes, 1 moulin et 34 arpents dont 2 de prés à Ergersheim, 3 fermes, 1 cellier et 29 arpents dont 4 de prés à Geispolsheim, 10 arpents de vignes à Andlau, 4 à Zellwiller et autant à Kerzfeld, enfin 7 prés à Valf[1]. Walfrid, ou un de ses ancêtres, avait dû acquérir ces biens, situés dans neuf communes, soit en les achetant, soit en les faisant abandonner par les hommes libres qui les avaient possédés. Bientôt après, à partir environ du XIIIe siècle, on voit paraître un autre phénomène, celui du morcellement progressif des grandes propriétés laïques. A mesure que la noblesse, quittant la campagne pour résider dans les villes ou pour suivre la cour, s'adonne aux plaisirs et au luxe ou se livre à des guerres ruineuses, elle est réduite, pour satisfaire à ses besoins nouveaux, à vendre des parties de ses domaines tantôt à des églises ou à des seigneurs plus prudents, tantôt même à des bourgeois. Ces derniers deviennent alors propriétaires ruraux, au même titre et avec les mêmes droits que l'avaient été ceux dont ils achetaient les biens. Ce qui est plus significatif encore, c'est qu'à côté de ces nouveaux acquéreurs il y a eu des paysans possédant des propriétés personnelles, grevées seulement de charges féodales. Un capitulaire parle de gens *qui et proprium habent et tamen in terra dominica resident*[2]; c'étaient des propriétaires libres, établis sur le territoire d'un seigneur. Même parmi les hommes propres de quelques églises, il s'en trouvait qui n'étaient ni fermiers temporaires, ni colons héréditaires[3]; ils résidaient sur un bien qui leur appartenait, qu'ils tenaient *jure proprio*[4]. Ces paysans pouvaient disposer de leurs champs, les louer, les vendre, les donner, les hypothéquer, sans re-

---

1. Würdtwein, t. X, p. 113. La même charte *Ms. dipl.*, t. I, p. 288, avec la fausse date 1187.
2. *Capitul.*, Baluze, t. I, p. 585.
3. *Frowen und Man die des Gotzhus eigen sind und weder Erb noch Lehen von dem Gotzhus hand*. Weisth., t. I, p. 61. Comp. ib., p. 8, 19.
4. Würdtwein, t. VI, p. 244.

courir à une autorisation de leur seigneur[1]. Quand ils n'étaient pas assez riches pour vivre de leur seule terre, ils en prenaient une autre à ferme et entraient, quant à celle-ci, dans la catégorie des tenanciers. On peut citer, dans la plupart de nos communes, de ces paysans propriétaires[2]. Ils n'ont pu être que des descendants d'anciens hommes libres qui, dans les premiers siècles du moyen âge, avaient résisté à la tentation d'abandonner leurs petits biens pour se mettre sous la protection d'une église ou d'un noble puissant. Suivant Zöpfl, la petite propriété libre ne remonterait pas si haut ; il suppose que partout elle avait été absorbée par la grande, et que si, plus tard, on la voit se reconstituer, c'est que des seigneurs avaient vendu ou cédé gratuitement des parcelles de leurs domaines[3]. Qu'ils en aient vendu, personne n'en peut disconvenir ; mais qu'ils en aient donné à des paysans, nous doutons qu'ils aient eu cette générosité. La principale cause de la diminution de la grande propriété a été celle que nous avons indiquée, le besoin de se faire de l'argent par l'aliénation de terres.

1. En Suisse ces biens étaient appelés *freie Güter*, biens libres. *Weisth.*, t. I, p. 161.

2. 1257, Henri, fils du *Schultheiss* de Hürtigheim, vend 4 arpents à l'écolâtre de Honau. — 1287, Götz Mattestal, de Quatzenheim, vend 4 arpents et demi au chapitre de Saint-Thomas. — 1288, Walther Dubelin, de Bischofsheim, vend à Conrad *zu dem halben Hus*, bourgeois de Strasbourg, des biens à Ingmarsheim. — 1313, Conrad Kober, de Stotzheim, emprunte de Conrad Smultz, bourgeois de Strasbourg, 20 livres sur un de ses biens. — 1316, Nicolas Wislamp, de Mutzig, emprunte de Jean Ruwin, chanoine de Saint-Thomas, 10 livres sur des vignes. — 1356, Jean Zach, de Weiterswiller, loue 2 arpents de vignes à l'écuyer Cunon de Lupfenstein. — 1361, Heintz, d'Eckbolsheim, vend à Henri Westermann des biens à Königshofen, etc., etc.

3. P. 121 et suiv.

CHAPITRE III

LA GRANDE PROPRIÉTÉ

Cependant les petites propriétés ne formaient toujours, pour ainsi dire, que des îlots disséminés au milieu des grandes. On peut dire sans exagération que la partie la plus considérable du sol cultivé de l'Alsace était possédée par des seigneurs ecclésiastiques ou séculiers. Les biens des églises notamment n'avaient cessé de s'augmenter depuis le XIe siècle; plusieurs fois encore, à partir de cette époque, des monastères et des chapitres avaient reçu en donation des domaines très étendus; nous ne rappellerons comme exemple que le *prædium*, c'est-à-dire le village tout entier de Kienheim, donné en 1023 par l'empereur Henri II à l'abbaye d'Erstein[1]; le *prædium* de Schlestadt, donné en 1095 au couvent de Sainte-Foy par l'évêque Otton de Strasbourg et ses frères[2]; les dix manses de Harthausen, donnés en 1105 par le prêtre Hartmann au grand chapitre[3]; un *prædium* à Scherrwiller, donné en 1118 au même chapitre par le prévôt Brunon, chancelier impérial[4]; un autre à Waldolwisheim donné en 1217 par Henri d'Ochsenstein aux monastères de Marmoutier et de Sindelberg[5], etc. Plus tard on ne fait plus aux églises des largesses aussi importantes; elles n'ajoutent plus à leur patrimoine que des champs isolés, légués par des personnes pieuses, ou des terres achetées de nobles embarrassés dans leurs finances.

1. *Archives de la Basse-Alsace.*
2. Grandidier, *Hist. d'Als.*, t. II, p. CLXII, CXCII.
3. *Archives de la Basse-Alsace.*
4. *Ibid.*
5. Abbaye d'Ebersmünster. *Als. dipl.*, t. I, p. 127. — *Allodium proprium*, opposé à des biens possédés *sub nomine cujusdam census*. 1251. Straub, *Urkundenbuch*, t. I, p. 261. — *Sal* est l'ancien mot germanique pour désigner ce qu'on possède légitimement en propre.

§ 1. — Officiers.

La grande propriété, quand elle n'était pas un fief, constituait la *terra salica*, le *Salelant*, l'allen, de celui qui en était le *dominus*, *Landherr* : *propria allodia quæ vulgato nomine Salelant vocantur*, 976. Mais soit qu'elle fût un fief ou un allen, elle était d'ordinaire divisée en deux parts, une que le seigneur se réservait et une autre qu'il louait à des personnes de condition diverse.

Pour la surveillance générale et la gestion de tous les biens formant son domaine, il avait un ou plusieurs officiers, *Ambachtlüte*. Tantôt ces offices étaient viagers, tantôt ils cessaient lors du remplacement ou du décès du seigneur. A Marmoutier *ministeria et officia mutato abbate omnia vacua sunt*; il en était de même dans quelques seigneuries ecclésiastiques de la Haute-Alsace. Les offices étaient considérés comme des fiefs, *Amtslehn*, auxquels étaient attachés des biens ou des redevances, et pour lesquels on payait, lors de l'investiture, une certaine somme. Ceux qui les remplissaient étaient exemptés des corvées et parfois aussi des taxes. L'abbesse de Hohenbourg avait obtenu pour ses officiers de Rosheim, d'Ingmarsheim, de Bläsheim, le privilège impérial d'être libres de toute collecte ou exaction[1]; ils n'étaient tenus de servir comme les autres bourgeois que si un roi ou un autre seigneur demandait en trop grande compagnie le droit de gîte, ou si en cas de guerre les maisons des habitants risquaient d'être saccagées. D'après une déclaration de l'évêque Jean, 1367, ceux des *curiæ* du grand chapitre jouissaient des mêmes franchises[2]; ceux de l'abbesse d'Eschau étaient également libres.

Le principal de ces officiers a été le maire, *Meier*, *villicus*[3]. Plusieurs fois déjà nous avons eu l'occasion de parler de cet

---

[1]. Privilège du roi Henri, 1225, confirmé en 1249. *Archives de la Basse-Alsace*.
[2]. *Archives de la Basse-Alsace*.
[3]. A Wasselonne il était appelé *Hofmeister*, à Issenheim *Werckmeister*.

agent, mais nous avons cru devoir renvoyer jusqu'à ce moment l'explication de la nature de ses fonctions. L'institution de la *villicatura*, *Meierthum*, remonte aux temps mérovingiens et fut confirmée par la législation de Charlemagne; dès ces temps reculés chaque propriétaire libre a eu son *major* pour gérer son domaine. Le maire n'a pas été un officier judiciaire comme le *Schultheiss*, ni un employé communal comme le *Heimburge*, mais un intendant qui, muni souvent d'une assez grande autorité, présidait à l'exploitation des terres. Les simples propriétaires de colonges ont eu de ces gérants, tout comme les seigneurs territoriaux. Aussi le maire n'est-il jamais élu par les paysans; il est nommé directement par celui qui l'emploie et qui généralement le choisit parmi les notables du village. Il prête le serment de veiller au bon entretien des propriétés, d'empêcher ce qui pourrait causer des dommages, de faire rentrer les redevances; il cherche des fermiers pour les biens devenus vacants, en ayant soin que ces derniers ne restent pas trop longtemps sans culture; il conclut les baux temporaires et institue les nouveaux colons héréditaires; il annonce avec le *Heimburge* les bans des récoltes, il dirige les corvées, garde les bêtes mâles et a le dépôt des gages. Il tient soit un registre, *Meierbuch*, soit un simple rotule formé d'une bande de parchemin où sont inscrits les noms des fermiers, ceux de leurs champs et la quotité de leurs cens; il préside enfin les sessions de justice patrimoniale concernant les biens et leurs produits. Celui de l'abbesse d'Eschau à Sundhausen était chargé en outre d'accompagner la dame quand elle partait en voyage et d'aller pour elle à Rome, à la cour ou n'importe où, un jour et une nuit à ses frais, le reste du temps aux frais du monastère.

A moins d'être autorisé à demeurer dans sa propre maison[1], le maire habitait la ferme dominicale. A celle-ci appartenaient des chevaux, des voitures, des charrues, dont il avait le droit

---

1. Rotule de Nothaldon.

de faire usage; elle contenait même parfois des meubles, des lits, du linge, de la vaisselle, des ustensiles de cuisine, soit pour la famille du maire, soit pour le service du seigneur quand il fallait l'héberger. A Entzheim, le maire sortant laissait quatre chevaux ayant de bons yeux et capables de conduire depuis les vignobles jusqu'au village une voiture chargée de vin, un chariot en bon état pouvant porter un foudre, une charrue également en bon état et une faucille. En 1430, le mobilier de la cour de Türckheim se composait d'environ 90 objets divers[1].

Dans toutes les banlieues on rencontre des biens appelés *Meierthum*; c'étaient les arpents attachés à l'office de maire. Dans la marche de Marmoutier les *villici* de l'abbé jouissaient chacun d'un manse, qui ne devait être ni un des meilleurs, ni un des moins bons[2]; celui d'Ingenheim avait deux manses et demi[3]; celui de Soultzmatt un seul. Au revenu de ces biens, dont le plus souvent le maire ne devait pas de cens, s'ajoutaient quelques autres bénéfices; le maire d'Ingenheim touchait cinq onces de chaque colon; celui de Scherrwiller avait une partie des cens en argent et un demi-foudre de vin; celui de Schlestadt, deux résaux de seigle; celui de Limersheim, le cens en argent d'un manse et un boisseau d'orge de chaque paysan; celui de Soultz-les-Bains, six mesures de vin; celui de Nieder-Hausbergen, les redevances en grains ou vingt chapons; celui d'Oberentzen, quatre résaux moitié seigle et moitié orge et le droit de couper du bois dans la forêt pendant neuf jours entre la Saint-Martin et Noël[4]; celui de Zutzendorf, les

---

1. 4 grands lits et 3 et demi petits lits, 4 lits de plume, 4 plumons (2 grands et 2 petits), 10 oreillers, 3 draps de lit, 2 pots en cuivre, 2 pots en terre, 1 bassin, 2 puisoirs, 2 chaudrons, 1 casseroles en cuivre, 1 en fer, 2 poêles à frire, 1 broche, 1 gril, 1 moulin à moutarde, 1 trépied, 1 mortier, 2 bancs rembourrés, 4 couvertures en peaux, 5 bahuts, 1 boisseau, 16 hoyaux, 8 houes, 6 pioches, 2 pics, 2 pelles. (Hanauer, *Constit.*, p. 231, note 2.)

2. Chacun doit avoir *inter mansos suæ villicationis unum, nec optimum nec pessimum, sed medium cum omni jure.* (*Ms. dipl.*, t. I, p. 229.)

3. Ils étaient formés de biens situés dans 4 banlieues différentes. (Hanauer, *Constit.* p. 12.)

4. En compensation, il était tenu d'entretenir la haie entourant la cour.

deux tiers des menues dîmes. Le maire de Rittershofen pouvait prendre dans la forêt du chapitre de Sarbourg du bois pour une maison à trois pignons, pour une charrue et pour une herse; si pendant ce travail il attrapait du gibier, il le gardait, à condition de le laisser à découvert sur sa voiture; s'il le cachait, il était puni. Celui de Sigolsheim enfin recevait comme gratification spéciale chaque année une pelisse neuve en peau d'agneau pour couvrir les pieds de sa femme[1]. D'autres revenus seront mentionnés quand nous parlerons des colonges. Mais, de même que les forestiers, etc., les maires ont aussi eu à faire des dons à leurs maîtres. Celui de Spechbach devait annuellement au prévôt de Saint-Morand 2 sols pour une paire de gants; celui de Sundhausen, à l'abbesse d'Erstein un porc; ceux de l'abbé de Marmoutier lui apportaient, à Noël, un porc valant un sol, huit pains et quatre setiers de vin et, deux fois par an, six deniers pour des poissons; au cellérier ils donnaient six deniers, au camérier une charité, *aliquid caritatis*.

Dans les localités dont les biens consistaient principalement en vignes, le seigneur avait, outre le maire, un *Keller*, *cellerarius*, chargé de la surveillance de la vendange et du pressoir, de la perception des redevances en vin et de leur mise en cave[2]. Çà et là cet officier faisait en même temps fonction de maire, ou plutôt le maire portait le nom de *Keller*. Là où un cellérier était adjoint au maire, il lui aidait à recueillir aussi les cens en blé et en argent; il avait même la garde de quelques forêts. Celui de Rosheim portait les messages de l'abbesse de

---

1. Le maire de Neugartheim recevait chaque année 4 mesures de vin, à titre de récompense, *Belohnung*. — Le curé de Nothalden prélevait sur la fenaison de l'abbesse de Hohenbourg 20 tas de foin, à condition de combler au maire le déficit des redevances; en outre, il lui devait une fois par an un quart de vin, un fromage de 4 deniers et pour 6 deniers de pain.

2. Le cellérier de l'évêque à Molsheim portait le titre de *Rebmeister*. Dans une trentaine de communes de la Basse-Alsace il y avait des *Rebhöfe*, soit habités par des gérants de vignobles, soit loués à des colons; le cens ne consistait pas toujours en vin; au xiiie siècle, le chapitre de Neuwiller possédait à Reitwiller *duas curias, vulgariter Rebehofe, quæ persolvunt annuatim septem quartalia siliginis*.

Hohenbourg en lui jurant de n'en rien révéler. A Sundhausen le salaire du cellérier consistait dans les revenus d'un manse; à Marlenheim, en un manse exempt de l'impôt de la Bette; à Börsch, en neuf arpents et demi, dix mesures de vin, plus le fumier des chevaux du chanoine de Strasbourg qui, lors de la vendange, venait au village; à Achenheim, en dix résaux de seigle, quelques deniers de chaque colon et deux gerbes à prendre sur un bien spécial; à Kintzheim, en huit mesures de vin nouveau et du bois pour la cuisine. Le cellérier de l'abbesse de Niedermünster à Bösenbiesen, où il faisait aussi l'office de forestier, coupait, avant les paysans, une gerbe de seigle, avait en outre 60 gerbes après la moisson, une certaine quantité d'orge[1], la moitié de la dîme d'un manse, les arbres morts, le bois restant des coupes et « ce qui dans la forêt était couvert de ronces ».

A Honau, à Reiningen, à Nieder-Burnhaupt, le cellérier et le maire étaient remplacés par le forestier, qui cumulait leurs charges avec la sienne. Les *Stadeler* de Marlenheim, d'Eschau, de Münster, comme celui de l'évêque de Strasbourg, n'avaient à s'occuper que de l'emmagasinage dans les granges, *Stadel*, des redevances et des dîmes en grains. Les abbés de Münster et de Marmoutier avaient enfin chacun son *stabularius* ou *marschalcus*, présidant à l'entretien de leurs chevaux et devant toujours être prêts à voyager avec eux. C'étaient des ministériaux nobles, jouissant de quelques bénéfices. Le *Marschalk* de l'abbesse d'Eschau était supérieur aux autres officiers du monastère; comme ses fonctions ne sont pas spécifiées, on peut supposer seulement qu'elles ont été analogues à celles des maréchaux de Münster et de Marmoutier. L'évêque en avait aussi un, dont la charge a été longtemps un fief héréditaire des chevaliers de Hünebourg.

---

1. *Drei Walben ohe den Leiteren mit Gersten. Weisth.*, t. I, p. 690. *Walben?* Je dis comme le dictionnaire de Benecke, t. III, p. 665 : *was ist das ?*

§ 2. — Le domaine réservé.

1. Au domaine réservé on donnait dans un sens plus spécial, plus restreint, ce nom de *Salgut, Selegut*, qui proprement embrassait tout l'ensemble de la propriété allodiale[1]. On l'appelait aussi *Frongut, Fronland, Frönde, Acht. Fron* était ce qui concernait le seigneur et lui appartenait[2]; par *Acht*, synonyme de *Bann*, on entendait la terre interdite aux paysans et où ils n'allaient que pour faire des corvées pour leur maître[3]. Les *mansus indominicati* du ixe siècle ont été très probablement de ces domaines réservés[4]. Le seigneur exploitait ces biens lui-même ou les donnait en location temporaire. Quand un bien loué à titre héréditaire était retiré à un colon, il redevenait *Selgut*, le seigneur en disposait de nouveau à son gré, soit en le faisant cultiver par ses paysans corvéables, soit en le concédant à un fermier[5]. Dans les villages où il n'y avait pas de château fortifié, *Burg*, il possédait un *Salhof* ou *Sedelhof*,

---

1. Au xiiie siècle, le chapitre de Neuwiller possède à Reitwiller *salicæ terræ tres agros.* — *Das Selegut*, Entzheim, 1278, Königshofen, 1220, Pfettisheim, xive siècle; *die Selacker*, Krastatt, 1265. Morschwiller, xiiie siècle; *die Selhube*, Sermersheim, xive siècle.

2. *Frongut*, Fessenheim, 1272; Melsheim, 1398; Wiedensohlen, 1361. — *Fronland*, Molsheim, 1298. — *Frönde*, de *frönen*, transmettre au seigneur, bien qui est *gefrönet*, réservé au seigneur pour son usage personnel. Comme *frönen* était aussi pris dans le sens d'interdire, mettre au ban (*Gefronida, proscriptio*; Graff, t. III, col. 811), Mone, *Zeitschr.*, t. V, p 258, en conclut que les *Fronden* ont été des biens interdits à des colons infidèles à leurs obligations. J'ignore si cela est exact pour d'autres contrées; en Alsace *Frönde* est exclusivement un domaine réservé au seigneur : *wann unser Herre der Abt Werklüt hat in der Frönde, so soll der Weibel oder sine Botten dobi sin.* Münster, 1339. *Ein Gut wart... von der Frönde genomen und gesetzet umb einen Zins.* Issenheim, 1382. — On connaît dans les deux parties de l'Alsace de nombreux biens appelés *Frönden*; citons seulement les suivants, qui ne laissent aucun doute sur le sens du mot : *des Lantgraven Frönde*, Brumath, 1322; *der von Mülnheim Frönde*, Geudertheim, 1367; *der Schoupecher Frönde*, Bernolsheim, 1372, etc.

3. *Acht, Ocht, Ohte*, fréquent dans la Basse-Alsace : *Hern Otten (von Geroldseck) Acht*, Lupstein, 1353; *des Aptes (de Marmoutier) Ohte*, Schweinheim, 1355, 1405; *der Herren (von Fleckenstein) Ohte*, Weiterswiller, 1356, 1419, etc.

4. *Sii. Capitul.*, t. II, p. 257, 534. Selon Zöpfl, p. 8, ces manses auraient été des biens colongers; nous croyons plutôt, avec Chauffour (*Rev. d'Als.*, 1866, p. 16) qu'il s'agit de manses que le propriétaire exploitait lui-même ou qu'il ne donnait qu'en location temporaire.

5. *Es heisset dan ein Selgut. — Es sol sein als ein ander Selegut.* Limersheim, Boofzheim. *Weisth.*, t. V, p. 412; t. I, p. 679.

où il résidait quand il venait dans ses terres, ou qui servait de demeure à son agent; dans quelques-unes de ces cours se tenaient aussi les plaids[1].

Le domaine réservé se composait de champs, de prés, de vignes. Les champs formaient une superficie continue, appelée *Gebreite*; ils étaient, quel que fût le nombre des arpents, *in uno sulco*[2], entourés d'une haie ou d'un fossé. Le couvent d'Ittenwiller avait trois de ces *Gebreiten* à Saint-Pierre; celui d'Eschau, trois à Fegersheim; l'évêque de Strasbourg en possédait à Bischofsheim, à Dachstein, à Molsheim, à Königshofen, à Dummenheim, village détruit près de Plobsheim[3]. D'autres appartenaient ou avaient été donnés en fief à des nobles ou à des patriciens, comme, par exemple, la *Gebreite* des Greiffenstein à Schnersheim, celles des Kageneck et des Spender à Königshofen, celle de Jean Twinger au xive siècle à Quatzenheim[4]. Les paysans dont les champs touchaient à ceux du seigneur, devaient les munir de clôtures, afin que leur bétail n'allât point sur les terres domaniales[5]. Quand le seigneur louait ces dernières, il avait toujours le droit de les reprendre selon ses convenances, sauf, quand il n'en voulait plus, à les rendre au fermier pour le même cens qu'auparavant[6].

---

1. *Sedelhof*, de *Sedel*, siège, domicile. Les chevaliers d'Epfig ont eu un *Sedelhof* dans le village de ce nom; d'autres sont mentionnés à Mittel-Schäffolsheim, à Schwabwiller, à Hürtigheim, à Dürningen, Illwickersheim, Lingolsheim, Schwindratzheim.

2. *Decem agri in uno sulco, heissent die Gebreite*, Berstett, xive siècle. *XVI agri in einre Gebreiten*, Ober-Hausbergen, xive siècle. *IX agri, heissent die Gebreite*, Soultz-les-Bains, 1351. *Agri dicti ein Gebreite*, Fegersheim, 1312. *Henricus miles habet sex agros viniferos in uno sulco et dicuntur ein Gebreite*, Ober-Hausbergen, xive siècle. *Ein Gebreite Reben*, Ottrott, 1311, etc.

3. Ajoutons encore : *dominæ abbatissæ* d'Erstein) *agri qui dicuntur die Gebreite*, Erstein, 1226; la *Gebreite* de l'abbaye de Schuttern à Herlisheim, 1313; celle de l'abbaye de Pairis à Wiedensohlen, 1361, etc.

4. *Des Bernardes Gebreiten*, Quatzenheim, 1265; *Blenkelins Gebreite*, Königshoffen, 1341, 1417; *Herlerichs Gebreite*, Plobsheim, 1316; *Lamprehts Gebreite*, Küttolsheim, 1332; *des Merbottes Gebreite*, Nordhausen, 1415, etc.

5. Neuwiller. *Weisth.*, t. I, p. 765.

6. Dès que le propriétaire le veut, il peut *sinen Pflug hinin stossen*, Sierentz, Katspach, Riespach. — L'abbesse de Saint-Étienne avait à Schiltigheim un bien que, d'ordinaire, elle louait à un fermier; quand elle voulait le cultiver elle-même, ses gens étaient exemptés *ab omni exactione et precaria*.

Le seigneur avait en outre un grand pré à l'usage de ses chevaux. Ce pré portait le vieux nom de *Brügel*[1]. Originairement on avait entendu par *brogilus, broilus*, breuil, une forêt réservée pour la chasse et comprenant des clairières couvertes de gazon ; plus tard on avait appelé ainsi des prés établis sur le sol de bois défrichés[2]. Depuis le printemps jusqu'après la fenaison, le *Brügel* du seigneur était interdit ; à Ebersheim on prévenait les paysans de l'interdiction en élevant sur le pré une perche surmontée d'un fagot ; ailleurs on l'entourait d'une clôture temporaire[3] ; ailleurs encore il était séparé des biens environnants par une haie permanente, *Brügelhay*, ou par un fossé, *Brügelgraben*. Si, entre la Pentecôte et la Saint-Jean, celui de Wiedensohlen n'était pas clos, les paysans du village avaient le droit d'y faire entrer leur bétail ; les colons, au contraire, pouvaient y mener en toute saison leurs chevaux malades et les y laisser pendant trois semaines. Après le regain, tous ces prés étaient ouverts aux bestiaux des villages[4].

Les vignobles du seigneur, *Fronreben*, ne donnent pas lieu à des observations particulières. Il n'en est pas de même d'une

---

1. *Brogil*, Truchtersheim, 1269 ; *Bruiel, Bruel, Brügel*, dans 110 banlieues de la Basse-Alsace. Haute-Alsace, v. Stoffel, 2ᵉ édit., p. 69 et suiv.

2. *Luci nostri quos vulgus brogilos vocat*, Capit. de villis, cap. 44. Capitul., t. I, p. 338. — *Silva quæ vocatur Broilus ; Broilum Compendio*, forêt de Compiègne ; *Brogilus vallatus muro petrino circumceptus*. Est réputé Breuil de forest un grand bois, buisson, tel que convenablement les grandes bestes s'y puissent retirer. Ducange, t. I, p. 785. — *Broilum cum pratis ; Broilum hoc est pratum*. L. c. — *Est ibi Broil ubi possunt colligi de fæno carradæ XX*. Graff, t. III, col. 282. — Dans quelques parties de la France on donne encore aujourd'hui le nom de breuil à de petites forêts dans lesquelles on entretient du gibier. — Une seule fois j'ai rencontré en Alsace *Brügel* pour forêt, *forestum quod dicitur Westebrügel*, Eckartswiller, 1126 ; dans tous les autres cas le mot désigne un pré : *ein Matte, heisset der Brügel*, Dingsheim, 1371 Fegersheim, 1358 ; *pratum das do heisset der Brügel*, Ebersheim, 1414 ; *zwelj Monnematten den man sprichet der Bruel*, Strasbourg, 1279, près de l'ancien couvent de Saint-Marc. — *Bruiel abbatis*, Marmoutier, 1444 ; *des Bischoves Bruel*, Châtenois, Molsheim, xivᵉ siècle ; *des Kagen Brügel*, Geispolsheim, 1403, 1418 ; *des Wiriches Brügel*, Vendenheim, 1392, etc.

3. Le bangard d'Achenheim prenait chaque année 200 fagots dans la forêt de l'abbesse d'Eschau *damit er den Brügel befriden sol*.

4. Quelques seigneurs affermaient leur *Brügel* ; celui de Sierentz était loué chaque année à un autre colon. D'autres de ces prés paraissent avoir cessé de faire partie du domaine réservé pour devenir des biens censifs ; c'est ainsi qu'il faut l'entendre sans doute quand il est parlé de champs situés *im Brügel*.

dépendance du domaine réservé, à laquelle on n'a encore prêté que peu d'attention, c'est le colombier, *Dubenhus* (*Taubenhaus*). Il paraît étrange qu'il ait été défendu aux paysans d'élever des pigeons et que le seigneur seul ait eu le droit d'en entretenir dans une sorte de tour, bâtie sur un de ses terrains; mais la défense faite aux paysans s'explique par la crainte qu'on avait de voir les oiseaux de l'un causer des dommages aux récoltes d'un autre. Le seigneur lui-même devait avoir son colombier à un endroit où les pigeons trouvassent leur nourriture sans faire de tort aux propriétaires ou aux fermiers voisins; c'est pourquoi en Alsace le *Dubenhus* faisait d'ordinaire partie d'une bergerie entourée de pâturages[1].

Notons enfin que jadis quelques seigneurs avaient établi près de leurs châteaux des parcs pour y élever des chevreuils, des cerfs, des daims; ces *Thiergarten*, dont l'existence n'est révélée en Alsace que par le nom qu'ils laissèrent à des cantons ruraux[2], paraissent avoir été rendus de bonne heure à l'agriculture; déjà au commencement du XIIe siècle, celui qui s'était trouvé entre Strasbourg et Königshofen, était devenu un de ces corps de biens appelés *Schupposen*.

2. *Privilèges du seigneur*. — Le seigneur, qui exploitait lui-même son domaine, n'avait besoin ni d'un grand train de labour, ni d'un nombreux domestique; c'étaient les paysans qui travaillaient pour lui; ils étaient soumis à la servitude des corvées, non comme fermiers, mais comme sujets. La coutume était d'origine romaine; déjà les colons, qui avaient obtenu des concessions dans les domaines des empereurs ou des propriétaires de *latifundia*, avaient dû fournir deux ou trois fois par an des corvées à leurs maîtres. L'usage, qui était entré dans les mœurs, avait été maintenu par les Germains, quand

---

1. En 1103 le chevalier Götz Burggraf possédait à Suffelweyersheim un jardin avec un *steinin Duphus*. Les bergeries de Weitbruch et de Wörth, vendues en 1431 par Louis de Lichtenberg, contenaient chacune un colombier. En 1433 on mentionne à Rosheim une *Duphusmatte*.

2. Dans 12 banlieues de la Basse-Alsace. Haute-Alsace, v. Stoffel, 2e édit., p. 559.

ils eurent succédé aux Romains dans la possession du sol. La corvée, *Frondienst, Frönde, Achtewerk*[1], était devenue un service dû au seigneur territorial ; ceux qui le faisaient étaient appelés *Fröner* ou *Aechter*, et comme il n'était exigé, à différentes époques de l'année, chaque fois que pour un jour, on lui donnait aussi le nom de *Tagewan, Frontag, Achtetag*[2]. Il y en avait de deux sortes, le travail avec la main et celui avec des charrues ou des voitures, *manopera et caropera, fronen mit der Hand oder mit der Fuhr*[3]; dans la Haute-Alsace on disait pour ces dernières corvées, *Mene*, de *menare*, mener, conduire un attelage[4]; ce terme paraît avoir été usité aussi dans la Basse-Alsace, mais à une époque très ancienne ; de bonne heure on en avait oublié le sens[5].

La charge pesait sur tous ceux qui étaient établis dans la banlieue, hommes et femmes, riches et pauvres[6]. Un noble, possédant un bien dans un village, était, à cause de ce bien, sujet du seigneur et, comme tel, corvéable pour les travaux dans le domaine réservé[7]. Les seuls exemptés, dans quelques communes, ont été les échevins, et encore ceux de Gœrsdorf étaient-ils tenus de servir leur seigneur avec des voitures et

---

1. *Servitia vulgariter dicta Fronde*, Appenwiller. *Gefrönde*, Ober-Hergheim. *Ahtewerk*, Fegersheim.

2. *Opera rusticorum vulgariter Dagewan nuncupata*, Altorf, 1234. *Frontaguan*, Soppe. *Ahtetag*, Ebersheim.

3. Capitulaire de 859, cap. 29. Capitul., t. II, p. 438. — Hattgau, 1490.

4. Helmsbrunn. Ober-Hergheim. Wihr-en-Plaine.

5. A Balbronn, Barr, Blæsheim, Gambsheim, Reichsfeld, Bühl, Kientzheim, Ober-Morschwihr, Rammersmatt, on signale des chemins dits *Meneweg*. Étaient-ce des chemins conduisant au domaine où l'on faisait les corvées, ou simplement des chemins de voiture ? Mone, *Zeitschr.*, t. I, p. 395, croit qu'il s'agit de chemins pour aller dans les vignobles ; le dict. de Benecke, t. III, p. 639, explique le mot par *Weg, auf dem das Zugvieh getrieben wird*. Quoi qu'il en soit, *menen*, pour dire conduire une voiture, disparut de bonne heure du dialecte de la Basse-Alsace ; déjà au XIV° siècle, *Meneweg* est écrit parfois *Manneweg*.

6. Neuwiller. Griesbach (Haute-Alsace). — Les services étaient dus dans le *Salgut*, même quand il était loué à un fermier. Künheim.

7. En 1477 le maire d'un bien que Jean de Landsberg possédait à Eckbolsheim refusa les corvées dues au chapitre de Saint-Thomas ; de là un procès devant le tribunal de Strasbourg, qui se prononça en faveur du chapitre. (*Archives de Saint-Thomas.*)

des chevaux; ils n'étaient libres que de leur personne. Partout, du reste, on pouvait se faire remplacer par des valets.

Les travaux imposés étaient le labourage au printemps et en automne et les diverses récoltes. Le maire les annonçait, un dimanche, soit devant l'église, soit même du haut de la chaire[1]; ou bien le sergent prévenait les gens en allant de maison en maison[2]. Tantôt on fixait un jour, et il fallait l'observer quelque temps qu'il fît; s'il pleuvait assez pour qu'on ne pût pas rester dehors, les *Fröner* étaient employés à divers travaux dans la ferme dominicale[3]. Tantôt, comme à Münster, on pouvait venir n'importe quel jour de la semaine, excepté le samedi. Si, le soir, l'ouvrage n'était pas terminé, l'agent du seigneur engageait le lendemain des ouvriers où il en trouvait en leur offrant un salaire[4]. A Mülbach, à Zillisheim, on pouvait se racheter de la corvée par une petite somme d'argent, représentant le prix d'une journée de travail[5]. Les paysans, au contraire, qui refusaient le service, étaient condamnés à des amendes s'élevant, à Mülbach, à 2 sols; à Gildwiller, à 5; à Münster jusqu'à 60; dans le Hattgau l'amende était de 6 sols; après un deuxième avertissement, de 30; après un troisième, de 5 livres; après un quatrième, de 10; si, après avoir été averti une cinquième fois, on persistait dans le refus, on était livré à la discrétion du seigneur.

Pour aller en corvée on sortait le matin après la première messe ou quand le pâtre faisait entendre son cornet; le soir on rentrait avec lui ou quand à l'église on sonnait les vêpres[6].

Lors des récoltes du foin, des blés, des raisins, le seigneur

---

1. Münster. Sundhofen.

2. Börsch.

3. Sundhofen. Lohr. — A Gildwiller et à Sennheim, par le mauvais temps, les hommes de corvée nettoyaient les étables de la cour, disposaient le fumier, préparaient les cuves et les tonneaux pour la vendange.

4. Marlenheim. Kogenheim. Sermersheim.

5. A Mülbach, par 2 deniers; à Zillisheim, l'homme par 2 sols, la femme par 9 deniers.

6. Wiedensohlen. Münster.

avait le privilège de faire sa coupe un jour avant les paysans, *Vorschnitt;* c'était pour ce jour-là qu'ils étaient appelés à la corvée; il leur était défendu de se rendre dans leurs propres biens, ils ne se devaient qu'au seigneur; aucun d'entre eux ne pouvait engager des ouvriers pour lui-même, avant que le maire n'eût proclamé qu'il en avait trouvé un nombre suffisant[1]. Le sergent et les bangards veillaient à ce que les hommes de corvée ne fissent pas de dommage aux champs d'autrui et à ce qu'ils exécutassent régulièrement leur tâche, sans plus se presser qu'en travaillant pour leur propre compte; lors du labourage, la charrue devait aller de manière qu'une corneille pût prendre au vol une noix posée sur une des roues[2]. Pour cette surveillance le seigneur fournissait aux bangards la nourriture; si, à Herlisheim, il la leur refusait, ils renvoyaient un des faucheurs et prenaient à un autre sa faulx pour la donner en gage à l'aubergiste, auquel ils demandaient leur repas.

Comme les corvées ont été une institution générale, quoique très variée dans les coutumes, nous n'indiquerons de ces dernières que quelques-unes des plus exceptionnelles. A Saint-Pierre ce n'étaient pas seulement le laboureur et le faucheur qui devaient un jour à leur seigneur (le couvent d'Ittenwiller), l'un avec sa charrue, l'autre avec sa faulx, c'était aussi « le tailleur avec ses ciseaux ». Les habitants de Münster servaient l'abbé trois fois par an avec la houe, une fois avec la charrue, deux fois avec la faulx, une fois avec la cognée (pour couper du bois), une fois avec des chevaux. A Soultzbach (Soppe) le colon qui avait quatre chevaux faisait un jour de corvée, celui qui n'en avait que deux n'en faisait qu'un demi, celui qui n'en avait pas du tout portait ou chargeait un valet de porter un cent de gerbes. Les gens de Notthalden fournissaient, pour la fenaison d'un pré de l'abbesse de Hohenbourg, pendant deux ans chaque fois un homme, la troisième année une

---

1. Rösenbiesen. Appenwiller. Wiedensohlen.
2. *Also das ein Krey ein Nusz issel uf dem Rade.* Künheim.

femme, mais si le pré n'était pas fauché sept jours avant ou sept jours après la Saint-Jean, ils n'étaient tenus à rien [1]. Les *consocii* de la marche de Marmoutier étaient exempts de corvées; les seuls qui eussent à en faire étaient les hommes propres de l'abbaye et les serfs; les hommes propres labouraient et moissonnaient les champs, fauchaient les prés, amenaient le foin et le déchargeaient, récoltaient les raisins et les transportaient au pressoir; lors des plaids ils procuraient le bois pour la boulangerie et la cuisine du couvent, ils nettoyaient les étables et les écuries; tout le reste, la confection des gerbes dans les champs, le battage du blé, le pressurage des raisins, l'emmagasinage du foin, le fendage du bois, le chauffage des fours, l'arrangement du fumier en tas, était œuvre servile, abandonnée aux serfs.

Quelques seigneurs s'étaient réservé le droit d'imposer à leurs paysans des corvées extraordinaires. Chaque habitant de Sundhausen devait, outre son service régulier, un service commandé, mais il fallait qu'il fût en position de le rendre. Ceux de l'Ufriet coupaient, quand on le leur demandait, du bois pour le château de Hatten et l'y conduisaient. Vers l'époque de Noël les gens de la montagne de Sainte-Odile apportaient au couvent chacun trois charges de bois [2]. Quand un seigneur allait chasser, les paysans, prévenus par le sergent et convoqués par la cloche, faisaient la battue dans les bois.

Un genre spécial de corvée était l'*angaria*, *Enger;* il incombait aux paysans qui avaient des voitures, et consistait en voyages pour transporter, soit au domicile du seigneur, soit à des marchés, les produits des récoltes. Les colons de plusieurs villages dépendant de l'abbaye de Wissembourg étaient tenus à trois de ces voyages par an. Ceux du grand-chapitre en faisaient un jusqu'à Strasbourg, accompagnés du sergent pour

---

[1]. La veille de la Saint-Georges (22 avril), les paysans de Mülbach étaient tenus de détruire les taupes dans le pré du seigneur.

[2]. Vis-à-vis des châteaux de Dreistein il y avait jadis un hameau dit Hohenburgwiller, qui existait encore au XVIe siècle. Aujourd'hui il n'en reste que la ferme appelée Homburgwillerhof.

les protéger et les surveiller; de chaque foudre de vin qu'ils transportaient on leur donnait un quart; moyennant quatre livres ils pouvaient se racheter de ce service. Quand les gens de Kogenheim amenaient à l'abbesse de Niedermünster le vin de sa vendange, ils n'étaient responsables que de ce qui se perdait sur le devant des voitures[1]; à chacune de celles-ci on suspendait un petit baril contenant un quart, afin que, pendant le trajet, les voituriers ne fussent pas tentés de prendre du vin d'un des tonneaux. Les colons de Hüningue se rendaient en bateau à Istein, sur la rive droite du Rhin, pour conduire à Bâle le vin du chapitre; à Istein le maire leur donnait à boire et à manger et, comme dessert, assez de noix pour que les coquilles jetées à terre pussent former un tas dépassant la hauteur des pieds; pour se rafraîchir pendant le voyage jusqu'à Bâle ils emportaient une demi-mesure de vin rouge; arrivés dans la cour du prévôt ils étaient traités de nouveau.

Des coutumes pareilles étaient observées pour les corvées de tout genre; partout ceux qui les faisaient recevaient du seigneur une nourriture plus ou moins abondante, minutieusement réglée par les rotules. A Marmoutier, par exemple, le laboureur et le moissonneur avaient du vin ou de la bière et un pain dit *Achtebrod*, pain de corvée; le faucheur, également un pain et tantôt du vin et de la viande, tantôt de la bière et du fromage. A Nieder-Hausbergen, où une charrue était représentée par deux hommes, plus un petit garçon et un chien pour stimuler l'attelage, le maire fournissait un repas composé de vin, de pain et de deux viandes dépassant les plats d'une largeur de quatre doigts. A Ebersheim l'abbé donnait, à l'époque du labourage, du vin et une bouillie de légumes[2]; lors de la fenaison, si elle avait lieu avant la Saint-Jean, les paysans apportaient eux-mêmes leurs vivres; si elle avait lieu après, c'était l'abbé qui s'en chargeait. Le *Schultheiss* de Mar-

---

1. A Kientzheim c'était l'inverse : les voituriers avaient à réparer le dommage si du vin se perdait à l'arrière de la voiture.
2. *Muos, pulmentum.*

lenheim entretenait sur le pré seigneurial, *Fronmatte,* un mouton et un bœuf, qui étaient tués pour être servis aux faucheurs; le soir, chacun de ceux-ci recevait encore deux deniers et un pain, et il emportait autant de foin qu'il en pouvait lier avec la corde de son fouet. A Artolsheim le paysan avait deux harengs, le valet une bouillie; trois hommes buvaient du vin, les autres autant de bière qu'ils en voulaient. Les gens de la montagne de Sainte-Odile étaient régalés de pain, de gâteaux, de viande débordant de chaque côté des plats; les pains devaient être assez grands pour qu'un homme, en mettant son pouce au centre, pût en faire le tour avec le plus long de ses doigts; cette même grandeur des miches était exigée aussi à Saint-Jean-des-Choux et à Eckartswiller; ailleurs, il fallait qu'en les posant sur le pied on pût en couper un morceau au-dessus du genou[1].

A Metzeral on devait aux faucheurs du pain, de l'ail et du vin rouge; si, en passant sur les prés ou les champs, le maire ramassait encore avec son râteau une certaine quantité d'épis ou de foin, il supprimait le vin. A Logelnheim on distribuait pendant le travail du pain et du fromage, le soir du vin, des haricots et du lard[2]. Le maire d'Ober-Hergheim mettait aux deux bouts de chaque arpent une mesure de vin avec un gobelet, et remettait à chaque charrue une miche blanche allant du pied jusqu'au genou; le soir il servait des viandes bouillies et rôties; si un paysan, brouillé avec lui, ne venait

---

1. Nothalden, Gildwiller, Wiedensohlen. A Soppe et à Ober-Hergheim c'était un pain *das über ein Pfluggrendel ufgange.*

2. Voici encore quelques détails. Börsch : du pain à ceux qui cueillent les raisins, du pain et du fromage à ceux qui les pressurent. Kogenheim : à chaque charrue un pain dont 30 sont faits d'un résal de seigle. Griesbach : du vin et du pain et par 4 hommes un fromage. Müllbach : du pain et *ein Schnitt zweier Finger dick durch einen weichen Kese.* Münster : à chaque faucheur un pain, le quart d'un fromage et *ein Trunk Wins;* aux autres époques de l'année *nach Gewonheit.* Sennheim : du vin rouge et deux bouillies; le soir, à chaque ouvrier, une miche de pain dont 12 sont faites d'un boisseau, pendant le carême aussi un hareng. Hunlngue : le matin 2 pains blancs, au dîner de la viande ; au carême une bouillie, du vin rouge. Appenwiller : en été on doit *ad manducandum de eo quod eodem tempore crescit seu crescere consuevit;* en automne du vin vieux et nouveau *et coctum et assatum;* au carême, de la bière ou du vin et un repas conforme à la saison.

pas à ce repas, il lui envoyait chez lui deux morceaux de chaque espèce de viande, un pot de vin et pour deux deniers de pain. A Kembs, quand le soir les travailleurs avaient renvoyé les charrues, ils restaient dans la ferme du maire jusqu'à ce que les étoiles se montrassent au ciel; on leur répandait sur le sol, près de l'âtre, un boisseau de noix; celui qui en prenait plus d'une à la fois devait payer les frais. Si les paysans de Künheim, qui avaient fait la corvée, n'étaient pas contents du vin qu'on leur offrait, ils pouvaient demander de l'hydromel ou de la bière; le maire n'en avait-il pas, il ne leur en donnait qu'un simulacre : pour représenter l'hydromel, il versait de l'eau dans une ancienne ruche; pour produire un semblant de bière, il faisait passer de l'eau à travers une gerbe d'avoine.

D'autre part, si le maire d'Appenwiller négligeait de servir les rations réglementaires, les moissonneurs avaient le droit de prendre chacun une gerbe, de la battre, de porter le blé au moulin, puis la farine à la boulangerie, enfin de manger le pain ainsi préparé, après quoi ils étaient censés revenir à leur travail. Cette menace ne peut pas être prise à la lettre; dans un aussi court espace de temps les différentes opérations du battage, etc., n'eussent guère été possibles; il n'y avait de réel sans doute que l'enlèvement des gerbes comme dédommagement pour les paysans. La menace faite par les faucheurs de Riespach était d'une exécution plus facile : si on leur refusait les 24 quarts de vin qui leur étaient promis, ils portaient le foin dans le ruisseau ou, dans le cas où le pré n'était pas encore entièrement fauché, ils y envoyaient leur bétail.

Pendant les jours de corvée, les paysans étaient libres de se rendre au village pour s'acheter des souliers neufs ou pour soigner un instant leurs jardins[1]; une femme, ayant un petit enfant dans sa maison, pouvait aller trois fois le visiter[2]. Dans plusieurs communes, enfin, les hommes emportaient, en

---

1. *Ein Belte mit Hanfsomen oder mit Louch segen.* Sennheim.
2. Wihr-en-Plaine.

les liant par une corde, les femmes en les mettant dans le morceau d'étoffe qu'elles roulaient autour de leur tête, autant d'épis qu'il leur était possible d'en prendre ; mais si la corde ou l'étoffe se rompaient par une charge trop forte, on payait 30 sols d'amende[1].

La plupart de ces coutumes ont subsisté pendant une période fort longue. Je ne connais, au xv⁰ siècle, qu'un seul village qui se soit racheté de la servitude des corvées, c'est celui de Lohr ; ceux des paysans — et c'était la majorité — qui devaient au chapitre de Neuwiller une redevance d'un demi-quart d'avoine, de sept œufs et demi et de trois et demi deniers en argent, avaient travaillé pour lui trois fois par an et reçu chaque fois du vin ou de la bière avec du pain ; ils convinrent finalement avec le chapitre de supprimer ces rations et de remplacer les corvées par un cens de six deniers par arpent.

On voit qu'en somme ces prestations n'ont été, dans les siècles du moyen âge, ni très fréquentes, ni très dures. Nous n'avons trouvé en Alsace aucune trace quelconque de paysans corvéables à volonté ; les seigneurs n'ont pu exiger ce genre de service ni quand ni aussi souvent qu'ils l'auraient voulu, et ils ont eu l'obligation de donner aux ouvriers des repas qui, souvent, ont dû paraître de vrais festins à des gens peu habitués à boire du vin ou à manger des viandes rôties ; d'autre part, on pouvait refuser de travailler pour ceux qui refusaient de fournir la nourriture. Tout semblait réglé par des contrats engageant les deux parties ; pour chaque service rendu par le paysan, le seigneur en devait un autre. Il est même dit dans quelques rotules — nous y avons déjà fait allusion — que les sujets étaient astreints aux corvées parce que leur seigneur leur accordait l'usage du sol, *Wunne und Weide*[2] ; voici un exemple qui prouve que ce n'était pas là une vaine formule : l'abbesse d'Eschau, qui avait possédé une forêt à Volgelsheim,

1. Andolsheim, Griesbach, Sundhofen, Wiedensohlen, Huningue.
2. Kogenheim, Sermersheim, Kunheim.

avait permis aux habitants d'y couper du bois, à condition de travailler pour elle trois fois par an; la forêt ayant été défrichée, ces corvées cessèrent. Cette réciprocité explique peut-être l'origine de ces dernières. Aussi longtemps que les propriétaires libres avaient disposé, pour la culture de leurs biens, d'un nombre suffisant de serfs, ils avaient pu demander de ceux-ci toute espèce de labeur, sans avoir besoin de les rémunérer, sauf à ne pas les empêcher de cultiver le petit champ nécessaire à leur subsistance. Quand les domaines se furent agrandis et que la population servile, au lieu d'augmenter, tendait de plus en plus à diminuer, les seigneurs firent avec leurs sujets des conventions, en vertu desquelles ces derniers s'engagèrent à travailler, à de certaines époques de l'année, dans les terres seigneuriales, à la condition qu'on leur donnât la nourriture. Les amendes, qu'ils payaient pour refus de corvée, n'étaient dues en réalité que parce qu'ils violaient la convention, de même qu'ils étaient en droit de causer des dommages au seigneur quand c'était lui qui ne l'observait pas. Cette explication, bien que je ne connaisse pas de texte formel pour l'y appuyer, me semble assez naturelle pour n'être pas rejetée sans examen.

§ 3. — **La terre donnée en location. Les divers modes de concession.**

La terre censive, celle qui n'était pas exploitée par le propriétaire lui-même, formait la partie la plus considérable des grands domaines; elle était louée contre un cens en argent ou en nature, quelquefois même contre l'engagement de rendre des services particuliers. Pour la concession de ces biens on a suivi en Alsace des modes divers, selon la qualité des personnes qui en obtenaient le bénéfice, ou selon les convenances de celui qui l'accordait.

1. *Manses serviles. Serfs et hommes propres.*

Il convient de rappeler ici que le moyen le plus anciennement usité pour la culture des terres a été le travail servile;

il était employé autant par le propriétaire libre que par ses colons, qui eux seuls n'auraient pas suffi à la besogne. Chaque bien avait eu un certain nombre de *mancipia*, qui en avaient fait partie intégrante, au point d'être donnés ou vendus avec lui en même temps que les bestiaux et les meubles. Ces serfs n'étaient pas des valets à gages et moins encore des fermiers avec lesquels on eût fait des contrats; on se bornait à leur laisser l'usage d'une petite partie du sol, auquel ils restaient attachés sans pouvoir le quitter; ils appartenaient avec leurs familles à leur maître et lui devaient la plus grande somme de leur travail; il ne leur abandonnait, leur vie durant, que ce qui semblait indispensable à leur pauvre subsistance. Cependant d'assez bonne heure on fixa quelques limites à l'arbitraire seigneurial; la loi bavaroise indique ce qu'on pouvait exiger des serfs des églises et ce qu'on devait leur accorder: ils étaient tenus de labourer les champs et de les entourer de haies, de récolter les foins et les blés, d'exécuter les travaux dans les vignes, de fournir des charrois chaque fois qu'ils en étaient requis, de faire des voyages d'*angaria* jusqu'à une distance de cinquante lieues, de soigner les granges, de nettoyer les étables, de travailler au four à chaux, en donnant en tout à leur seigneur trois journées par semaine; pendant les trois autres jours, ils pouvaient s'occuper des champs assignés à leurs cabanes; ils recevaient en outre quelques gratifications « raisonnables », et usaient de leurs propres produits à leur gré après déduction de la dîme[1]. D'après la loi, ces dispositions ne s'appliquaient qu'aux serfs des établissements ecclésiastiques, mais il est à présumer que les coutumes suivies par les seigneurs laïques ont été peu différentes. Enfin n'oublions pas que les serfs étaient assujettis à la mainmorte et qu'ils ne pouvaient pas se marier en dehors du domaine ou de la juridiction de leur maître.

Des chartes du commencement du ix⁰ siècle parlent de man-

---

1. *Lex Bajuv.*, tit. I, cap. 14. *Capitul.*, t. I, p. 190.

ses spécialement désignés comme serviles[1]; cela suppose qu'il y en avait déjà d'autres qui n'étaient pas serviles. Ceux qui portaient ce nom étaient cultivés, sous l'autorité d'un *maior*, par des familles de serfs; on ne peut guère douter qu'ils n'aient fait partie des domaines privés ou réservés des grands propriétaires. En 817 l'abbaye d'Ebersmünster, et encore au XIe et au XIIe siècle celles de Wissembourg[2] et de Marmoutier ont possédé de ces manses, dans des conditions qui en grande partie étaient celles de la *Lex Bajuvarorum*. Le document de Marmoutier, que Schöpflin place vers 1120[3], mais qui se rapporte positivement à un état de choses plus ancien, distingue entre *mansa fiscalia* et *mansa servitoria*; les premiers paraissent avoir été les mêmes que ceux qui plus tard sont appelés *mansus censuales*, biens qui ne rapportaient qu'un cens; les détenteurs des autres, au contraire, avaient à fournir tous les services des serfs. Il semble toutefois qu'au moins quelques-uns de ces manses dits serviles aient été concédés déjà à des fermiers qui n'étaient plus en état de servitude. Dans la charte de l'abbé Meinhard de Marmoutier, vers 1144[4], la différence ne porte plus que sur des *mansus ingenui*, donnés en bénéfice à des nobles et des *mansus serviles et proprii*; il est dit en outre que plusieurs de ceux qui tenaient des manses serviles en avaient choisi d'autres dans leur héritage pour les donner en toute propriété à l'abbaye, afin d'être exemptés à l'avenir des travaux de serfs et de la menue dîme[5]. Ceux qui firent cet abandon n'ont pas pu être eux-mêmes des serfs; autrement ils n'auraient eu qua-

---

1. *Huobæ serviles cum mancipiis*, 813, 827. Tradit. fuld., p. 111, 157. — *Mansus serviles*, Ebersmünster, 817. Als. dipl., t. I, p. 67.

2. *In huobis 30 resident servi*. Tradit. Wiss., p. 275.

3. Als. dipl., t. I, p. 197. Ce qui me fait supposer que le fond de ce document est antérieur à 1120, c'est: 1) le terme de *pagus Saroensis*, employé dans les Tradit. Wiss. du VIIIe siècle; 2) l'expression *Argentina, quæ teutonice Strazburch dicitur*; 3) les noms de *Durisbiddas, Gundelingas*, qui sont des formes du VIIIe et du IXe siècle.

4. Als. dipl., t. I, p. 225.

5. *Pro his autem ac talibus seu aliis minimis profatis justiciolis, pro decimis quoque hortorum, pratorum, gallinarum, ex omnibus mansis hereditatis suæ quosdam secreverunt et in proprietatem beato Martino contradiderunt*. O. cit., p. 227. *Beatus Martinus*, l'abbaye de Marmoutier consacrée à ce saint.

lité ni pour posséder des héritages, ni pour conclure des actes ; on ne peut songer qu'à des hommes libres, qui avaient loué de l'abbaye des manses grevés de charges serviles et qui, voulant s'affranchir de ces charges tout en gardant les biens, dédommagèrent le couvent en lui cédant une partie de leurs propriétés personnelles. Les services qu'ils ne rendaient plus furent imposés dès lors aux manses qu'ils avaient donnés en échange et qu'on qualifia de *mansus proprii, eo quod possessores eorum ad omnia ac si proprii subjiciantur servi* ; les nouveaux possesseurs ou tenanciers eurent à établir les haies des champs, à construire les granges et le pressoir, à battre et à mesurer le blé, à engranger le foin, à fumer les vignes, à récolter le raisin et à le fouler, à mettre le vin dans les caves, à fendre le bois, à allumer les fours, à travailler dans la brasserie et dans la boulangerie, à faire les tas de fumier, à nettoyer les cloaques, à porter les messages, à garder le cep et la cour ; pour la construction des granges et du pressoir ils touchaient quelques sols, pour le reste on ne leur donnait que la nourriture sans autre rétribution, *merces*. La condition des tenanciers des manses serviles de l'abbaye de Wissembourg a été presque en tout point la même [1]. Cependant il ne suit pas de là que ces tenanciers aient été eux-mêmes des serfs ; les charges étaient attachées au sol, celui qui le prenait à bail les acceptait et les faisait exécuter par ses domestiques. Il se fit même sous ce rapport une amélioration progressive ; à partir du XIII° siècle on ne parle plus ni à Wissembourg, ni à Marmoutier, de manses serviles, on n'en connaît plus que de censuels. Déjà au XII° et au XIII° siècle, on ne rencontre plus de *mancipia* qu'en très petit nombre ; en 1031, Berthe de Gries fit don à l'abbaye d'Ebersmünster de cinq serfs avec leurs femmes et leurs enfants [2] ; en 1039 le noble Ezzo donna au chapitre de Saint-Pierre-le-Jeune deux manses et demi avec cinq serfs [3] ; en 1119, Cunon

---

1. *Tradit. Wiss.*, p. 296 et suiv.
2. Grandidier, *Hist. d'Als.*, t. I, p. ccxxxii.
3. Archives de la Basse-Alsace.

et sa femme Judinta de Lupstein affranchirent, par un acte solennel dans la cathédrale de Strasbourg, leur servante Meginburga et son fils[1]. Qu'on mette à côté de ces exemples, auxquels nous pourrions en ajouter d'autres, les donations de 20, de 30 *mancipia*, si fréquentes dans les temps antérieurs, et l'on conviendra que l'ancienne servitude personnelle tendait de plus en plus à disparaître des mœurs. Soit le seigneur qui émancipait un serf, soit l'église à laquelle il le recommandait, lui accordait un lot de terre, mais ce lot restait la propriété directe de celui qui le concédait et qui le grevait d'un cens; l'affranchi ne s'élevait encore qu'à la condition d'homme propre et de tenancier. Ceux des descendants des anciens serfs qui n'arrivaient pas jusque-là, tout en ayant obtenu une certaine liberté, devenaient les pauvres des villages; ne possédant rien, ils s'engageaient comme manouvriers, valets de ferme, pâtres, bûcherons, charbonniers, chaufourniers, etc.

Quant aux hommes propres, qui formaient la classe la plus nombreuse des tenanciers et en général l'immense majorité de la population rurale, ils n'étaient plus serfs dans l'ancien sens du mot; ils n'étaient soumis qu'à ce qu'on peut appeler la servitude réelle. Fixés à la terre qu'ils cultivaient, ils n'étaient pas libres de la quitter sans l'agrément de leur seigneur et celui-ci, de son côté, pouvait les aliéner en aliénant la terre ou ses produits. En disant qu'on les vendait ou donnait, on n'entendait pas vendre ou donner leurs personnes, comme s'ils avaient encore été des *mancipia*; on ne les transférait à un autre seigneur qu'en transférant à ce dernier soit le sol sur lequel ils demeuraient, soit seulement les redevances et les prestations qu'ils devaient pour ce sol. Lorsqu'en 1217, Henri d'Ochsenstein céda des biens aux monastères de Marmoutier et de Sindelsberg, il demanda que ces *proprii homines* qui les cultivaient ne fussent pas expulsés aussi longtemps qu'ils s'acquitteraient de leurs charges[2]. En 1235, Ulric, comte de Ferrette, fit don à

---

1. Würdtwein, t. VII, p. 29.
2. Archives de la Basse-Alsace. — En 1121, l'abbaye de Sindelsberg cède à celle

l'abbaye d'Altorf de terres qu'il possédait dans cette banlieue, *cum hominibus tam præsentibus quam futuris ibidem commorantibus*; il ne dit pas que ces hommes étaient des serfs, il ne transmit à l'abbé que son droit de juridiction sur eux[1]. En 1305, le chevalier Nibelung de Laubgasse vendit aux Johannites de Dorlisheim, pour vingt marcs d'argent, les droits qu'il avait sur quatre paysans de Mittel-Bergheim; de même en 1314, Cunon de Bergheim vendit à l'évêque, pour 90 marcs, ses hommes propres à Stotzheim, c'est-à-dire leurs services et leurs redevances[2].

Cette condition des hommes propres, si elle n'était plus le servage dans sa dureté primitive, lui ressemblait pourtant en plusieurs points. Aussi avons-nous des documents où *servus* est employé pour homme propre et *Eigenmann* pour serf. La même confusion s'empara en Alsace de l'esprit des juristes, quand ceux-ci se furent familiarisés avec le langage et les idées du droit romain. Au commencement du xvi⁰ siècle, Jean Hugonis, résumant les principes de la législation civile et canonique, ne connaît que deux classes de laïques, les *liberi* et les *servi*, et Thomas Murner, traduisant les Institutes, rend toujours *servus* par *Eigenmann*[3]. C'était, du reste, assez conforme à la réalité des choses. L'homme propre avait beau jouir du droit de posséder des biens, comme il restait mainmortable et qu'il lui manquait la liberté de quitter la glèbe seigneuriale, la situation où il se trouvait, la *Leibeigenschaft*, n'était qu'un servage un peu moins onéreux.

de Marmoutier quelques manses *cum habitatoribus suis*. (*Als. dipl.*, t. I, p. 196.) — En 1214 Marquard, chanoine de Surbourg, fait don au couvent de Königsbruck de treize hommes *jure hereditario sibi attinentes*. Würdtwein, t. X, p. 277.

1. *Als. dipl.*, t. I, p. 373.

2. Archives de la Basse-Alsace. — En 1317 le chevalier Frédéric de Bitche vend à Jean de Büren et Wolprand de Pfaffenhoffen, pour 45 marcs d'argent, ses droits *an Lüten und an Gute* dans la banlieue et le village de Nieder-Modern. *l. c.* — En 1336 Louis et Frédéric, comtes d'Œtingen, cèdent à Jean, fils du landgrave Ulric, entre autres la dîme et leurs hommes propres à Châtenois, Hüttenheim, etc. *Als. dipl.*, t. II, p. 158.

3. *Quadruvium Ecclesiæ*. Argent. 1501, in-f⁰, f⁰ 45; ce qui est dit là des *libertini* ne se rapporte qu'au droit romain. — Murner, *Instituten*. Basel, 1519. In-4⁰, f⁰ 5 et souvent.

2. *Manses nobles.*

A l'autre extrémité de l'échelle étaient les *mansus ingenui, ingenuiles*, manses concédés à des *homines ingenui* ou *liberi*, c'est-à-dire à des nobles[1]. Non seulement ceux-ci n'avaient pas à fournir au seigneur des hommes de corvée, mais ils ne lui devaient qu'un cens très modique, souvent même pas de cens du tout. Cependant les charges n'étaient pas moins lourdes que celles dont étaient grevés les autres biens. Les manses ingénuiles formaient les *beneficia militaria* donnés par les églises à leurs ministériaux ; ceux-ci accompagnaient les abbés et les abbesses en voyage, les recevaient quand ils se rendaient à un plaid, allaient pour eux en guerre avec hommes, chevaux, bœufs et voitures[2] ; pour de petits gentilshommes campagnards ces obligations pouvaient entraîner de grosses dépenses. Vers le XIIe siècle, les ministériaux acquirent le titre de chevaliers ; mais, malgré ce rang et malgré le beau nom d'hommes libres, ils n'en restaient pas moins les hommes propres de leurs seigneurs. Ils ne devaient pas quitter leurs bénéfices à moins de les résigner, et comme ils n'en étaient pas propriétaires, ils ne pouvaient les aliéner que si leur patron y consentait et si le nouvel acquéreur se soumettait aux anciennes prestations. En 1126, l'abbesse d'Andlau autorisa un de ses ministériaux, le chevalier Erbo de Wasselnheim, à céder à Marmoutier un demi-manse à Fessenheim, à charge pour l'abbé de livrer le cens habituel de 3 deniers, parce que *hereditas illius ad aliam (ecclesiam) a nostra nisi sub condicto census transferri non potuit*[3]. On voit aussi par l'emploi du mot *hereditas* dans ce passage que ces tenures nobles, d'abord

---

1. *Mansi ingenuiles. Capitul.*, t. II, p. 137. — *Mansi ingenuales, ubi liberi homines solent. Tradit. Wiss.*, p. 275. — *Mansi ingenui, baronibus in beneficiati*, Marmoutier. *Als. dipl.*, t. I, p. 227.

2. *Pergere debent in hostem. Tradit. Wiss.*, p. 291. (*Hostis*, expédition militaire). — *In hostem boves tres cum carrado et hominibus, et duos barefridos.* O. c., p. 299, etc. (*Barefridus, parafredus, palafredus*, palefroi, cheval de service.)

3. Würdtwein, t. VII, p. 184.

simplement temporaires, étaient déjà devenues héréditaires. Plus tard elles prirent le caractère de fiefs et les ministériaux se confondirent avec les vassaux.

3. *Concessions viagères ou temporaires.*

Pour les hommes libres, qui n'étaient pas nobles, une des formes les plus anciennes de la concession d'un bien a été l'usufruit viager. Ceux qui abandonnaient leurs terres à un homme plus puissant ou à une église, adressaient à celui auquel ils destinaient le bien une demande, *precaria*, par laquelle ils le priaient de leur en laisser la jouissance leur vie durant ; le destinataire entrait dans les droits de l'ancien propriétaire, lequel devenait simple concessionnaire ; pour ce dernier c'était une manière de s'assurer d'un protecteur [1]. Ce fut surtout l'Église qui fit usage de ce contrat ; elle en devait le principe à la législation romaine, en se bornant à l'adapter aux circonstances nouvelles [2]. Elle se procurait par là une garantie de la bonne culture des terres, tandis que ceux qui lui transmettaient leurs biens en conservaient une jouissance moins incertaine que s'ils étaient restés indépendants. Les précaires, très nombreux au VIIIe et au IXe siècle, ne portaient généralement alors que sur des biens de peu d'importance ; ils se faisaient à des conditions diverses : tantôt il n'est pas question d'un cens [3], tantôt on en stipule un, mais seulement pour la forme, on paye annuellement quelques deniers pour constater qu'on n'a plus la propriété, la libre disposition du bien [4]. Quelques donateurs se réservent soit de renouveler l'acte après cinq ans [5], soit de

---

1. Par rapport à celui qui recevait le bien et qui le concédait de nouveau, la *precaria* s'appelait *prestaria*.

2. Garsonnet, p. 251 et suiv.

3. Cessions faites à l'abbaye de Murbach, 768, 811. *Als. dipl.*, t. I, p. 49, 62 ; à celle de Wissembourg, 828, 839. *Tradit. Wiss.*, p. 167, 161, etc.

4. Redevance de 16 livres de cire, 735 ; de 4 deniers, 786, Murbach. *Als. dipl.*, t. I, p. 11, 63. — Cens de 17 deniers et engagement d'aller *equitando* où l'on sera envoyé par l'abbé de Wissembourg, 819. *Tradit. Wiss.*, p. 51, etc.

5. Cession faite à Murbach, cens de 4 deniers, 786. *Als. dipl.*, t. I, p. 63.

racheter leur terre dès qu'ils le désirent ou qu'il leur naît un fils[1]. Dans tous les cas on s'engage à ne rien aliéner pendant la durée de l'usufruit. Il est à présumer que la plupart de ces anciens précaires finirent par devenir héréditaires et que les descendants de ceux qui les avaient fondés se perdirent dans le nombre des hommes propres.

Dans la suite les contrats viagers sont de plus en plus rares; on n'en connaît plus que peu d'exemples, et ceux-ci diffèrent essentiellement des *precariæ* primitives; il ne s'agit plus de biens que l'on cède pour les reprendre contre un cens, ce sont des baux à vie conclus avec un fermier par un propriétaire. En 1257, Berthe, femme du landgrave Sigebert de Werd, loue une ferme près de Rhinau au maître d'école Jean, jusqu'à sa mort[2]; en 1260, le couvent de Saint-Arbogast, au chevalier Gosselin de Saint-Thomas et à sa femme Phyna un moulin, *quoad tempus vitæ corum*[3]; en 1271, le chapitre de Saint-Pierre-le-Jeune, à Hug Heide et à ses enfants quatre manses et quelques prés à Dingsheim aussi longtemps qu'ils vivront[4], etc.

Les baux temporaires, pour un certain nombre d'années, paraissent avoir été peu employés dans les premiers temps du moyen âge; on n'en fait un usage plus fréquent qu'à partir environ du XIII° siècle; il y en a alors de 9, de 18, de 20, de 27 ans et même plus[5]. Dans la plupart de ces contrats est in-

---

1. *Idem, ibid. O. cit.*, t. I, p. 51.

2. Grandidier, *Œuvres inédites*, t. III, p. 417, charte allemande dont le texte imprimé est rempli de fautes. — En 1313 Burkart Kettener, receveur de la fabrique de Saint-Thomas, vend au clerc Fritzemann Spiess, pour la somme de 21 marcs d'argent, l'usufruit viager de biens à Ober-Schäffolsheim. Arch. de Saint-Thomas.

3. *Strassb. Urkundenbuch*, t. I, p. 343.

4. Arch. de la Basse-Alsace.

5. En 1242 le chapitre de Saint-Thomas loue pour 9 ans des biens à Neugartheim. En 1292 le couvent de Sainte-Madeleine loue, pour la même période, au chevalier Wolfram d'Onolvisheim, 13 manses à Nieder-Hausbergen et 20 arpents de prés à Weyersheim; si avant l'expiration du bail il vient à mourir, son fils en prendra la suite. En 1293 le couvent de Sainte-Élisabeth et le chapitre de Saint-Thomas louent pour 18 ans à un bourgeois de Strasbourg des biens qu'ils possédaient par indivis à Truchtersheim. En 1323 Conrad d'Offenbourg, chanoine de Saint-Thomas, afferme pour 20 ans les vignes de sa prébende à Mutzig; en 1339, le chapitre lui-même loue

sérée la clause que les preneurs doivent tenir les terres en bonne culture, afin qu'elles puissent supporter les redevances [1]. D'autres contiennent une réserve en faveur du fermier, pour le cas que les récoltes seraient endommagées par la grêle ou par la guerre, ou qu'elles manqueraient par suite d'une année mauvaise; le dommage était estimé par des arbitres et la redevance diminuée en proportion [2]. On ajoutait que cette réserve était conforme au droit commun et à la coutume du pays; si donc elle manque dans un bail — et elle manque assez souvent — il faut nécessairement la sous-entendre.

Une administration d'un genre particulier a été celle des *mensurnæ* du grand-chapitre. Par *mensurna* on avait entendu la distribution des vivres faite aux chanoines, au temps où ils menaient encore la vie commune [3]; après qu'ils eurent renoncé à ce régime pour habiter chacun un hôtel à part, *curia claustralis*, ils faisaient prendre au *Bruderhof*, conformément à un règlement très minutieux qui nous est conservé [4], leurs

---

pour 27 ans divers biens dans la même banlieue. En 1265 on conclut à Strasbourg un bail de 60 ans; en 1344 Conrad Virnekorn loue à trois sœurs converses et à leurs *successores* un terrain à Strasbourg pour 100 ans, etc., etc. Arch. de Saint-Thomas et de la ville.

1. *Er sol ouch das Gut in gutem Buwe halten, das es die Gülte getragen müge.* 1302. — *In bona et consueta cultura, ut commode possent inferre censum.* 1321. Arch. de Saint-Thomas.

2. V. la location de 1302, ci-dessous, page 223, note 2. Dans une autre pour 9 ans, accordée par le grand-chapitre en 1327, il est dit : *si vero regia aut generalis aut alicis communis guerra fuit exorta, et eadem curia propter eam devastata fuerit vel exusta, vel grandine frumenta percussa, vel quod vulgo dicitur* Misswas (Misswachs) *ubique locorum fuerit, dampna talia quibus innocentes inventi fuerint, secundum jus commune et consuetudinem terræ in nos redundabunt.* Arch. de la Basse-Alsace. V. aussi, 1220, *Hist. du chap. de Saint-Thomas*, p. 300; 1266, *Strassb. Urkundenbuch*, t. I, p. 461, etc. — Le cas était aussi prévu dans les testaments : *volo etiam et ordino, si bona, de quibus omnes redditus præscripti consistentes in annona annuatim solvuntur, vel ipsi redditus periclitarentur seu devastarentur per expeditionem publicam vel auram malam seu per sterilitatem terræ, quod vulgariter dicitur* Her und Hagel oder Misswachs... Fondation d'un autel à Saint-Nicolas par le chevalier Jean Hauwart, 1304. Arch. de Saint-Thomas. — Scherz, col. 652.

3. De *mensurare*, mesurer, faire les rations. On l'a aussi dérivé de *mensa* et traduit par *Tischgut*.

4. Arch. de la Basse-Alsace. C'est un volume in-f° de 36 feuillets de papier. Dans l'Inventaire sommaire, t. III, p. 315, il est indiqué comme étant du XIIIe siècle; mais au XIIIe siècle on ne s'est pas encore servi chez nous de papier; l'écriture n'est pas non plus de cette époque et les chanoines qui sont nommés sont tous du milieu ou de la seconde moitié du XIVe siècle. Quant au fond du règlement, il est probablement plus ancien. Un autre semblable, de la fin du XVe siècle, se trouve aux mêmes archives.

rations de pain, de viande, de poisson, de vin, etc. Le même nom de *mensurna* était donné aux biens, fort considérables, affectés à ce service; c'étaient ceux de Wickersheim, de Rosheim, de Geispolsheim, de Lampertheim, de Schiltigheim et de Börsch ; chacun était administré, au nom du chapitre, par un chanoine qui avait le titre de *mensurnarius*[1]. Selon la coutume, les *mensurnarii*, chargeaient un maire de la gestion des biens, ou ils les louaient soit temporairement, soit à vie. La *mensurna* de Lampertheim, la seule sur laquelle on ait quelques détails, fut donnée en 1202 à Werner Kalb (*Vitulus*) et à son fils Conrad, ministériaux de l'Église de Strasbourg, à charge pour eux de la faire cultiver et d'en fournir au chapitre un cens destiné à l'acquisition de pain, de viande et de poisson ; à la mort du dernier survivant des deux, le bien reviendra au chapitre, excepté les bêtes qui leur auront servi pour l'exploitation et qui passeront à leurs héritiers. S'ils ne livrent pas aux époques fixées la totalité des redevances, ils compenseront le déficit dans l'espace de huit jours ; sinon ils devront se constituer prisonniers au *Bruderhof ;* le chapitre pourra même leur retirer le bénéfice, auquel étaient attachées quelques prérogatives seigneuriales, telles que le patronage de l'église, la nomination du *Schultheiss* et la collation des biens colongers. D'autre part, le chapitre s'engagea à diminuer le taux des redevances, si les biens venaient à souffrir par le mauvais temps ou par une guerre[2]. Il paraît qu'en 1244 les Kalb n'en jouissaient plus ; en cette année, le chapitre convint avec les échevins et les colons de Lampertheim que les cens en deniers et en blé, que jusqu'alors ils avaient livrés deux fois par an, seraient à l'avenir payés intégralement en une fois[3]. En 1256, les cha-

---

[1] *Mensurnalis administratio.* — Sur les *mensurnarii*, V. Grandidier, *Œuvres inédites*, t. II. p. 390. — Dans une charte de 1131 par laquelle le grand-chapitre loue à l'église de Saint-Léonard quelques biens à Börsch, il est déjà fait mention d'un chanoine en qualité de *præpositus curiæ* du village. Dans la rotule du XIIIe siècle le même est appelé *dominus curiæ qui est mansionarius* (pour mensurnarius ?) *Weisth.*, t. I, p. 692.

[2] Würdtwein, t. X, p. 202. *Strassb. Urkundenbuch.*, t. I, p. 116.

[3] Grandidier, *Œuvres inédites*, t. III, p. 371.

noines Jean de Falkenstein et Albert Talmessingen étaient *mensurnarii* de ce village; le chapitre leur abandonna le droit de choisir le *Schultheiss* et d'accepter son hommage, mais il décida que si, cet office devenant vacant, il voulait y pourvoir lui-même, il payerait aux deux *mensurnarii* une somme de 10 livres; ceux-ci avaient aussi à présider les plaids et à y prononcer les jugements *prout mensurnarii hactenus judicare consueverunt*[1]. Un autre grand bien du chapitre, composé de cinq manses à Schiltigheim, était loué à des conditions pareilles à celles qu'on vient de voir pour Lampertheim. En 1227, le chapitre l'afferma pour 9 ans aux frères Hugues et Wolper, pour 40 résaux de froment et autant de seigle, et à condition d'entretenir assez de bétail pour pouvoir mettre chaque année du fumier sur dix arpents; si les deux preneurs décédaient avant le terme, le bail était à continuer à leurs héritiers pour le reste du temps[2].

Les prébendes des chanoines des divers chapitres formaient, depuis la cessation de la vie commune, des *feuda claustralia*, que chacun gérait lui-même en les louant à des fermiers par des baux temporaires[3]; un ecclésiastique, sans descendance et ne sachant pas si son successeur agréerait ses conventions, ne pouvait guère accorder des locations héréditaires pour des biens dont il n'avait lui-même que l'usufruit viager. Un bail fort intéressant, en ce qu'il nous éclaire sur l'administration des grandes prébendes canoniales, est celui qu'en 1291 Louis de Thierstein, écolâtre de la cathédrale, conclut pour 9 ans avec son valet, *Knecht*, Jean. A la dignité d'écolâtre étaient attachés onze arpents de vignes et un certain nombre de champs et de prés dans la banlieue de Dambach et dans le village même une ferme dite *Schulhof*. Louis de Thierstein

---

1. Grandidier, *Œuvres inédites*, t. III, p. 396. Straszb. *Urkundenbuch.*, t. I, p. 302. La *mensurna* de Rosheim consistait en six arpents et demi avec une *curia* et un *rilicus*; en 1301 le *mensurnarius* en était le chanoine Rodolphe de Talmessingen.

2. Arch. de la Basse-Alsace. Straszb. *Urkundenbuch.*, t. I, p. 165.

3. Chacun toutefois était tenu d'abandonner à la mense commune une partie des revenus de son *feudum*. V. le règlement cité p. 222, note 1.

loua à son valet les vignes, les dîmes et les cens en blé, foin et argent, ainsi que trois arpents d'un vignoble qui était sa propriété personnelle ; en outre, il lui avança 20 livres, remboursables en cinq termes. Il se débarrassait ainsi d'une gestion fort gênante pour un grand seigneur. Jean dut s'engager à entretenir les vignes en bon état, en fournissant à ses frais les échalas, le fumier, etc., et à mener, également à ses frais, le raisin au pressoir et à le faire presser, la moitié du vin étant pour lui, l'autre moitié pour l'écolâtre. Il s'engagea de plus à loger et à nourrir « convenablement » les gens envoyés en automne pour la surveillance de la vendange, Louis lui donnant alors un boisseau de seigle et 16 deniers pour l'achat de viandes. Outre le vin qu'il aura à livrer, il donnera par an 3 livres, 3 sols et un denier pris sur les cens en argent ; il demeurera sans loyer au *Schulhof*, mais pourvoira à l'entretien des bâtiments. Si les récoltes sont endommagées par la grêle ou si en général l'année est mauvaise, il aura un an de répit pour le payement de ses redevances. Annuellement l'écolâtre lui donnera un habit, comme à tous les autres domestiques. Enfin quand le bail sera expiré, il laissera dans la ferme le fumier, la paille et un nombre déterminé de cuves, d'outils et de meubles[1].

Nous ajouterons encore un autre bail, digne d'attention. En 1256, l'abbesse de Hohenbourg concéda, à titre viager, à Reinbold, *servus* du chevalier Gunther de Landsberg, une *curia* à Barr, dans laquelle il dut faire des constructions pour 30 livres ; en outre elle lui donna cinq arpents et demi de vignes, contre une redevance annuelle de 16 mesures de vin ; elle le chargea de recueillir pour elle les cens en deniers et en poules dans les communes de Barr, Heiligenstein, Mittel-Bergheim, Burgheim, Andlau et Gertwiller ; il fut convenu enfin qu'après la mort du fermier la cour avec les nouveaux édifices reviendrait à l'ab-

---

[1]. Il laissera 7 *Bütten* (cuves), 2 *ydrias* (*hydria*, cruche), 2 *stedelinas* (*Ständel*, tendelin), 8 *ligones* (boyaux), 12 *Schufelen* (pelles), 5 *Kerste* (houes), 2 *Bickel* (pics), 1 *Horschurele* (pelle pour enlever la boue, *Hor*), 1 *Howegabele* ferreum (fourche à foin en fer), 1 *securim* (hache), 1 *Butelkas* (crible) et 2 *truncos vel cistas* (bahuts). Arch. de la Basse-Alsace.

baye¹. Ce Reinbold eut ainsi à remplir des fonctions analogues à celles d'un maire ; en le qualifiant de *servus*, on a voulu dire sans doute qu'il a été un des hommes propres des Landsberg ; le contrat que l'abbesse fit avec lui suppose qu'il avait quelque fortune personnelle et qu'il inspirait de la confiance par ses qualités.

4. *Locations héréditaires.*

Parmi les chartes alsaciennes, antérieures au VIIIᵉ siècle, il n'y en a aucune, sauf erreur de ma part, qui se rapporte à un bail héréditaire. Cependant ce mode de location n'a pas été inconnu dans notre province. Burckhardt pense que la coutume des emphytéoses remonte chez nous jusqu'à l'époque romaine² ; nous sommes du même avis. Nous avons dit en son lieu que l'emphytéose perpétuelle a dû être introduite en Alsace dès le IVᵉ siècle pour les bénéfices accordés aux vétérans et que les colons qui cultivaient de ces biens les ont gardés lors de la prise de possession du pays par les Germains. Les formes de ce genre de location s'étaient conservées, bien que dans la période mérovingienne on ne les trouve mentionnées dans aucun document ; ce qui, sous le régime romain, avait été loi, s'était transformé en coutume et maintenu comme telle. Suivant M. Garsonnet l'emphytéose n'aurait reparu en France et en Allemagne que vers la fin du IXᵉ siècle, quand on eut commencé à connaître de nouveau le Code de Justinien³ ; rien ne prouve qu'en Alsace ce code se soit répandu à cette date, mais tout tend à prouver que le système de la location perpétuelle avait continué d'être suivi dans la pratique⁴. Légalement, il est vrai, les églises n'avaient pas le droit de faire de ces contrats. Dès le IVᵉ siècle des conciles avaient pris des mesures pour empêcher

---

1. Grandidier, *Œuvres inédites*, t. III, p. 499.
2. Burckhardt, p. 11.
3. Garsonnet, p. 261 et suiv.
4. V. aussi Véron-Réville, p. 113 et suiv.

l'aliénation des biens ecclésiastiques ; un peu plus tard on avait étendu la notion d'aliénation jusqu'aux emphytéoses, par la raison sans doute qu'en concluant un pacte de cette nature le bailleur semblait renoncer à la plénitude de son droit de propriétaire ; les églises ne devaient louer leurs terres que pour un temps limité, *ad modicum tempus*. Depuis Justinien la législation civile proclama la même doctrine[1] ; encore dans la première moitié du IX° siècle, les rois rappelèrent aux établissements religieux qu'il ne leur était pas permis d'aliéner des immeubles, et ils ajoutèrent que par aliénation il fallait entendre non seulement les ventes, les cessions gratuites, les échanges, mais aussi *emphyteuseos perpetuum contractum*[2]. Ces défenses ne purent prévaloir contre un usage qui était trop avantageux aux églises et à leurs tenanciers pour qu'on l'abandonnât. Nous avons quelques chartes de la fin du VIII° et du commencement du IX° siècle, qui constituent de véritables concessions perpétuelles. En 789, Adimar donna à l'abbaye de Murbach des biens à condition de pouvoir les racheter, mais il stipula qu'au cas où lui-même, son fils ou les descendants de son fils renonceraient au rachat, ils garderaient l'usufruit des biens en payant un cens de 4 deniers. En 805, Egilmar, Foicholt, Wanbrecht et Nothichon firent à la même abbaye une donation de terres dans le Brisgau, qu'ils reprirent, pour 4 deniers par an, comme bénéfice ; après leur mort, leurs héritiers et les descendants de ceux-ci seront redevables du même cens, ils continueront d'user des biens. En 811, la femme Ratlindis conclut avec Murbach un contrat semblable, en déclarant que ses enfants et leur postérité, aussi longtemps qu'elle sera légitime, auront à fournir un cens de 2 deniers[3]. Un acte de même nature est celui par lequel, en 910, un certain Dietbald abandonna à l'église de Strasbourg 50 arpents à Achen-

---

1. *Instit.*, *Lib.* II, tit. 1, défense d'aliéner ou d'engager des biens d'Église, excepté quand il s'agit de racheter des captifs.

2. *Capitul.*, t. I, p. 716, cap. 29.

3. *Als. dipl.*, t. I, p. 51, 60, 63.

heim, en s'en réservant, à lui et à ses descendants légitimes, l'usufruit contre un cens de 6 deniers [1]. Ce ne sont pas là des emphytéoses, ce ne sont pas même des baux, ce sont des *precariæ*, mais l'abbé de Murbach et le chapitre de Strasbourg, en acceptant les conditions proposées par les donateurs, s'engagèrent à leur laisser, ainsi qu'à leurs successeurs, l'usufruit perpétuel des terres; les anciens propriétaires devinrent ce qu'on appela plus tard des fermiers colongers. Serait-ce une témérité que de ramener d'autres terres héréditaires à des origines également simples et de penser que dans la suite seulement on en a réglé les conditions d'une manière plus précise? La preuve, du reste, que ces concessions avaient fini par être reconnues en droit même pour les églises, c'est que dans un capitulaire de 859 les manses des colons ecclésiastiques et de ceux du fisc sont appelés *hereditates* et qu'il est défendu de les aliéner [2]. Les statuts, qu'en 1024 l'évêque Burckart de Worms donna à la *familia* de ses hommes propres, constatent également l'hérédité des biens; ils ne la fondent pas comme une institution nouvelle, ils la supposent établie et entrée dans les mœurs [3]. Ces locations étaient devenues un des moyens les plus généralement usités par les propriétaires; on louait ainsi, dans les villes, le sol destiné à être surbâti, à la campagne celui qui était cultivé [4]. Il faut observer toutefois que ces baux n'ont pas été exactement identiques aux anciennes emphytéoses romaines; celles-ci n'étaient pas nécessairement héréditaires, elles pouvaient ne durer qu'un certain temps, et la condition essentielle en était l'amélioration des cultures ou la mise en valeur de terres incultes; les locations perpétuelles,

---

1. *Strasb. Urkundenbuch*, t. I, p. 29.
2. *Hereditates, id est mansa quæ tenent.* Capit., t. II, p. 183.
3. *Weisth.*, t. I, p. 801.
4. A Strasbourg, par exemple, le propriétaire d'un fonds, *area*, *Hofstätte*, le louait à perpétuité à celui qui voulait y élever une maison; le premier était le *Hofherr*, seigneur foncier, le second le *Hofsess*, celui qui était assis sur le fonds; ils étaient exactement dans les mêmes rapports que le propriétaire d'un bien rural et son fermier héréditaire.

au contraire, s'appliquaient à des terrains déjà cultivés, elles n'obligeaient plus à des améliorations, elles constituaient des fiefs censuels, *feuda censualia, Erblehn*. Du XII° siècle jusqu'à la fin du XIII° on disait en Alsace qu'on donnait les biens *in perpetuum usum legitimæ hereditatis, in perpetuam hereditatem, zu eime rechten Erbe, eweliche zu rechtem Erbe;* les biens étaient toujours appelés des héritages, *hereditates*[1]. Par emphytéose même on n'entendait encore quelquefois qu'une location viagère ou à long terme; c'est ainsi qu'en 1260 le chevalier Gosselin, louant à vie un moulin du couvent de Saint-Arbogast, reconnut qu'il ne le posséderait que *titulo emphyteusis*, ce qui, à la vérité, impliquait aussi les conditions dont il sera parlé plus bas[2]. Pour dire qu'une emphytéose devait être perpétuelle, on avait soin d'ajouter le mot *perpetua*. Les plus anciens baux que nous ayons trouvés avec cette formule sont de 1313; il se peut qu'il en existe de plus anciens[3]. Quoi qu'il en soit, depuis lors on donna le nom d'emphytéose à toutes les locations perpétuelles. Le propriétaire d'un fonds en transmettait au preneur le domaine utile, c'est-à-dire le droit de pleine et entière jouissance; il ne se réservait que le domaine direct[4]; en reconnaissance de ce dernier, le preneur acquittait une redevance et se soumettait à de certaines conditions, qui semblent avoir constitué le caractère le plus essentiel de l'emphytéose. C'étaient, comme déjà dans le code de Justinien, le laudème, le droit de préemption en faveur du propriétaire et le retrait du bien en cas de non-paiement des cens.

---

1. Il ne faut pas se méprendre sur le sens de *hereditas;* tantôt c'est synonyme de propriété, patrimoine : *Hereditates seu proprietates*, 1129 (*Strassb. Urkundenbuch*, t. I, p. 61); *proprietas vel hereditas*, dans le 2° statut de Strasbourg, vers 1200 (O. c., p. 178); *bona proprietaria seu hereditaria*, 1249 (*Ib.*, p. 213). Tantôt le mot indique les biens loués à titre héréditaire : *omnia bona sua tam propria quam hereditaria*, 1210; *agri,... quorum quidam sunt proprii, quidam hereditarii*, 1251. O. c., p. 205, 263.

2. O. c., p. 313.

3. Le mot *emphyteota* est déjà dans des statuts synodaux de Strasbourg de 1251 : *cultores et inquilini... si jus in re habuerint, ut emphyteotæ. Strassb. Urkundenbuch*, t. I, p. 259. Ducange, t. III, p. 41, l'a pour la première fois pour l'année 1290.

4. Les notions de domaine direct et de domaine utile, étrangères à l'ancienne emphytéose romaine, ne furent introduites que par les glossateurs du droit.

Le *laudemium*, *Ehrschatz*, peut être assimilé à un impôt de mutation ; quand un bien loué héréditairement passait en d'autres mains, soit par succession, soit par vente ou de toute autre manière, le nouveau preneur payait au propriétaire une somme équivalant soit au cens entier d'une année, soit à la moitié de ce cens ; c'était un hommage qu'on lui rendait, pour honorer en sa personne celui qui avait le domaine direct du fonds ; de là le nom d'*Ehrschatz*, *Ehrschatzung*, *census ad honorem* ou *honoris causa*. Le possesseur pouvait vendre son droit d'usage, mais non le sol, qui ne lui appartenait pas ; avant de vendre, il était tenu d'offrir ce dont il avait usé, la jouissance de la terre, les bâtiments qu'il y avait élevés, au propriétaire du sol ; celui-ci, s'il le voulait, rachetait le domaine utile, en le payant moins cher que l'eût fait un autre acquéreur ; c'est ce qu'on appelait son droit de préemption, *Vorkauf*. Il était permis aussi de faire donation de biens emphytéotiques ; celui qui les recevait se substituait au donateur pour l'acquittement des redevances [1]. Quand celles-ci n'étaient pas livrées après un certain laps de temps, les biens faisaient retour au propriétaire direct, le tenancier perdait son droit d'hérédité. Enfin le bailleur promettait, pour lui et ses successeurs, de ne jamais élever le taux du cens ; le preneur s'engageait, pour lui et ses descendants, à bien cultiver sa terre ; s'il avait des biens personnels, il les faisait inscrire dans le bail *titulo pignoris seu hypothecæ;* en cas de non-exécution du contrat, le propriétaire était autorisé à se saisir de ces gages [2], le fermier était traduit devant la justice civile, et si le bailleur était un établissement ecclésiastique, il prononçait en outre l'excommunication [3].

1. V. par exemple Würdtwein, t. VI, p. 281.

2. Sur les prescriptions légales et sur les coutumes concernant les emphytéoses allemands, on peut consulter le *Rich'erlich Clagspiegel*, Strassb. 1516, in-f°, f° 46 et suiv. *Emphyteota* est ici traduit par *Hintersäss*.

3. Il n'y a pas un seul bail fait par une église, qui ne contienne la menace d'excommunication.

5. *Colonges.*

Les grandes propriétés, composées d'un certain nombre de manses occupés par des colons héréditaires, étaient régies par une constitution spéciale qu'il importe d'étudier à part.

Avant tout il faut remarquer que, comme ces corps de biens, appelés colonges, ont été le plus en vue à cause de l'intérêt qui s'attache à leur régime, on a pensé parfois que toute terre louée en vertu d'un bail emphytéotique a dû faire partie d'une colonge. Cette opinion n'est pas justifiée par les faits. Les archives de l'Alsace sont remplies de baux héréditaires pour des biens isolés, qui appartenaient à des églises, à des nobles, à des bourgeois et qui ne dépendaient d'aucune cour colongère. On connaît de ces manses, qui dès le ix⁰ siècle ont été la propriété des abbayes de Marmoutier, d'Ebersmünster, de Wissembourg. Je citerai encore quelques exemples empruntés aux siècles suivants. En 1132, Adelgot, prévôt du grand-chapitre, loue au chevalier Burkart de Königshofen, un manse à Hausbergen et deux jardins près de l'église de Saint-Pierre-le-Vieux à Strasbourg, *sub jure hereditatis*, droit que lui et ses héritiers perdront si le cens n'est pas payé après trois sommations régulières[1]. En 1144, le chapitre de Saint-Thomas loue, aux mêmes conditions, à Egeloff et à Conrad des vignes dans la banlieue de Rosheim[2]. En 1148, Gozbert et sa femme font donation à la cathédrale d'un demi-manse à Altbrunn et à Dahlenheim et le reprennent à bail héréditaire[3]. En 1157, l'abbé Erph de Neuwiller divise en deux parts une « terre salique » du couvent qui était restée inculte et loue les portions à divers habitants du village, à titre de *hereditas* et à charge de n'y planter que des vignes[4]. En 1167, l'abbesse d'Andlau loue *jure perpe-*

---

1. *Strassb. Urkundenbuch*, t. I, p. 65.
2. *Hist. du chap. de Saint-Thomas*, p. 289.
3. Würdtwein, t. VII, p. 142.
4. *Als. dipl.*, t. I, p. 213.

tuo au couvent de Baumgarten la montagne dite Salzmberg, avec forêts, champs, prés et dîmes, pour cinq sols par an; si le cens n'est pas payé à la Saint-Martin, il doit l'être au plus tard quinze jours après, sinon le droit expire[1]. En 1213, le couvent de Zell dans la Forêt-Noire, qui possédait quelques arpents à Epfig, les loue de la même manière au chevalier Hubert[2]. Le chapitre de Saint-Thomas accorde, *in emphyteusim perpetuam*, en 1395, des biens à Weyersheim au paysan Läwelin Husemann; en 1417, des champs et des prés à Achenheim et à Wickersheim au bourgeois de Strasbourg Hugues Gossolt; en 1474, des vignes à Ittenheim au paysan Paul Schaffener[3], etc.

Pour distinguer ces biens des colonges on les appelait simplement *Lehen*, *feuda*, et ceux qui les cultivaient *Lehnslüte*. Il en existait qui étaient rattachés à des cours colongères, mais comme ils n'étaient pas assez considérables pour former des manses, les tenanciers n'avaient ni les droits, ni les obligations des *Huber*. Ces derniers eux-mêmes pouvaient prendre à ferme, outre leur héritage, un ou deux de ces petits fiefs rustiques[4].

Les biens des *Huber*, *Hubgüter*, sont les plus intéressants des grands domaines chargés de redevances. Au commencement du dernier siècle, on leur donna en Alsace le nom de colonges; cette forme, *colongia*, *colungia*, pour *colonia*, terre cultivée par des colons, était employée de bonne heure en Champagne et en Bourgogne[5]. Le mot *dominicatura*, dont on s'était servi à Marmoutier, avait eu la même signification[6]. La colonge était

---

1. V ürdtwein, t. X, p. 27, texte incorrect. L'original se trouve aux archives de la Basse-Alsace. *Strassb. Urkundenbuch*, t. I, p. 83.
2. *Als. dipl.*, t. I, p. 325.
3. Arch. de Saint-Thomas.
4. Le couvent de Lièvre possédait à Saint-Hippolyte, outre 12 manses, 13 *pheoda quæ vulgo dicuntur Lehen*. — *Huber und Lehnslüte*. Eichhoffen, Olsisheim, etc.
5. *Grangia S. Eusibii cum hominibus suis et colongiis et aliis possessionibus*, 1119 Ducange, t. II, p. 412. — *Quædam colungia sita in valle Nucrul* (val de Nugerole), 1278. Trouillat, t. II, p. 297.
6. *Als. dipl.*, t. I, p. 326.

un domaine, appartenant à un propriétaire ecclésiastique ou laïque, et composé d'un certain nombre de manses, *Huben*[1]; ceux-ci, loués à des colons héréditaires, colongers, *Huber*, étaient rattachés à une *curia* ou *curtis dominicalis* et régis d'après des coutumes particulières, dont la principale a été le droit accordé aux colons de participer à la juridiction. Comme on rencontre des manses dépendant de cours dominicales dès le IXe siècle[2], l'institution colongère ne peut pas être plus récente. Mais est-elle beaucoup plus ancienne? L'origine en est obscure; pour dissiper ces ténèbres on a proposé des explications diverses. Burckhardt, un de ceux qui de notre temps ont le mieux étudié la matière, pense que les colonges ont été primitivement des manses serviles[3]; mais à moins d'admettre que le servage complet ait cessé plus tôt qu'on n'est autorisé à le croire, on peut demander comment on aurait attribué à des serfs un pouvoir judiciaire, quelque restreint qu'il fût. Il nous semble plus rationnel de supposer que les premiers colongers ont été des tenanciers libres; ce n'est que plus tard que d'anciens serfs, devenus hommes propres, obtinrent la possession de manses héréditaires et avec elle la qualité colongère. Jamais on ne voit les *Huber* entrer vis-à-vis du propriétaire du domaine dans un rapport de dépendance absolue, ils ne sont pas ses sujets, encore moins sont-ils ses serfs. Remarquons dès à présent que le seigneur d'un village n'est pas nécessairement aussi le propriétaire de toutes les colonges de la banlieue et que si l'on donne aux propriétaires de celles-ci le nom de

---

1. Dans le rotule français d'Ingersheim, *Hube* est traduit par menantie, Hanauer, *Constit.*, p. 350; dans celui de Wintzenheim par office, *Weisth.*, t. IV, p. 171.

2. *In Oleswilre curtis dominica cum allodio vinearum et agrorum, mansus censuales et serviles ..* Charte de 817 pour Ebersmünster. *Als. dipl.*, t. I, p. 66. Cette charte, datée de 817 et reproduite sous l'année 828 avec des additions par Grandidier, *Hist. de l'Égl. de Strasb.*, t. II, p. cxxxvi, n'est pas authentique dans sa forme actuelle, mais elle rappelle un état de choses qui ne peut pas être de pure invention. — 956, *curtis dominica* à Düppigheim, donation faite à l'Église de Strasbourg par Wiserich et son frère Azzo. *Strassb. Urkundenbuch*, t. I, p. 32. — *In villa Cunenheim V mansus cum curte dominica*, 987, donation faite à Ebersmünster. Grandidier, *Hist. d'Als.*, t. I, p. cliv.

3. P. 14.

seigneurs colongers, *Dinghofherren*, cela n'implique pas qu'ils aient exercé sur leurs colons le pouvoir de la souveraineté territoriale.

D'autres savants voient dans les colonges des *latifundia* romains que les Germains auraient trouvés occupés par des colons tributaires[1]; l'Église, après avoir obtenu par donations beaucoup de ces terres, aurait continué de les régir d'après la loi romaine, dont les lois barbares lui reconnaissaient l'usage. Ce système, qui au premier coup d'œil paraît séduisant, se heurte à deux difficultés : ceux qui le soutiennent ne peuvent pas prouver que toutes les colonges que nous connaissons correspondent à d'anciens *latifundia*, et ils ne tiennent pas assez compte des éléments germaniques dans le régime de ces biens. Admettons toutefois que certaines colonges aient été formées, en effet, de domaines préexistants à la domination des Germains ; mais il est certain aussi que d'autres n'ont été constituées que plus tard. M. Garsonnet est d'avis que la colonge a été, à l'origine, une *Mark;* il dit même qu'il n'y a pas à en douter[2]. C'est, au contraire, plus que douteux ; comment la colonge aurait-elle pu être une *Mark* quand, comme on le verra plus bas, elle comprenait souvent des manses situés dans des marches ou banlieues différentes? Voici comment nous essayons de résoudre le problème. Nous croyons volontiers que des corps de biens, formés dans la période celtique ou dans la période romaine, se sont maintenus intacts et ont été convertis dans la suite en colonges ; personne aujourd'hui ne pourrait les spécifier, mais la chose en elle-même n'est pas improbable. Pour expliquer l'origine du plus grand nombre peut-être des autres colonges, il faut se reporter aux temps où beaucoup de

---

1. Chauffour, *Revue d'Alsace*, 1865, p. 517, d'après Gaupp, *Die germanischen Ansiedelungen*, Breslau, 1844, p. 366.

2. Garsonnet, p. 520. L'auteur se fonde entre autres sur un passage du rotulo de Sundhofen, chez Hanauer, *Paysans*, p. 17 : ce rotule, dit-il, donne expressément à la colonge le nom de *Mark*. Voici le passage : *das er (der Landgraf) kome vor dem mitten Tage zu der Marcke;* il est clair que *Marck* est ici la limite de la banlieue.

petits propriétaires abandonnèrent leurs biens à des nobles ou à des églises ; ces cessions ne se firent pas simultanément ; ce n'est que peu à peu que les grands propriétaires parvinrent à arrondir les domaines dont ils devinrent ainsi les acquéreurs ; quand dans une *villa* ou dans une marche ils s'étaient procuré assez d'arpents pour en former des manses de valeur à peu près égale, ils donnèrent ceux-ci soit à des colons qui n'avaient cultivé d'abord que des biens moins considérables, soit à des colons nouveaux ; ils confièrent le tout à la surveillance d'un *villicus*, résidant dans une cour ou ferme dominicale, ils réunirent enfin les colons en une sorte d'association, en ajoutant au bail héréditaire quelques conditions avantageuses à eux-mêmes et aux paysans. La colonge fut fondée ainsi sur un contrat dont l'essence consiste dans la répartition d'une grande propriété rurale entre plusieurs fermiers héréditaires, lesquels consentent à payer un cens et à se soumettre aux droits de laudème et de préemption, mais qui, aussi longtemps qu'ils observent les coutumes, sont indépendants du propriétaire et même appelés à se prononcer, sous sa présidence ou sous celle de son agent, sur toutes les questions concernant l'exécution du contrat[1].

Un des faits les plus remarquables est la rapide propagation du système colonger. On sait qu'au ixe siècle, dans un intérêt fiscal, toutes les terres de l'empire franc furent divisées en manses, mais on ne connait aucune loi, aucun capitulaire, qui eût prescrit ou réglé l'établissement de colonges. Celles-ci ne peuvent devoir leur origine qu'à l'initiative des propriétaires ; l'exemple donné par l'un d'entre eux a dû facilement trouver des imitateurs ; le mode d'exploitation par des colons associés présentait trop de garanties pour qu'on ne s'empressât pas de l'adopter. Cette même initiative et ce même intérêt des propriétaires explique aussi l'inégalité de l'étendue des colonges ; pour appliquer le système il suffisait qu'on possédât

---

1. Chauffour, *Revue d'Alsace*, 1866, p. 15.

assez de biens pour former une réunion de colons, et le nombre de ceux-ci n'avait pas même besoin d'être très considérable. Il y avait des colonges qui ne se composaient que de trois manses (Klein-Frankenheim, Gundolsheim, Wilgotheim); d'autres en avaient sept (Sundhausen, Soultz-les-Bains), neuf (Châtenois, Eckbolsheim), dix (Logelnheim), douze (Nieder-Hausbergen, Ingenheim, Blotzheim, Sierentz, Sulzmatt), treize (Delle, Hofen), treize et demi (Breuschwickersheim), quatorze (Fegersheim), dix-sept (Grussenheim), dix-huit (Boofzheim, Börsch), dix-neuf (Artolsheim, Bläsheim), vingt (Regnisheim, Wangen), vingt-quatre (Batzendorf, Riespach), trente (Dossenheim, Wolfisheim), trente-deux (Heiligenberg), trente-cinq (Andolsheim), trente-six (Tränheim), quarante (Dangolsheim), quarante-deux (Adelshofen). Dans la Haute-Alsace s'ajoutaient aux manses (*Huben*), les biens plus petits appelés *Mentayggüter* : à Lutterbach la colonge était formée par douze manses et douze *Mentage* ; à Hirsingen, par quatre manses et dix *Mentage* et demi ; à Issenheim et à Sundhofen, par douze *Mentage* et quelques manses, etc. Si nous avons cru devoir rapporter ces chiffres, c'est qu'ils ont une importance extrême pour la solution d'une question sur laquelle nous reviendrons et qui est celle du rapport entre la colonge et le village.

Chaque manse de la colonge devait avoir sa ferme, *Hubhof*, avec maison d'habitation, grange, étable, écurie. Dans beaucoup de banlieues il y a eu des champs situés *bi den Höfen*[1] ; ces cours ou fermes ont été celles des manses d'une colonge formée d'un seul corps de biens contigus. Les colons avaient la charge de les entretenir ; on frappait même d'une amende ceux qui pendant un an les laissaient sans réparation ; il était défendu de les démolir sans la permission du propriétaire, mais quand elles tombaient en ruines pour être trop vieilles ou qu'elles étaient soit renversées par une tempête, soit incendiées lors d'une guerre, on accordait aux colons du bois pour les re-

---

1. Dans la banlieue de la Basse-Alsace.

construire[1]. Çà et là il existait aussi des manses sans ferme ; la colonge de Breuschwickersheim se composait de treize *Huben*, dont neuf seulement avaient des *Hubhöfe* ; les colons des quatre autres demeuraient au village. Dans les manses serviles le mobilier avait fait partie du bien ; les colons libres possédaient le leur, ainsi que leur bétail, comme propriété personnelle ; le mortuaire qu'ils en devaient était un tribut à leur *seigneur* territorial.

Les biens formant une colonge pouvaient être situés dans des banlieues différentes, d'où il suit qu'un même propriétaire pouvait avoir pour fermiers des sujets de plusieurs seigneurs différents. C'est encore un point qu'il ne faut pas perdre de vue, quand on veut se rendre compte de la vraie nature de ces biens. Dans un document du xie siècle sur les revenus de la cour dominicale d'Ingenheim, nous trouvons ce passage : *sunt quoque ad eandem curtim XII mansi pertinentes, quorum IV in circumjacentibus villis positi*[2]. De la cour de Schlestadt (propriété du couvent de Honcourt) dépendaient des manses de Schlestadt, d'Orschwiller, de Kintzheim, de Scherwiller, d'Ebersheim ; de celle de Kirchheim (chapitre de Haslach), des manses de Bibelnheim, de Dangolsheim, de Bergbietenheim, de Flexberg, de Balbronn ; de celle de Sässolsheim (grand-chapitre), des manses d'Altenheim, de Gugenheim, de Littenheim, de Lupstein ; de celle de Gertwiller (abbaye de Niedermünster), des manses disséminés dans sept villages ; de celle de Klein-Frankenheim (même propriétaire) il est dit que « la plupart des colons sont établis dans les villages environnants[3] ».

---

1. Kiespach, Gewenheim, Sundhofen, Bösenbiesen. — A Hofen et Büren les cours *süllent gehuwen sin das einer selbander mit eine Spiesse drucken müge darunder gehaben.* Hanauer, *Constit.*, p. 182. S'agit-il de la hauteur des chambres ?

2. Hanauer, *Constit.*, p. 11.

3. *Der merer Teil Huber und Stulgenossen in andern umbliegenden Dörfern seszchaft.* Weluh., t. I, p. 715. — Les colons non résidants étaient appelés *uswertige, fremde Huber.* — Burckhardt, p. 11, a conclu de ces faits que les colonges ont été antérieures à la délimitation des banlieues ; il est très vrai qu'elles sont plus anciennes, mais avant l'établissement des banlieues proprement dites il y avait déjà les marches villageoises et l'on voit par les exemples que nous avons cités que les biens formant

D'autre part, on connaît des banlieues avec plusieurs colonges, appartenant chacune à un autre propriétaire. Les nobles de Küttolsheim, seigneurs de ce village, y possédaient un *Dinghof*, que pendant quelque temps ils avaient loué avec ses biens aux Fürst de Brumath et qui, vers 1392, leur était revenu ; dans la même localité il y en avait deux autres, l'un de l'abbé de Schwarzach, le second des chevaliers de Hohenstein. A Rouffach il existait deux colonges, l'une du grand-chapitre, l'autre de l'abbesse d'Eschau ; à Hochstatt le couvent d'Œlenberg et l'abbaye de Remiremont, à Dürningen l'abbaye de Saint-Étienne et le chapitre de Saint-Thomas, à Sermersheim l'abbaye d'Ebersmünster, celle de Niedermünster et celle de Seltz, à Rosheim celle de Hohenbourg, le chapitre de Saint-Pierre-le-Vieux et le grand-chapitre ont possédé des cours dominicales pour leurs biens[1].

Les colonges se louaient ou s'aliénaient comme d'autres propriétés rurales. En 1251, le chapitre de Saint-Thomas céda à celui de la cathédrale sa colonge de Sundhofen pour 48 arpents sis près de Strasbourg ; en 1269, le grand-chapitre l'échangea de nouveau contre des biens que lui abandonna Rodolphe de Habsbourg ; celui-ci l'engagea aux comtes de Ferrette, se libéra plus tard de cet engagement et un de ses successeurs donna le domaine en fief aux Wetzel Marsilius de Strasbourg[2]. La cour de l'abbé de Seltz à Sermersheim, avec les manses qui en dépendaient, fut vendue en 1315 à l'évêque de Strasbourg pour 450 livres. Lorsqu'un propriétaire vendait sa colonge, le maire et quelques colons assistaient à l'acte, pour reconnaître le nouvel acquéreur et lui prêter le serment d'usage.

une colonge étaient situés souvent dans des marches assez éloignées les unes des autres. Un propriétaire, possédant des manses dans plusieurs villages, les réunissait sous une même administration, les rattachait à une seule cour dominicale.

1. A Eguisheim il y avait également trois cours, l'une du grand-chapitre, une autre de Ribeaupierre, la troisième de l'abbesse de Hohenbourg ; cette dernière passa plus tard au couvent de Sainte-Catherine à Colmar. A Ebersheim deux cours, l'une de l'abbé d'Ebersmünster, l'autre de l'abbesse d'Erstein, qui la donna en fief aux Landsberg, etc.

2. *Hist. du chapitre de Saint-Thomas*, p. 317. Hanauer, *Constit.*, p. 15. *Als. ill.*, t. II, p. 74.

De tout ce que nous venons de dire il ressort avec une clarté suffisante qu'une colonge n'a pas été la même chose qu'un village. Il serait inutile d'insister sur cette différence, si l'on n'avait pas soutenu des opinions contraires. M. l'abbé Hanauer notamment a voulu démontrer que les colonges se sont établies par suite du partage des terres entre les conquérants germaniques, qu'elles ont été des associations, à la fois indépendantes les unes des autres et indépendantes des seigneurs, que dans la suite elles se sont transformées en villages et qu'elles ont transmis à ceux-ci leur liberté primitive; il est allé jusqu'à parler de colonges souveraines et n'a pas hésité à donner le nom de chartes communales aux rotules qui fixaient les rapports entre les propriétaires et leurs tenanciers [1]. Cette doctrine a été réfutée de la manière la plus décisive par feu M. Ignace Chauffour, celui de nos savants alsaciens qui a le mieux connu l'histoire de notre ancien droit [2]. L'inverse de la théorie de M. Hanauer est celle de feu M. Zöpfl; dans un travail, d'ailleurs très remarquable [3], fondé sur un renouvellement fait en 1613 du rotule du *Dinghof* d'Ebersheim, qui appartenait alors aux Böcklin de Böcklinsau, l'éminent jurisconsulte de Heidelberg développe l'idée que les *Dinghöfe* ont été l'origine du pouvoir et de la juridiction des seigneurs territoriaux, *Landesherren*. Cela ne serait pas même exact s'il s'agissait de cours seigneuriales proprement dites, car ces cours, loin d'être les lieux de naissance du pouvoir, n'ont été qu'un moyen de l'exercer; mais Zöpfl a surtout le tort de ne pas admettre l'existence de co-

---

[1]. Dans ses deux ouvrages, *Les Constitutions des campagnes de l'Alsace* et *Les Paysans de l'Alsace au moyen âge*.

[2]. V. ses articles dans la *Revue d'Alsace* de 1865 et 1866, notamment le résumé et conclusion. Les répliques de M. Hanauer dans la *Revue catholique d'Alsace* de 1865 et 1866 n'ont guère affaibli les arguments de M. Chauffour. M. Blanc, dans la *Revue d'Alsace* de 1869, a également réfuté le système de M. Hanauer; selon lui, les colonges ont été dans l'origine des colonies de laboureurs serviles, des subdivisions de la *villa*, avec laquelle elles ont fini par se confondre. En admettant cette opinion, on aboutit au même résultat que M. Hanauer, à la confusion de la colonge et du village.

[3]. C'est l'ouvrage fréquemment cité dans notre travail.

longes simplement emphytéotiques et de cours où l'on ne jugeait que les causes relatives à ces biens.

La question de savoir si la colonge est antérieure ou postérieure au village est au fond de peu d'importance. La plupart des villages sont plus anciens que les associations colongères ; on n'a qu'à ouvrir le recueil des Traditions de Wissembourg pour voir combien de particuliers ont eu des propriétés dans telle ou telle *villa* ou *marca;* si le village n'avait été qu'une agglomération de colons rattachés à une *curtis*, on ne comprendrait pas qu'un homme libre, qui n'était pas colon, eût pu y posséder des biens. Il est possible toutefois que certains villages se soient formés peu à peu autour de cours dominicales, qu'ils n'aient été composés primitivement que des colons d'un *prædium* nouvellement constitué et que d'autres habitants soient venus s'y fixer dans la suite en y acquérant des propriétés à un titre quelconque et sans entrer dans le lien colonger. La principale différence à maintenir est celle du *Bannherr*, seigneur du village, et du *Dinghofherr*, propriétaire d'une colonge. Le premier a *Twing und Bann*, mais cela n'implique pas qu'il possède tous les biens de la banlieue. Il exerce la juridiction seigneuriale sur *tous* les habitants du village ; le *Dinghofherr* n'a qu'une juridiction limitée, réduite aux affaires de cens et ne s'étendant pas au delà de sa colonge[1]. Celle-ci est formée d'un certain nombre de manses et non de la banlieue entière ; le chapitre de Saint-Thomas, qui a été seigneur d'Eckbolsheim, n'y possédait qu'une colonge de neuf manses, chacune de 40 arpents, donc en tout 360 arpents ; d'après le cadastre actuel, la banlieue dudit village comprend un peu plus de 558 hectares ; la colonge de Saint-Thomas formait à peine la huitième partie de ce total ; il y avait à Eckbolsheim

---

1. A Kolbsheim, dont les nobles de ce nom étaient *Bannherren*, le grand-chapitre avait une colonge, il était *Dinghofherr*. Des amendes prononcées pour infractions aux coutumes colongères, deux tiers revenaient au chapitre, un tiers au seigneur banal ; de celles pour désobéissance aux ordres de ce dernier, il avait les deux tiers, le chapitre un tiers *Westh.*, t. V, p. 429. Le *Bannherr* paraît avoir été l'avoué du chapitre ; mais pourquoi celui-ci avait-il une part des amendes quand il s'agissait de délits contre l'autorité seigneuriale ?

encore d'autres propriétaires que le chapitre, tels que les Mülnheim, les Landsberg, les Rebstock, le couvent de Sainte-Marguerite; en 1255, Saint-Thomas avait même vendu à ce couvent son propre *Dinghof;* il continuait toutefois d'y tenir ses sessions colongères[1].

La distinction entre *Bannherr* et *Dinghofherr* a pour conséquence celle entre *Bannleute* et *Huber;* les premiers sont tous les habitants de la banlieue, les seconds ne sont que les colons d'un propriétaire, lequel peut être en même temps le seigneur du village, mais qui peut aussi être une autre personne. Tous ensemble, *Bannleute* et *Huber,* sont les sujets de leur seigneur territorial et constituent la *communitas villæ,* la *Geburschaft.* C'est pour ces raisons enfin qu'il faut distinguer aussi deux espèces de plaids, ceux auxquels étaient convoqués tous les sujets et ceux auxquels n'assistaient que les colons; de même il y avait deux espèces de cours dominicales, celle du seigneur et celle du propriétaire colonger. Quand le seigneur a une colonge dans son village, son *Dinghof* sert à la fois de cour de justice féodale et de lieu de réunion pour les sessions des colons. Le double emploi du mot *Dinghof* a été cause que fort souvent on a confondu les deux cours et les deux plaids; c'est ce qui est arrivé, par exemple, à Zöpfl.

En résumé, la colonge a été une chose à part dans les villages; elle a consisté, comme s'exprime M. Chauffour, dans « une agglomération close à tout ce qui n'était pas *Huber*[2] ». Seulement, comme nous l'avons dit plus haut, les *Huber,* en leur qualité de fermiers principaux, exerçant entre eux-mêmes une certaine juridiction, ont formé le corps des notables, parmi lesquels on choisissait de préférence les échevins et les jurés.

De même que les relations entre seigneurs et sujets, celles entre propriétaires et colons étaient réglées par des coutumes, qu'on *déclarait* annuellement lors d'un plaid. Elles consti-

---

1. *Straub. Urkundenbuch,* t. I, p. 292. — *Hist. du chap. de Saint-Thomas,* p. 328.
2. *Résumé,* p. 12.

tuaient le *jus curtis*, *Hofrecht*. Par le laudème, la préemption et le retrait ce droit coutumier participait de l'emphytéose romaine ; d'autres éléments rappelaient des usages germaniques ; quelques dispositions enfin et quelques actes symboliques sont communs au régime féodal et au régime colonger ; mais il est difficile de constater une influence de la féodalité sur l'institution colongère et sur ses coutumes ; on peut croire toutefois qu'une fois établies, les lois qui régissaient les fiefs n'ont pas été sans action sur la réglementation de certaines colonges.

Conservées d'abord par tradition orale, les coutumes purent être facilement dénaturées en passant d'une génération à l'autre. Dans les commencements on paraît s'être contenté de conventions formulées en termes tout à fait généraux ; les rotules les plus anciens sont, en effet, les moins explicites ; cette simplicité, souvent un peu vague, donna lieu à des interprétations abusives : le propriétaire ou son avoué élevèrent des prétentions exagérées, le maire refusa aux colons une partie de ce qu'il leur devait, le seigneur colonger entra en conflit avec le seigneur féodal ; les colons de leur côté essayèrent de se soustraire à l'une ou à l'autre de leurs obligations. C'est alors que, tantôt plus tôt, tantôt plus tard, on rédigea les coutumes par écrit et que, chaque année, on en donna lecture aux colons assemblés. En 1329, le prévôt de Haslach, assisté du juge épiscopal de Strasbourg, convoque ses *Huber* de Kirchheim pour renouveler solennellement les usages ; ils jurèrent que ceux-ci, tels que le prévôt les leur rappela, avaient été observés de temps immémorial, qu'ils les avaient reçus de leurs ancêtres, qu'ils n'avaient jamais entendu parler d'autre chose. Vers la fin du moyen âge il arriva aussi que le propriétaire, accoutumé à d'autres habitudes que dans les siècles plus rudes, ne se souciait plus de présider les réunions colongères où il s'exposait à prendre un repas trop simple et à passer la nuit dans une chambre de ferme ; il envoyait un agent pour recueillir les cens d'un domaine qui ne l'intéressait plus que comme source d'un revenu plus ou moins riche. Il s'ensuivait un relâchement de la surveillance, des pertes, des retards dans l'acquittement des cens et même des démembrements de biens. Quand alors l'attention du propriétaire se réveillait, il exigeait des colons un nouveau serment d'observer les coutumes. C'est ainsi qu'en 1429, le prévôt de Bâle demanda une nouvelle rédaction du rotule de la colonge de Hüningue, après s'être informé de ses droits auprès de quelques témoins. Plus tard ce furent les paysans qui, ne voyant plus paraître chez eux leurs seigneurs colongers, en profitèrent pour solliciter des concessions; c'est ce que firent en 1472 les colons de Molsheim qui dépendaient de l'évêque Robert de Strasbourg; le prélat chargea deux de ses officiers de s'entendre avec treize des plus intelligents parmi les *Huber* sur les modifications au règlement, qu'il approuva; en 1486, ils réclamèrent de nouveau et si bien que l'évêque Albert dut consentir à mitiger quelques articles.

Voici maintenant les coutumes les plus importantes et les plus généralement usitées, dont l'ensemble forme le régime colonger, à l'exception de la juridiction, dont nous parlerons plus bas.

Les colons, *mansionarii, mansiles, Huber*[1], ont eu à prêter à leur seigneur foncier un serment, fort différent du serment féodal; la fidélité qu'ils promettent n'a rien de commun avec la foi et l'hommage que le vassal devait à son suzerain ou le sujet à son seigneur territorial; elle ne comprend que les obligations d'entretenir les biens en bon état de culture, d'acquitter aux époques fixées les redevances, d'aider le maire à conserver et à faire observer les droits et usages de la colonge, d'obéir à tous les ordres et défenses concernant la *cour*, de dénoncer les abus, les contraventions, les ventes simulées, les mutations clandestines, enfin d'assister régulièrement aux plaids et d'y rendre la justice. A cause de ce

---

[1]. En français colonger, coulongier, coulongeur, officier, menant. *Weisth.*, t. IV, p. 87, 259, 174. Hanauer, *Constit.*, p. 350. — Je me sers, à l'exemple d'autres auteurs, du mot colon, bien qu'il existe des textes latins où *colonus* désigne celui qui cultive le bien pour le compte d'un fermier colonger proprement dit. V. p. 211, note 3.

droit de siéger comme juge on leur donnait aussi le nom de *Stulgenossen*[1].

Quiconque avait un bien colonger devait le cultiver soi-même; il n'était pas permis de le sous-louer. On ne faisait exception que pour les veuves et les enfants mineurs de colons décédés, ainsi que pour les nobles et les prêtres; toutes ces personnes avaient à se faire représenter par des colons acceptés par le maire et remplissant en leur nom les obligations que nous venons d'indiquer[2]. Les prêtres et les nobles, concessionnaires d'un manse relevant d'une colonge, étaient qualifiés de *Hochhuber*, colons supérieurs[3], pour les distinguer des *coloni* qui cultivaient pour eux ce bien; eux seuls, non ces derniers, étaient responsables vis-à-vis des propriétaires. Plus d'une fois des nobles voulurent se soustraire à ces conditions, qui leur semblaient humiliantes. En 1403, Nicolas de Mülnheim, qui avait à Eckbolsheim cinq arpents dépendants de la colonge du chapitre de Saint-Thomas, refusa de fournir un *Stulgenoss*; le chapitre porta plainte devant le conseil de Strasbourg, qui lui donna gain de cause. Une sentence pareille fut rendue en 1410 pour un fait semblable contre l'écuyer Jean Rebstock[4].

Un colon ne pouvait avoir qu'un manse et qu'une voix dans les sessions; il n'avait, comme on disait, qu'un seul *Hubrecht*. Ce n'est que quand il était choisi pour représenter une veuve ou des enfants mineurs qu'il lui était permis de cultiver deux manses outre le sien, mais le nombre trois ne devait pas être dépassé[5]; on supposait, non sans raison, que si un seul homme devait diriger les travaux dans un trop

---

1. Adelshofen, Eckbolsheim, Ittenheim, etc. — *Sitzmann*, Avolsheim, 1521.

2. Dangolsheim, Gildwiller, Grentzingen, Werentzhausen.

3. Ittenheim. — *Quicunque habens bona spectantia in curiam* (Adolshofen), *si ille, vel colonus eorundem bonorum non solvisset censum...* Arch. de Saint-Thomas, Rég. E, f° 43 b.

4. Arch. de Saint-Thomas.

5. Sermersheim, Limersheim, Geispolsheim, Hertisheim.

grand nombre de champs, sa surveillance n'aurait plus l'efficacité nécessaire.

Un principe auquel on tenait rigoureusement est celui de l'indivisibilité des manses; l'intérêt du propriétaire, aussi bien que celui du tenancier, s'opposait au fractionnement des biens; le caractère de toute l'institution eût été dénaturé. Nul ne devait renoncer à une partie de son manse; plutôt que de le morceler, il devait le quitter, en le rendant entier au propriétaire; les règlements défendaient en termes formels d'abandonner les mauvais champs pour ne retenir que les bons [1]. Cependant, si le train de labour ne suffisait pas à un colon pour exploiter le tout, il pouvait faire cultiver une partie par un de ses voisins, mais sous sa propre responsabilité et à condition de payer lui-même le cens complet [2]. A Achenheim, à Sennheim, quand des manses étaient vacants et qu'il ne se trouvait personne pour les prendre en entier, le maire avait la faculté de les fractionner en quatre parts, mais ceux auxquels il louait ces portions ne devenaient pas colons héréditaires, ils étaient, sous le nom de *Hoflüte*, de simples fermiers temporaires, chargés d'apporter leur cens au *Dinghof* de la colonge [3]; on se réservait de trouver de nouveau un preneur pour le tout.

Aucun de nos rotules ne contient une clause relative à une diminution de la redevance pour cause de dommages occasionnés par le mauvais temps ou par la guerre; il n'y a pas lieu de s'en étonner; la terre que cultivait le colon formait son héritage, dont il ne pouvait être dépossédé et pour lequel il ne payait qu'un cens modique et invariable; les efforts qu'il faisait pour améliorer ses cultures, les avantages que lui procuraient les bonnes récoltes, ne profitaient qu'à lui; il n'était donc pas injuste qu'il courût aussi les risques de pertes. Il lui était simplement recommandé de ne pas laisser dépérir son

---

1. Marmoutier, Houflingen.
2. Le bien devait rester *in einem Zins*. Molsheim, Ingmarsheim.
3. Burckhardt, p. 21.

bien et de le tenir en bon état, afin qu'il pût supporter les redevances.

Si un paysan avait en même temps du bien propre et du bien colonger et qu'il déclarât par serment qu'il ne savait plus faire la distinction, il appelait des témoins et choisissait, pour reconstituer le manse de la colonge, des champs qui ne devaient être ni les meilleurs ni les plus mauvais et dont le revenu suffisait pour fournir le cens dû au propriétaire[1].

Celui qui voulait vendre, non le sol, qui n'était pas à lui, mais le domaine utile du sol, l'offrait d'abord au propriétaire qui, par l'organe de son maire et en vertu de son droit de préemption, pouvait le racheter en payant soit le même prix, soit un prix moindre que celui qu'aurait donné un autre[2]. Si le propriétaire ne le prenait pas, le vendeur ne devait le céder, moyennant la remise symbolique d'un brin de paille[3], qu'à quelqu'un qui garantît l'accomplissement des obligations. D'ordinaire il devait chercher comme acquéreur un membre de sa famille, sinon un homme soumis au même seigneur territorial. S'il vendait à l'insu ou contre le consentement de sa parenté, celle-ci pouvait exercer le droit de retrait et faire annuler la vente.

L'acte même de la vente se passait en présence de quelques colons, invités à reconnaître le nouvel acquéreur. Celui-ci, de quelque condition qu'il fût, entrait dans les avantages de l'*hérédité* et en prenait les charges, il devenait colonger à son tour. Une vente ou un échange, conclus à l'insu du propriétaire ou de son maire, entraînaient l'annulation de l'acte et une forte amende. Le colon qui, pour cause de vieillesse ou parce qu'il n'avait pas de descendants ou bien aussi parce qu'il vou-

---

[1]. Barr, Schlestadt, Ottingen. A Rittershoffen on faisait le partage en prenant deux arpents ordinaires comme équivalant à trois arpents colongers, quand le cens d'un de ces derniers était estimé à 2 deniers ou 12 œufs, celui de deux à une poule, celui de trois à un chapon ou à un boisseau d'avoine.

[2]. Le propriétaire, s'il veut racheter le domaine utile, donne 5 sols de moins qu'un autre amateur. Saint-Gilles, Grentzingen, Bixheim, Werentzhausen. — Il paye la même somme qu'offrirait un autre. Achenheim.

[3]. *Ufgeben mit dem Halmen (per porrectionem calami).* Geispolsheim, Zimmerbach.

lait quitter la contrée, désirait renoncer à son bien, en prévenait le maire[1]; celui-ci ne reprenait le manse que si, de l'avis des autres *Huber*, il était en bon état, et si celui qui y renonçait ne devait pas d'arrérages; d'une main ce dernier payait la redevance échue, de l'autre il présentait un nouveau preneur qui devait être âgé de plus de quatorze ans.

Il était défendu d'emprunter de l'argent sur un bien colonger et de le grever par testament de rentes à payer à des églises pour des anniversaires[2]. Cette défense, qui ne s'appliquait qu'aux tenanciers, ne liait pas les propriétaires; on a de nombreux exemples de rentes, constituées sur des terres colongères appartenant à des laïques; il en résultait naturellement une dépréciation de ces biens[3].

Lors du décès d'un colon, ses héritiers légitimes étaient seuls admis à la succession de la terre qu'il avait cultivée[4]. A Rouffach, il était d'usage qu'aussitôt après l'enterrement les héritiers, avant de rentrer chez eux, se rendissent avec deux témoins dans l'habitation du maire; le trouvaient-ils, il les confirmait dans leur droit; était-il absent, ils retournaient une pierre de la cour pour constater qu'ils s'étaient présentés et sans autre formalité ils entraient en possession. Ailleurs ils avaient, pour réclamer le manse, un délai qui variait de huit jours à un an[5]. Si l'héritier était hors du pays, le délai était de droit d'un an; dans l'intervalle le maire faisait cultiver le

---

1. *Das Gut ufgeben.* Ingmarsheim, Eichhoffen, Zillisheim, Ober-Hagenthal.

2. *Es enmag ouch niemon weder Selegeret noch kein ander Zins gestahen uf dekein Erbe das in den Hof höret.* Blæsheim, colonge de l'abbaye de Hohenbourg. V. aussi le rotule de Schlestadt, colonge du couvent de Honcourt.

3. On léguait à une église, à un couvent, à un hôpital, une rente sur les revenus d'un immeuble; ces rentes, fondées par testament, n'étaient pas rachetables; elles n'étaient pas payées par le propriétaire du fonds, mais par le fermier en déduction de la redevance; il s'ensuivait une diminution de revenu pour les descendants du fondateur.

4. Les bâtards, privés du droit d'héritage en général, étaient pour cette raison même exclus de la succession à un manse héréditaire.

5. Huit jours, Griesheim. Quinze jours, Adelshofen, Limersheim, Wassolonne. Un mois, Ingmarsheim, Lièvre. Un an, Erstein, Nieder-Spechbach.

bien pour le rendre au colon s'il revenait et s'engageait à payer les frais et les arrérages[1].

Quand il y avait plusieurs héritiers, ils pouvaient se partager le manse, mais de manière que l'un d'entre eux représentât les autres aux plaids et y apportât en leur nom les redevances; c'était une application du principe de l'indivisibilité des biens[2]. A Griesheim, si la succession n'était pas réclamée huit jours après le décès du colon, on attendait six semaines et trois jours; pendant ce temps les autres colons recevaient tous les quinze jours quatre quarts de vin sur les revenus du manse; si personne finalement ne se présentait, le bien était dévolu au propriétaire. En général, dès qu'un bien colonger devenait vacant, le maire devait chercher, dans le plus bref délai possible, un colon nouveau auquel il le louait aux conditions accoutumées.

Chaque nouveau colon, soit qu'il fût héritier du bien, soit qu'il l'eût acquis par achat, devait au propriétaire le laudème[3]. C'était tantôt un cens d'un an, tantôt la moitié de ce cens, tantôt seulement le tiers ou bien aussi une somme équivalant au cens en deniers[4]. Dans quelques localités de la Haute-Alsace, le propriétaire de la colonge, en même temps seigneur du village, se contentait du mortuaire qui lui tenait lieu de laudème[5]. Outre ce droit de mutation payé au propriétaire, le nouveau colon avait à fournir au maire et aux *Huber* une sorte de droit d'entrée, dit *Hubrecht*[6] et consistant le plus

---

1. Limersheim, Nieder-Spechbach.
2. Eichhoffen, Wolxheim. Un manse vacant à Griesheim près Dingsheim était loué par le maire *den Erben und den die do meinent Reht dozu habende, untz an die nünde Hant*; on allait jusqu'aux parents du neuvième degré. A Saint-Pierre il y avait des biens qui devaient rester absolument indivis, *ganz unteilbare Güter.*
3. Dans le rotule français de Wintzenheim, 1566, le mot est traduit par estreune honorable.
4. Cens entier d'un an : Griesheim, Reitwiller, Herlisheim, Logelnheim. — Moitié du cens: Marmoutier, Landersheim, Nieder-Hausbergen, Saint-Pierre, Wilgotheim, Sermersheim, Olvisheim, etc. — Le tiers : Schlestadt. — Autant que de cens en deniers : Adelshofen, Künheim, Sundhausen, Volgelsheim. — 16 onces : Breuschwickersheim.
5. Eschenzwiller, Ober-Hagenthal, Zimmersheim.
6. Si plusieurs héritiers se partageaient le bien, chacun d'eux devait le même *Hubrecht*. La colonge d'Eichhoffen paraît avoir été la seule où les héritiers ensemble

souvent en vin, *Hubwein*; on verra encore par la suite quelle grande part était faite à la boisson dans les différents incidents de l'administration colongère. Les quantités de *Hubwein* qu'il fallait servir étaient souvent très fortes ; mais si l'on demandait « humblement la faveur d'une diminution, les colons ne la refusaient pas[1] ». A Klein-Frankenheim on devait autant de mesures qu'il y avait de manses ; à Griesheim, en tout 32 pots ; à Guémar, à Wolxheim, à Geispolsheim, à Nieder-Hausbergen, à Schwindratzheim, une mesure ; à Sigolsheim, à Neugartheim, une demi-mesure ; à Saessolsheim ce n'étaient que quatre pots, à Printzheim deux, à Duntzenheim et à Tränheim seulement un. Il fallait ajouter des pains et des fromages[2] ; à Scherwiller on présentait même au maire une chaussure[3]. Le plus souvent le vin et les comestibles étaient consommés immédiatement dans une auberge ; d'autres fois on réservait le vin pour une des sessions annuelles ; dans ce cas, le maire et les colons qui le recueillaient pouvaient en boire pendant qu'ils le transportaient au *Dinghof*[4]. Là où, comme à Kintzheim, à Breuschwickersheim, à Molsheim, le *Hubrecht* était payé en argent, celui-ci servait encore à l'achat de vin. La colonge de Reitwiller est la seule que nous connaissions dont le propriétaire recevait une part de ce droit ; il prenait deux des huit quarts de vin dus par le colon.

n'en payaient qu'un. En 1521, Jacques Beger de Blyberg accorda le même avantage à ses colons d'Avolsheim.

1. Dürningen, Griesheim, Nieder-Hausbergen, Hürtigheim, etc.

2. A Adelshofen le *Hubrecht* consistait en un boisseau de blé, six quarts de vin, quatre pains et quatre fromages, chacun de ces derniers assez grand pour qu'un homme de taille ordinaire pût en faire le tour avec ses doigts étendus en mettant le pouce au centre. C'est ce qu'on entendait par le *spenniger Käs* (de *Spanne*, empan), qui était fourni par les nouveaux colons à Geispolsheim.

3. Outre deux pains, un fromage et un quart de vin, on donnait au maire 28 deniers et une paire de souliers de cuir, au boutier de l'abbesse d'Andlau 4 *Limbel* (plus tard 3 sols et 4 deniers) et à la servante de l'étable 2 *Solen* (plus tard un sol). A Bieterlingen, au maire et à chacun des colons un pot de vin, 8 pains blancs, pour 1 denier d'ail et 2 *Solen*, au sergent 4 *Limbel*. A Issenheim, au maire 2 *Solen* ou 6 deniers, aux colons un repas. *Weisth.*, t. I, p. 675 ; t. IV, p. 112, 127. — *Limbel, Limmel*, morceau de cuir pour garnir un soulier. *Solen*, semelles, peut-être sandales de bois.

4. Klein-Frankenheim.

La collation d'un manse héréditaire était un acte solennel, une véritable investiture[1]. C'est pourquoi les biens pourvus de colons étaient dits *mansus vestiti, besetzte Huben*[2], tandis qu'on appelait *mansus absi* ceux qui momentanément étaient vacants. Déjà dans le capitulaire *de villis* et, en 828, dans une donation faite à l'abbaye de Wissembourg, il est parlé de *mansus absi*[3]. Le même terme se rencontre fréquemment dans l'inventaire des propriétés de ce monastère fait entre 1280 et 1284[4]. Dans les documents allemands ces biens sont désignés comme *asezze, onsezzig, unbesetzt*[5]. Parfois le propriétaire les livrait, contre un cens minime, à la vaine pâture[6], ou, quand la servitude

---

[1]. *Quicunque investituram bonorum... recepit.* Eckartswiller, 1230. *Als. dipl.*, t. I, p. 366.

[2]. *Omnis liber homo, qui quatuor mansos vestitos habet de proprio suo...* Capitulaire de 812. *Capitul.*, t. I, p. 490 (Borétius, I, 137). Dans l'inventaire des biens de l'abbaye de Wissembourg il est souvent fait mention de *mansi vestiti*. *Tradit. Wiss.*, p. 292 et suiv. — Conférer *un manso, ein Gut besetzen mit einem Huber*. Berentzwiller, Aspach, Wihr, Guebwiller. — *Le maire sol setzen und entsetzen alles das Gut das in den Dinghof höret.* Stotzheim.

[3]. Si dans une *villa* royale il y a des *mansi absi*, le *judex* doit en informer le roi. *Capitul. de villis*, cap. 67. *Capital.*, t. I, p. 311 (Borétius, I, p. 82). — *Duas mansus absas. Tradit. Wiss.*, p. 142. — V. aussi Ducange, t. I, p. 35.

[4]. *Tradit. Wiss.*, p. 292 et suiv.

[5]. *Wirt ein (Hof) hie asezze, das in einer verkoufen wil und einen andern gewinnen.* Ebersheim, 1320. *Weisth.*, t. I, p. 671. — *Item, ist aber das der Man stirbet oder sust darvon gat oder vom Lande gat, oder wie es (das Gut) asez wirt...* Siorentz, XIVe siècle. Burckhardt, p. 200. *Wenne ouch derselben Lehenen eins Jar und Tag absecz on Huber ist...* Riespach, XIVe siècle. *Weisth.*, t. V, p. 4. — *Ob jemand wisz das Gotzhusgut onsezzig lege...* Bernhardswiller, 1425. Burckhardt, p. 181. — *Wenn auch unsere Lehen eins absentze würd...* Odern, XVIe siècle. *Weisth.*, t. IV, p. 383 ; le scribe n'a plus su le sens du terme, il le croyait dérivé du latin *absens*. — Ailleurs on disait *unbesetzt*, Hirsingen, 1303 ; *nicht besetzt*, Werentzhausen, 1420. *Weisth.*, t. V, p. 14, I. — *Asezz* était aussi employé quand une fonction devenait vacante ; l'abbaye de Murbach était *asetze* quand l'abbé mourait ou résignait, 1358. *Als. dipl.*, t. II, p. 225. Parfois aussi le mot était pris dans le sens strictement étymologique de *ohne Sitz*, sans siège : *ist ouch dehein Scheffel osetze da, den sol der Herre do setzen an die Stat do er billich sitzen sol.* Hadlach, 1336. *Weisth.*, t. I, p. 700. — D'après le *Wörterbuch* de Grimm, t. I, p. 547, le mot n'a été signalé encore qu'en Alsace ; cependant il est aussi connu en Souabe : *wenn ein Pfarrherr von Tods wegen oder die Pfarr ufgibt, und dieselb Pfarr also nsätz würde...* 1441, Schmid, *Schwäbisches Wörterbuch.* Stuttg., 1844, p. 29. — *Absus*, dont on a fait le verbe *absare* et qui était usité dans toutes les parties de la France (Ducange, t. I, p. 35), vient-il d'*Asezz* ? C'est probable, car on ne peut le ramener à aucune étymologie latine ; d'ailleurs, si *mansus* est d'origine germanique, comme on doit le supposer, *absus* le sera aussi ; de même que *mansus* est le latinisé *Mansezz*, *absus* est le latinisé *asezz*.

[6]. V. les passages chez Ducange, t. I, p. 35, col. 3.

existait encore, il les faisait cultiver par ses serfs. Vers 1280, l'abbé de Wissembourg avait plusieurs *mansus absi*, dont lui revenait le tiers du produit en grains[1]. A la même époque il est fait mention de *huobæ desertæ* ne rapportant « qu'un peu de blé ou de bière »; c'étaient sans doute des manses appauvris, dévastés lors d'une guerre[2].

Pour recevoir l'investiture le nouveau colon se rendait au *Dinghof*, où l'attendait le maire entouré de quelques témoins ; il prêtait le serment d'usage, en levant une main et en donnant l'autre au maire ou en la posant sur des reliques, apportées de l'église du lieu par le sacristain, après quoi il était mis en possession de son manse et de tous les droits qui y étaient attachés. A Heiligenberg on ne faisait la première année qu'une promesse, on ne jurait que dans la seconde ; ce n'est qu'après le serment qu'on avait voix délibérative dans les plaids[3]. Si c'était l'héritier d'un colon défunt qui prenait le bien, on lui laissait, pour s'en faire investir, un délai dont la durée variait selon les coutumes locales ; mais si, le délai expiré, il ne demandait pas l'investiture, il perdait son droit ; si néanmoins il cultivait le manse, il payait pour chaque sillon 30 sols d'amende[4], ou le maire et quelques *Huber* allaient à ses frais boire dans une auberge jusqu'à ce qu'ils se décidassent à lui retirer le bien[5].

D'après tout ce qui précède on voit que les colons ont eu des avantages dont ne jouissaient pas les fermiers ordinaires. La terre qu'ils cultivent ne peut leur être enlevée aussi longtemps qu'ils sont fidèles à leur contrat ; en raison de l'hérédité des manses ils en ont, sinon la propriété, du moins une possession dont personne ne peut les évincer et qui reste dans

---

1. *Tradit. Wiss.*, p. 236, 291, 294.

2. *O. c.*, p. 293.

3. Quand, après avoir juré une première fois, on obtenait encore un autre bien dans la même colonge, on était dispensé de prêter serment à nouveau. Dingsheim.

4. Quatzenheim. — Le colon d'Osthausen, qui négligeait de prêter serment, devait, pour chaque jour de retard, une amende équivalant à la moitié du cens.

5. Dürningen, Geispolsheim, Ingwiller.

leur famille jusqu'à ce que celle-ci s'éteigne; la redevance, peu élevée, simplement recognitive du domaine direct du propriétaire, leur permet, dans les bonnes années, de réaliser des bénéfices notables; ils forment une association qui a sa juridiction propre; siégeant comme assesseurs dans les tribunaux colongers, ils passent pour particulièrement capables de siéger aussi comme échevins dans les tribunaux seigneuriaux; dans quelques localités qui n'avaient pas le droit d'affouage, ils peuvent couper, dans la forêt de leur propriétaire, du bois pour leur cuisine ou pour leurs haies [1]; si l'un d'eux tombe en détresse, les autres sont tenus de venir à son aide [2]; et s'ils réclament l'assistance du propriétaire, il est obligé, soit lui-même, soit en la personne de son avoué, de chevaucher pour eux pendant un jour et une nuit [3]; ils trouvent enfin des occasions fréquentes, qu'assurément ils ne dédaignaient pas, de boire gratis de quantités considérables de vin. Aussi n'était-il pas rare de voir des paysans solliciter les privilèges colongers, en renonçant à la libre possession de leurs biens personnels pour les faire rentrer dans une colonge [4]. Ils se présentaient à cet effet chez le maire et lui juraient fidélité; ils croyaient s'assurer ainsi à eux et à leurs descendants la jouissance paisible de leur héritage; ils faisaient ce qu'avaient fait jadis les hommes peu fortunés qui, pour se créer des protecteurs, avaient abandonné leur droit de propriété.

§ 4. — Juridiction patrimoniale et colongère.

Le caractère le plus remarquable de l'institution colongère est l'exercice d'une juridiction par les colons sous la présidence

1. Scherwiller, Heiligenberg, Osthausen.
2. *Welr Man sein Gut empfangen hat und verrichtet, als er von Rechte sol, und Jar und Tag unversprochen Huber ist gewesen..., gienge den ichein Not an umb sein Gut, dem sunt (sollen) die Huber beholfen sein.* Booltzheim.
3. *L'avoué doit être prêt und hätte er den einen Stiefel angeleit, so solte er den andern in der Hand führen.* Ober-Michelbach, Saint-Léger, Reiningen.
4. *Obe auch ieman begerte dise Freiheit zu haben, der mag zu unserm Meier ku-*

du propriétaire de leurs biens. Cette juridiction était fondée, comme celle du seigneur local, sur l'ancien principe que le pouvoir judiciaire est inhérent à la propriété du sol, mais elle ne s'étendait qu'aux questions concernant les colonges; pour les contestations au sujet de biens et de baux qui n'étaient pas colongers, ainsi que pour les différends avec d'autres paysans et pour les délits envers le seigneur territorial, les *Huber* étaient justiciables des tribunaux ordinaires [1]. Dans leurs assemblées propres on s'occupait exclusivement des causes relatives à la culture et à l'état des manses, à l'exécution des conditions du contrat, aux plaintes des colons les uns contre les autres, à leurs griefs contre le propriétaire ou ses officiers et à ceux de ces derniers contre les colons [2]. On voit quelle différence considérable il y avait entre cette justice purement patrimoniale et celle du seigneur laquelle, s'exerçant sur tous les habitants quelconques de la banlieue ou du territoire, comprenait tout ce qui était exclu de la juridiction colongère. Celle-ci a eu pour unique but le maintien et la stricte observation des coutumes par les deux parties; on ne rendait la justice que par rapport aux biens, *Recht sprechen von dem Gut*. On tenait à cet effet des sessions périodiques, *placita bannalia*, plaids

---

men und sin Gut zinshaftig machen und zuweren alle und tegliche vorgeschriben Dinge zu halten, und derselbe sol ulsdann die Friheit haben als dovor geschriben stot. Molsheim, 1172. Avolsheim, 1181.

1. Pour les propriétaires résidant à Strasbourg, le juge ordinaire était soit la cour épiscopale, soit le petit conseil de la ville. Ceux qui ne demeuraient pas à Strasbourg portaient les causes, selon leur gravité, devant le *Schultheiss* et les échevins du village ou devant le tribunal provincial, *Landgericht*.

2. *Jus curiæ dominicalis est jurisdictio singularis domino directo cum hubariis suis, in causis emphyteuticis prædiorum ad suam curiam emphyteuticam pertinentium, competens.* Rohm, p. 11. Telle a été, jusqu'à la Révolution, la doctrine constante des jurisconsultes alsaciens; elle était fondée sur la connaissance d'un état de choses et la pratique de coutumes que le moyen âge avait transmis, avec peu de changements, aux temps modernes. Si Zöpfl, p. 11, trouve la définition insuffisante, c'est qu'il néglige de distinguer entre les cours colongères et les cours seigneuriales. Dans le rotule de Bläsheim, par exemple, il est dit formellement que le maire de l'abbesse de Hohenbourg doit *do sitzen und rihten, one Diebe und one Frevel, alles das das do ze rihtende ist* relativement aux cens des colons; les vols et les délits étaient jugés par le *Schultheiss* du lieu. Hanauer, *Constit.*, p. 283. V. aussi le rotule de Rosheim, O. e., p. 255.

banaux[1]. En 823, Louis le Pieux reconnut à l'abbesse de Massevaux le droit d'avoir chaque année à Gewenheim un *placitum publicum* où l'avoué, assisté d'hommes connaissant et aimant la justice, veillerait à ce que personne, riche ou pauvre, ne fût privé de son droit ou de sa terre, *nisi communi cunctorum sapientum judicio*[2]. On trouve là en germe les usages de ces plaids, dont le type était emprunté aux *placita* présidés par les centeniers. En 961, l'évêque Udon, dans une donation faite au chapitre de Strasbourg, s'exprime plus clairement encore sur trois assemblées annuelles tenues par les *mansorum possessores*[3]. Plusieurs fois dans la suite les *placita bannalia* sont mentionnés comme ayant été ceux des *mansionarii* ou les *Hubding;* on les opposait aux *placita generalia*, formés des habitants soumis au seigneur territorial[4]. Aux plaids banaux on convoquait aussi les fermiers qui n'étaient pas colongers, les simples *Lehensleute*, mais uniquement pour qu'ils y apportassent leurs redevances; les colons seuls étaient assesseurs de la cour.

Aucune institution du moyen âge ne présente en Alsace une aussi grande variété de coutumes que la juridiction colongère; même quand un propriétaire possède plusieurs colonges, elles ne sont pas régies d'après des principes identiques; on ne peut expliquer ce fait qu'en admettant que ce propriétaire n'a pas été lui-même le premier fondateur de ses colonges, qu'il les a acquises successivement et qu'il a laissé à chacune ses usages, auxquels les fermiers étaient trop habitués pour qu'il eût pu sans inconvénient y apporter des modifications.

Les sessions étaient les unes régulières, les autres extraordinaires. Les premières, *Jahrding*, plaids annuels, avaient lieu à

---

1. Plaid banal. Rédaction française du rotule de Hochstatt. *Weisth.*, t. IV, p. 86.

2. *Als. dipl.*, t. I, p. 70. (Le diplôme est aujourd'hui reconnu faux; mais peu importe pour la démonstration de la thèse.)

3. Grandidier, *Hist. d'Als.*, t. I, p. cxxvi.

4. Habsheim, 1187. Trouillat, t. I, p. 406. — Rosheim, 1210. Archives de la Basse-Alsace. — *Hubding*, Geispolsheim, xive siècle. *Weisth.*, t. I, p. 705. — Plus tard *Hubgericht*, Zillisheim, 1494. *O. c.*, t. IV, p. 60.

des époques fixes, une, deux, trois ou même quatre fois par an, à des jours déterminés par les rotules[1]. A cause des embarras des réunions trop fréquentes et pour épargner aux paysans des frais de déplacement, quelques propriétaires s'entendirent avec leurs colons pour diminuer le nombre des plaids; à Ensisheim dès 1310, à Bühl en 1442, à Hoh et à Kleinfrankenheim vers la fin du xve siècle, les trois sessions annuelles furent réduites à une seule[2]. La convocation se faisait par le maire ou par un des employés du village, sergent ou bangard. A Reiningen le maire annonçait les réunions trois dimanches de suite du haut de la chaire de l'église; à Sennheim de même, deux dimanches de suite; à Rixheim il prévenait les colons à domicile, mais n'était pas tenu de les chercher ailleurs[3]. Dans d'autres villages, on convoquait soit quinze jours, soit huit jours à l'avance; à Eichhoffen le soir du dimanche qui précédait le plaid, à Düppigheim seulement la veille du plaid[4]. A Marmoutier les colons devaient se réunir *sine convocatione;* le *selbbotten Ding* de Sundhausen et les *ungebotten Ding* de Dettwiller et de Saint-Jean-des-Choux, n'étaient pas non plus convoqués, les colons étaient censés connaître les époques; as-

1. Une fois par an : en janvier ou février, Schaffhausen, Pfettisheim, Zimmersheim; en juin, Behlenheim, Hindisheim, Olvisheim; en septembre, Osthausen; en novembre, dans une vingtaine de localités; en décembre, Ingwiller, Offwiller; un dimanche entre la Saint-Martin et Noël, Nieder-Ranspach, Ober-Michelbach. A Houcourt, le premier samedi après la Saint-Martin *oder wan es dem Apt gelgen ist.* A Stotzheim, l'abbésse de Hohenbourg convoque *wenne si wil oder es ir und den Hubern fuget.*
Deux fois : en janvier et mai, Nieder-Hausbergen; en mai et en novembre, Düppigheim, Kolbsheim, Molsheim, Bibelnheim, Sermersheim; en mai et en automne *so man nüwen und alten Win trincket,* Ober-Hagenthal, Nieder-Spechbach; en août et en novembre, Dossenheim; en juin et en décembre, Rouffach.
Trois fois : en janvier, vers Pâques et en novembre, Geispolsheim, Lohr; en janvier, mai et novembre, Börsch; en mars, juin et novembre, Soultz-les-Bains; vers Pâques, en septembre et en novembre, Breuschwickersheim; janvier ou février, mi-mai et *after Halme und Howe* (après la moisson et la fenaison d'automne), Grussenheim, Entzheim; mi-février, mi-mai, automne, Eschau, Ittenheim, Sierentz; janvier, juin, novembre, Saint-Jean-des-Choux.
Quatre fois : mi-février, mai, *after Howe und Halme;* novembre, Bösenbiesen, Kintzheim, Sigolsheim; janvier, vers Pâques, juin, novembre, Dettwiller, etc.
2. Au commencement du xvie siècle, on fit de même à Behlenheim, à Printzheim, à Waltorf.
3. *Er thue es denn gern.*
4. En prévenant chacun individuellement *in den Mund,* parlant à sa personne.

sister régulièrement aux assemblées était une des obligations qu'ils devaient le moins oublier.

En se rendant au plaid et en en revenant, ils étaient, à une distance d'un mille, parfois même de trois milles, sous la protection de leur propriétaire; celui-ci, ou son avoué, les délivrait si quelqu'un les arrêtait en route, à moins qu'ils n'eussent commis un meurtre. Pendant la session même on ne pouvait les poursuivre pour aucune cause, pas même pour des crimes [1]. Dans le cas où des troubles ou des guerres les empêchaient de se réunir au *Dinghof* de leur village, ils allaient dans une commune voisine, le maire étant tenu de les suivre [2]. Quand ils siégeaient, la cour était gardée comme lors de l'arrivée du *seigneur*; nous avons indiqué plus haut les précautions qu'on prenait dans cette circonstance. Lors des sessions de Grusenheim, le bangard couvrait le parquet de la salle de jonc « afin que l'abbé d'Ebersmünster et les colons fussent assis proprement [3] ». En hiver c'étaient tantôt les colons qui fournissaient le bois pour chauffer le local, tantôt c'était le maire ou le forestier; celui-ci emportait le soir, comme bénéfice, les tisons et les cendres [4]; dans tous les rotules on recommandait d'éviter la fumée. Les colons d'Olvisheim, demeurant au village, apportaient chacun une botte de foin pour les chevaux de ceux qui venaient des localités environnantes. Le jour même de la réunion, celle-ci était annoncée trois fois par la cloche de l'église, avec assez d'intervalles entre les sonneries, pour qu'un homme ayant sa ferme aux confins de la banlieue eût le temps de venir [5]. A Rixheim l'appel était précédé d'une messe

---

1. Dangolsheim, Tränheim, Breuschwickersheim, Gresswiller, Haslach, Schlestadt, Molsheim, Avolsheim, Bibelnheim.

2. Si, par exemple, on ne pouvait pas siéger à Gresswiller, on se rendait à Mutzig ou à Hermolsheim.

3. *Sebeden und Liesche, das der Appet und die Huber sufir (sauber) gesitzent.*

4. Les colons d'Ingwiller et de Menchhoffen apportaient un fagot de bois mort, *Dupholz*. A Zimmerbach c'était le maire qui chauffait, à Sundhausen le forestier de l'abbesse de Hohenbourg.

5. A Osthausen on devait attendre assez pour qu'un colon de Westhausen eût le temps d'arriver *uf einer Stultzen. Stultz, Gestultz*, béquille.

spéciale, dite par le prêtre au lever du soleil. Cependant la séance ne s'ouvrait pas partout le matin de bonne heure; le plus souvent même elle ne commençait qu'à dix heures ou à midi.

Le propriétaire est de droit le président du plaid; quand il s'y rend il est hébergé dans les mêmes formes que le seigneur. On héberge aussi l'avoué chargé de protéger les colons, d'appuyer les sentences de la cour et de procéder contre les récalcitrants; mais il ne peut assister à une réunion que sur la demande formelle du maire; sa présence, même quand elle est expressément réclamée, est si peu conforme aux règles, que les colons refusent de siéger, s'ils n'obtiennent de lui une demi-mesure de vin et ils déclarent toujours que le fait ne tirera pas à conséquence[1]. Comme lors des plaids on paye les cens, le propriétaire y envoie son collecteur, quand il en a un[2]; cet agent assiste aux séances, mais sans participer aux délibérations. Celles-ci sont dirigées par le maire; les colons sont ses assesseurs; de même que les échevins des tribunaux, ils *déclarent* le droit. Chaque manse devait être représenté par son colon; si le maire négligeait d'en convoquer un, il devait aux autres pour deux sols de vin. Au XVe et au XVIe siècle, on modifia ce principe dans quelques colonges, en faisant élire des membres au nombre de sept, neuf, onze, qualifiés d'échevins et seuls chargés de composer la cour[3].

Les colons formant le plaid, que ce soient tous ou seulement quelques élus, ne sont pas libres de ne pas siéger; c'est une obligation à laquelle ils ne peuvent se soustraire que sous peine d'amendes; celles-ci, consistant en vin ou en deniers, sont partagées entre le maire et les colons présents[4]; une partie en

---

1. Barr, Erstein.

2. *Schaffner.* Eckbolsheim, Griesheim, Sundhausen, etc.

3. Six ou sept à Hengweiler; sept à Volgelsheim et à Sennheim; neuf à Avolsheim; neuf ou onze à Molsheim; douze à Zillisheim; quatorze à Wasselonne. A Avolsheim et à Molsheim trois de ces échevins sortaient chaque année pour être remplacés par d'autres.

4. Deux pots de vin, Printzheim; huit pots, Sässolsheim; 4 deniers pour du vin, Adelshofen; 2 sols, Quatzenheim, Erstein, etc., etc.; 9 deniers, Griesbach; 3 livres, Zimmersheim, Ober-Hagenthal, Nieder-Spechbach.

est même destinée parfois au propriétaire[1]. Les pèlerinages ne comptaient pas comme motifs d'excuse[2]; on ne dispensait que les malades, ceux que retenait une guerre[3] et ceux qui étaient ou trop vieux, ou trop jeunes, ou trop sourds pour comprendre la lecture des coutumes[4]. A Ittenheim on avait traité d'infâme et de parjure celui qui ne paraissait pas; plus tard, trouvant que c'était là une punition excessive, on décida que quiconque jurerait de ne s'être abstenu que par oubli, ne serait passible que d'une amende de 15 sols.

L'absence d'un colon n'empêche pas la tenue du plaid; à Brunighofen, s'il en manque deux, les autres ne sont pas tenus de juger; à Sundhausen, au contraire, il suffit de la présence de deux colons pour ouvrir la séance. Le maire, de même que le *Schultheiss* aux assises seigneuriales, tient un bâton, symbole traditionnel de l'autorité; il en remet un autre au propriétaire qui prend place à côté de lui. Le sacristain dispose sur la table les reliques pour le cas de la prestation d'un serment[5]. Avant d'ouvrir définitivement la séance, le maire se tient sur le seuil, criant à trois reprises: je vais siéger! Si personne ne vient plus, il s'assied[6]; dès qu'il est assis, la session est mise en défends, *gebannt;* nul ne peut ni parler, ni sortir, ni changer de place sans permission. On commence par une série de formalités qui nous paraissent un peu puériles, mais qui, pour les colons, avaient une extrême importance, comme constatation de leurs droits: le maire les invite à quitter la salle pour s'informer entre eux si c'est bien le jour du plaid; après être rentrés avec une réponse affirmative, ils demandent à leur

---

1. A Quatzenheim la moitié était pour le seigneur; à Dingsheim il prenait le total, s'il était présent au plaid, sinon on le partageait entre le maire et les colons.

2. *Ein Heilgenvart, die verre were, als gen Rome, zu S. Jacob dem verren* (Saint-Jacques de Compostelle), *oder gen Oche* (Aix-la-Chapelle). Ittenheim.

3. *Libsnot oder Herrennot.* Hindisheim, Dettwiller, Bernhardswiller, Euschingen.

4. Saint-Hippolyte.

5. A Limersheim le maire doit au sacristain pour ce service une collation, *imbiss.*

6. Entre les appels, il laisse assez d'intervalle pour qu'un colon puisse *drie anewander gegan.* Nothalden. *Anewande, Anewender,* le côté par lequel un champ touche à un autre ou à un chemin.

tour si le maire attend encore quelqu'un ; s'il dit oui et si de leur côté ils pensent qu'on n'est pas pressé, ils l'engagent à surseoir aux délibérations ; dit-il, au contraire, qu'il n'attend plus personne, ils le prient de commencer ; il les renvoie de nouveau pour qu'ils s'entendent sur les droits du propriétaire au sujet de leurs biens et de leurs cens ; quand ils reviennent, l'un d'entre eux, parlant au nom de tous, demande au maire et au collecteur s'ils consentent à reconnaître les droits ; comme la réponse est encore affirmative, l'orateur des colons récite les coutumes sur les conditions du bail. Dans quelques colonges ces préliminaires étaient simplifiés et c'était le maire qui donnait lecture du rotule [1]. Après cela il sommait les colons, à tour de rôle, de déclarer, sous serment, la quotité de leurs redevances ; elle était inscrite, il est vrai, dans des registres, mais il fallait que chacun la constatât, afin que propriétaire et fermiers pussent s'assurer réciproquement que l'un n'exigeait pas trop et que les autres ne recélaient rien [2]. Les cens étant déclarés, le maire s'informait des infractions ; chacun était appelé à dire, encore sous serment, ce qui à ce sujet était à sa connaissance, si tel avait laissé son bien sans culture, si tel autre avait vendu ou loué le sien, s'il y était allé malgré une interdiction. Le maire annonçait ensuite les mutations qui avaient eu lieu par suite d'héritage ou d'aliénation autorisée ; il installait ceux des colons nouveaux qui n'étaient pas encore assermentés.

Le colon qui voulait introduire une plainte ne pouvait le faire que par l'organe d'un de ses collègues [3] ; si elle était dirigée contre le maire, celui-ci, ne devant pas juger en sa propre cause, se faisait remplacer par un des assesseurs [4]. Quand c'était à lui à prononcer une sentence contre un colon qui avait manqué à ses devoirs, il demandait l'avis de la cour et se con-

1. Schlestadt, Zimmersheim.
2. Le maire devait se contenter de la déclaration des colons. Wolxheim.
3. Ce collègue servait de *Fürsprech, prolocutor*; généralement on désignait par ce terme les avocats.
4. Il doit *einen Rihter nidersetzen zu rihtende*. Saint-Gilles.

formait à la majorité des voix[1]. Enfin il avait la police de l'assemblée ; il imposait des amendes, ne dépassant guère 2 sols, à ceux qui venaient trop tard, mais il punissait de 30 sols les injures, les voies de fait, les brutalités.

Il est peu probable que les colons aient souvent négligé de se rendre aux plaids, le maire étant chargé de leur fournir des repas et du vin ; ils étaient tenus parfois d'y contribuer, mais pour des sommes si faibles, qu'elles ne semblent avoir été exigées que pour la forme. Là où la session ne commençait qu'à midi, elle était précédée d'un dîner copieux ; à Sigolsheim, par exemple, on servait des viandes bouillies et rôties, mais après l'enlèvement de la nappe, chacun devait mettre sur la table six deniers[2] ; à Soultzmatt le menu était plus varié et il y en avait un spécial pour le maire et sa femme ; ces deux personnages avaient chacun un demi-quart de vin, deux pains, des morceaux de bœuf et de veau plus grands que l'assiette, avec une sauce épicée et une sauce jaune ; les colons recevaient du rôti, une bouillie de légumes, une sauce verte, des pommes crues et frites, non vermoulues, des noix et du fromage[3]. Pendant la séance il y avait sur la table du pain et du vin, ordinairement un pot par homme[4]. Le soir, nouveau repas : à Neugartheim, une demi-mesure de vin, un légume et un rôti ; si le maire offrait davantage les colons « lui en étaient d'autant plus reconnaissants » ; à Grussenheim, une oie fournie par le sacristain et d'autres viandes ; à Zillis..., six poules données par l'abbesse de Massevaux et des poissons livrés par les pêcheurs du village, en reconnaissance du droit de couper, en ayant un pied sur la terre et l'autre dans la nacelle, des bran-

---

[1]. Vers la fin du xve siècle on introduisit, par exemple à Bergbieten, la coutume de faire proclamer les sentences du maire par un des colons dit *Oberhuber*.

[2] Cet usage était observé dans la colonge de Sigolsheim, appartenant à l'abbesse de Münster ; dans celle qui, dans le même village, dépendait de l'abbaye d'Ebersmünster, le chapelain et le maire fournissaient chacun un pot de vin et douze pains blancs.

[3]. *Weisth.*, t. IV, p. 135.

[4]. A Rouffach l'abbesse d'Eschau fournit, quand elle assiste à son plaid, une mesure ; si elle se fait remplacer, son remplaçant ne doit qu'une demi-mesure, etc.

ches d'osier le long des manses donnant sur l'Ill. L'abbesse de Hohenbourg accordait à ses colons de Sundhausen, outre une somme de 4 deniers, six boisseaux et demi de blé, et à ceux de Rosheim un tas de foin valant 8 onces, deux résaux d'orge, la dîme de trois arpents de vignes et de neuf arpents de champs ; avec le produit de la vente de ces denrées on payait les repas ; si les colons n'étaient pas satisfaits, le surplus qu'ils demandaient était à leur charge. A Eichhoffen la collation du soir se composait de douze pains, de deux fromages, d'un boisseau de noix et d'une mesure de vin ; le jour de la Saint-Martin, le maire invitait à part trois ou quatre colons, leur faisait un feu sans fumée et les régalait de pain, de vin, de légumes et de fromage jusqu'à ce qu'on vit briller les étoiles ; quand ils rentraient chez eux, plus ou moins ivres, il leur donnait à chacun un bâton ; s'il l'oubliait et que l'un d'eux, en tombant, se cassât la jambe, c'était à lui à le faire transporter et soigner dans sa propre habitation [1]. Généralement on restait attablé jusqu'à minuit, le maire fournissant le luminaire ; si deux colons lui demandaient de jouer avec eux, il n'avait pas le droit de s'y refuser [2]. Quand il leur servait du vin en sus des rations convenues, il lui était recommandé de ne pas prendre de bénéfice ; lui-même le débitait sans en payer la taxe [3]. Notons encore deux particularités locales : à Saint-Hippolyte deux colons, cultivant des biens très considérables, donnaient ensemble, outre leurs autres redevances, un bélier ayant un pied blanc ou sur le front une tache blanche ; il était tué pour le repas colonger et la peau en revenait au maire pour s'en faire des bottes. Au plaid de la Saint-Martin, à Herlisheim, l'abbé de Marbach ne nourrissait pas seulement ses colons, mais tous ses

---

[1]. Le soir, le maire doit aux colons *gesottenes und gebrotenes nach notdurft, und sol sie setzen das sie der Wind nit beweht und der Regen nit besprengt*. A Bibelnheim on leur donne 16 pots de vin, un boisseau de noix et 16 miches rondes, assez grandes pour qu'un *Mittelmann* (homme de taille moyenne) puisse en faire le tour avec les doigts étendus en mettant le pouce au centre.

[2]. Gressawiller, Neugartheim.

[3]. Gresswiller, Berghleten.

hommes propres qui y apportaient leurs cens ; chacun recevait un pain assez long pour qu'en le posant sur le pied il pût en couper un morceau au-dessus du genou, une portion de viande dépassant l'assiette et une quantité correspondante de vin ; mais si la vendange avait manqué, le maire versait de l'eau à travers une gerbe de froment pour produire un simulacre de bière.

Tous ces repas étaient tellement de droit que si, pour une raison quelconque, ils manquaient, les colons étaient dispensés d'obéir à leur maire et même de livrer leurs cens[1]. En 1474, l'écolâtre de Saint-Pierre-le-Vieux supprima celui qu'il devait à ses 18 colons de Schaffhausen, en le remplaçant par une gratification de 7 deniers par homme.

Le plaid régulier était suivi, à huit ou quinze jours de distance, d'une ou de deux réunions supplémentaires, convoquées pour régler les affaires laissées en suspens la première fois et pour donner aux colons qui n'étaient pas venus ou qui n'avaient pas payé leur cens, les moyens de réparer leur faute sans encourir des amendes trop fortes. On appelait ces réunions *geboten Ding* ou *Botschaftding*, plaids commandés, parce que soit le maire, à la fin de la session principale, ou le sergent, allant de maison en maison, recommandaient spécialement de ne pas y manquer. A Wintzenheim (Haute-Alsace), l'usage était que, si un colon qui ne résidait pas dans le village n'avait pas paru au premier plaid, le maire n'était pas tenu de le faire avertir à domicile ; il se rendait sur un de ses champs et, levant le bâton, signe de son office, il criait : « Je te commande une seconde fois de venir ! » Il pouvait aussi, chaque fois qu'il le jugeait utile aux intérêts de la cour, ou que ses colons le réclamaient, convoquer des sessions extraordinaires à n'importe quelle époque de l'année. Le colon qui en demandait une pour vider une contestation avec un voisin, devait répondre des frais ; ceux-ci étaient payés par la partie

---

1. Soulhelm, Wasselonne.

contre laquelle se prononçait la cour¹. Dans certains cas, quand il s'agissait, par exemple, d'un différend au sujet des bornes d'un bien, le maire pouvait désigner des arbitres; le colon qui refusait ce rôle était puni d'une amende, mais comme ces arbitrages étaient encore des occasions de boire, on n'était guère tenté de s'y soustraire².

Nous avons dit plus haut que la coutume générale a été de livrer les cens lors des plaids, ceux en deniers au printemps, les autres à l'automne. Tantôt le paiement devait précéder l'ouverture de la session³, tantôt on avait toute la journée pour le faire, entre le lever et le coucher du soleil ou entre la sortie et la rentrée du troupeau⁴; tout devait être fini au son de la cloche du soir. Dans les temps de troubles, la perception des redevances était difficile pour les propriétaires qui ne demeuraient pas dans les villages ou dont les agents avaient pris la fuite; les colons, s'appuyant avec obstination sur leur droit de ne payer qu'au *Dinghof*, refusaient de chercher ailleurs le maire ou le collecteur; on n'avait pas les moyens de les contraindre, surtout quand les routes n'étaient pas sûres. Si à cause d'une guerre la cour de Rixheim était abandonnée, on plaçait près du ruisseau la table en pierre sur laquelle on comptait l'argent⁵; le colon qui voulait payer allait d'abord, accompagné de deux témoins, à la cour et criait : Y a-t-il quelqu'un pour percevoir le cens? Comme personne ne répondait, il déposait sa redevance sur la table, sans s'inquiéter des suites, à moins que, par déférence pour le propriétaire, il ne la gardât pour la livrer plus tard.

En temps ordinaire, aucun des colons réunis en plaid ne devait quitter la cour sans avoir payé. Si au moment où l'on

---

1. Osthausen, Bouffach, Lohr, Printzheim, Schwindratsheim, Bichhoffen, Zillisheim.
2. Molsheim, Barr, Erstein, Griesbach.
3. Sundhausen, Gildwiller, Heimsbrunn.
4. *Bi Sunneschin*, Höppigheim, Quatzenheim. — *Zwischen den zweien Hornblosen, das ist dieweil das Vich inne lit*, Behlenheim, Griesheim.
5. *Bretstein*, échiquier, table à compter dont on se servait pour la perception des impôts et des cens.

sonnait la cloche du soir il en restait un qui devait encore sa redevance, le maire frappait avec son bâton sur la table et faisait venir, aux frais du débiteur, un pot de vin et pour 4 deniers de pain ; après avoir consommé le tout avec les colons qui s'étaient mis en règle, il frappait un second coup et demandait : Veux-tu payer ou non ? En cas de refus, il commandait deux pots de vin et une nouvelle ration de pain ; cette même opération se répétait une troisième fois [1].

Quelques rotules prévoient le cas de la livraison des redevances à d'autres époques, principalement après les récoltes. On les apportait au *Dinghof*, mais comme on n'était pas toujours sûr d'y trouver le maire, bien qu'il fût censé y être, on constatait par des actes divers qu'on s'était présenté. On appelait trois fois ; si on n'obtenait pas de réponse, on faisait trois entailles dans un des palis de la clôture et on s'en allait sans être passible d'une amende pour cause de retard [2]. Quand un colon de Guémar amenait son vin à la cave du propriétaire et que personne ne se montrait pour le recevoir, il levait une motte du gazon de la cour en témoignage qu'il avait été là ou bien il défonçait le tonneau et laissait couler le vin. A Nieder-Burnhaupt, si un colon était brouillé avec l'agent de son propriétaire, il mettait ses cens en deniers dans un mouchoir attaché au bout d'un bâton et le tendait ainsi à travers la clôture ; il était quitte, lors même qu'on ne venait pas prendre ce qu'il offrait [3].

Quelle que fût l'époque du paiement, les retardataires étaient tenus de fournir des gages ; c'étaient des denrées ou des

1. Waldolfisheim.

2. Helmsbrunn.

3. Un fermier d'Ammerschwihr, qui doit livrer une redevance en vin, ne la porte pas lui-même à la cour ; il prévient le cellérier (maire) de l'abbé de Marbach, qu'il tient le vin à sa disposition ; le cellérier envoie un valet avec une cuve ; le fermier invite deux colons à constater qu'il fournit ce qu'il doit, il leur sert un rôti et du même vin dont il donne le cens et qui doit être clair et de bon goût ; la cuve est emportée par le valet du cellérier et par celui du fermier ; le premier précède ; si en chemin il trébuche et que la cuve est renversée, la perte est pour le cellérier ; si le valet du fermier tombe, c'est ce dernier qui remplace le vin perdu.

meubles¹ ou bien des bestiaux que le maire faisait saisir soit dans l'étable, soit à l'abreuvoir ou au pâturage²; en 1367, le chapitre de Saint-Thomas fit saisir ainsi à Eckbolsheim, pour cause de cens arriérés, les chevaux de Jean de Mülnheim et ceux de ses fermiers. Le maire gardait les gages pendant huit ou quinze jours; si après ce délai le débiteur ne les retirait pas en payant la redevance et les frais, ils étaient envoyés au marché ou vendus aux enchères³. Au lieu de prendre un gage, le maire d'Ittenheim pouvait faire démonter la charrue du colon qui était en retard.

Le gage n'était qu'une garantie d'une redevance non payée à temps; qu'il le retirât ou non, le débiteur était condamné en outre à une amende, comme le voulait déjà la loi alémanique, dont on avait appliqué quelques dispositions au régime colonger⁴. Les amendes, fixées généralement à 2 sols⁵, étaient dictées par le maire, sur l'avis de ses assesseurs lors d'un plaid; selon les circonstances il pouvait en faire grâce en totalité ou en partie. Il les partageait entre lui-même et les autres *Huber*; dans plusieurs colonges, un tiers en revenait au propriétaire.

A celui qui, au plaid régulier, ne livrait pas le cens, on donnait un délai soit jusqu'au prochain plaid *commandé*, soit d'abord de quinze jours, puis de huit, puis de trois, enfin d'un seul; après chaque délai l'amende se répétait, souvent même se doublait, en sorte que, la première ayant été de 2 sols, la

---

1. *Tragende Pfand*, gages portants, c'est-à-dire portatifs. A Pfaffans on ne devait prendre comme gages ni les lits, ni le pain au four, ni les outils des artisans, ni les armes.

2. *Essende Pfand*, gages mangeants. — Celui qui refuse un gage ou le reprend, est puni d'une amende de 60 sols. Ober-Hagenthal, Käzingen.

3. Dans le Val-d'Orbey les gages étaient proclamés quatre dimanches de suite, trois fois dans l'église, une fois hors de l'église. — A Pfaffans on les gardait 21 jours, après quoi on les mettait en vente devant l'église. — Un colon de Wolxheim, incapable de payer ses redevances, pouvait donner en gage son manse, mais devait continuer de le tenir en bonne culture.

4. *Lex alem.*, tit. XXIII. *Capitul.*, t. I, p. 63.

5. 2 sols 4 deniers, Werentzhausen. 7 sols et demi, Horlisheim. 4 pots de vin, Gildwiller. 2 sols au propriétaire et 2 pots aux colons, Griesheim. 2 sols et un pot *zu gedencken das er ungehorsam gewesen ist*, Olvisheim.

dernière se montait : 8. Dans la Haute-Alsace on voit par des exemples que cette augmentation progressive ne s'arrêtait pas après un certain terme ; elle continuait « aussi longtemps que le bien pouvait le supporter [1] ». Çà et là ce n'étaient pas seulement les amendes qui se multipliaient, c'étaient aussi les cens ; le colon qui ne les payait pas le jour du plaid, en devait le lendemain le double, le troisième jour le triple et ainsi de suite [2].

Après chaque délai, le maire et quelques colons comme témoins buvaient quelques pots de vin aux frais du débiteur. A Sässolsheim on accordait même, à l'expiration du premier délai, à tous les colons le droit de boire ainsi pendant huit jours. Si, malgré l'accumulation des amendes et des frais, le colon, insolvable, ne s'exécutait pas, on lui interdisait de cultiver sa manse, conformément à une vieille coutume sanctionnée par des lois carolingiennes [3]. L'interdiction était prononcée par le maire, en présence de témoins, devant l'église, au son de la cloche ; la solennité se terminait au cabaret ; ce qu'on consommait était mis au compte du condamné. Tantôt l'interdiction était proclamée trois fois, de quinze jours en quinze jours [4], tantôt à des intervalles successifs de huit jours, de trois jours, d'un jour et d'une nuit [5]. Pour marquer le bien interdit, si c'étaient des champs, le maire y creusait une fosse ; si c'étaient des vignes, il arrachait un cep [6]. Celui qui travaillait dans une terre dont

---

1. *Untz das Gut nüt me ertragen mag.* Eschenzwiler.

2. Ces cens accumulés étaient appelés *Rutscherzins*, de *rutschen*, glisser ; *der Zins rutschet fort*, Schwindratzheim. Des amendes on disait *die Wette fallet sich uf Rutsch art*. Herlisheim.

3. L'expression ordinaire est *das Gut verbieten*. Dans le rotule de Printzheim, *Weisth.*, t V, p. 470, il y a : *so sol der Meier das Gut bewienen* ; j'ignore le sens particulier de ce mot. Dans le passage *were es Sach, das ein Lehenguot bewient würde und der Lehenmann so vnendtlichen were...*, l'éditeur met entre parenthèse, avec un point d'interrogation : *unendlichen* ; ceci est un non-sens, *vnendtlichen* est pour *vientlichen, feindlich*, hostile, haineux.

4. Printzheim, Schaffhausen. — A Marlenheim déjà après huit jours.

5. Olvisheim. — Le maire et deux colons boivent 4 pots, trois fois de suite, Hürtigheim ; chacun un pot, Schaffhausen ; un pot la première fois, deux huit jours après, quatre quinze jours après et ainsi de suite en doublant chaque semaine aussi longtemps que le bien peut le supporter. Ingwiller.

6. Neugartheim.

on lui avait défendu l'accès payait chaque fois qu'il le faisait une amende variant de 30 sols à 3 ou 4 livres [1]; dans beaucoup de colonges on donnait même 30 sols pour chaque coup de bêche ou pour chaque sillon tracé par la charrue [2] et 5 sols pour chaque pièce de bétail quadrupède qui allait sur le bien [3]. Ce dernier devait rester sans culture pendant un an, excepté si le colon parvenait à s'arranger avec le maire; si, au contraire, il résistait avec violence, on faisait intervenir les tribunaux. Durant l'interdiction, le maire pouvait cultiver, soit quelques arpents du manse [4], soit celui-ci tout entier [5]; au bout de l'année il le rendait au colon s'il consentait à payer les arrérages, les amendes, les frais de culture, de boisson, etc. Au cas qu'il lui fût impossible de se libérer, on lui *retirait* son manse. Ce retrait n'était ni une saisie, ni une confiscation, bien que le mot *sasitus* se trouve dans un ancien rotule de Börsch et celui de *confiscatio* dans une charte de Marmoutier [6]; on ne peut saisir ou confisquer que ce qui appartient à quelqu'un en propre, or le manse n'était pas la propriété du colon. Le retrait consistait dans la reprise du fonds par celui qui en avait le domaine direct et qui en enlevait le domaine utile au tenancier incapable de remplir ses engagements; c'était une éviction exercée par le maire au nom du propriétaire foncier et avec l'assentiment des autres membres de la colonge. Pour exécuter un retrait, le maire se rendait près du manse déjà interdit; il se faisait

---

1. L'amende est généralement de 30 sols. A Bieterlingen elle est de 3 livres, à Ingersheim de 4 livres et demie.

2. Pour chaque *Furch*, sillon. Dahlenheim, Dingsheim, Eckbolsheim. — Pour chaque *Ker* ou *Anker*, chaque fois qu'après avoir tracé un sillon on retourne la charrue, Adelshofen, Ittenheim, Quatzenheim, Schwindratzheim. — Pour chaque *Hauenschlag*, coup de hoûe, Dangolsheim, Truchheim. — Pour chaque *Fussstapfen*, empreinte de pied, Bieterlingen.

3. Saint-Pierre. — Il y avait même interdiction quand un colon, ayant empiété sur le champ d'un voisin, refusait de réparer le dommage. Barr, Erstein.

4. Ittenheim.

5. Schaffhausen. Ailleurs, par exemple à Sundhausen, le bien devait rester sans culture, *ungebauwen*.

6. *Einziehen*, retirer. — *Sasitus*, Börsch. *Weisth.*, t. I, p. 692. *Confiscatio*, Marmoutier, *Als. dipl.*, t. I, p. 237.

accompagner de quelques témoins, punis d'une amende de 3 sols s'ils refusaient de venir et récompensés d'un quart de vin s'ils y consentaient ; sans mettre lui-même le pied sur le bien, il y envoyait les témoins après avoir retourné une motte de terre ; puis il disait : Amis colons, je retire ce bien pour mon seigneur[1]. A Olvisheim il proclamait le retrait en dressant dans la cour du colon évincé une perche, surmontée d'un chapeau, symbole du maître du domaine. En cas de résistance, il s'adressait au *Schultheiss* ou à l'avoué[2] ; le colon désobéissant était alors jugé comme délinquant et mis au cep jusqu'à ce qu'il eût satisfait le propriétaire[3]. Le rotule de Honau rapporte une de ces coutumes barbares, dont nous avons déjà vu des exemples et dont il est difficile de croire qu'on les ait encore observées lorsqu'elles furent écrites : si un fermier laissait passer les délais usités dans cette colonge (six semaines, sept jours, trois jours, un jour), le prévôt et un des chanoines du chapitre, l'avoué, les douze échevins du village, devaient, avec trente chevaux, s'installer dans la ferme, y passer trois jours à manger et à boire, puis proclamer le retrait du bien et brûler tout ce qui était entre les quatre murs ; le fermier lui-même était dénoncé à l'évêque pour être excommunié[4].

Le délai accordé pour éviter le retrait était généralement d'un an ; parfois on attendait deux ans et même quatre[5] ; à Logelnheim, à Herlisheim, on ne retirait un bien que quand les amendes et les redevances accumulées en dépassaient la valeur. La même punition était réservée au colon qui quittait la contrée ou qui vendait son manse à l'insu du propriétaire ou

---

1. Bieterlingen.

2. L'avoué avec une suite de onze hommes ; ce qu'ils consomment est ajouté aux frais. Sundhofen.

3. Blåsheim. — A Marmoutier il y avait condamnation au cep, lors même que le colon ne faisait pas de résistance.

4. La maison est brûlée *in ultionem*. Hanauer, *Constit.*, p. 175.

5. *Wer es das ein Zins den andern oder den dritten begriffe*. Aspach, Berentzwiller. — Après deux ans, Grieslach, Saint-Gilles. — Après quatre ans, Fouchy.

qui durant un an le laissait désert[1]. Tout bien retiré redevenait *Salgut*, domaine salique du propriétaire, qui en reprenait la libre disposition[2].

Les sentences prononcées par le maire et les colons n'étaient pas toujours définitives ; il n'y a qu'un petit nombre de cours qui aient eu le privilège de juger sans appel ; d'ordinaire le condamné pouvait recourir au propriétaire. Quand un seigneur avait plusieurs colonges, la cour de l'une était la *sedes judiciaria* principale, le *Oberhof*; c'est à elle qu'on pouvait en appeler des jugements des autres[3]. L'appelant garantissait d'avance les frais qui, après le procès, étaient supportés par le perdant. Ces cours supérieures étaient composées de colons choisis parmi ceux des colonges du ressort. Quelques propriétaires ecclésiastiques portaient même devant les tribunaux civils de Strasbourg ou de la province les litiges que leurs *Dinghöfe* ne parvenaient pas à terminer[4].

Tel a été ce curieux régime colonger qui, sans être propre à l'Alsace, avait reçu dans cette province un développement plus complet que dans beaucoup d'autres. En apparence l'organisme en était compliqué, mais en réalité il a été assez simple pour que le fermier le plus illettré pût s'en rendre compte, pourvu qu'il eût du bon sens et de la bonne volonté. Les diver-

---

1. Bernwiller, Bielerlingen, Sierentz, Riespach, Brinighoffen.

2. Limersheim, Boftzheim, Lièvre.

3. L'abbesse de Massevaux a eu cinq cours colongères, à Dannemarie, Gildwiller, Hundsbach, Zillisheim, Gewenheim ; cette dernière était, depuis le IXe siècle, la cour principale. Le prieuré de Saint-Morand en a eu douze, dont celle d'Ober-Spechbach a été l'*Oberhof*. Des diverses cours de l'abbaye de Münster on en appelait à l'abbé *und nit witer*; de celles du chapitre de Bâle, d'abord à celle de Huningue, puis à l'*Oberhof* de Bubendorf, enfin à la prévôté. Du *Dinghof* de Dangolsheim, appartenant à l'abbaye de Schwarzach, on recourait à celui de Tränheim, de ce dernier et de celui de Dossenheim au *Klosterhof* de Kuttolsheim, puis à celui de Schwindratzheim, qui était le *oberster Hof*, enfin à l'abbé lui-même. Des cours du grand-chapitre à Rœsch, Dorlisheim et Quatzenheim, l'appel allait à la cour de Breuschwickersheim ; on adjoignait alors à six colons de cette dernière deux des plus anciens de chacune des trois autres. L'*Oberhof* d'Ober-Spechbach était composé de deux colons de chacune des douze cours du prieuré de Saint-Morand.

4. Le chapitre de Surbourg portait les causes devant le *Schultheiss* de Haguenau, celui de Saint-Thomas devant le conseil de Strasbourg, d'autres établissements ecclésiastiques devant le juge provincial, *Landrichter*, du district.

sités locales ne touchaient pas au fond même de l'institution. Celle-ci, aussi longtemps qu'elle fut observée fidèlement par les propriétaires et par les colons, procurait aux uns et aux autres des avantages que n'offrait au même degré aucun autre système de location. On peut dire, sans se tromper, qu'autrefois elle a été une des causes de l'état florissant de l'agriculture alsacienne.

CONCLUSION

Nous sommes arrivé au terme de notre tâche ; autant qu'il nous a été possible, nous avons essayé de dépeindre la situation des populations rurales de notre province, telle qu'elle était réglée par les lois et coutumes du moyen âge. A ne considérer que les principes inscrits dans les rotules et les chartes, il ne semble pas que le sort des paysans, tant comme sujets que comme tenanciers, ait été absolument intolérable pour des hommes d'un esprit peu cultivé et de mœurs encore rudes. Mais il vint un moment où ces hommes commencèrent à réfléchir, pendant qu'en même temps ce qu'il y avait d'équitable dans les coutumes fut négligé par les seigneurs ou par les propriétaires. A la fin du moyen âge l'état social des *hommes propres* avait empiré au lieu de s'améliorer ; les maîtres les traitaient comme s'ils n'avaient été que des serfs. Retirés dans les villes, au milieu du luxe et des plaisirs, les nobles étaient devenus étrangers aux intérêts de la vie agricole et indifférents au sort de leurs paysans ; non seulement ils avaient perdu le pouvoir de prendre leur défense, ils n'en avaient plus même la volonté ; pour subvenir aux besoins de leurs mœurs dissipées, les uns avaient dû vendre ou engager leurs patrimoines à des gens qui ne songeaient qu'à tirer du sol tout le profit possible, tandis que d'autres exigeaient avec dureté le cens, les corvées, les taxes, en retour desquels ils ne rendaient plus aucun des services que leur avaient imposés les coutumes primitives. L'ancienne idée d'un contrat, en vertu duquel les corvées notamment n'étaient dues qu'en compensation de certains droits d'usage laissés aux paysans, était tombée en oubli, on demandait des corvées illimitées et rarement on les rémunérait. L'Église, à son tour, n'était plus comme jadis la patronne bienveillante de ses sujets et de ses colons; pour se faire une idée de la manière dont elle les pressurait, il faut lire les plaintes inspirées par la misère du peuple des campagnes à plusieurs des membres les plus dévoués du clergé alsacien [1]. En voyant avec quelle énergie un prêtre séculier comme Wimpheling et un religieux comme Thomas Murner s'expriment sur les griefs des paysans contre les nobles et contre les hommes d'Église, on comprend l'irritation qui finit par s'emparer des *pauvres gens*, on assiste au réveil du sentiment de l'indépendance personnelle et on ne s'étonne pas que ce sentiment se révolte contre l'idée qu'un homme doive être la *propriété* d'un autre homme [2]. Peu protégés par les lois, les paysans prennent alors les armes, mais au lieu de s'affranchir, ils tombent pour longtemps sous un joug plus lourd. Ce n'est qu'au xviiie siècle que le gouvernement royal introduit en Alsace quelques adoucissements qui toutefois ne suffisaient pas; grâce aux progrès de l'instruction, les paysans demandèrent davantage; de nombreux procès témoignent de l'opiniâtreté de leur résistance aux droits féodaux qu'on avait laissés à leurs seigneurs [3]. De leur côté, les fermiers colongers préférèrent, en bien des lieux, renoncer à leurs privilèges plutôt que de supporter encore les charges du laudème, de l'héberge, des dépenses lors des plaids et des investitures; pour devenir propriétaires réels du sol

---

1. V. l'*Oratio vulgi ad Deum* de Wimpheling. S. l. et a. (vers 1517), in-4°, et le chapitre 33 de la *Narrenbeschwörung* de Murner, éd. Gödeke, Leipz., 1879, p. 103.

2. Murner a sur ce point quelques vers fort remarquables :

> Solt ein Herr jn sprechen an
> Das er solt sin sin eigen man,
> Er streckt sin lyb und gut daran
> Das er sich widersetzt dem herren,
> Des eigenthums sich möcht erweren.

Geuchmatt, Basel, 1519, in-4°, f° h, 4°.

3. Krug-Basse, p. 213 et suiv.

dont ils n'avaient eu que la quasi-propriété, ils se fondèrent sur les améliorations qu'ils y avaient faites par leur travail et invoquèrent ce qu'en Alsace on a appelé le *Schaufelrecht, jus palæ,* droit de la bêche. Il est vrai qu'au XVIe et au XVIIe siècle on renouvela quelques rotules, mais l'institution colongère se transforma de plus en plus jusqu'à ce qu'elle fut abolie par la Révolution[1]. Celle-ci releva les populations agricoles; elle supprima les droits féodaux, auxquels avaient été soumis les paysans, lors même qu'ils avaient été propriétaires libres de leurs champs. Le nouvel ordre de choses qu'elle créa, en affranchissant le sol, fut une de ses conquêtes les plus fécondes.

1. La législation issue de la Révolution considéra le colonger comme propriétaire du fonds et le bailleur seulement comme propriétaire de la rente; c'est pourquoi, si une colonge avait dépendu d'une corporation ecclésiastique ou d'un individu, dont les biens furent déclarés nationaux, l'État ne prétendit jamais au droit de s'emparer des fonds; ils furent laissés aux ci-devant colongers.

BIBLIOGRAPHIE

BATT, *Das Eigenthum zu Hagenau*. T. I. Colmar, 1876.
BENEKE, *Mittelhochdeutsches Wörterbuch, ausgearbeitet von Müller*. Leipzig, 1854. 3 vol.
Félix BLANC, *Lettre à M. J. Chauffour sur l'histoire de la condition de la population agricole de l'Alsace au moyen âge*. Revue d'Alsace, 1868, p. 337 et suiv.
BONVALOT, *les Coutumes du val d'Orbey*. Paris, 1864. Extrait de la *Revue historique de droit français et étranger*.
Id., *Coutumes de la Haute-Alsace, dites de Ferrette*. Colmar, 1870.
BURCKHARDT, *die Hofrödel von Dinghöfen baselischer Gotteshäuser und andrer am Ober-Rhein*. Basel, 1860.

Capitularia regum francorum, ed. Baluzius; nova ed. P. de Chiniac. Paris, 1780. 2 vol. in-fol. (éd. Borétius, dans Pertz, *Monumenta Germaniæ historica*, in-4°).
I. CHAUFFOUR, *Quelques mots sur les cours colongères d'Alsace, à propos des livres de M. Hanauer sur cette matière*. Revue d'Alsace, 1865, p. 529 et suiv., 1866, p. 5 et suiv., résumé et conclusion, p. 305 et suiv. Le *Résumé* aussi tiré à part.
CRATZMEYER, *De Curiis dominicalibus, germanice Dinghöffen, gallice rentes colongères*. Argent., 1735, in-4°.

DUCANGE, *Glossarium mediæ et infimæ latinitatis*, éd. Henschel. Paris, 1840 et suiv. 7 vol. in-4°.
DÜRR, *De curiis dominicalibus, von den Dinckhöffen*. Argent., 1648, in-4°.

GAMBS, *De bonis laudemialibus quæ Ehrschatzica vocamus*. Argent., 1690, in-4°. Réimpr. dans Schilter, *Codex juris alemanici*, p. 613 et suiv.

GARSONNET, *Histoire des locations perpétuelles et des baux à longue durée.* Paris, 1879.

GRAFF, *Althochdeutscher Sprachschatz.* Berlin, 1834 et suiv. 7 vol. in-4°.

GRANDIDIER, *Histoire de l'Église de Strasbourg.* Strasb., 1776. 2 vol. in-4°.

Id., *Histoire de la province d'Alsace.* Strasb., 1787. In-4°. Il n'en a paru que le tome Ier et les chartes du tome IIe.

Id., *Œuvres historiques inédites.* Colmar, 1865. 6 vol.

GRIMM, *Deutsche Rechtsalterthümer.* Göttingen, 1851.

Id., *Weisthümer,* Gött. 1840 et suiv. Les rotules alsaciens contenus dans le tome Ier sont ceux qu'avait recueillis Raspieler, avocat à Strasbourg ; ceux du tome IVe furent fournis par M. Stoffel, ceux du tome V[e] par M. l'abbé Hanauer.

HANAUER, *les Constitutions des campagnes de l'Alsace au moyen âge.* Strasb., 1864.

Id., *les Paysans de l'Alsace au moyen âge.* Strasb., 1865.

HEITZ, *Ueber Dinghöfe,* dans l'*Alsatia* de 1855.

LANGHANS, *De jurisdictione emphyteuticaria, vulgo Dinghofsrecht.* Strasb., 1776. In-4°.

MONE, *Zeitschrift für die Geschichte des Oberrheins,* plusieurs articles dans divers volumes.

Franz PFEIFFER, *Das habsburg-österreichische Urbarbuch.* Stuttg., 1850.

REHM, *De curiis dominicalibus vulgo von Dinckhöffen.* Strasb., 1691. In-4°. Réimpr. dans Schilter, *Codex juris feudalis,* p. 548 et suiv.

SCHERZ, *Glossarium germanicum medii ævi,* éd. Oberlin. Strasb., 1781. In-fol.

SCHILTER, *Codex juris alemanici feudalis.* Strasb., 1697. In-4°. Dans l'Appendice, plusieurs rotules de la Basse-Alsace.

SCHŒPFLIN, *Alsatia diplomatica.* Mannheim, 1772. 2 vol. in-fol.

Id., *Alsatia illustrata.* Colmar. 2 vol. in-fol.

STERNEGG, *Die Ausbildung der Grossen Grundherrschaften in Deutschland während der Karolingerzeit.* Leipzig, 1878.

STOFFEL, *Dictionnaire topographique du Haut-Rhin.* 2e éd., Mulhouse, 1876. In-4°.

Traditiones Fuldenses, éd. Schannat. Leipzig, 1724. In-fol.

Traditiones Wissemburgenses, éd. Zeuss. Spire, 1812. In-4°.

TROUILLAT, *Monuments de l'histoire de l'ancien évêché de Bâle.* Porrentruy, 1852 et suiv. 5 vol.

Urkundenbuch der Stadt Strassburg, bearbeitet von Wiegand. Strassb., 1879. In-4°.

VÉRON-RÉVILLE, *Essai sur les anciennes juridictions d'Alsace.* Colmar, 1857.

WÜRDTWEIN, *Nova subsidia diplomatica.* Heidelb., 1781 et suiv. 14 vol.

ZÖPFL, *Die Dinghöfe als Ausgangspunkt der Landesherrlichkeit und die Wiege des deutschen Herrenstandes, nachgewiesen an dem Dinghof zu Ebersheim.* Heidelb., 1860 (t. I*er* des *Alterthümer des deutschen Reichs und Rechts*).

COURS COLONGÈRES D'ALSACE

Villages, etc.	Seigneurs colongers.	
Achenheim.	Abbaye d'Eschau.	Weisth., 5, 486.
Adelshofen (vill. détruit).	Chapitre de St-Thomas.	Schilter, Cod. juris. alem. feud., 602. — Weisth., 1, 718 (dans ces deux ouvrages avec le faux nom Wratzhofen). Hist. de St-Thomas, 332.
Ammerschwihr (Minen-wilre).	Abbaye de Murbach.	Hanauer, Constit., 311.
Ammertzwiller.	Waldner de Freundstein.	Weisth., 4, 61.
Ansolsheim (Andolsheim).	Abbaye de Lièvre.	Hanauer, Constit., 188.
Appenwiler.	St-Alban de Bâle.	Burckhardt, 150.
Artolsheim.	Abbaye de (?).	Weisth., 1, 698.
Aspach.	Prieuré de St-Morand, près d'Altkirch.	Ib., 4, 37.
Nieder-Aspach.	Couvent d'Œlenberg.	Ib., 1, 108.
Ober-Aspach.	Chapitre de St-Thiébaut, à Thann.	Ib., 4, 110.
Attenschwiller.	Abbaye de Lucelle.	Ib., 4, 9.
Avolsheim.	Évêché, fief des Beger.	Hanauer, Constit., 306. Weisth., 5, 427.
Balbronn.	(?)	Weisth., 5, 432.
Balgau.	Abbaye d'Aspach.	Ib., 4, 130.
Balschwiller.	Archiduc d'Autriche.	Ib., 4, 49.
Barr.	1. Werlin de Landsberg, 1361.	Ib., 5, 402.
	2. Schuch, 1361.	Ib., 5, 402.
Beblenheim.	(?)	Ib., 4, 235.
Behlenheim.	Abbaye de St-Étienne.	Ib., 5, 450.
Berentzwiller.	St-Morand.	Ib., 4, 11.
Bergbieten.	Grand-Chapitre.	Ib., 5, 436.
Bergheim.	(?)	Ib., 4, 244.
Bernhardswiller (Ht-Rhin).	St-Alban.	Burckhardt, 182.
Bernwiller.	Œlenberg.	Weisth., 1, 64.

Villages, etc.	Seigneurs colongers	
Bibelnheim.	Grand-Chapitre.	Weisth., 1, 723.
Biederthal.	Les Habsbourg.	Ib., 4, 257.
Bieterlingen.	Abbaye d'Erstein.	Ib., 4, 141.
Bischwiller.	(?)	Hanauer, Constit., 316.
Bläsheim.	Abbaye de Hohenbourg.	Ib., 280.
Blotzheim.	(?)	Weisth., 5, 371.
Boftzheim.	Abbaye de St-Étienne.	Ib., 1, 678.
Börsch.	Grand-Chapitre.	Ib., 1, 692. Hanauer, Constit., 21.
Bösenbiesen (Büsenheim).	Abbaye de Niedermünster.	Weisth., 1, 689 (avec le faux nom Bassenheim). Arch. du Bas-Rhin, Grand Chapitre, G, 2825, nouveau n°, 3238. Inédit.
Breuschwickersheim.	Grand-Chapitre.	Weisth., 1, 711.
Brinighoffen.	St-Amarin.	Ib., 4, 11.
Budwiller.	St-Morand.	Ib., 4, 39.
Bühl.	Abbaye de Murbach.	Ib., 4, 123.
Nieder-Burnhaupt.	Abbaye de Murbach.	Ib., 4, 73.
Ste-Croix (H. Kreutz).	Erstein.	Ib., 4, 144.
Dahlenheim.	(?)	Ib., 5, 453.
Dambach.	(?)	Ib., 5, 404.
Dangolsheim, Dossenheim et Traënheim.	Abbaye de Schwarzach.	Ib., 1, 736; 5, 430.
Dannemarie (Damerkirch).	Archiduc d'Autriche.	Ib., 4, 27.
Deckwiller.	St-Thiébaut, à Thann.	Ib., 4, 100.
Delle (Dattenried).	Les Habsbourg.	Ib., 4, 26.
Dettwiller.	(?)	Ib., 5, 479.
Dingsheim.	Chap. de St-Pierre-le-Jeune	Ib., 5, 116.
Dossenheim.	Schwarzach.	Ib., 5, 419.
Drusenheim.	Schwarzach.	Ib., 1, 734.
Duntzenheim.	(?)	Ib., 5, 471.
Düppigheim.	Grand-Chapitre.	Ib., 5, 419.
Durant et Chévremont.	Seigneur de Belfort.	Ib., 5, 395.
Dürningen.	1. Chapitre de St-Thomas. 2. St-Étienne.	Inédit, Cod. dipl. St-Thomas Weisth., 5, 452.
Eberbach, près Seltz.	(?)	Ib., 4, 266.
Ebersheim.	Abbaye d'Ebersmünster. 1612, Böcklin de Böcklinsau.	Schilter, Cod. jur. feud.; Zöpfl, 241.
Ebersmünster.	Abbaye d'Ebersmünster.	Weisth., 1, 667.
Eckbolsheim.	Chapitre de Saint-Thomas.	Schilter, Cod. jur. feud., 695. — Weisth., 1, 720. — Hist. de St-Thomas, 328.
Eguisheim.	1. Les Ribeaupierre, 1508. 2. Grand-Chapitre. 3. Couvent de Ste-Catherine, à Colmar, jadis Hohenbourg.	Weisth., 4, 165. Ib., 4, 168. Ib., 4, 169.
Eichhoffen.	Abbaye d'Altorf.	Ib., 1, 681.
Emlingen, Wittersdorf et Tagsdorf.	St-Morand.	Weisth., 4, 31.
Oberentzen.	Abbaye de Marbach.	Ib., 4, 131.
Enschingen.	1. St-Morand. 2. St-Alban.	Ib., 4, 43. Burckhardt, 177.

Villages, etc.	Seigneurs colongers.	
Ober Ensisheim.	St-Étienne.	Burckhardt, 268.
Entzheim.	Abbaye de Lièvre, puis hôpital de Strasbourg.	Hanauer, Const., 231. — Weisth., 5, 153.
Erstein.	Jean de Landsberg.	Weisth., 5, 408.
Eschau.	Abbaye d'Eschau.	Hanauer, Const., 260.
Eschenzwiller.	Chapitre de Bâle.	Burckhardt, 96.
Fegersheim.	Abbaye d'Eschau.	Weisth., 1, 708.
Ferrette.	Comtes de Ferrette.	Bonvalot, Coutumes de Ferrette.
Fess..heim.	Jung-Zorn, fief de Bavière.	Weisth., 4, 252.
Fouchy (Grub).	Égl. de Ste-Foy, à Schlestadt	Ib., 5, 405.
Hoh-Frankenheim.	(?)	Ib., 1, 742.
Klein-Frankenheim.	Abbaye de Niedermünster.	Ib., 5, 461; 1, 744.
Geispolsheim.	Grand-Chapitre.	Hanauer, Const., 26, latin; Weisth., 1, 705, all.
Geissweiler.	Abbaye de Seltz.	Weisth., 4, 265.
Geuenheim.	Abbaye de Massevaux.	Ib., 4, 76.
Gildwiller.	Abbaye de Massevaux.	Ib., 4, 55.
St-Gilles (St-Gilgen).	Un couvent de Colmar.	Ib., 4, 179.
Gingsheim.	Abbaye de Gengenbach.	Ib., 5, 450.
Gœrsdorf.	(?)	Ib., 5, 522.
Grendelbruch.	Évêque de Strasbourg.	Hanauer, Const., 211. — Weisth., 5, 415.
Grentzingen et Henflingen.	St-Morand.	Weisth., 4, 7.
Gresswiller.	Abbaye d'Erstein.	Ib., 1, 703; 5, 422.
Griesbach (Bas-Rhin).	(?)	Ib., 5, 481.
Griesbach (Haut-Rhin).	Abbaye de Münster.	Ib., 5, 388.
Griesheim.	1340. Grand-Chapitre.	Ib., 5, 447.
	1462. Reimb. de Kageneck.	Ib., 4, 257.
Grussenheim.	Ebersmünster.	Ib., 1, 673.
Guebwiller.	Murbach.	Ib., 4, 121.
Guémar.	1. Abbaye de Lièvre.	Hanauer, Const., 355.
	2. Les Ribeaupierre.	Weisth., 4, 213.
	3. Chapitre de St-Georges, à Nancy.	Ib., 4, 212.
Habsheim.	J. Chr. de Rotberg, 16e s.	Ib., 4, 107.
Ober-Hagenthal.	Chapitre de Bâle.	Burckhardt, 77.
Haslach.	Évêché.	Varia als., 1, 357. — Als. dipl., 2, 165. — Weisth., 1, 699; 5, 421.
Hattgau.	Lichtenberg et Fleckenstein.	Ib., 5, 500.
Nieder-Hausbergen.	St-Thomas.	Schilter, Cod. jur. feud., 600. — Weisth., 1, 716. — Hist. de St-Thomas, 330.
Heckou.	Les Andlau.	Weisth., 4, 53.
Heiligenberg.	(?)	Ib., 1, 702.
Heimsbrunn.	Lucelle.	Ib., 4, 90.
Hengwiller.	Les Geroldseck	Hanauer, Const., 311. — Weisth., 1, 745.
Ober-Hergheim.	Murbach.	Weisth., 4, 137.
Herlisheim.	Abbaye de Schuttern, puis Marbach.	Burckhardt, 209. — Weisth., 4, 163.
Hindisheim.	Grand-Chapitre, fief des Mülnheim.	Weisth., 5, 417.

Villages, etc.	Seigneurs colongers.	
St-Hippolyte.	1. Abbaye de Lièvre.	Weisth., 5, 339.
	2. Chapitre de St-Georges, à Nancy.	Ib., 4, 219.
Hirsingen.	Les Habsbourg.	Ib., 4, 14.
Hochstatt.	1. Œlenborg.	Ib., 4, 89.
	2. Abbaye de Remiremont.	Ib., 4, 85.
Hofen et Büron.	St-Pierre-le-Jeune.	Hanauer, Const., 178.
Hohenbourg, montagne.	Abbaye de Hohenbourg.	Ib., 243.
Honau (plus tard Wantzenau).	Chapitre de Honau.	Ib., 172.
Hundspach.	Abbaye de Massevaux.	Weisth., 4, 14.
Hüningue.	Chapitre de Bâle.	Burckhardt, 63.
Hürtigheim.	Grand-Chapitre.	Weisth., 4, 255.
Imbsheim.	Abbaye de (?)	Ib., 1, 752.
Ingenheim.	Grand-Chapitre.	Hanauer, Const., 11.
Ingersheim.	Chapitre de St-Dié.	Ib., 319.
Ingmarsheim (village détruit).	Hohenbourg.	Weisth., 1, 748.
Ingwersheim (village détruit).	Abbaye d'Erstein.	Ib., 5, 409.
Ingwiller.	Camérier de Neuwiller.	Ib., 5, 491.
Issenheim.	Murbach.	Ib., 4, 126.
Ittenheim.	Honau.	Ib., 1, 729.
St-Jean-des-Choux.	Couvent de St-Jean-des-Choux.	Ib., 5, 476. — Hanauer, Const., 373.
Jebsheim.	Abbaye de Münster.	Weisth., 4, 215.
Karspach.	St-Morand.	Ib., 4, 33.
Käzingen (Kozen).	Chapitre de Bâle.	Burckhardt, 109.
Kembs.	Chapitre de Bâle et St-Alban.	Ib., 137.
Kienzheim.	Lucelle.	Weisth., 4, 218.
Kintzheim.	Abbaye d'Andlau.	Ib., 5, 394. — Hanauer, Const., 218.
Kirchheim.	Chapitre de Haslach.	Weisth., 5, 433.
Kogenheim et Sermersheim	Niedermünster.	Hanauer, Const., 35. — Arch. du Bas-Rhin, Grand-Chapitre, G, nouveau n° 3178. Inédit.
Kolbsheim.	Grand-Chapitre.	Weisth., 5, 428.
Kotzheim.	Prévôté de Bâle.	Ib., 1, 663.
Kuenheim.	Abbaye d'Erstein.	Ib., 4, 211.
Lampertsloch.	(?)	Ib., 5, 528.
Landersheim.	Chapitre de Neuwiller.	Ib., 5, 466.
Lapoutroie.	Abbaye de Paris, 1698.	Ib., 4, 222.
St-Léger (St-Lukart).	Œlenberg.	Ib., 4, 18, 20.
Lièvre (Leberau).	Abbaye de Lièvre.	Ib., 4, 263.
Limersheim.	St-Étienne.	Ib., 5, 411.
Logelnheim.	Les Girsperg.	Ib., 4, 114.
Lohr.	Chapitre de Neuwiller.	Ib., 5, 489.
Lutter et Brunn	Chapitre de Bâle.	Ib., 5, 363.
Lutterbach.	Lucelle.	Ib., 4, 101.
Marlenheim.	Abbaye d'Andlau.	Ib., 1, 726.
Marmoutier.	Abbaye de Marmoutier.	Als. dipl., 1, 197, 225.
Nieder-Mattstall.	(?)	Weisth., 5, 530.— Hanauer, Const., 307
Menchhoffen.	Chapitre de Neuwiller.	Weisth., 5, 492.

Villages, etc.	Seigneurs colongers.	
Merxheim.	Murbach.	Weisth., 4, 129.
Metzeral.	J. de Schrankenfels, 15e s°.	Ib., 4, 197.
Ober-Michelbach.	St-Alban.	Burckhardt, 163.
Mieschdorf (Miecouri).	Sire de Valeugin, 1313.	Weisth., 4, 258.
Mittelwihr.	Chapitre de St-Dié.	Ib., 4, 229.
Molkirch.	Les Rathsamhausen.	Ib., 1, 691.
Molsheim.	Évêque de Strasbourg.	Ib., 5, 423.
Morsbronn.	(?)	Ib., 5, 520. — Hanauer, Const., 309.
Nieder-Morschwiller.	Œlenberg.	Weisth., 4, 94.
Mülbach.	Les Rathsamhausen.	Ib., 1, 697.
Münster.	1. Abbaye de Münster.	Als. dipl., 2, 163. — Weisth., 4, 183.
	2. Les Jungholz.	Weisth., 4, 192.
Neugartheim.	Chapitre de Honau.	Ib., 5, 459.
Neuwiller.	Chapitre de Neuwiller.	Ib., 1, 753.
Nothalden.	Abbaye de Hohenbourg.	Ib., 1, 682.
Odern.	Abbaye de Remiremont.	Ib., 5, 382. — Hanauer, Const., 31.
Offwiller.	Seigneurs de Thann.	Weisth., 5, 514.
Ohnenheim.	Abbaye de Münster.	Ib., 4, 233.
Oltingen.	Comtes de Ferrette.	Bonvalot, Cout. de Ferrette, 178.
Olwisheim.	(?)	Weisth., 5, 463.
Val-d'Orbey.	(?)	Bonvalot.
Osthausen.	Johannites de Strasbourg.	Weisth., 1, 719.
Pfeffingen (Pfaffans).	Sire de Rotenberg, 1341.	Ib., 5, 372.
Pfettisheim.	Grand-Chapitre.	Ib., 5, 460.
St-Pierre (Oberstolzheim).	Couvent d'Ittenwiller.	Ib., 1, 687.
Preuschdorf.	(?)	Ib., 5, 519.
Printzheim.	(?)	Ib., 5, 475.
Quatzenheim.	Grand-Chapitre.	Ib., 5, 414.
Ramerschmatt.	St-Morand.	Ib., 4, 115.
Nieder-Ranspach.	St-Alban.	Burckhardt, 159.
Reguisheim.	Les Habsbourg.	Weisth., 4, 130.
Reiningen.	Comtes de Ferrette.	Ib., 4, 95.
Reitwiller.	Chapitre de Neuwiller.	Ib., 5, 461.
Ribeauvillé.	Marche forestière.	Ib., 5, 361.
Riespach (Reppe).	1. Comtes de Ferrette.	Ib., 4, 3.
	2. Couv. de St-Ulric, 1581.	Hanauer, Const., 362.
Rittershoffen.	Chapitre de Surbourg.	Weisth., 5, 512.
Rixheim.	Ville de Bâle.	Burckhardt, 201.
Hohen-Rodern.	Œlenberg.	Weisth., 4, 112.
Romanswiller.	Abbaye d'Erstein.	Ib., 5, 454.
Rosemont.	Seigneur de Belfort.	Ib., 5, 377.
Rosheim.	Hohenbourg.	Hanauer, Const., 252.
Rouffach.	1. Abbaye d'Eschau, 1319.	Weisth., 5, 384.
	2. Grand-Chapitre, 1513.	Ib., 4, 133.
Rougemont.	Archiduc d'Autriche.	Hanauer, Const., 339.
Rülisheim.	Les Habsbourg.	Weisth., 4, 109.
Sässolsheim.	Grand-Chapitre.	Ib., 5, 467.
Schäffersheim.	Hohenbourg et Murbach.	Hanauer, Const., 239.
Schaffhausen.	St-Pierre-le-Vieux.	Weisth., 5, 472.
Scherwiller.	Abbaye d'Andlau.	Ib., 1, 675.
Schlestadt.	Abbaye de Honcourt.	Ib., 5, 401.

COURS COLONGÈRES D'ALSACE.

Villages, etc.	Seigneurs colongers.	
Schwindratzheim.	Abbaye de Schwarzach.	Ib., 1, 739.
Seltz.	Abbaye de Seltz.	Ib., 1, 759.
Sennheim.	Œlenberg.	Weisth., 4, 117.
Sermersheim.	Abbaye d'Ebersmünster.	Ib., 5, 406. — Hanauer, Const., 229.
Sierentz.	1. Évêché de Bâle.	Burckhardt, 190.
	2. Couvent d'Einsiedlen.	Ib., 190.
Sigolsheim.	1. Ebersmünster.	Weisth., 1, 664.
	2. Abbaye de Münster.	Ib., 4, 216.
Sondernach.	Abbaye de Münster.	Ib., 4, 196.
Nieder-Spechbach.	Chapitre de Bâle	Burckhardt, 86.
Ober-Spechbach.	Couvent de St-Morand.	Weisth., 4, 45.
Stotzheim.	Niedermünster.	Ib., 1, 686 ; 5, 438.
Strut.	St-Morand.	Ib., 5, 369.
Sulzbach (Soppe).	Archiduc d'Autriche.	Ib., 4, 70.
Sulzbad.	Chapitre de Neuwiller.	Ib., 5, 429.
Sulzmatt.	Fief de l'év. de Strasbourg.	Ib., 4, 134.
Sundhausen.	1. Hohenbourg.	Ib., 1, 676. — Hanauer, Const., 291.
	2. Abbaye d'Erstein.	Weisth., 5, 531.
Sundhofen.	Abbaye d'Erstein.	Ib., 4, 152.
Türckheim.	Abbaye de Münster.	Ib., 4, 207.
Uffrieth.	Les Fleckenstein.	Ib., 5, 192 ; 1, 753.
Vendenheim.	Les Landgraves d'Alsace.	Ib., 5, 465.
Viche et Storbach.	Abbaye d'Andlau.	Ib., 5, 413. — Hanauer, Const., 377.
Volgelsheim.	Abbaye d'Erstein.	Weisth., 4, 156.
Waldolfisheim.	(?)	Ib., 1, 750.
Waltorf.	Chapitre de Neuwiller.	Ib., 5, 483.
Wangen.	Abbaye de (?)	Ib., 5, 464.
Wasselonne et Brahlingen.	Abbaye de Hornbach.	Ib., 5, 440.
Wattwiller.	Murbach.	Ib., 4, 119.
Werentzhausen et Enschingen.	St-Morand.	Ib., 4, 1.
Wibolsheim.	St-Étienne.	Ib., 5, 419.
Widensohlen.	Paris.	Ib., 4, 159.
Wihr en plaine.	Les Ribeaupierre.	Ib., 4, 210.
Wihr au val.	Les Ribeaupierre.	Ib., 4, 181.
Wilgotheim.	Grand-Chapitre.	Hanauer, Constit., 15.
Wintzenheim (Ht-Rhin).	Abbaye de Remiremont.	Weisth., 4, 173.
Wissembourg.	Abbaye de Wissembourg.	Als. dipl., 2, 7. — Weisth., 1, 761.
Wolschwiller.	Chapitre de Bâle.	Burckhardt, 81.
Wolxheim.	Abbaye de Lièvre.	Weisth., 1, 714.
Wörth.	(?)	Ib., 5, 515.
Zellenberg.	Abbaye d'Erstein.	Ib., 4, 236.
Zillisheim.	Abbaye de Massevaux.	Ib., 4, 65.
Zimmerbach.	Les Wegsot.	Ib., 4, 200.
Zimmersheim.	Chapitre de Bâle.	Burckhardt, 104.
Zutzendorf.	(?)	Weisth., 1, 757.

ÉTABLISSEMENTS RELIGIEUX

QUI ONT POSSÉDÉ EN ALSACE DES COURS COLONGÈRES

Évêché de Strasbourg.	Avolsheim, Grendelbruch, Haslach, Molsheim, Sultzmatt.	Chapitre de St-Pierre-le-Jeune.	Dingsheim, Hofen et Büren.
		Chapitre de St-Pierre-Vieux (Honau).	Honau, Ittenheim, Neugartheim, Schaffhausen.
Grand-Chapitre de Strasbourg.	Bergbieten, Bibelnheim, Börsch, Bouxwillersheim, Düppigheim, Eguisheim, Geispolzheim, Griesheim, Hindisheim, Hüttigheim, Ingenheim, Kolbsheim, Pfettisheim, Quatzenheim, Rouffach, Sässolsheim, Wilgotheim.	Abbaye de St-Étienne.	Behlenheim, Boftzheim, Dürningen, Ober-Ensisheim, Limersheim, Wibolsheim.
		Couvent de St-Alban, à Bâle.	Appenwiler, Bernhardswiler, Enschingen, Kembs, Ober-Michelbach, Nieder-Ranspach.
		Chapitre de St-Amarin (transféré en 1411 à Thann).	Brunighofen.
Maison de St-Jean de Strasbourg.	Osthausen.	Abbaye d'Andlau.	Kintzheim, Marlenheim, Scherwiller, Viche et Storbach.
Couvent d'Alspach-près Kaysersberg	Balgau.		
Abbaye d'Altorf.	Eichhoffen.	Chapitre de Bâle.	Eschenzwiler, Ober-Hagenthal, Hüninguo, Käzingen, Kembs, Kotzheim.
Chapitre de St-Thomas.	Adelshofen, Dürningen, Eckbolsheim, Nieder-Hausbergen		

ÉTABLISSEMENTS RELIGIEUX. 285

Chapitre de Bâle (suite).	Lutter et Brunn. Sierentz.	Abbaye de Lièvre (suite).	St-Hippolyte. Lièvre. Wolxheim.
Abbaye d'Eschau.	Achenheim, Eschau, Fegersheim, Rouffach.	Abbaye de Lucelle.	Attenschwiler, Helmsbrunn, Kienzheim, Lutterbach.
Abbaye de Gengenbach.	Gingsheim.	Abbaye de Marmoutier.	Marmoütier.
Chapitre de Haslach.	Kirchheim.	Abbaye de Masevaux.	Geuenheim, Gildwiller, Hundspach, Zillisheim.
Abbaye de Hohenbourg.	Blæsheim, Kekenbourg (montagne), Ingmarsheim, Nothalden, Rosheim, Schäffersheim, Sundhausen.	Chapitre de St-Georges, à Nancy.	Guémar, St-Hippolyte.
Abbaye de Honcourt	Schlestadt.	Chapitre de Sigoliler.	Ingwiller, Landersheim, Lohr, Monchhoffen, Neuwiller, Reitwiller, Sultzbad, Waltorf.
Prieuré de St-Morand.	Aspach, Berentzwiler, Budwiler, Emlingen, Enschingen, Gretzingen et Berllagen, Karspach, Ramerschmatt, Ober-Spechbach, Strut, Werentzhausen.	Abbaye de Münster	Griesbach, Jebsheim, Münster, Ohnenheim, Sigolsheim, Sondernach, Türckheim.
Chapitre de St-Dié.	Mittelwihr.		
Abbaye d'Iberminster.	Ebersheim, Grussenheim, Sermersheim, Sigolsheim, Sundhofen.	Abbaye de Murbach	Ammerschwihr, Bühl, Nieder-Burnhaupt, Ober-Entzen, Guebwiller, Ober-Hergheim, Issenheim, Merxheim, Schäffersheim, Wattwiller.
Couvent d'Einsiedeln.	Sierentz.		
Abbaye d'Erstein.	Bieterlingen, Ste-Croix, Grosswiller, Nieder-Spechbach, Wolfswiler, Zimmersheim, Zellenberg.	Abbaye de Paris.	Lapoutroie, Wiedensohlen.
		Abbaye de Remiremont.	Hochstatt, Odern, Wintzenheim.
Abbaye de Horbach.	Vaselonse et Brechlingen.	Église de Ste-Foy, à Schlestadt.	Fouchy.
Couvent d'Idenviller.	St-Pierre.		
Couvent de St-Jean-des-Choux.	St-Jean-des-Choux.	Abbaye de Schuttern (puis Marbach).	Horlisheim.
Abbaye de Lièvre.	Andolsheim, Guémar.	Abbaye de Schwartzach.	Dangolsheim.

Abbaye de Schwarzach (suite).	Dossenheim. Drussenheim. Schwindratzheim. Tränheim.	Couvent d'Œlenberg.	Nieder-Aspach. Bernwiler. Hochstatt. Hohen-Rodern. St-Léger. Nieder-Burnhwiler. Sennheim
Abbaye de Seltz.	Geissweiler. Seltz.		
Abbaye de Niedermünster.	Bœsenbiesen. Klein-Frankenheim. Bergenheim et Sermersheim. Stotzheim.	Chapitre de Surbourg. Chapitre de Thann.	Rittershoffen. Ober-Aspach. Deckwiler.

TABLE DES MATIÈRES

LIVRE Ier.

FORMATION DES VILLAGES ET CONSTITUTION DES SEIGNEURIES.

Pages.

Chapitre Ier. — Époque celtique et romaine 1

Chapitre II. — Période germanique 7
 § 1. — Occupation définitive de l'Alsace par les Germains . . . 7
 § 2. — Noms des villages 9
 § 3. — Partage des terres 13
 § 4. — Marche, Finage 18
 § 5. — Progrès de la grande propriété 20
 § 6. — Diverses classes d'hommes 24

LIVRE II.

LE SEIGNEUR ET LE VILLAGE.

Chapitre Ier. — Les coutumes 29

Chapitre II. — Le seigneur du village 31
 § 1. — Droit de juridiction 34
 § 2. — La banlieue 38
 § 3. — Le village et le château 40

Chapitre III. — Les paysans et leurs charges 42
 § 1. — L'ensemble des habitants du village 42

§ 2. — Obligations des paysans restrictives de leur liberté personnelle. 45
§ 3. — Charges des paysans. 50
   1. Impôts 50
   2. Hébergement et charrois 61
   3. Mortuaire 69
§ 4. — Monopoles du seigneur. Taverne, ban du vin, moulins et fours banaux, péages. 74

CHAPITRE IV. — Juridiction seigneuriale. 82
§ 1. — Les officiers judiciaires. Schultheiss, échevins, sergent. . 82
§ 2. — L'avoué, vogt 87
§ 3. — Exercice de la juridiction. Local, Dinghof. Cours franches. Cep. Session judiciaire. Jugement des voleurs et des homicides 96

CHAPITRE V. — Administration et police villageoises. Jurés. Heimburge. 112

LIVRE III.

LA PROPRIÉTÉ RURALE.

Ire PARTIE. — LA TERRE NON CULTIVÉE.

Observation préliminaire 120

CHAPITRE Ier. — Les forêts 122
§ 1. — Marches forestières. Forêts communales, seigneuriales, du fisc. 122
§ 2. — Forestiers 128
§ 3. — Usage des forêts. Bois de construction et de chauffage. Essarts. Délits forestiers 133
§ 4. — Glandée. Chasse 144

CHAPITRE II. — Le communal proprement dit. 151
§ 1. — Coutumes concernant le droit de disposer du communal . 151
§ 2. — Pâturages. Troupeaux. Bêtes mâles 153
§ 3. Eaux. Pêche. Navigation 162

IIᵉ PARTIE. — LA TERRE CULTIVÉE.

	Pages.
Chapitre Iᵉʳ. — La terre cultivée en général	167
§ 1. — Mesures, Bornes	169
§ 2. — Exploitation et surveillance, Einung, ban, Bangards	182
Chapitre II. — Champs communaux et petite propriété libre	191
Chapitre III. — La grande propriété	195
§ 1. — Officiers. Maire, cellérier, etc.	196
§ 2. — Le domaine réservé. Privilèges du seigneur, Corvées des paysans	201
§ 3. — La terre donnée en location. Divers modes de concession : manses serviles, manses nobles, concessions viagères ou temporaires, locations héréditaires, colonges	213
§ 4. — Juridictions patrimoniale et colongère	252
Conclusion	271
Bibliographie	275
Cours colongères d'Alsace	278
Table des matières	287

Nancy, Imprimerie Berger-Levrault et Cⁱᵉ

www.ingramcontent.com/pod-product-compliance
Lightning Source LLC
Chambersburg PA
CBHW060410170426
43199CB00013B/2082